《清史论丛》编委会
（以姓氏笔画为序）

王戎笙　杨　珍　杨海英　李世愉
李华川　吴伯娅　陈祖武　张捷夫
林存阳　高　翔　郭松义　赫治清

主　编　李世愉

副主编　李华川　杨海英

编辑部　王士皓　李　娜　李立民

清史论丛

中国社会科学院历史研究所清史研究室 编

二〇一六年 第二辑

总第三十二辑

社会科学文献出版社
SOCIAL SCIENCES ACADEMIC PRESS (CHINA)

卷 首 语

《清史论丛》是由中国社会科学院历史研究所清史研究室主办的专业集刊，创刊于1979年，是国内清史学界历史最为悠久的学术刊物。在历任主编杨向奎、王戎笙、张捷夫等先生的主持下，我们走过了艰辛的历程，即使在学术著作出版困难的岁月里也从未放弃。其间，得到海内外学术界的支持和保护，得以基本保持每年出版一辑，主要探讨清代政治、经济、社会、文化、思想、学术、中外关系等问题，每辑篇幅约30万字，努力展示历代学人潜心治学的成果，因而在海内外清史学界具有良好影响，也为欧、美、日、韩及东南亚、港、台许多大学的图书馆和研究所收藏。不看作者出身，只重论文质量；同时注重培养青年人，一直是本刊坚守的两大原则。不少清史学者的代表作和成名作均在这里发表，他们用辛勤的汗水浇灌了这个园地。为了适应学术发展需要，本刊从2015年起改由社会科学文献出版社出版，一年两辑，面向海内外一切清史研究及爱好者，栏目有专题研究、学术争鸣、读史札记、书评综述等。文章千古事，得失寸心间。让我们一起走过岁月，沉潜沉醉，沙里拾金。

目 录

土司研究

制度与符号：流变中清代土司制度的多样性发展 ⋯ 罗　中　罗维庆 / 3
土流兼治地区中的土官施政：以滇西蒙化府
　左氏土官为例 ⋯⋯⋯⋯⋯⋯⋯⋯⋯⋯⋯⋯⋯⋯⋯⋯ 唐　立 / 31
对《中国土司制度史》中土司世系之补遗
　——以《清实录》为依据 ⋯⋯⋯⋯⋯⋯⋯⋯⋯⋯ 李士祥 / 59
清代湖广土家族地区民族关系研究 ⋯⋯⋯⋯⋯ 郗玉松　黄　梅 / 96
清代四川的屯弁朝觐 ⋯⋯⋯⋯⋯⋯⋯⋯⋯⋯⋯⋯⋯ 黄　梅 / 108

专题研究

清代西南戏曲时空流布及其地域性特征 ⋯⋯⋯⋯⋯ 陈季君 / 123
清代湖北佐杂要缺考论 ⋯⋯⋯⋯⋯⋯⋯⋯⋯⋯⋯⋯ 张振国 / 158
崇德初年内府机构成立的背景及其主要职能 ⋯⋯⋯ 李文益 / 172
清中期《仪礼》学研究旨趣及特色探析 ⋯⋯⋯⋯⋯ 邓声国 / 190
江南"三织造"与清宫盔甲制作 ⋯⋯⋯⋯⋯⋯⋯⋯ 毛宪民 / 226
从乾隆帝宝玺观其艺术品位 ⋯⋯⋯⋯⋯⋯⋯⋯⋯⋯ 恽丽梅 / 239

文献研究

新教的再现：浦察思对利玛窦《基督教远征中国记》的
　　翻译与改写 …………………………〔美〕康士林 著　李华川 译 / 259
复明运动海外秘密联络网管窥
　　——《丁未传信录》所见的口述南明史 …………… 杨海英 / 275
《李安德日记》节译之三 ……………………李安德 著　李华川 译 / 291

读史札记

清初降将祖大弼生平史迹钩沉 …………………………… 常虚怀 / 313
清代"武鼎甲"补考 ……………………………………… 王金龙 / 325

学林动态

《满语杂识》序 …………………………………………… 何龄修 / 349
薪火相传　承续学统
　　——"清史室与清史学科发展座谈会"综述 ……… 刘大胜 / 354
东亚历史上的文化交流与相互认识 ……………………… 林存阳 / 360

CONTENTS

Research on the Tusi

System and Symbol: The Multi-development of the Qing's Tusi System
Luo Zhong, Luo Weiqing / 3

Governance by Native Officials in Areas under Joint Administration with State-Appointed Officials: the Case of the Zuo Family Native Officials of Menghua Prefecture in Western Yunnan   *Tang Li* / 31

Supplementary Studies Based on *Qing Shi Lu* for the Tusi *Lineage in History of Chinese Tusi System*   *Li Shixiang* / 59

Study on the Ethnic Relationship of Huguang Tujia Area in the Qing Dynasty   *Xi Yusong, Huang Mei* / 96

The Pilgrimage of Tunbian in the Qing Dynasty   *Huang Mei* / 108

Research Articles

A Geographical Research on the Local Operas of Southwestern China in the Qing Dynasty   *Chen Jijun* / 123

An Exploration on System of Important Subordinate Position Appointment in Hubei Province in the Qing Dynasty
Zhang Zhenguo / 158

Background of Neifu's Establishment and Its Main Functions in the Early Chongde Period   *Li Wenyi* / 172

清史论丛

Purports and Specialities of the *Yili's* Study in the Middle Qing Dynasty
　　　　　　　　　　　　　　　　　　　　　　Deng Shengguo / 190

Study on the Three Jiangnan Zhizao and the Manufacture of Armor
　in the Qing Court　　　　　　　　　　　　　*Mao Xianmin* / 226

Qianlong Emperor's Art Taste Based on His Imperial Seals
　　　　　　　　　　　　　　　　　　　　　　　Yun Limei / 239

Sources and Archives

Matteo Ricci on China via Samuel Purchas: Faithful Re-presentation
　　　　　　　　　　　　　　Nicholas Koss, Trans. Li Huachuan / 259

Secret Overseas Liaison Network in the Movement of Restoring Ming:
　Oral History of Southern Ming from *The Veritable Record*
　in 1668 (Dingwei Chuanxinlu)　　　　　　*Yang Haiying* / 275

Translation of *Andrew Ly's Diary* (3)
　　　　　　　　　　　　　　Andrew Ly, Trans. Li Huachuan / 291

Research Notes

The Compiled Lost Materials about the Lifetime of Zu Dabi
　　　　　　　　　　　　　　　　　　　　　　Chang Xuhuai / 313

A Study of Military Ding-Jia in the Qing Dynasty　*Wang Jinlong* / 325

Academic Trends

Foreword of *Man Yu Za Shi*　　　　　　　　　　*He Lingxiu* / 349

To Inherit and Carry Forward Academic Tradition: A Seminar
　on the Development of Research Office of Qing History
　　　　　　　　　　　　　　　　　　　　　　Liu Dasheng / 354

The Cultural Exchanges and Mutual Understanding
　in the History of East Asia　　　　　　　　　*Lin Cunyang* / 360

土司研究

制度与符号：流变中清代土司制度的多样性发展

罗 中 罗维庆

摘 要：土司制度是最值得研究的政治制度之一，"因地制宜"的实施决定了它的多样性发展。元朝的"土流兼制"，明朝的"卫司分立"，清朝的"卫司合一"，清晰地表明了土司制度在承袭中的流变。最终经"改土归流"的革新，导致了以"政治制度"与"政治符号"相结合为特征的清代土司制度出现。这既是清王朝统治者政治智慧的体现，也是土司制度发展的历史必然。

关键词：土司制度 流变发展 改土归流 政治符号

在中国封建社会的历史发展进程中，土司制度是最值得研究的政治制度之一。它肇始于蒙古族执政的元王朝，完善于汉族执政的明王朝，废止于满族执政的清王朝，是我国唯一一项最初由少数民族开始实施、仅适用于主体民族之外的少数民族地区、最终又由少数民族宣布废止的政治制度。土司制度历经由蒙、汉、满不同族别执掌的大一统封建王朝，在长达数百年的实践中，因朝代的更替和主体民族的变换，也因统治民族主观意向和被统治民族客观差异，该制度的内涵发生过诸多变化，元明清三朝均有其不同的特点。尤为显著的是，经清王朝"改土归流"的革新，导致了以"政治制度"与"政治符号"相结合为特征的清代土司制度出现。

---

* 本文系国家社科基金 2012 年度重大招标项目"中国土司制度史料编纂整理与研究"（12&ZD135）阶段性成果。

一 流变中发展的元明清土司制度

土司制度的发展,从文献记录的角度来看,是一个由"土官"到"土司"的流变过程。"土官"一词的应用,最早出现在宋代。《续资治通鉴长编》云:"丁酉,枢密院言,归明土官杨昌盟等乞依胡田所请,存留渠阳军。"①《容斋四笔》载:靖州之地"蛮酋自称曰官,谓其所部之长曰都幕,邦人称之曰土官"。②《宋史·蛮夷传》也有元祐二年(1087)"贯保、丰山、若水等砦皆罢戍,择授土官"③的记载,可知至迟在北宋王朝的中后期,我国西南地区已经有了"土官"的设置。但宋代史籍中的"土官"记载,仅见于渠阳军(湖南靖州)等局部地域,其他之处多以"土人"、"土刺史"、"归正人"、"忠义人"等称呼见载。由此而推之,宋代并没有形成适用于全国统一的"土官制度"。故而"土司制度"自元代开始的观点,得到了学术界较多学者的认同。

1. "土流兼制、以流监土"的元代土司制度

元代的土官设置已较为普遍,《元文类》中有多处"土官"的记载:"(至元)二十三年,蒙乃土官长子殆昔,其邻境土官弗里皮之婿也";"(大德)十一年,阿走土官日苴、火头抽首领落落军劫㑚人夺官马以叛",导致"纳楼茶甸土官禾希古"、"维摩州土官者欧芽者"及众多村落的火头响应;至治元年"云南行省定立州县,令剌秋父剌陶作土官,充茛渠州知州"④等。《土官底簿》所载云南土官百余家,身世大多追溯于元代,如"云南县主簿张兴,大理府赵州云南县㑚人,前职品甸管民千户所世袭土官","下江嘴巡检司巡检何海,大理府邓川州浪穹县土人,系旧日土官","阿迷州知州普宁,和罗罗人,相继承袭阿迷州万户府土官","沾益州知州阿哥,前元世袭曲靖宣慰使","姚州同知高义,㑚人,系世职土官知州"等。⑤《元史》中关于"土官"的记录,多处涉及湖广、四川、云南、贵州、甘肃等行省。明确记载了"西南夷诸溪洞各置长官司,秩如下州。

---

① 李焘:《续资治通鉴长编》卷418,上海古籍出版社,1986,第3951页。
② 洪迈:《容斋四笔》卷16《渠阳蛮俗》。
③ 《宋史》卷494《蛮夷传》,中华书局,1977,第14198页。
④ 苏天爵:《元文类》卷41《经世大典序录·征伐·云南》。
⑤ 《土官底簿》卷上《云南》。

达鲁花赤、长官、副长官,参用土人为之"①;"以其酋长赴阙,定其地之可以设官者,与其人之可以入官者,大处为州,小处为县,并立总管府"②的土官任用制度。还有宣慰使从二品、宣抚使正三品、安抚使正三品、招讨使正三品、诸路万户从三品、路总管从三品、知州从五品、长官司及蛮夷长官司从五品、知县从七品等,土流不分全国整齐的职官制度。③亦有"土官有罪,罚而不废","诸土官有能爱抚军民,境内宁谧者,三年一次,保勘升官。其有勋劳,及应升赏承袭"④的升迁奖惩制度;由土官执掌的"新添葛蛮安抚司"、"永顺保靖南渭三州安抚司"、"师壁洞安抚司"、"平缅宣抚司"、"忠孝军民安抚司"、"大奴勾管等洞长官司"、"羊母甲洞长官司"等行政建置,以及四川行省石耶洞、散毛洞、驴迟洞、新容米洞等34处洞、寨设置;湖广行省思印江等处、洪安等处、平头著可通达等处、溶江芝子平茶等处、沿河、祐溪、五寨铜人等处、铜人大小江等处、麦着土村、会溪施溶等处、腊惹洞等53处蛮夷官设置;播州军民安抚司之下沿河祐溪等处32洞寨蛮夷官;新添葛蛮安抚司之下南渭州、上桑直、下桑直、保靖州等132处蛮夷官等⑤,形成了以安抚司统辖各蛮夷官,蛮夷官统辖各"溪洞"的土官管理地方行政的政治制度。

元代安抚司→蛮夷官→洞寨等处土官的行政建制,是一种将民族与地域混合为一体的特殊行政区划管理模式。其特点是作为朝廷统治象征的安抚司,以军事震慑和政治招抚的双重手段,在归附"诸部蛮夷"的基础上,通过对蛮夷官的控制,侧重于"溪洞"群落单位的基层组织管理,疏略于"溪洞"群落所属人口的管理。在元代太宗、宪宗、世祖的3朝4次籍民中,"山泽溪洞之民不与焉"⑥,就是这种人口管理疏略的极好例证。这种有别常态的管理方式,导致了所谓的"诸部蛮夷"始终没有成为国家的编户之民。由于对"诸部蛮夷"的人口不能进行有效的管理,为防止溪洞蛮夷的反抗,军政一体的安抚司只能长期保留,从而使国家规范的行政

---

① 《元史》卷91《百官七》,中华书局,2011,第2318页。
② 《元史》卷63《地理志六》,第1544页。
③ 《元史》卷91《百官七》,第2308~2318页。
④ 《元史》卷103《刑法二》,第2635页。
⑤ 《元史》卷63《地理六》,第1539~1562页。
⑥ 《元史》卷58《志第十·地理一》,第1345~1346页。

建制无法正常设置。其结果,元代绝大多数安抚司的留存之地,成为规范的行政建制的空白之处,从而为蛮夷官最后发展成为土司奠定了基础。但是,在有关元代的文献中,并没有出现"土司"的称呼。这可能与元朝在各级行政机关中,普遍设置由蒙古人担任的达鲁花赤一职,事务处理由他们决断,不需土官开衙审理有关。没有衙门不属于"有司",也就不会有"土司"。这一现象表明了元朝虽设置了土官,却并没有授予土官处理本民族事务之外的地域性行政事务权力,而是"土流兼制、以流监土"的地域性管理,这就构成了元代"土司制度"的特点。

2. "卫司分立"的明代土司制度

明初"踵元故事",土官成为朝廷职官系列的重要组成部分。明以"土官"作为职务指代范围极其宽泛,《明实录》《明会典》《土官底簿》等史籍;《徐霞客游记》《万历野获编》等杂记,以及湖广、四川、贵州、云南等相关行省的方志,均有对南北各地"土官"执掌的专门论述。其记载所对应的地区,不论是朝廷能有效地直接控制区,还是可控可弃的间接羁縻区,都普遍地涉及卫所土官、西番土官、西南夷土官等。甚至外国官吏在史籍中也可见到以"土官"相称的记载。如《明史·外国二》记曰:"时安南思郎州土官攻掠广西安平、思陵二州。"[①] 以及安南占城莫氏与黎氏不合,相互构兵之史事。万历十九年之际,黎维潭势强,率军攻打莫茂洽,黎松"诱土人内应,袭杀茂洽"。莫敬恭等"屯谅山、高平"等地,"令土官列状告当事"。[②] 明万历《云南通志》载有云南代管的外夷土官,有车里宣慰使司、木邦军民宣慰使司、孟养宣慰使司、南甸宣抚司、陇川宣抚司、孟连长官司、芒市长官司等,并对其征收赋税。[③] 显然,有明一代对"非我族类"的其他民族官吏,皆可称之为"土官"。

据《明实录》检索,最早关于"土司"的记载在嘉靖三年(1524)十月:

> 加镇远府推官杨载青俸二级,载青以土舍袭职,尝中贵州乡试。

---

① 《明史》卷321《外国二》,中华书局,2007,第8326页。
② 《明史》卷321《外国二》,中华书局,2007,第8335页。
③ 万历《云南通志》卷16《羁縻志》。

巡抚杨一渶请如武举袭荫之例加升一级，以为远人向学者之劝。吏部覆：土司额设定员，具各在任，难以加升，宜于本卫量加俸给。着为例，报可。①

由此记载可知，既然吏部以"土司额设定员，具各在任"回复，表明该制度在嘉靖之前已经成熟，嘉靖时期开始了由"土官"到"土司"的转变，其内涵应日臻完善。

明代"土司"的出现并非是全国性的普遍存在，而是具有地域性的典型体现。试就《明实录》中有关嘉靖朝"土司"的记载，摘录如下，予以分析。

《明世宗实录》卷265，嘉靖二十一年八月辛丑："两广总督尚书蔡经、总兵安远侯柳珣奏：宾州马平柳城诸傜僮首贼韦公返、韦扶矿为乱，守备程万全督兵捕之，无功。后因副使张瑶巡历柳州，遂私调土司杨留，带兵五百人袭贼，贼觉，杨留被执，卒多死。"

《明世宗实录》卷315，嘉靖二十五年九月癸酉："贵州官军任战者少，各土司目兵亦缘征戍频繁，纪律漫弛，幸得以军法，便宜行事，庶可整齐。……永、保、酉阳诸土司实环诸苗境外。正德以来，诸土司赴调，多借此苗为先锋，而土人且与苗为婚姻。故今日进剿诸苗，无所捕获，不得已而抚。则诸苗恃土司之庇，索求非分，或向或背，致使近苗之民畏苗而或为之用矣。今不重禁土司之党匿，不可以靖苗，宜令戴罪勉立后功。"

《明世宗实录》卷371，嘉靖三十年三月丙申："总督湖广川贵右都御史张岳，督集三省汉土兵，分哨剿苗。湖广分栗凹、狗脑等七寨，四川分吕蜗、普杓等八寨，贵州分鬼提、麦地等十五寨，约以去年九月三日三哨并进。至十一月终，贵苗三十寨俱破，共斩获六百余级……余寇得穿山漏网，入于土司地方者……臣严行永、保、酉阳各土司合兵攻剿，地方暂平。"

《明世宗实录》卷372，嘉靖三十年四月庚午："湖广永、保，四川酉阳各土司以养苗为利……仍削土司冠服，以彰朝廷威信……至于永、保、酉阳各土司彭明辅、彭荩臣、冉玄，俱褫其冠带，令戴罪自劾。"

---

① 《明世宗实录》卷44，嘉靖三年十月甲寅。

《明世宗实录》卷431，嘉靖三十五年正月癸亥："福建倭寇流入浙江界与钱仓寇合，原任留守王伦督容美土司田九霄等兵，扼之于曹娥江，贼不得渡，还走。官军追及之于三江民舍，连战，斩首二百级，复追至黄家山，尽歼之。"

《明世宗实录》卷439，嘉靖三十五年九月甲戌："提督直浙军务尚书赵文华等奏上，八月中，梁庄平倭功次，共斩首一千二百余级，因言水陆诸寇相继荡平，皆上穹默佑，圣武布昭，非将帅之力能及此。兵部覆，请录永、保二土司彭荩臣、彭翼南、彭明辅、彭守忠等及文武将吏功，仍祭告郊庙社稷，以明德意。"

《明世宗实录》卷462，嘉靖三十七年闰七月丁酉："巡抚福建佥都御史王询言：福建自被兵以来，设参将二人，一哨于海，一防于陆。然水陆之任，分而利害，异南北之势，悬而首尾分，各无信地，互相观望。臣按闽中之势，福宁北路之要害也，寇自台温来者必犯之，诏安南路之要害也，寇自广湖来者必犯之……请更设参将一人，以署都指挥佥事曾清充之，部领哨船，选募精锐五百人往来闽安、镇东、福清并海之间，与主客兵互相应援。其本省原调广西向武州土兵，日久思归，宜从其便。而于湖广桑植、麻寮二土司各调兵二千人代之。兵部覆奏，报可。"

《明世宗实录》卷469，嘉靖三十八年二月壬戌："总督湖广川贵侍郎王崇上，去年八月中剿平叛苗功次……叛苗纵兵剽掠，执石耶洞土官杨仁妻冉氏以归。寻发兵攻邑梅、平茶土司。"

《明世宗实录》卷513，嘉靖四十一年九月丙午："初，播州土司原属四川统辖征税，而其地多在贵州之境。嘉靖初诏改属贵州思石兵备矣。已而夷情以为不便，二省守臣各异议。有诏下总督罗崇奎勘处。至是，用崇奎议，仍以播州隶四川，分属川东守巡，重夔兵备三道，而贵州思石兵备道照旧兼制播、酉、平邑等土司，仍改给敕书，重事权以弹压之。"

《明世宗实录》卷553，嘉靖四十四年十二月癸未："巡按贵州御史郜光先条议地方事宜：一、苗夷犷悍，作梗衢路，宜令土司、酋长，所部境界略仿中土保甲之法，互相觉察。"

《明世宗实录》卷563，嘉靖四十五年十月庚辰："严禁水西土司毋乘暸助逆，自干国法。"

按以上记载逐步展开归纳，所涉及的土司在湖广行省有永顺军民宣慰使司、保靖军民宣慰使司、播州宣慰司、容美宣抚司、桑植安抚司，以及由麻寮长官司转设具有羁縻性质的麻寮千户所；四川行省有酉阳宣抚司、平茶洞长官司、邑梅洞长官司；贵州行省有水西宣慰司等，均属西南各行省。所涉及的防苗、平叛、抗倭等事件，均具有可动摇明统治根基的重大影响。事件发生地是东南浙江、福建等行省，而起到扭转战局作用的，则是征调于贵州、湖广、四川、广西等地土司兵的到来。如果再将"土司"称呼也恰恰出现于嘉靖朝的因素考虑进去，就会感觉到"土司"的出现与这些重大事件应有着一定的联系。明王朝依靠这些宣慰司、宣抚司、长官司等，对内镇压"苗蛮之叛"，对外抗击"倭寇之乱"，应该赋予其较一般土官更大的权力。因权力所授的不同，有别于"土官"的"土司"一词也就应运而生。在上述所摘史料里，同一条中有"向武州土兵……桑植、麻寮二土司兵"、"石耶洞土官……邑梅、平茶土司"这样明显以示区别的记载，即可作明证。而清初顺治五年，皇帝所颁敕书中有这样的阐述："自尔土司归诚向化，故历代授官，管束本地土官人等……特以先例，命尔世袭，照旧管束土官土军土民，并各该家口人等"①，这也指出了"历代授官"的土司，能"管束土官土军土民"，更证明了"土司"权势高于"土官"。

从"土官"到"土司"的转变，不仅仅是名称的简单变化，而是这一政治制度内涵的升华。这种升华是一种因循渐进的过程，并与土官衙门的设立有着实质性的关联。明初永乐朝即有"遂命开设衙门，抚绥土人"②的记录。其后，洪熙年间、宣德年间、正统年间、景泰年间、天顺年间的《明实录》中，多处出现"土官衙门"的用法。"土官衙门"是指土官的官署，也就是土官的办公之处，代表着土官政权。土官衙门的出现，意味着土官可开署理事，不仅要处理本民族事务，还可以处理本地区事务，显示了明代土司制度的逐步健全。

明代允许开设"土官衙门"并非仅仅是为了增加土官权限，也是为了加强对其约束。《明世宗实录》卷182云："土夷族类，狼子野心，争官仇杀，乃其常习。虽系建立衙门，比之腹里，自是不同。"③表露出了明朝建

---

① 李鸿仪：《西夏李氏世谱》顺治五年闰四月二十七日《敕李天俞》，辽宁民族出版社，1998，第77页。
② 《明成祖实录》卷15，洪武三十五年十二月。
③ 《明世宗实录》卷182，嘉靖十四年十二月丁未。

立"土官衙门","比之腹里,自是不同"的动机之一是为了让土夷能"改其常习"。土官衙门的设立,自然会导致土官称呼由"官"而"司"的变化。"司"的本义为统治、主管、职掌、处理、操作等,引申为衙署、办公地之意。土官有了衙署,理应在司理事。没开设衙门之前称为"土官",开设衙门后即为"土司"了。这犹如元明清三代主管检察刑法的肃政廉访使司被称为"臬司";明代主管一省军事事务的都指挥使司被称为"都司";明清时期主管一省民政与财务的布政使司被称"藩司"一样,主管本地事务的"土官衙门"被称为"土司"也是顺理成章的。有了"土司"之称,《明实录》中那有点拗口的"土官衙门"逐渐减少,至嘉靖四十五年八月后不见其记载,也是顺其自然的。正因为"土司"是因"土官衙门"而来,后人所谓的"土司"才具有多种指向:既是指担任"土官"职务的人;也是指朝廷的官职;还是指土官的衙署。衙署设立使制度更为健全,"土司制度"的内涵得以完善。

明代土司制度的特点之一,是"司卫分立",即虽然同为少数民族地区,但却因地域不同而分设土司和羁縻卫所予以治理。《明史》曰:

> 西南夷来归者,即用原官授之。其土官衔号曰宣慰司,曰宣抚司,曰招讨司,曰安抚司,曰长官司。以劳绩之多寡,分尊卑之等差,而府、州、县之名亦往往有之。①

强调的是"西南夷来归者"设立土司,所设职务为宣慰司、宣抚司、招讨司、安抚司、长官司等;对于羁縻卫所,则曰:

> 羁縻卫所,洪武、永乐间边外归附者,官其长,为都督、都指挥、指挥、千百户、镇抚等官,赐以敕书印记,设都司卫。②

强调的是"边外归附者"设立羁縻卫所,所设职务为都督、都指挥、指挥、千百户、镇抚等。两者的建制名称及职官系列截然不同。《明史·

---

① 《明史》卷310《土司传·序》,中华书局,2007,第7982页。
② 《明史》卷90《兵二》,中华书局,2007,第2222页。

土司列传》所载仅有湖广土司、四川土司、云南土司、贵州土司、广西土司等专章，均属于西南地区。而西北地区则是"西北诸部，在明初服属，授以指挥等官，设卫给诰印"①。两相对照，不难看出明王朝西南设土司、西北设羁縻卫所战略布局上的地域区别。

不论西南土司或西北羁縻卫所，明王朝启用的大多是本地"土官"。西南地区，"西南边服有各土司兵。湖南永顺、保靖二宣慰所部，广西东兰、那地、南丹、归顺诸狼兵，四川酉阳、石砫秦氏、冉氏诸司，宣力最多。末年，边事急，有司专以调三省土司为长策，其利害亦恒相半云"②。这与嘉靖朝征调这些行省的土司抗倭、平叛、防苗诸事件是相吻合的。西北地区，"西鄙来降者，辄授以职，使率其部落以卫边塞"③。"太祖沿边设卫，惟土著兵及有罪谪戍者。遇有警，调他卫军往戍，谓之客兵"④。这与明朝在西北地区广设卫所未见土司的事例也是相吻合的。西北地区虽不见土司建制，但史籍中却有大量的土官记载：巩昌卫土官汪寿，庄浪卫土官鲁失加，西宁卫指挥佥事尕尔只失结，以及世袭副千户祁贡哥星吉、南木哥。授予百户、镇抚、总旗等军职的土官更多，如帖木录、虮铁木、尕力虮、哈刺反、失刺、沙蜜、薛都尔、韩宝等⑤。显然，不论西北或西南，明朝统治者对边疆诸民族的怀柔政策，都是借助于熟悉本地方社会、风俗、语言、宗教的土官来执行，因地制宜的设立土司与卫所。"卫司分立"是明朝对元朝以土官治理本族地方行政管理的发展，是明代土司制度的一个特征。

3. "卫司合一"的清代土司制度

清王朝迁都北京之后，消灭南明、大顺、大西政权，进而统一全国，完成朝代更替是其主要目的。因而在清朝初年，即制定了对边疆各族进行招抚的政策，"因仍旧俗，官其酋长，俾之世守，用示羁縻，要皆封建之规，实殊牧令之治"⑥。顺治五年规定：

---

① 《明史》卷90《兵二》，中华书局，2007，第2227页。
② 《明史》卷91《兵三》，中华书局，2007，第2252页。
③ 王沂：《续文献通考》卷129，现代出版社，1986。
④ 《明史》卷91《兵三》，第2242页。
⑤ 青海省志编纂委员会：《青海历史纪要》，青海人民出版社，1987，第635~656页。
⑥ 《清朝文献通典·职官32》

> 各处土司，原应世守地方，不得轻听叛逆招诱，自外王化。凡未经归顺，今来投诚者，开具原管地方部落，准予照旧袭封。有擒执叛逆来献者，仍厚加升赏。已归顺土司官，曾立功绩，及未经授职者，该督抚按官通察具奏，论功升授。①

在统一全国的进程中，清廷不时警戒各领军统帅"加意抚恤，以称朝廷柔远至意"②。

顺治十一年（1654），清世祖敕谕镇守广西，声援楚粤的靖南王耿继茂，曰："朕念斯民，久困兵火，安全抚绥，尤为要图。"③顺治十五年三月，清军为追剿大西军余部，洪承畴等三路大军进入贵州，顺治帝诏谕诸将领曰：

> 今念贵州等处民苗杂处，当先加意抚绥，安辑民心。尔等率领大军经过府、州、县及土司、蛮峒等处地方，当严行约束官兵，凡良民、苗蛮财物及一草一木，勿得擅取。惟务宣布仁恩，使彼乐于归附。倘官民人等不遵纪律，仍行抢掠者，即加处治，以示惩戒。尔等所领汉兵，一并严行禁饬。其未辟地方，须多发告示，遍行晓谕。尔等受兹敕旨，当恪遵奉行，勿致扰害地方，以副朕除暴巡民至意。④

同年十二月，顺治帝再次敕谕信郡王安远靖寇大将军多尼、平西王平西大将军吴三桂、固山额真征南将军赵布泰等人，曰：

> 朕以南服未定，特命王等率大军进讨湖南、四川、贵州、云南等处地方。所有土司等官及所统军民人等，皆朕远徼臣庶，自寇乱以来，久罹汤火，殊可悯念，今大兵所至，有归顺者，俱加意安抚，令其得所，秋毫无所犯。仍严饬兵丁，勿令掠夺，其中有能效力建功者，不靳高爵厚禄，以示鼓劝，王等即刊刻榜文，遍行传谕，使土司等众，知朕轸恤

---

① 《清世祖实录》卷41，顺治五年十一月辛未。
② 《清世祖实录》卷18，顺治二年，闰六月戊申。
③ 《清世祖实录》卷81，顺治十一年二月辛巳。
④ 《清世祖实录》卷115，顺治十五年三月申辰。

遐陬臣民至意。①

在清军的招降下，各土司纷纷归附。贵州贵阳府程番、大谷龙、平伐、羊场、底寨等二十余长官司，安顺府顶营、沙营等长官司，盘江等土巡检，草塘司、雍水司等土县丞，重安司土吏目等；都匀府邦水、平定等长官司，独山土同知等；镇远府土同知、土通判、土推官，偏桥长官司及左、右副长官等；思南府沿河祐溪长官司及副长官等，安化、印江两县的土县丞、土巡检，务川县土百户等；以及思州府、铜仁府、黎平府的大大小小数十个长官司，均在"清顺治十五年，归附，仍准世袭"②。

十二月，清军进入云南后，顺治帝再次谕示云南各将："云南远徼重地，久遭寇乱，民罹水火，朕心不忍。故特遣大军，用行吊伐。今新经平定，必文武各官同心料理，始能休养残黎，辑宁疆圉。"③ 云南府罗次、禄丰两县的土巡检；大理府云南县土县丞、土主簿，浪穹县土典史，老窝、六库等地土千总，漕涧土把总，邓川土知州等；临安府思陀乡、何邦乡、慢车乡等地土舍，宁州土州判、嶍峨县土主簿；楚雄府镇南州土州同、土州判，以及姚安、澂江、广南、顺宁、缅宁、曲靖等府厅的众多土官，均在顺治十六年前后归附④。

为了争取西南各土司的支持，清王朝秉承因俗而治的理念，在中原地区推行的民族同化政策，于少数民族地区则变通实行。如顺治二年六月初五日，多尔衮下令刚刚占领南京的多铎："各处文武官员，尽命剃发，倘有不从，以军法从事。"⑤ 顺治皇帝亦谕示礼部："自今布告之后，京城内外限旬日，直隶、各省地方自部文到日亦限旬日，尽令剃发。遵依者为我国民，迟疑者同逆命之寇，必置重罪。若规避惜发，巧辞争辩，决不轻贷。"⑥ 然而，清军进入西南少数民族地区之后，这一严厉的"剃发令"并没有完全执行。顺治四年，宁南大将军阿尔津、恭顺王孔有德等，率兵进入湖广辰州招抚诸土司。保靖宣慰司彭朝柱"差舍把彭伦、邱尚仁等备册籍赴营投诚。诏赐龙牌嘉之，领职如故。有

---

① 《清世祖实录》卷122，顺治十五年十二月己丑。
② 《清史稿》卷515《土司四》，中华书局，2010，第14277~14292页。
③ 《清世祖实录》卷129，顺治十六年十月己酉。
④ 《清史稿》卷515《土司三》，第14258~14267页。
⑤ 《清世祖实录》卷17，顺治二年六月丙辰。
⑥ 《清世祖实录》卷17，顺治二年六月丙寅。

男不披剃、女不改妆等谕"①。顺治十五年，王弘祚在《滇南十义疏》中，建议"除汉人士庶衣帽、剃发遵照本朝制度外，其土司各从其俗，俟地方大定，然后晓以大义，徐令恪遵新制，庶土司畏威怀德，自凛然恭奉同伦同轨之式矣"②。这一建议虽有违"若规避惜发，巧辞争辩，决不轻贷"的圣谕，但亦得以准行。甚至在《大清律例》中明文规定"凡湖南所属未薙发之苗人，与民人结亲，俱照民俗，以礼婚配"③。即使改土归流以后，湘黔边地"惟寨长剃发，其余皆裹头堆髻去胡须"④。

"卫司合一"是清朝土司制度的重要特点。不论明人的《土官底簿》或清人的《明史·土司传》，西北地区均未列入土司，《明实录》中有关这一地区的记载也不见有土司。表明了明王朝并不认为西北地区为土司区，西南土司与西北羁縻卫所是有区别的，司卫分立。但进入清朝之后，西北地区出现了土司称呼。顺治五年，皇帝颁给西宁卫指挥同知李天俞的敕书中有："自尔土司归诚向化，故历代授官，管束本地土官人等……特以先例，命尔世袭，照旧管束土官土军土民，并各该家口人等。"⑤ 明朝羁縻卫所的职官可凭战功晋级，如土官祁秉忠初袭指挥同知职，因战功升任参将、副总兵、总兵等职；土官李英初袭指挥佥事职，因战功升指挥同知、指挥使、都指挥佥事、都指挥同知、左都督等职，勋位至会宁伯；管军所镇抚李南哥因功节次升卫镇抚、指挥佥事，成为东伯府李氏的始祖。但进入清代之后，改卫所战功升职制度为土司世袭制度。西祁土司、陈土司世袭卫指挥使；东李、西李、东祁、阿、赵土司世袭指挥同知；汪、纳、吉、冶、甘、朱、剌土司世袭指挥佥事；上韩、下韩世袭千户；辛、小李土司世袭百户等，至清朝终结均未有升降变化。《清史稿》在《明史》所记的湖广、四川、云南、贵州、广西土司区之外，另加一甘肃土司，并明确曰：

---

① 谢华：《谢华集》，湖南人民出版社，1989，第277页。
② 方国瑜：《云南史料丛刊》第8卷，云南大学出版社，2001，第386页。
③ 薛允升：《读例存疑》卷12。
④ 乾隆《凤凰厅志》卷14《风俗》。
⑤ 李鸿仪：《西夏李氏世谱》，顺治五年闰四月二十七日《敕李天俞》，辽宁民族出版社，1998，第77页。

甘肃，明时属于陕西。西番诸卫、河州、洮州、岷州、番族土官，明史归西域传，不入土司传。实则指挥同知、宣慰司、土千户、土百户，皆予世袭，均土司也。①

"卫司合一"使清代土司急剧增加，检索《明实录》，有2327条关于"土官"的记载，但有关"土司"的记录仅有228条。有意思的是，在嘉靖三年出现了"土司"一词之后，《明实录》中"土官"的记录仍多达400余条，超过了《明实录》中"土司"记录的总和。检索《清实录》，有3596条"土司"记载，但仅有406条"土官"记录，其结果与《明实录》所载截然相反。明清两朝不同的《实录》，似乎仅仅是不同封建王朝的文人们对皇帝琐碎日常事务的如实记载。但一经比较，却能从另一角度看出了不同的王朝在土司制度设计上的不同理念。

从元朝的"土流兼制"，经明朝的"卫司分立"，到清朝的"卫司合一"，清晰地表明了土司制度在承袭中的发展与流变。

二 改土归流：清代对土司制度的革新

一般认为，雍正朝大规模的"改土归流"，是清廷决心废除土司制度的宣示，就清廷的初衷意愿来说，也未尝不是如此。但在"改土归流"的实施中，因地域及民族的复杂多变，并没有进行到底，仅是一次未毕其功的革命而导致的革新。土司未被彻底废除，制度却出现了颠覆性的改变。

1. 顺治、康熙朝的小规模改土归流

在清统一全国的进程中，出于地方政权稳定之需，小规模的改土归流实际已陆续进行，尤其以贵州省为甚。贵州黎平府辖下的赤溪湳洞司杨鸣鸾、分管三郎司杨世勋等，在清军进入贵州之时均得承袭。但在康熙二十年（1681），两司同时"改土归流"②。石阡府苗民长官司于"康熙四十三年，改土归流"③。都匀府凯里司杨氏土司，"康熙四十五年，以土酋大恶案内改土归流，入清平县"④。而影响最大的事件，则是从顺治朝延续至康

---

① 《清史稿》卷340《土司六》，第14303页。
② 《清史稿》卷515《土司四》，第14292页。
③ 《清史稿》卷515《土司四》，第14288页。
④ 《清史稿》卷515《土司四》，第14284页。

熙朝对水西、马乃、乌撒土司的改土归流。

顺治十五年，贵州马乃土司龙吉兆等"收养亡命，私造军器，奸民文元、胡世昌、况荣还等俱党附之。遥结李定国为声援，纠合鼠场营龙吉佐、楼下营龙吉祥歃血盟。掠广西泗城州土寨，安南卫之阿计、屯水桥、麻衣冲、下三阿、白屯等寨等处"①。云贵总督赵廷臣、巡抚卞三元招谕不服。同一时期，水西土司安坤也因曾派人带路引导洪承畴所率清军进入贵州，但久久得不到清廷的叙功而怨气积压，于是以其叔父安如鼎为总统，联合另一土司罗大顺，约定攻取云南。南明政权总兵皮熊乘机煽诱其间，遣人各处散给南明札付，收买人心。贵州总督杨茂勋奏报曰："水西地方沃野千里，地广兵强，在滇为咽喉，在蜀为门户，若于黔则腹心之蛊毒也。失今不讨，养痈必大。"②促使清廷坚定了武力平叛改土归流的决心。乌撒土司与水西土司境土相连，土司安重圣是水西土司安坤的外甥，水西土司反叛之时，安重圣即联合自己的妻兄郎岱土司陇安藩暗中相助。安坤兵败后，陇安藩即联合安坤余部起兵，杀安顺府经历袁绩、毕节经历秦文等，直犯关岭、永宁、大定、威宁等地。清廷以"水西土司安坤，马乃土司龙吉兆，乌撒土司安重圣等，阳顺阴逆，中怀叵测"。令吴三桂"悉心筹画，相机歼剿"③。吴三桂督云贵各镇分路进讨，至康熙四年，叛乱各土司才最终克平，"改设四府"④。鉴于水西宣慰司在顺治年间引路之功，康熙皇帝也曾想网开一面，于康熙二十一年谕大学士曰："吴三桂未叛时，征讨水西，曾灭土司安坤，其妻禄氏奔于乌蒙，后生子安世宗。朕观平越、黔西、威宁、大定四府原属苗蛮，以土司专辖，方为至便。大兵进取云南，禄氏曾前接济，著有勤劳，仍复设宣慰使，令世宗承袭。"水西宣慰司曾一度复立，但仍不得善终，康熙四十年，"总督王继文以土司安世宗为吏民之害，仍请停袭，地方归流官管辖"⑤。

云南因在清朝初年由吴三桂治理，经营多年，土司相对贵州而言多安于本分，较重大的改土归流在清初并不多见，但较小的改土归流仍有多

---

① 《清史稿》卷515《土司四》，第14269页。
② 《清史稿》卷515《土司四》，第14270页。
③ 《清世祖实录》卷141，顺治十七年十月戊子。
④ 《清史稿》卷515《土司四》，第14292页。
⑤ 《清史稿》卷515《土司四》，第14292页。

起。云南县土知县杨玉蕴于顺治十六年归附,仍授土知县世职。但在康熙六年,云南县改设流官,杨玉蕴之子杨岳被改为县丞,虽为世职,但实际上已无权限,实为改土归流。顺治十七年,宁州土知州禄昌贤被降为州同,极为不满,遂与首梅道人等谋反,王弄山长官司副长官王禄也加入其列。康熙四年,在清军的征讨下,禄昌贤"以叛伏诛","(王)禄自焚死,以其地属开化府"。受禄昌贤、王禄叛乱的影响,教化三部长官司副长官龙升(张长寿),"附王禄叛,诛之,以其地为开化府,设流官"。嶍峨县土知县禄益,"与禄昌贤等叛,改流"。该县土主簿王扬祖,也因"与禄昌贤等叛,伏诛,职除"。蒙自县目把李辅舜之孙李世藩、李世屏"附宁州禄昌贤叛,总兵阎镇破之。世藩遁,追斩之。世屏出降,免死,充大理军"。此外,瓦渣乡长官司钱觉耀"通王禄叛,官兵擒斩之"。溪处长官司副长官恩忠"附禄昌贤叛,伏诛"。但两长官司后人仍得以土舍世袭①。

湖广行省界于中原与西南蛮夷区之间,是进入西南地区通道的起点,具有桥头堡地位。清朝于此仅有康熙末年的一次小规模改土归流。原设于苗疆腹地之处有五寨、箄子坪两个长官司,均属保靖宣慰司管辖。五寨长官司下辖宋沱、乌引、芦荻、杜望、白崖五洞,箄子坪长官司羁縻四十八苗寨,是明清两朝管控苗疆最前沿据点。康熙三十九年,清王朝为加强防控苗疆兵力,将镇箄参将升格为总兵,沅州镇移驻镇箄。但镇箄参将原来设立时就驻扎在五寨长官司司治之处,设立镇箄镇后,与拥有独立土兵且具有一定自治权的五寨长官司同城,形成两个军事指挥中心,显然不利于统一调度。因而在"康熙四十六年,巡抚赵申乔以不法奏请裁革,不准袭替。而钱粮、学校,俱归通判经理"②。废掉了两长官司,移辰沅靖道驻此,添设通判,吏目各一员,为凤凰厅的设立奠定了基础,康熙四十八年,改辰州通判驻地为凤凰厅。

2. 雍正朝大规模"改土归流"的原因及进程

从清初"改土归流"的规模和对象来看,除了有明显反叛行为的,如贵州水西土司外,清王朝对于各大土司并没有改流的迹象。但是,"三藩之乱"时西南地区土司的深度卷入,使清廷痛感"三藩之乱,重啖土司兵

---

① 《清史稿》卷515《土司三》,第14258~14263页。
② 乾隆《凤凰厅志》卷1《沿革》。

为助，及叛藩戡定，余威震于殊俗。至雍正初，而有改土归流之议"①。一个"重喙"即清楚地表明，清王朝并没有忘记土司们曾对南明政权的支持。叛乱平息之后，清王朝必然要对土司们进行清算，要对土司制度的作用重新审视，"而有改土归流之议"。

更为重要的是，当封建王朝的统治已然稳固之后，拥有自己独立武装，还有一块"王土"之外自治领地及所属土兵、土民的土司，对于臻于完善的"大一统"封建专制王朝来说，显然是不能容忍的了。土司制度成为"大一统"国家建构的主要障碍。顺治及康熙朝时期，清朝国势未稳，不得已而采用"招抚"之策，一再容忍土司们在清初期的反抗。然而，在康熙二十年平定了"三藩之乱"、康熙二十二年统一了台湾；康熙二十九年至三十六年，经康熙皇帝的三次亲征，消灭了噶尔丹势力，控制了天山南北，稳固了北方边境后。中央集权得以大大加强，一统江山已然牢固。解决西南地区土司割据一方的问题，自然提上了议事日程。康、雍、乾时期强盛的国力，保证了雍正及后继者"改土归流"政策的推行，土司制度面临着生死存亡的命运。

雍正四年春，巡抚云南兼总督鄂尔泰奏言："云贵大患，无如苗蛮。欲安民必先制夷，欲制夷必改土归流。"认为土司"无事近患腹心，有事远通外国，自元迄明，代为边害"。鄂尔泰提出云南、贵州的治边策略：

> 江外宜土不宜流，江内宜流不宜土。此云南宜治之边夷也。贵州土司向无钳束群苗之责，苗患甚于土司。而苗疆四周几三千余里，千有三百余寨，古州踞其中，傯奊环其外。左有清江可北达楚，右有都江可南通粤，皆为顽苗蟠据，梗隔三省，遂成化外。如欲开江路以通黔、粤，非勒兵深入，遍加剿抚不可。此贵州宜治之边夷也。臣思前明流土之分，原因烟瘴新疆，未习风土，故因地制宜，使之向导弹压。今历数百载，相沿以夷治夷，遂至以盗治盗，苗、倮无追赃抵命之忧，土司无革职削地之罚，直至事大上闻，行贿详结，上司亦不深求，以为镇静边民无所控诉。若不铲蔓塞源，纵兵刑财赋事事整饬，皆治标而非治本。

---

① 魏源：《圣武记》卷4《雍正西南夷改土归流记》，中华书局，1980，第283页。

其改流之法，计擒为上，兵剿次之。令其自首为上，勒献次之。惟制夷必先练兵，练兵必先选将。诚能赏罚严明，将士用命，先治内，后攘外，必能所向奏效，实云贵边防百世之利。[1]

此奏深得雍正赞赏，"知鄂尔泰才必能办寇，即诏以东川、乌蒙、镇雄三土府改隶云南。六年，复铸三省总督印，令鄂尔泰兼制广西。于是自四年至九年，蛮悉改流，苗亦归化"[2]。

改土归流在滇川黔边首先开始。"四年夏，先革东川土目，即进图乌蒙。时乌蒙土府禄万锺、镇雄土府陇庆侯皆年少，兵权皆握于其叔禄鼎坤、陇联星。鄂尔泰令总兵刘起元屯东川，招降禄鼎坤。惟禄万锺制于汉奸，约镇雄兵三千攻鼎坤于鲁甸。鄂尔泰遣游击哈元生败之，又檄其相仇之阿底土兵共构乌蒙，连破关隘，贼遂走镇雄，鄂尔泰复招降陇联星，而禄鼎坤亦以兵三千攻镇雄之胁，两酋皆遁四川。于是两土府旬日平，以乌蒙设府，镇雄设州，又设镇于乌蒙，控制三属"[3]。其后，四川雷波土司、阿卢土司及建昌、凉山各夷倮先后改土归流，"自小金沙江外，沙马、雷波、吞都、黄郎诸土司地直抵建昌，袤千余里，皆置营汛，形联势控"[4]。云南沾益土知州、镇沅土知府、者乐甸长官司、威远土州、广南府土同知、富州土知州，孟养、茶山土夷等先后纳土，"惟（澜沧）江外归车里土司，江内地全改流。升普洱为府，移元江协副将驻之。于思茅、橄榄坝各设官戍兵，以扼蒙、缅、老挝门户"[5]。

贵州改土归流自广顺州长寨开始，因"苗力挠抗"而最为惨烈。史载"焚其七寨"，"尽歼首从，勒缴弓弩四千三百余，毒矢三万余，皮盔皮甲刀标各数百"，"乘威招服黔边东西南三面广顺、定番、镇宁生苗六百八十寨，镇宁、永宁、永丰、安顺生苗千三百九十八寨"[6]。其后，都匀、八寨、大小丹江、清江、都江、黎平、古州等地土司，在清军强攻之下，均

---

[1] 《清史稿》卷512《土司1》，第14203~14205页。
[2] 魏源：《圣武记》卷4《雍正西南夷改土归流记》，第283页。
[3] 魏源：《圣武记》卷4《雍正西南夷改土归流记》，第287~288页。
[4] 魏源：《圣武记》卷4《雍正西南夷改土归流记》，第286页。
[5] 魏源：《圣武记》卷4《雍正西南夷改土归流记》，第288页。
[6] 魏源：《圣武记》卷4《雍正西南夷改土归流记》，第288页。

纳入版籍归于内地。"乃议黎平府设古州镇,而都匀府之八寨、丹江,镇远府之清水江,设协营,增兵数千,为古州外卫。后复改清江协为镇,与古州分辖"①。

湖广行省的土司,以容美、永顺、保靖、桑植等宣慰司为首,兵多地广,能征善战,明朝时就以抗倭、平叛、援辽而声名显赫。且土司大多传承十数代,历史悠久。如彭氏土司自后晋天福五年确定其疆域以来,经两宋、元、明数朝不衰,已有近八百年的历史,执掌着保靖、永顺两大宣慰司和众多长官司及土州,势大根深,改土归流并非易事。清朝在此改土归流极为谨慎,择机而为。

雍正五年七月初九日,署理湖广总督傅敏上疏曰:"湖南桑植、保靖二土司肆虐一方,汉土苗民均受荼毒,土人不时拥入内地,迫切呼号,皆愿改土归流……查桑植司向国栋世济凶恶,杀虏苗民,久已众叛亲离,改流甚易。惟界连容美司,又缔婚姻,虽容美司田旻如慑服天成,万无敢于助恶之理,然其人桀骜狙诈,或以物伤其类之故,阳为不闻,阴行煽惑,邻近土苗生事阻挠多亦未可定……保靖司彭御彬贪淫凶暴,罪恶贯盈,邻近土司无不离心,近因谋官夺印一案,经臣兰泰题参革职,现在提审,改流尤易。"② 七月初九日,傅敏再上"改土归流奏疏",详细汇报了对湘黔边区改土归流的军事部署:"臣等伏查彝陵乃诸土司前路,九溪乃诸土司后路,臣等着量密饬彝陵镇总兵官整饬营兵伍预备。但事关重大,乃仰请皇上密谕杜森敬谨办理,就近镇压。至其后路,议调衡州副将周一德暂署九溪协事,整顿兵马,以备不虞,并澧州、永定两营听其节制,严饬防范,则诸土司皆不敢动,而容美无所施其技矣。但桑植地方必须另设同知一员,驻扎弹压土苗,清理狱讼……再委谙悉苗情参游一员,俟布置已备,毕令该丞会同该将,统领官兵三百名,直入其地,抚绥宁辑,分守汛兵,立时可定……今已新设保靖同知,应令该丞刘自唐会同守备一员,带兵三百名镇抚,分汛亦可立定,即驻扎该地。"③ 而《朱批谕旨》所载湖南辰沅永靖道王柔的奏章,所拟部署的军事兵力更为强大:"臣拟于各省附

---

① 魏源:《圣武记》卷4《雍正西南夷改土归流记》,第290页。
② 同治《桑植县志》卷1《沿革》。
③ 同治《桑植县志》卷1《沿革》。

近边土地方,如川属重庆、黔江县界应备兵二千名,湖北之恩施县应备兵二千名,湖南之九溪应备兵二千名,黔属之正大营应备兵二千名,皆于外面驻扎,遥张声势。至中路应用之兵则断需三千,由辰州永顺而直入龙山,以抵十八小土司之境,在各司人寡势弱,官兵所至必俯伏听命。"① 如此周密的军事部署,保证了改土归流的顺利进行。

雍正五年八月十四日,雍正皇帝颁布了改土归流谕旨:

> 桑植土司向国栋、保靖土司彭御彬暴虐不仁,动辄杀戮且骨肉相残,土民如在水火,朕闻之深加悯恻。既有被害男妇纷纷来归,情愿编入版籍,以免残害,若拒而不纳,则结怨之土民必至无遗类矣。朕抚有四海,内地苗疆皆朕版图,汉土民人皆朕赤子,若一夫不获,当仅朕怀,况数千土民,安忍置之度外。今俯顺舆情,俱准改土归流,设官经辑弹压。其应当审理之旧案,着该督抚一并审结,俱带兵入内,官弁等须仰体朕心,不得杀戮无辜,并晓谕平日奉法之土司,仍各安居乐业,不必疑惧。其土司向被桑植、保靖土司残虐者,着加意抚恤,去其苛政,务使出水火而登衽席,以副朕除暴安民之意。如有助恶党羽,即予剪除。倘归诚向化,皆从宽释。其向国栋、彭御彬应安插何省,不令失所之处,着该督抚酌量定议,以广朕法外之仁。仍将此晓谕附近土民,咸使悉知朕意。②

改土归流以"去其苛政"、"除暴安民"之名义"晓谕附近土民",广造声势,舆论先行。

雍正五年十二月,雍正再颁上谕:

> 向来云、贵、川、广,以及楚省各土司,僻在边隅,肆为不法,扰害地方,剽掠行旅,且彼此互相仇杀,争夺不休,而于所辖苗蛮,尤复任意残害,草菅人命,罪恶多端,不可悉数。是以朕命各省督抚等,悉心筹划,可否令其改土归流,共遵王化。此朕念边地穷民,皆

---

① 《朱批谕旨》第36册,湖南辰永靖道王柔奏。
② 乾隆《永顺府志》卷首《上谕》。

吾赤子，欲令永除困苦，咸乐安全，并非以烟瘴荒陋之区，尚有土地人民之可利，因之开拓疆宇，增益版图，而为此举也。今幸承平日久，国家声教远敷，而任事大臣，又能宣布朕意，剿抚兼施，所在土司俱已望风归向，并未重烦兵力，而愿为内属者，数省皆然。自此土司所属之夷民，即我内地之编氓；土司所辖之头目，即我内地之黎献。民胞物与，一视同仁，所当加意抚绥安辑，使人人得所，共登衽席，而后可副朕怀也。但地方辽阔，文官武弁，需员甚多，其间未必尽属贤良之辈。且恐官弁等之意，以为土民昔在水火，今既内附，已脱从前之暴虐，即略有需索，亦属无伤，此等意见，则万万不可。着该督抚提镇等，严切晓谕，不妨至再至三，且须时时留心访察，稍觉其人不宜苗疆之任，即时调换，并严禁兵丁胥役之生事滋扰，务俾政事清明，地方宁谧，安居乐业，共享升平。倘有不遵朕旨，丝毫苛索于土民地方者，着该土司立即参劾，重治其罪，即系平日保举之人，亦不可为之容隐。果能据实纠参，朕必宥其失察之愆，嘉其公忠之谊。该督抚提镇等可共体朕心，各尽怀保边民之道。①

这次上谕，已远远不同八月上谕中雍正皇帝所言的改土归流是"土民如在水火，朕闻之深加悯恻"，需"俯顺舆情"而为，透露出了"尚有土地人民之可利，因之开拓疆宇，增益版图，而为此举也"的改土归流目的，湖广行省改土归流随之展开。

在强大的兵力威慑之下，湖广各土司无奈地交出其权。永顺宣慰司彭肇槐"献图输诚，愿附内地"，被迁徙至江西，其地改设为永顺县、龙山县、古丈坪厅；保靖宣慰司彭御彬"因不识时务"，流放于辽阳，其地改设保靖县、花垣县；桑植宣慰司向国栋"因暴参革"，流放于河南，其地改设为桑植县，并划一部分归慈利县；酉阳宣慰司冉广烜徙浙江，其地改设为酉阳厅、秀山县；容美宣慰司田旻如虽已自缢身亡，但他的妻妾子女、父母兄弟还是一并押解陕西，其心腹下属则解交广东极边地方安插。其地改设为鹤峰厅、五峰县。施南宣抚司、忠建宣抚司、东乡五路安抚司、唐崖长官司等大小十八土司悉数改土归流，成为施南府下辖来凤、宣

---

① 乾隆《永顺府志》卷首《上谕》。

恩、咸丰等县。其结果，湖广行省土司无一留存。

3. 雍正时期"改土归流"的结果

土司制度是为治理主体民族之外的少数民族而设计的，它"不是少数民族的传统政治制度，而是中央王朝在少数民族原有部落传统势力的基础上，将其酋长委以具有相应的职务和一定品级的官位，纳入国家统一的职官系列，授予一定的自治权力，'因俗而治'创造出来的一种新的管理制度。其职官名称、官员任免、管理方式、权力界定、辖地范围等均受中央王朝限定。相对于各少数民族原有的各具特色、各行其是，具有部落传统性质的政治制度而言，土司制度具有全国相对统一的名称整齐性、官职系列性及政务规范性"①。土司制度的核心是"修其教不易其俗，齐其政不易其宜"②。在臣服中央王朝的前提下，允许本地蛮夷酋长拥有一定的武装，自治管理其传统领地，自行处置其所属蛮民的行政事务。因此，具有的"立蛮酋、掌蛮兵、领蛮地、治蛮民"四要素，构成土司制度的基本特征。但"改土归流"后的土司制度，则使本土自治性"四要素"基本无存。

雍正时期的"改土归流"主要集中在湖广、四川、云南、贵州、广西等地，大批土司因此而废除。李世愉先生《清代土司制度论考》一书，对雍正时期改流土司曾做一统计：湖广改流土司109家、四川改流土司69家、云南改流土司17家、贵州改流土司15家、广西改流土司10家，共计改流土司220家。③但声势浩大的"改土归流"并非为彻底废除土司制度，仅仅是对与所谓的"腹里"之地有直接疆域关联、对清王朝统治构成一定威胁的土司予以取缔。从湖广、四川两省改流土司高居前两位即可看明白，清人当时也洞察其实质是"此因土之事，非改土归流之事"④。虽如此，这次以直接统治取代间接统治的政治制度改革，却导致土司制度发生了颠覆性的变化。

三 制度与符号交集的清代土司制度形成

在清王朝"改土归流"之初，鄂尔泰审时度势提出了"（澜沧）江外

---

① 罗中：《共识缺失：土司研究泛化的成因》，《云南师范大学学报》（哲学社会科学版）2015年第2期。
② 魏源：《圣武记》卷4《雍正西南夷改土归流记》，第296页。
③ 李世愉：《清代土司制度论考》，中国社会科学出版社，1998，第205页。
④ 魏源：《圣武记》卷4《雍正西南夷改土归流记》，第296页。

宜土不宜流，江内宜流不宜土"的设想。经"改土归流"后，如以制度内涵而言，这一设想大致完成。如以土司设置而言，这一设想并没有完全实现。除湖广行省外，土司制度在西南各省实际上仍然存在，但却变得复杂化，出现了不同类型的土司：其一是原封不动地保留了原有官职、领地、属民的世袭土司；其二是改土归流后失去官职、领地、属民，但变相保留"公职"，授予了其他官职，实为流官僚属的"土司"；其三是新设置的"照流官案例。如有事故，开缺题补，与他土司不同"[①] 的土司。其一应是政治制度的延续；其二是土司已经没有了"制度"，仅是作为政治符号而出现；其三则介于"制度"与"符号"之间。政治制度与政治符号的结合，构成了清代土司制度的特点。

1. 政治制度的保留

改土归流并没有完全以流官代替土司，相当一部分土司建置仍然保留下来，《清史稿·土司一》载：四川省有邛部、沙马二有宣抚使；木坪、明正、巴底、巴旺、德尔格忒有五宣慰司；长宁、沃日等有二十一安抚使；静州、陇木等有二十九长官司。云南省有车里一宣慰使；耿马、陇川、干厓、南甸、孟连有五宣抚使；遮放、盏达有二副宣抚使；路江、芒市、猛卯有三安抚使；纳楼、亏容甸、十二关有三副长官司；蒙化、景东、孟定、永宁有四土府；富州、湾甸、镇康、北胜有四土州。贵州省有中曹、白纳等六十二个长官司；广西省有忠州、忻城等二十六个土州；迁隆峒、永定、永顺有三个长官司等[②]，均没有改土归流。

《圣武记》亦载："凡土司之未改流者，四川宣抚使三，安抚使二十有一，长官司二十有六，又副长官司一；云南宣慰使一，宣抚使四，副宣抚使二，安抚使三，副长官司三，土府四，土州四；贵州长官司六十有二，副长官司三；广西土州二十有六，土县四，长官司三；其四川、青海之间，别有土司数十，别隶西藏达赖剌麻者，不在此数。凡宣慰、宣抚、安抚、安乃长官等司之承袭隶兵部；土府、土州之承袭隶吏部。凡土司贡赋，或比年一贡，或三年一贡，各因其土产、谷米、牛马、皮、布，皆折

[①] 《清史稿》卷512《土司一》，第14208页。
[②] 《清史稿》卷512《土司一》，第14206~14207页。

以银，而会计于户部。"① 这些未改土归流的土司建制，保留了传统的土司制度，使之得以延续。

《清史稿》载："雍正七年，川陕总督岳钟琪奏四州巴塘、里塘等处请授宣抚司三员、安抚司九员、长官司十二员，给与印信号纸。副土官四员、千户三员、百户二十四员，给以职衔，以分职守。内巴塘、里塘正副土官原无世代头目承袭，请照流官案例。如有事故，开缺题补，与他土司不同。"② 经议政王大臣等议复后，予以实行。《清实录》亦载："四川巴塘、里塘等处，请授宣抚司三员、安抚司九员，长官司十二员，给与印信、号纸。副土官四员、千户三员、百户二十四员，给以职衔。"③ 在改土归流废除土司制度的同时，还出现了新设土司建置的状况，表明了作为满族所建立的清王朝，为集中精力治理中原"腹里"人数远比自己多的以汉族为主的其他民族，虽有"改土归流"之举，但继续借用西南地区其他民族的传统势力，加强对边疆边区民族地区的管理，仍是其治国的基本理念之一。

2. 建制改置中对土司权力的剥夺

清王朝在"改土归流"剥夺土司世袭权力之时，除以武力直接解除外，还使用建制改置的手段，以"和平"的方式逐一剥夺了土司的权限。

（1）改土设厅

"厅"是清代特有的行政区划，分为散厅和直隶厅两类。散厅隶属于府，与县同级。直隶厅则隶属于省、布政司或道，与府和直隶州同级。《清会典》曰："凡抚民同知直隶于布政司者为直隶厅。"④ 清初，作为地方官制的"散厅"与"直隶厅"原本不是独立的行政机构。厅的长官称为同知、通判，原来是知府的副手，"府佐贰，为同知、通判，所管，或理事，或理饷、督粮、监税，或清军，或总捕，或驿或茶，或营田，或水利，或巡边抚彝、抚番、抚瑶、抚黎"⑤。因分工的专业性，他们常常被知府临时派遣到某地专事办理具体事务，被称作"听事"，《集韵》曰："古

---

① 魏源：《圣武记》卷4《雍正西南夷改土归流记》，第296~297页。
② 《清史稿》卷512，《土司一》，第14208页。
③ 《清世宗实录》卷80，雍正七年四月丙戌。
④ 光绪《钦定大清会典》卷4《吏部》。
⑤ 光绪《钦定大清会典》卷4《吏部》。

者治官处谓之'听（聽）事'，后语省，直曰'听'，故加广"，被简称为"廳（厅）"。久而久之，随着这种类似出差性质机构的不可撤销性日显重要，终于具有了独立的职能，形成为正式的行政机构，变成了所谓的"定制厅"。

散厅在清初开疆拓土之际即有出现，康熙年间多有设置。尤其是在雍正改土归流之前后，更于原土司之地普遍设置。而直隶厅的出现则要晚于厅。根据《清朝文献通考》所载，散厅的五分之三以上是康熙或雍正年间被设置，少数在乾隆年间设置的厅也是乾隆年间早期的事。与此相反的是，直隶厅的三分之二以上是乾隆年间设立的，没有在康熙年间设置直隶厅的记载。《清史稿》虽有"雍正三年，改威远州为直隶厅"①，"雍正十三年，析黔江、彭水二县置黔彭直隶厅"②的记载，但直隶厅在雍正年间设置并没有形成定制。《清实录》中首次出现直隶厅记载，是在乾隆三十五年（1770）："乾隆三十五年二月庚戌。吏部议覆：经略大学士公傅恒奏称：'云南外连夷疆，地方辽阔，从前欲藉大员弹压，设郡至二十三府之多。今诸夷向化，缅酋归诚，原设冗繁，应如所请……广南府止有同城之宝宁县，不成郡，改直隶厅同知。宝宁县同城应裁，改设照磨一员，以资佐理。又永北、蒙化、景东三府，无属邑，不成郡，但地方辽阔距府窎远，归并他郡，一切征输审解未便。将永北、蒙化、景东三府均改直隶厅同知。'"③永北、蒙化、景东三地均为土府，《清史稿》记载："今土司之未改流者……土府四：曰蒙化，曰景东、白孟定，曰永宁"④，三府当时均属于未改土归流之列。"将永北、蒙化、景东三府均改直隶厅同知"。以"直隶厅同知"取代原土知府之职，由主官变为副贰，无疑是变相的改土归流了。此为设厅以土司为副贰，借以剥其权力之举措。

设置直隶厅时为了不至于引起土司的警觉与反对，还有以流官为副贰的举措。即厅设立后原土司建置并没改流，依然存在。也就是说，直隶厅的设置没有彻底破坏原有少数民族的社会结构和管理体制，而是在现存的土司管理机制上，增设了同知或通判，形成两套职官和行政管理体制。这

---

① 《清史稿》卷74《地理二十一》，中华书局，2010，第2321页。
② 《清史稿》卷69《地理十六》，中华书局，2010，第2212页。
③ 《清高宗实录》卷852，乾隆三十五年二月庚戌。
④ 《清史稿》卷512《土司一》，第14207页。

两套职官和管理机制并不完全平行，但也不完全分离。规定"抚民同知，虽非知府可比，然亦有管理地方之责"①。具有掌印、治民、控土司、理刑案等责，成为事实上的主官，导致了土司大权旁落。其实就是在原来单一的少数民族社会里，以加派"流官"的形式，让内地社会制度进入，使清朝的国家权力真正深入到边疆民族地区。从这种实质性的管理方式来看，直隶厅的设置，即是先以双重管理结构来管理民族地区的行政事务，不动声色地剥夺了土司的权力。

（2）增设同知

在土司之中先设立同知，以分土司权力，伺条件成熟之后再行改土归流，是清王朝雍正年间改土归流时最常用的一种办法。因为在土司身边安插副职，较之平行的设厅分权更为直接。湖广行省在改土归流之前普遍使用这种方式，以分土司之权。雍正五年，清廷以处理桑植、容美土司劫杀为由，设保靖宣慰司同知一员；随后又裁桑植宣慰司土经历一名，由石门知县铁显祖任桑植司同知；永顺也直接设同知一员，经历一员。在宣慰司设立同知、经历的作用，署理湖广总督傅敏的"改土归流奏疏"，作了极为明白的描述："桑植地方必须另设同知一员，驻扎弹压土苗，清理狱讼……再委谙悉苗情参游一员，俟布置已备，毕令该丞会同该将，统领官兵三百名，直入其地，抚绥宁辑，分守汛兵，立时可定。"②云南的改土归流也如此，云南中甸、维西改土归流时，移鹤庆府通判驻维西，"建城设兵，旧头目七，给土千总衔三、土把总衔四，分治其地，而受约束于通判"。至乾隆二十一年（1756），云贵总督爱必达等奏准，将中甸同知、维西通判改隶丽江府管辖③。乾隆二十二年，以楚雄州同知改作中甸抚夷同知到任，立中甸厅，下辖大中甸、小中甸、江边、泥西、格咱等地。照旧设置土职，共计有土守备2名、土千总5名、土把总16名，"如遇缺出，由同知、守备照绿营例"拔补，"非同世袭"④。大小土司均丧失了原有的世袭权。

（3）改土设屯

所谓"土屯"是相对绿营制的"汉屯"而言，原是为汉番分治、安置

---

① 《清高宗实录》卷1358，乾隆五十五年七月己卯。
② 同治《桑植县志》卷1《沿革》。
③ 《清高宗实录》卷513，乾隆二十一年五月乙未。
④ 光绪《新修中甸县志稿本》上卷《沿革志》。

"降番"而设立的。改土归流时按这一制度，将土司领地收归朝廷所有，再以寨为基本单位设立土屯，由原土司、头人、土舍、土目等，按绿营官制，担任土守备、土千总、土把总、土外委等职。原土民则成为屯兵，屯兵以上职务统称为土弁。土地按照土屯弁兵的等级高低予以分配，土屯弁兵对土地只有使用权，没有所有权，禁止买卖，都应交纳粮赋。土屯是中央王朝在少数民族地区实行的一种垂直管理、直接经营、具有军垦性质的政治制度。

乾隆十七年，四川杂谷脑（今四川理县）安抚司苍旺，侵掠邻近土司，为四川总督策楞、提督岳钟琪等所攻灭。清廷采纳岳钟琪等的奏请，将原苍旺所属部分地区改土设屯，"将该处头人拔补屯弁，管领番民，挑补屯练，承垦地亩，按地纳粮"①。共设杂谷脑、干堡寨、上孟董、下孟董、九子寨五屯。各屯有屯守备、屯千总、屯把总、屯外委等职，均无世袭，有缺额则补。五屯共有屯练3000名，属军屯性质，统归新设置的杂谷厅维州协管辖。史载："杂谷百姓自改作屯练以来，各安生理，土司不敢欺凌。"②

乾隆四十一年，清廷平定大、小金川之后，分别设立了勒乌围、美诺两厅及美诺、勒乌围、马尔邦、噶喇依、大扳昭、底木达、章谷等7屯。两厅各设同知一员；七屯各设粮务一员及各屯守备、千总等职。厅、屯各职均酌情选拔原旧头人、酋长等担任，额设屯兵4000名。乾隆四十四年，清廷在大、小金川撤厅减兵，两厅之中裁勒乌围，仅剩美诺厅；七屯并为五屯并相应改名为懋功（原美诺地）、抚边（原大扳昭、底木达两地）、章谷、崇化（原马尔邦、噶喇依两地）、绥靖（原勒乌围地）。前三屯在小金川，后两屯在大金川，屯兵额减为3000名。这些"改土归屯"的原土司属地称为番屯。除此之外，清王朝在大、小金川还设有兵屯、民屯。兵屯即以平叛时的军队屯田留守，但考虑到屯兵分为不带眷属的"单兵"和带眷属的"眷兵"两种，兵屯地的人数远超3000人。民屯即招募远近人民来此设屯开垦。不论何种形式的屯田。每户均授予田地30亩，单兵则为十

---

① 《清高宗实录》卷422，乾隆十七年九月甲戌；卷426，乾隆十七年十一月壬戌。
② 《钦定平定两金川方略》卷47，乾隆三十八年正月乙未阿桂奏。

五亩，每户每年都要上纳科粮。科粮交纳数因地域而不一，并非统一额度①。改土设屯为清廷收到一箭双雕的效果："改作屯兵，令其耕作自食，不必官为给饷养赡，仍移设同知一员驻辖之。久则渐与编氓无异，自可永除后患。"②

（4）协营直辖

协营直辖即是将原独立成建制的土司，纳入当地绿营兵中一体管理。虽然没有改土归流，亦未废除其号纸、印信，似乎继续着曾经的土司待遇。但这些不论是土千户、土百户职衔，或是宣慰司、宣抚司、安抚司、长官司职衔的"土司"，都因纳入地方军队系列统一管理，失去了原享有独立行使的军政处置权。如松潘县地域的七步寨土千户、峨眉喜寨土千户、麦杂蛇湾寨土千户、毛革阿按寨土千户、千户热务寨土百户、拈佑阿革寨土百户等，归属松茂道松潘镇松潘厅中营管辖；阿思峒寨土千户、羊峒寨土百户等，归属松潘厅左营管辖；四川理县地域的梭磨宣慰使司、卓克基长官司、松冈长官司、党坝长官司等，归属杂谷厅维州协右营管辖；瓦寺宣慰司则属杂谷厅维州协左营管辖；四川大小金川境内的绰斯甲布宣抚司、鄂什克安抚司等，归属懋功厅管辖。著名的打箭炉明正宣慰司，其下有土千户、土百户共49员。康熙五年（1666）归附清朝之后，虽颁给了印信、号纸，授职未变，但却归于打箭炉厅阜和协管辖。康熙三十九年至四十年，清廷直接给土千户颁号纸、印信。土百户则仅颁号纸而无印信，无异于剥夺了明正宣慰司对其所属千户、百户的管辖权。康熙五十八年，巴塘宣抚司及副宣抚司归附，清廷虽授以相应职衔，并颁发号纸、印信。但对副宣抚司无印信，不予世袭。

3. 政治符号的形成

改土归流废除了宣慰司、宣抚司等土司官职。出于安抚笼络的原因，部分土司被授予了其他官职，变相保留了"公职"。"凡改土归流，土司倾心向化，率属内附，由督抚疏请改隶民籍者，授以守备或千总、把总之职，准其世袭"③。这些由改土后的土司担任的守备、千总、把总等职，因

---

① 嘉庆《四川通志》卷87，《武备志》附屯练。
② 《钦定平定两金川方略》卷16，乾隆三十七年正月戊申上谕。
③ 乾隆《大清会典》卷62，《兵部·武选清吏司》"土司"条。

29

为其子还可袭位,以示区别,其职务前都加上了一个"土"字,被称为土守备、土千总、土把总等。应该是出于安抚土司心理的原因,诸多由改土归流后的土司所担任的官职,在清代仍然以"土司"称之。"凡土司:曰指挥,曰宣慰,曰宣抚,曰安抚,曰招讨,各以其长为使,惟长官司不置使","凡土官,甘肃指挥使八人"[1]。原明代卫所"指挥"等职,在清代也归入了土司之列。清绿营制中一些职官,因授予了改土归流后的土司,在《大清会典》中也被列入"土司"条中,如游击、都司、外委、指挥同知、指挥佥事、千户、副千户、百户、副百户、百长等[2]。如此导致了清代"土司"名称的复杂多样:既有明代卫所制沿用下来名称,也有土司原曾有的官职名称,还有清朝绿营兵制当时仍使用的官职名称。实际上这类"土司",除世袭之外,已无任何自治权、领地、武装和属民,仅仅是流官执掌的行政或军事机构中的一个僚属,以"土吏"称呼应更为恰当。"土司"已成为一个政治符号的摆设,仅仅是没有土司制度内涵的外在形式而已。

　　土司制度是国家层面上确定的地方行政管理体制,该制度能够在元、明、清三个王朝中得以延续,推行的时间跨度超过了六百余年,实施的地域广达数百万平方公里,涉及的民族多达四十余个,确保了广大少数民族地区纳入国家的大一统框架内,这正是土司制度的特色和价值所在。其存在与延续,还成为我国拥有西南领土的历史与法理依据,这正是当今的价值所在。清代以"改土归流"为发端,去除了土司制度中的自治权,防止了各土司拥兵自重的独立隐患,有利于大一统国家的巩固。这既是清王朝统治者政治智慧的体现,也是土司制度发展的历史必然。

(作者单位:吉首大学哲学研究所)

---

[1] 光绪《钦定大清会典》卷47《兵部·武选清吏司》。
[2] 光绪《钦定大清会典》卷45《兵部》。

土流兼治地区中的土官施政：以滇西蒙化府左氏土官为例

唐 立

摘 要：本文通过滇西蒙化府左氏土官的案例来检讨改土归流以后，明清两朝所施行的土流兼治的具体情况。蒙化府位于今云南省西部的巍山县，地处于往东南亚各地区的要道上，由于其在交通上的重要位置，历来受到南诏国、大理国、元朝的重视，明军入滇之后，建置卫所屯军，任命原有土著首领治理土著社会，形成府卫参设、土流兼治的政治体制。在明清时期云南设有土流兼治体制的地区之中，实为典型的案例。首先研讨左氏土官与明朝的关系，其次确认改土归流后，明朝保留左氏土知府辅佐施政的事实，然后利用左氏土知府所给发的行政文书说明佐治范围，最后对于土流兼治给予土著社会的影响加以初步的检讨。我们通过分析得出以下结论：行政文书证明，蒙化左氏能够维持土著社会的稳定，主要依赖于其土官身份所给予的名声与影响力。此种身份，使得左氏有权力任命亲属（舍族、舍丁等）为佐治官，左氏土官透过有血缘关系的佐治官治理土著民社会。一般而言，改土归流意味着土著政权的灭亡，土官与土著社会的断绝。但事实上，在蒙化府所实行的土流兼治显示，改土归流并不一定导致政权全面崩解，尽管土官失去征收钱粮的权利，其亦能保持原有佐治官体制而继续参与施政。蒙化左氏土知府的案例说明，明清两王朝在云南推行郡县化，扩大流官范围时，流官的施政能力有限，实际上必须依赖土官的势力维持土著社会的稳定。

关键词：改土归流 土流兼治 佐治官 土官兴办儒学 旗纛庙

清史论丛

一 问题所在

中国历代王朝，以间接方式治理多族群杂居的西南边疆地区，历史悠长。自秦汉起，对于被王朝视为"化外"始行羁縻政策，目的在于将部落酋长纳入王朝政治体系中，企图使"化外"土著民社会相对稳定，防治其影响内属政治。原初羁縻政策，较为宽松，随着各朝代的需要而变，至唐宋两朝才渐次有所强化。元世祖忽必烈为了包围南宋以征服中原，1253年先灭大理国，后在云南建设攻南宋的桥头堡过程中，将归附土著酋长授予官职，以佐治土著社会。后世所谓土官/土司制度，其原型形成于元朝，以蒙古人任流官，以土著酋长任土官的统治体制。地方官有土流之分，土官保留原管领土和领民，而且子孙可以承袭其官位等特征起源于元朝，土官均由朝廷任命，颁发印信、号纸，承袭亦得经过朝廷批准等特色在明代得以完备[①]。土官/土司制度延续600多年，至20世纪初才得以终结，足以证明其长期在治理西南地区所起的巨大作用。研究明清王朝在该地区扩大直接统治范围，实为不可忽略的重要题目。明清王朝不仅在与缅甸、越南、老挝、泰国等东南亚国家接壤的广袤"极边"，在离中原相对近邻，如贵州和湘西的苗疆等地所谓"内地边疆"（internal frontiers）亦施行土官/土司制度。在湖南和贵州，清朝划定土官/土司与流官辖区的疆界，以防发生冲突。无论在任何"边疆"，中原王朝均采用同一制度治理，任命土著首领为朝廷官（土官/土司），使他们管理地方。在中原王朝未到来之前，壮族、傣族等族群先民的首领已经开始经营微小地方政权，统治土著民。其分布非常广泛，因为当时尚未有明确的国界边线，故微小政权的分布远远超过现在中国国境线的范围，连续至上述东南亚诸国的领土。其地理分布如此广泛，而历史上众多微小政权透过土官/土司制度与中原王朝建立君臣关系，从其被融入中国官僚体系此一点来看，可言土官/土司制度确实带有明显的中国特色。特色亦显示在这些微小政权的统治阶层逐步走向受中国文化影响的道路。总之，土官/土司制度系王朝治理边疆的方式，同时在运用过程中亦变为一种土著民社会转向流官管辖过渡阶段的措施。尽管微小政权被编入中国官僚制度体系，但其辖治下的土著民并不属

[①] 李世愉：《清代土司制度论考》，中国社会科学出版社，1998，第1~16页。

土流兼治地区中的土官施政：以滇西蒙化府左氏土官为例

于中原王朝登记人口（民籍），因此中原王朝只好透过改土归流，"变夷为民"的方式来扩大流官在西南地区管辖范围。在西南地区元明清各王朝以此类手段缓慢地扩大其直接统治范围。

假如将边疆土官/土司视为一种微小政权，就可以更清楚地认识其在地方历史所扮演的角色[1]。为了统治辖境内和应对明清王朝的政策，一般土官/土司以家属、亲眷等人封为佐治官（属官/族官），以他们为核心在辖境内施政。比如，滇西南傣族土司透过其所设置的官僚制度统治语言与文化迥不相同的多族群，此环境中土司势力形成地方性政治体系和社会制度[2]。土官政权的形式和规模，则依其官职的级别与族群而不同。值得注意的是，土官政权虽然隶属于王朝，但因为在内政方面依然留用原有的习惯法辖治，实质上在内政有自治能力的一面。土官本质则为土著社会的领袖，其权威源自土著社会，尽管王朝可以在袭职过程中对土官政权加以干涉，土官亦可以借王朝的权威巩固自己在土著社会的地位。从此结构来看，在合适双方利益的情况之下，王朝与土官/土司政权均有机会不同程度地彼此促进各自的利益。

王朝革除土官/土司官职，而代之以流官治理，称之为改土归流。对土官/土司政权而言，此为极大危机，甚至可能导致其政权的灭亡。研究已表明，明清两朝利用土官势力和改土归流的措施来扩大王朝直接统治下郡县的范围。约翰·E. 赫尔曼（John E. Herman）指出，在贵州明清两朝

---

[1] 土官/土司的微小政权类似东南亚的polity（政权或者"王国"），《剑桥东南亚史》说明其概念为："最典型的东南亚'王国'是地方化的权力中心的合并，当然最理想的不是用武力来联结，而是通过血缘和责任结成复杂的关系网。以个人关系和礼仪表现的领导人经常需要重新确认。因此，一位国王驾崩以后，新国王的政权必须按婚姻结合和效忠宣誓进行重组，这对于一位拥有多个妻妾的继承者来说尤其如此。统治者周围的女性常常扮演着非常重要的政治角色。除此之外，她们还产生一批潜在的王位继承人，他们都可能为取得继承权而谋求支持。随着国家的逐步扩大，从老国王驾崩到新国王登基之前的一段时间往往是危机四起的时期。"尼古拉斯·塔林主编《剑桥东南亚史》第一卷"从早期到公元1800年"，贺圣达、陈明华、俞亚克、申旭、宋天佑等译，云南人民出版社，2003，第335页。

[2] 关于位于现在云南西双版纳州的车里，参见唐立《西南中国・シャン文化圏における非漢族の自律的政権―シプソンパンナー王国の改土帰流を実例に―》，《アジア・アフリカ文化研究所研究年報》，No. 34，2000年3月30日，第56~70页。

策略性地利用土司制度来进行拓殖①。温春来对于自宋至清黔西北彝族土司的兴废和地区开发的分析中指出，至清中期不断地改土归流已经使此地区自原来的"异域"转变为"旧疆"②。珍妮弗·图克（Jennifer Took）则强调广西安平傣族地区土司积极利用王朝制度的一面，她认为土司和属官扮演双重角色，既是朝廷代理人，又是地方统治者，而且指出此统治架构深刻影响了土著人群分层、村落组织以及税收系统③。科大卫（David Faure）也在研究导致明中期广西大藤峡瑶乱的背后因素中指出，桂西土司势力有图谋扩大领土的一面④。这些不同地区的案例研究说明，在西南边疆，明清王朝不断地使用改土归流的手段来逐渐扩张直接统治的范围，同时也有一些土司势力趁机扩展辖境面积而积极追求其政权的利益。

如上所述，王朝废除土官确实给其政权一个致命性的打击。王朝取消土官后，按典章条文，应由流官代替土官，遂标志这一土官时代的"终结"。问题就在于流官执政于一个从未受过王朝直接治理的土著社会，能否顺利施政？菊池秀明研究广西改土归流指出，虽然清朝官员中有如云贵总督鄂尔泰、广西巡抚韩良辅等主政派的推进，却尚有官员担忧急于推行改土归流政策反而会导致土著社会的混乱⑤。从土官/土司制度来看，清朝官员的担忧可想而知，王朝起初透过土官势利控制地方土著民，采用间接统治方式来源于其不具备直接治理土著民社会的能力。土官能连续治理源自土著民社会与王朝直接统治下的民籍社会有了本质的差别：土官时期，土著民社会语言文化的差异使流官无法施政；而改土归流后，流官能够施政的必备前提条件包括土著民社会已经接近了民籍社会，基本能接受王朝

---

① John E. Herman, *Amid the Clouds and Mist: China's Colonisation of Guizhou, 1200 – 1700*, Harvard University Asia Center, 2007。
② 温春来：《从"异域"到"旧疆"：宋至清贵州西北部地区的制度、开发与认同》，三联书店，2008。
③ Jennifer Took, *A native chieftaincy in southwest China: Franchising a Tai chieftaincy under the tusi system of late imperial China*, Leiden/Boston, Brill, 2005。
④ David Faure, "The Yao wars in the mid – Ming and their Impact on Yao ethnicity", in Pamela K. Crossley, Helen Siu and Donald Sutton, eds., *Empire at the Margins: Culture, ethnicity and frontier in early modern China*, Berkeley, University of California Press, 2006, pp. 171 – 189.
⑤ 菊池秀明：《明清时期广西壮族土官的"汉化"与科举》，《中国—社会与文化》9号，1994。此论文收入菊池秀明著《广西移民社会与太平天国（本文编）》东京，风响社，1998，第146页。

土流兼治地区中的土官施政：以滇西蒙化府左氏土官为例

直接施政的语言文化程度。在此举两例：第一，雍正年间清廷对广西泗城府岑氏进行改流时，广西巡抚韩良辅明确表示，"改土为流之初，诸事草昧，其土民言语不通，文字不识，抑且习俗犷悍，幅员辽阔，不能不用土目为之分任经理"①。菊池秀明指出，为了得到岑氏下层佐治官的协力，韩良辅等官员不得不保留其经济基础②。第二，民国初年，在车里宣慰司（现在云南省西双版纳州），柯树勋总局长致力改土归流十二版纳时指出，此为极大障碍之一。柯树勋在其所上之条陈《治边十二条》中叹曰，"各猛习用缅文（实为傣文），不通汉字，文告命令，非译成缅文不能通晓，大为行政阻碍"③。此两例显示出，流官在尚未达到内地标准的土著民社会施政的话，必定遇到诸多困难。在此情况之下，不难假设流官行政的成败与其利用旧土官势力的资源，尤其是能否动员土官时期所设置的基层组织（包括其佐治官）有密切关系。而且流官施政遇到语言文化障碍的地方，不仅限于与域外接壤之处，贵州、湖南等地亦面临同样的问题。

无论从明清王朝边疆治理模式的角度，还是从地方社会史的角度来探讨，改土归流后王朝如何迅速确立直接统治土著民秩序的问题，颇为重要。为了避免对施政的阻碍，明朝就自初期在云南土著民人口占多数的地区中，采取所谓土流兼治，或者府卫参设的方式进行治理。洪武、永乐两朝以后，在楚雄、姚安、广南三府，所施行的土流兼治，其内容为，由流官任知府，土官任其管辖的同知或通判以辅佐施政。土流兼治体制，一般敷设于有卫所建置，军政分职的地区，故亦称为府卫参设。明初在无法建府的地区，所设立的军政合一的"军民指挥使司"亦属于此类治理体制④。由于史料所限，对土流兼治具体细节还不清楚，尚待仔细考证。

尽管由于针对土流兼治的著作研究并不多，故其具体细节尚不清楚，却有极少部分研究已经提到王朝利用土官势力施政的几个侧面。除了上述菊池秀明之外，尚有加藤久美子对云南车里宣慰使司的研究。加藤指出，自雍正五年（1727）至雍正七年，虽然云贵总督鄂尔泰奏请设立了普洱

---

① 故宫博物院编辑《宫中档雍正朝奏折》，1978，第 8 辑，第 736 页。
② 菊池秀明：《明清时期广西壮族土官的"汉化"与科举》，《中国－社会与文化》9 号，1994。
③ 柯树勋编辑《普思沿边志略》，云南开智公司代印，民国 13 年（1924），第 39 页 a。
④ 马曜主编《云南简史》，云南人民出版社，1983，第 145 页。

府，但他在车里宣慰使司无法改设流官，因此仅能采用任命宣慰使管辖下对清朝有功的傣族首领为土守备、土千总、土把总的手段，透过他们对车里宣慰使司傣族政权加强清朝的影响力和管制①。谢晓辉亦指出，在清初改土归流，开辟湘西苗疆的过程中，清朝充分利用和改造土司时期所设置的基层组织（土目、旗长等佐治官），将其整合入清朝的基层体制内，以便迅速确立新治理秩序②。改土归流，可能使土著社会与以前有断绝，亦可能在土官/土司时代的积累上有连续生长，无论后果如何，改土归流的过程显示土著社会所经过的变迁。

本文透过滇西蒙化府左氏土官的案例来探讨改土归流以后，明、清两朝所施行的土流兼治的具体情况。蒙化府位于今云南省西部的巍山县，地处于往东南亚各地区的要道上，由于其在交通上的重要位置，历来受到南诏国、大理国和元朝的重视。明军入滇之后，建置卫所屯军，任命原有土著首领治理土著社会，形成府卫参设、土流兼治的政治体制。此地在明清时期云南设有土流兼治体制的地区之中，实为典型的案例。本文首先探讨左氏土官与明朝的关系，其次确认改土归流后，明朝保留左氏土知府辅佐施政的事实，然后利用左氏土知府所给发的行政文书说明佐治范围，最后对于土流兼治给予土著社会的影响加以初步总结。

二 蒙化府左氏土官与卫城建置

由于蒙化府的地理位置，元朝灭大理国之后，早在宪宗七年（1257），在此设置蒙舍千户所，驻扎元军，至元十一年（1274）建立蒙化府，至元十四年升其为蒙化路，至元二十年降为蒙化州，归于大理路管辖③。明军入滇后，沿袭元朝制度，首先设立蒙化州，后改为府。朱元璋在洪武十七年（1384）将彝族首领左禾任命为治理蒙化的土官，官职为蒙化土州土州

---

① 加藤久美子：《盆地世界の国家論—雲南、シプソンパンナーのタイ族史》，京都大学学术出版社，京都，2000，第45~47页。参见唐立《雍正七年清朝によるシプソンパンナー王国の直辖地化について—タイ系民族王国を揺るがす山地民に関する一考察》，《東洋史研究》62：4（2004年3月），第694~728页。

② 谢晓辉：《帝国之在苗疆——清代湘西的制度、礼仪与族群》，《历史人类学学刊》第11卷 第一期（2013年4月），第59页。

③ 参见正德《云南志》卷7，《志七·建置沿革》。《天一阁藏明代方志选刊续编》，第296页。

土流兼治地区中的土官施政：以滇西蒙化府左氏土官为例

判。至正统十年（1445）则改为土知府，将辖境人口编户，设置35里。自此至乾隆三十六年（1771）蒙化改直隶厅为止，320余年，蒙化一直为土知府。左氏土官政权，尽管历时数百年，纵贯了自明初云南的平定，三征麓川，明清鼎革纷乱，至乾隆中期清缅战争的宏大历史背景，其间亦经历渐变性的改土归流。洪武二十三年明朝筑蒙化城，设立卫所，正统十年置流官通判，启动了改土归流漫长的过程①。

关于元朝时期的左氏，属何族群，在土著社会享有何等地位之事，史料中多有出入。左熙俊编辑《蒙化左族家谱》（乾隆五十八年刊印）记载，明代第一任土官左禾为四世，但明确称始迁祖左政子并非土著民。其文曰："蒙化开祖政子，行兆三，字淇溪，江西吉安府安福县人。元至正乙酉除曲靖府宣慰司都事。"②

据族谱，始迁祖原籍江西吉安府安福县，元朝建立蒙化府11年之后，左政子被"除曲靖府宣慰司都事"，离开曲靖府迁来住居蒙化州。由此可知，始迁祖不属于蒙元开府时代授职的土著首领家族。关于左氏的来历，早于族谱将近三百年的《土官底簿》有不同的纪录："左禾，大理府蒙化州罗罗人，系本州火头。洪武十五年大军克复，仍充添摩牙等村火头。十六年正月，投首复业，总兵官拟充蒙化州判官。十七年实授续。该西平侯奏，据里长张保等告保左禾，授任二十余年，夷民信服，乞将升任。永乐三年二月奉圣旨：'他做判官二十余年，不犯法度，好生志诚，升做着他封印流官知州，不动还掌印，钦此。'患疾，嫡男左度③替职，起程间被人杀死，左禾仍前署，事故，左伽嫡长男告替。本部议，难准理。永乐十三年四月奉圣旨：'准他替了，钦此。'"④

结合两部史料勉强可以解释为，始迁祖原籍确为江西省吉安府安福县，但由于其后代落叶归根于蒙化，至第四代左禾之前，左氏已变成彝族（罗罗人），再不认同己为汉人出身。不过云南土官/土司之中，将祖宗追

---

① 康熙《蒙化府志》（光绪七年重刊）卷1，《沿革》，《大理丛书·方志篇卷六》，第32页。
② 左熙俊编辑《蒙化左族家谱》《蒙化左氏宗族世系谱总图》。
③ 左熙俊编辑《蒙化左族家谱》中，不记载左度。
④ 正德《土官底簿》卷上，云南，蒙化府知府（《四库全书》史部 职官类）。据方国瑜著《云南史料目录概说》，中华书局，1984，第一册，第459页，"是书为吏部验封司管理案牍者编录，以备查翻之作，后散出为私家收藏"。

及至汉族的案例不少,因此在无其他史料佐证的情况下,不能轻易致信。

早于1950年,江应樑曾经指出,傣族民间本来无姓氏,但滇西德宏州傣族土司则主张朝廷赐姓之前,各土司原有本姓,不过他们无任何根据可证明,因此江应樑认为此说法起源于各土司随意将其祖宗归为汉族,以证明其统治的高贵性。根据考察结果,江应樑明言:

> 因为这些自言各有本姓的土司,汉化程度都很深,他们事事都要假托汉人以为荣,甚至力言祖宗是汉人而非彝人,这里所谓的本姓,也大都基于此种心里而发。查各土司自己的族谱,从一世祖起,便都姓刀,姓放,姓罕,姓衎,并无一家提到有所谓本姓。①

至1983年江应樑重新解释:

> 我国少数民族,长期以来受封建统治者歧视,民族上层多假托是汉族,以避免受大民族主义者的欺侮。②

从傣族土司的案例来判断,《蒙化左族家谱》撰于乾隆末年,左氏早已成为世代书香,不能忽略考虑族人假托始迁祖为江西人的可能性,事实尚待考证。根据史料推测,在元代,左氏已经建立了一定程度的势力。明军入滇20余年之前,左禾已任首领,由于其有能力管治土著社会,云南总兵官沐英择左禾为蒙化州判官。自《土官底簿》之文来看,左禾原为添摩牙等村火头,据康熙三十七年(1698)刊印《蒙化府志》所记载,其势力超过几个村庄的范围。康熙《蒙化府志》卷之四曰,在元代,左禾的父亲第三世左青罗任"顺宁府同知,传至禾为九部火头顺宁司通事。洪武十五年,禾款附仍为火头"③。由此可知,左氏在元代,自三世左青罗时起,已经得到管治顺宁府(治今凤庆县)土著民的官位,而且左禾本身的官职包括辖治顺宁府(九部火头顺宁司通事)和蒙化府(添摩牙等村火头)两地

---

① 江应樑:《摆夷的生活文化》,上海,中华书局,1950,第213页。
② 江应樑:《傣族史》,四川民族出版社,1983,第281页。
③ 康熙《蒙化府志》卷4,《秩官志·土司》,第102页。

的土著民。左氏建立势力于蒙化和顺宁土著民之中，显然早于明军入滇，至少有30年或者40年之久，因此明军任命左禾为土官，目的在于利用土著首领原有的势力安定地域社会。

1. 蒙化卫所的建置

除稳定地域社会之外，明朝沿袭蒙元制度重任左禾为土官，明显企图在蒙化地域顺利完成开屯，及卫所的建置，以预先防范外敌的侵入。明军既然征服云南，但尚未能控制滇西南边疆，其原因在于由傣族首领所组织的麓川平缅宣慰使司，阳奉阴违，威胁边疆的稳定。麓川平缅宣慰使司，傣文史籍称之为勐卯（Mäng Maaw）国，或者果占璧王国（巴利语名称）[①]。勐卯国的京城位于现在云南瑞丽盆地中，自元代，已经开始侵略云南西南部及南部。明朝接管之后，对于明朝州县的侵略更加猖獗，一直到景泰元年（1450）被明军解体为止，成为威胁云南疆土最大的因素。明朝在蒙化建立卫所，确实为了防范麓川平缅宣慰使司傣族部队北上侵入大理地区。明朝于洪武二十三年在蒙化建置卫所，则为在对外关系极为紧张形势中的措施，由此可推测，明军对蒙化土官政权施以压力。

顾诚指出，明帝国的疆土分别隶属行政和军事两个系统辖治。行政系统即为六部—布政使司—府—州县，军事系统则为五军都督府—都指挥使司—卫（直隶部司的守御千户所）—千户所两大系统[②]。明初，自东北至西北，以及西南一部分广袤边疆地区中，经常不设行政机构，通过各地行都指挥使司及其下属沿边卫所的军事系统进行管理[③]。在云南，虽然行政系统肇始于洪武十五年所建置的云南布政使司，此建置中却包括由卫所等军事系统所辖治的州县。据顾诚所言，卫所管治范围"不仅管辖一般状态下的卫地及人口，还直接管辖部分州县"。顾诚尚举两卫所为例：第一例即为洪武二十九所建立之澜沧卫军民指挥使司，管辖属于行政系统建置的北胜、永宁、蒗蕖三州。第二例类似第一例，即为洪武二十二年所建立之金齿卫军民指挥使司，那时其辖治亦包括云南布政使司建置的金齿和腾冲

[①] 关于勐卯国的傣文史籍的汉译，参考云南省少数民族古籍整理出版规划办公室编《勐果占璧及勐卯古代诸王史》，云南民族出版社，1988。
[②] 顾诚：《隐匿的疆土—卫所制度与明帝国》，光明日报出版社，2012，第49页。
[③] 顾诚：《隐匿的疆土—卫所制度与明帝国》，第50页。

两府①。顾诚的主要论点之一即为明太祖接管元朝所设之土官，建置卫所于土官原属辖境内，接着指出由于卫所的地理位置和捍卫边境的任务，故土官政权容易受到军事系统的管理。15、16世纪，明朝在湖南和广东使用武力镇压瑶族叛乱之后，为了防范再发叛乱设立直隶厅于瑶族原有之地，由行政和军事两系统协同管理。例如，井上徹指出，嘉靖三十六年（1557），明朝在广东设立罗定直隶厅于瑶等族群旧居住地，将布政司，按察司以及都指挥使司的权利集中于兵备道之手中，在军事系统的维护下，招致移民，编成图甲，开垦民田和屯田，增加耕种范围，实行农业开发②。此种行政措施使罗定直隶厅成为加强对瑶族、侗族地区控制能力的基地，亦给了万历四年（1576）两广总督凌云翼所指挥的征讨，打下坚实基础。此案例说明，军事系统建置与王朝对土著社会管治的密切关系。

如上所述，明朝接管蒙化，除任命左氏为土官之外，尚设立蒙化卫于土官辖境中，此措施确实类似澜沧卫军民指挥使司和金齿卫军民指挥使司的建置。一般而言，卫军的数目难得准确数字，而蒙化卫也不例外。关于其原因，正德《大明会典》曰：

> 其都司卫所，自永乐以来，添革改调，前后不一。各处土官衙门，有属都司卫所统辖，及后来添设，未经核载，本司见管与诸司职掌所载，互有同异③。

由于卫所经过多次"添革改调"，无完整纪录。据明朝规定，一千户所有1120人，一百户所有112人，而正德五年（1510）序刊《云南志》记载蒙化卫共有八处千户所，应当共计8960人才算足额④。天启年间的《滇志》记载蒙化卫屯军实数仅有1473人⑤，与正德卫军数目悬殊极大，

---

① 顾诚：《隐匿的疆土—卫所制度与明帝国》，第53~54页。
② 井上徹：《明朝之州县管理—广东罗定直隶之创设》，《东洋学报》，96：3（2014年12月），第27~54页。
③ 正德《大明会典》卷108，《职方·城隍一》，第449页。又第451页以及第459页记载，蒙化卫隶属右军都督府和左军都督府管辖的云南都司。（山根幸夫解题，东京，汲古书院，1989年出版）。
④ 正德《云南志》卷6，第301页。
⑤ 天启《滇志》，云南教育出版社，1991，第267页。

正德《云南志》也许记录了正统间之前防范麓川平缅宣慰使司的卫军数目，或许此卫所原来空缺多，实数少，从现存史料不得而知。无论卫军实数的多寡，确有汉族军士居住。

虽然土官受卫所约束，在蒙化双方却各自筑城而居。关于蒙化卫城，从正德《云南志》可略知概要。卫城位于蒙化府治东边，建于洪武二十三年，城墙周围约4里，设置东南西北四门，北门外有教场①。卫城内布置经历司衙门，由卫镇抚统辖②。蒙化卫总共管理八千户所（左，右，中，前，后，中左，中右，中前），各由所镇抚带领。至永乐年间，在府治东边设置金沧道。至正统十年，建置布政司分司，此应当为配合同年蒙化州升府，任左伽为知府的措施，此亦为明朝初次设置通判（流官），编户35里③。左氏任土官约70年以来，此为明朝头次登记人口，按35里计算当时总户数应当为3850户，至正德五年已经增到4715户，45837人，同年官民田地总面积有624顷82亩1分4厘④。

建于正统十年的布政司分司位于府治南边。府治位于卫城内西北隅内，其中有经历司衙门，邻接府治设有大积仓、预备仓、税课司以及养济院。布政司分司管理位于蒙化府南北西三方向的各巡检司⑤。

台北故宫博物院收藏明代《云南总图》，分成两幅绘制全省府州城与其联结的道路网，其中有土官、流官以及卫所分地而居的图绘。比如，关于景东有土知府所在地，府城和卫城三住居地之例，位置均彼此隔离，土知府所在地与卫城隔一条图上名为"大河"。三者形状不相同，府城为四方形，卫城为长方形，而土知府所在地（包括景东府土知事和景东府土知府）绘成两栋房屋，但无法辨别完整的城墙⑥。虽然《云南总图》为明代晚期绘制，却从景东等案例可推断，在明初中期，土官、流官以及卫所分

---

① 正德《云南志》卷6，第304页。据此方志，蒙化卫城周围有"四里二百九十二步"。
② 正德《云南志》卷6，第301~302页。
③ 正德《云南志》卷6，第307页。据康熙《蒙化府志》卷1，《沿革》记载："万历年间改土归流，通判为同知掌印。"
④ 正德《云南志》卷6，第299~300页。
⑤ 正德《云南志》卷6，第301页。
⑥ 此为明代纸本彩绘的图，由两幅组成，一幅纵231.5公分，横165公分；一幅纵231.5公分，横162.5公分。各幅外面有书签，书签上有《明青绿绘纸本云南全省道里图》的文字。所谓《云南总图》指各幅图绘上的文字，台北故宫博物院以此为地图名称。

别筑城而居应当为常态。康熙三十七年刊印《蒙化府志》记载，洪武"二十三年筑蒙化城设立卫所"，而且其所载府城图与《云南总图》同样绘制，蒙化城外北边有附郭，而且均写着"土知府"三字在附郭旁。附郭设有一门朝北，门西北邻接蒙舍城遗迹，在《云南总图》中其旁有"古蒙舍城"四字①。

2. 土著民与卫所的神祇

随着明朝军事和行政系统衙门的建置，蒙化城内外增添了庙坛。据正德《云南志》记载，屯军以后建旗纛庙于卫所后方，城隍庙于府城之前，而关王庙在城内文化坊。府城周围亦分布有庙坛，风云雷雨山川坛在其南，社稷坛在其西，再往西有厉坛。此庙坛均与明朝施政有密切关系，与土著民信仰有关的庙坛有嵯峨武宣王庙、龙王庙以及关王庙。

嵯峨武宣王庙位于府治东南方，祭祀南诏蒙氏十三世舜化贞②。在巍山县蒙氏建立蒙舍诏，统一了其他诏（有六诏或者八诏之说）以后，在7世纪中叶至8世纪初之间，建了南诏国统治全滇，嵯峨武宣王庙则祭祀南诏国最后的皇帝舜化贞。龙王庙主祀水神，明初在滇分布广泛，云南府滇池西海口有一座，但关于滇西记载稍多，得知大理府，邓川州和浪穹县亦各设有一座。据正德《云南志》卷三，位于大理府洱海西滨的洱水龙王庙建于南诏国时代（"蒙时"），可见其属于土著信仰系统③。关王庙，祭祀蜀将关羽，明代之前，滇中原有分布，明军入滇之后，重建祭祀关王。比如，据正德《云南志》，在大理府关王庙为大理国时代所建，而至洪武年间，由大理卫重修。考虑到大理与蒙化的历史关系可推断，在蒙化府的关王庙亦同样，由军卫继续祭祀④。

除土著民庙三座之外，其他庙坛均与明朝屯军有密切关系。城隍庙的建设来源于明初王朝政策。关于明代的城隍庙，滨岛敦俊指出两点重要的事实：第一，朱元璋对祭祀制度所进行的改革，使得明代的城隍庙与历代王朝有了不同的属性，而在洪武三年六月戊寅，"诏天下府州县立城隍庙。其制高广，各视

---

① 康熙《蒙化府志》卷1，《地理志》，第28页及32页。
② 正德《云南志》卷6，第306页。
③ 关于云南府参见正德《云南志》卷2，第144页，关于大理府参见正德《云南志》卷3，第184页。
④ 正德《云南志》卷3，第183页。

官署厅堂，其几案皆同，置神主于座。旧庙可用者，修改为之"①，将城隍庙和城隍坛制定在明朝典礼之中，规定各地方官员祭祀②。洪武二十三年在蒙化建立卫所时，亦设立了城隍庙。第二，滨岛指出，庙和坛两种不同的城隍祭祀并存，由此可判断，风云雷雨山川坛，社稷坛以及厉坛均与城隍庙为一组的规制，于明初应当随新典礼制度的推行而建立③。

关于旗纛庙，将正德《云南志》中所记载的云南全省案例陈列于表1。此表可见，旗纛庙为军卫兵士祭祀军旗的庙宇，所祀神祇中有军牙、大纛两神，其位牌安置于其中。军牙为军旗，纛为司令大旗之名称，自古出师时，将士祭军旗，称之为祃祭。军中号令均用旗鼓指挥，因此军旗被视为队伍的灵魂，而为了祈求大捷，队伍将军旗当作祭祀的对象。《宋史》记载："军前大旗曰牙，师出必祭，谓之祃。"尚明言其"宜居军礼之首"。在咸平年间，宋真宗下诏于太常礼院制定仔细祃祭仪式：

> 所司除地为坛，两壝绕以青绳，张幄帝。置军牙，大纛位版。版方七寸，厚三分。祭用刚日，具馔。牲用太牢，以羊豕代。其币长一丈八尺，军牙以白，大纛以皂。都部署初献，副都部署亚献，部署三献，皆戎服，清斋一宿。将校陪位。礼毕焚币，衅鼓一牢。又择日祭马祖，马社。④

明朝草创初期，太祖重建汉族王朝，致力恢复元朝以前的诸汉制，军礼不例外。洪武元年闰七月庚戌，中书省集中儒臣经过研究讨论，诏定皇帝亲征时的军礼。关于祃祭仪式有仔细规定，其中对于军旗曰："执事设军牙大纛神位于庙殿中之北，军牙在东，大纛在西。设笾十二于神位东三行西上，豆十二于神位西三行东上。"⑤ 而且尚曰："祃祭，

---

① 《明太祖实录》，洪武三年六月 戊寅，第1050页（据台北中研院历史语言研究所校印）。
② 滨岛敦俊著《総管新信仰——近世江南農村社会と民間信仰》（東京，研文出版，2001）第130~132页。
③ 滨岛敦俊著《総管新信仰——近世江南農村社会と民間信仰》（東京，研文出版，2001）第130页，第139页。关于大理府参见正德《云南志》卷2，第144页。列城隍庙，风云雷雨山川坛，万坛后，加以说明曰"各坛并城隍庙方"。
④ 《宋史》卷第121，《礼二十四·军礼》，中华书局，1977，第2829~2830页。
⑤ 《明太祖实录》，洪武元年闰七月庚戌，第582页。

43

军牙大纛礼与祭武，成王同，但奠币行献礼。大将初献，次将亚献，终献不进熟。"① 由此可见，在卫所中，明朝基本上承袭了宋朝的祃祭制度，表1亦显示，明初滇省的旗纛庙仪式与宋朝相似，由穿戎服的军事系统官员举行，军旗祭祀结束以后，改日祭马。洪武元年所诏定的祃祭仪式，就由驻屯滇省各卫所军事系统官员举行。滇省属于明军所征服边疆，按照规定，建置旗纛庙隆重举行军礼，不仅施行政策，亦可在土官政权中心地中发扬威武。

　　除了临安府以外，旗纛庙皆设于卫所附近，此案例可见，普通祭祀活动为每年至霜降，卫官率领身穿戎服的将兵迎神于校场内，而次日祭马。全省共计有17座旗纛庙，姚安军民府无设立旗纛庙，而利用武安王庙于霜降之日，祭旗纛，连同武安王庙共有18处祭旗纛之地②。由此可见，在滇东、中、西设立卫所之处基本上均有分布，旗纛庙对卫所军士非常重要。在云南府"都司官以少牢行事"③，但一般旗纛庙由军卫官主持祭祀，而且自上述姚安军民府和8寻甸军民府的案例来看，在千户所亦有千户官主持祭祀。自表1可知，在云南有曲靖和蒙化两府建设旗纛庙于洪武二十三年。旗纛庙的建设不限于云南，在内地则更早设立。关于福建，万历《福州府志》卷之九，《祀典志》曰："旗纛庙在都指挥使司堂之北，中设军牙大纛神位。洪武元年建，每岁惊蛰、霜降，祭用大牢。今则惟霜降用小牢焉。祭日都指挥使戎服率属行礼。凡出师迎旗，祭之，师旅归旗于庙。福城三卫不别为庙。"④

　　从上述史料可知，在滇闽旗纛庙性质基本上相同。在福州府和云南，旗纛庙均建于都指挥使司系统衙门附近，或者卫所后方，皆祭祀旗纛，而且由都指挥使司系统官员主持祭祀活动。从福州府建于洪武元年的案例来看，旗纛庙从明初年始，即为明军事系统祭祀的专有庙宇，而且在福州府

---

① 《明太祖实录》，洪武元年闰七月庚戌，第588页。
② 据正德《云南志》卷9，第414页，姚安府有两座武安王庙，"千户官于霜降祭旗纛在此"。又，《云南志》中，有府6处，军民府4处，州2处，长官司1处，无记载旗纛庙的存在。具体地名为澂江、广南府、广西府、镇沅府、永宁府、顺宁府、鹤庆军民府、武定军民府、丽江军民府、元江军民府、北胜州、新化州、者乐甸长官司。
③ 正德《云南志》卷6，第144页。
④ 万历《福州府志》卷9，《祀典志》，第72页（《日本藏中国罕见地方志丛刊》，书目文献出版社，1990）。

三卫共同使用一座庙。随着蒙化卫城建设,明朝增设具有强烈军卫色彩的庙坛于土官政权中心地带,为土著民与卫所兵士祭祀文化交流奠定了基础,但由于旗纛庙不属于民间信仰,随着卫所影响力的弱化,就不再出现于史料了。

关于左氏土官自愿改土归流的记载,应当在其受到军事系统管辖背景寻找解释。康熙《蒙化府志》载,至正德年间,左氏土官九世左正执政时期,"印归流官通判,自正始"①。左熙俊编辑《蒙化左族家谱》有比较详细的记载:"九世左正,正德年世袭蒙化府知府。诰授中宪大夫。能文翰工诗,画有魏晋风,好尚高洁,礼士崇文,与成都杨慎相友善。详辞印信归流官掌。"②

虽然《蒙化左族家谱》未解释"详辞印信归流官掌"的理由,但自其表扬左正能文工诗,擅长绘画,与杨慎等明代一流的学者有交往之文来推断,此句似乎可以解释为,明朝并未实施强行改土归流,上报申请返还印信确实出于左正自愿行为,故也许与左正学养深厚有关。我们应清楚,这毕竟为后人在《蒙化左族家谱》中赋予的解释而已,在无旁证情况之下,不足以当为改土归流的真面目。不过同时亦不难设想,左正还印信与军事和行政系统管理体系暗中施以压力所使然。对蒙化土官和佐治官来言,汉族军卫兵士到来驻屯,卫城建置,明朝祭祀制度等,此一系列新措施,对蒙化施政有深远影响,启动了居住土官衙门附近土著族群向汉族社会渐变的路程。

3. 左氏土官兴办儒学与土著社会

无论真相如何,是否与军事系统管理有关系,改土归流应当意味着彝族左氏土官辖治权利的崩解,而表示以流官为核心行政的肇始,但如后所述,实际上在此时左氏土官辖治并未消灭,反而左氏一直到19世纪以土官的身份参与蒙化行政。而且值得注意的是,后人对于改土归流后历代左氏土官一直协助流官施政的实绩给予极高评价。云南大理赵州的硕儒师范在《凤氏本末书后》中赞美道:

---

① 康熙《蒙化府志》卷4,《秩官志·土司》,第102页。
② 左熙俊编辑《蒙化左族家谱》,《蒙化左氏簪缨人物图》,乾隆五十八年刻本。

蒙化左氏与流官错处，恪守职业，建城立学，率多善政。明季屡有尽节者。三百年科甲绵延，昨壬戌（1802）进士左子章照，亦其裔也。①

师范强调左氏在三方面，即土官时期"建城立学"、"率多善政"，以及派遣土兵辅佐明军，对明清两朝和蒙化地方均有贡献。蒙化土府"立学"于明初，至清嘉庆年间，蒙化地方社会参与科举已有三百余年的历史。由于志学风气根深蒂固，左氏中亦有及第的族人，导致其家族受中国政治思想的影响极深。在16世纪，有土官带领土兵协助明军不幸而尽节的例子。比如，《蒙化左族家谱》记载，嘉靖年间第10世世袭蒙化土府知府左文臣"随征元江染瘴卒"②。土官子弟及官族人员亦不缺烈士，《蒙化左族家谱》亦纪录左重（万历年间举人）和左廷皋（崇祯年间进士）父子的例子。左重任四川成都府灌县知县，天启辛酉年（1621）奢崇明造反时殉国难，因而后赠太中大夫光禄寺卿③。其子左廷皋亦在安南土酋沙定州举兵反明，攻击蒙化时，遇难，《蒙化左族家谱》曰："丙戌（1646）年，沙逆屠蒙，不屈被难。"④可见左氏和官族始终忠于明朝。

其中"建城立学"内容既丰富又重要。"建城"说明左氏土官配合明太祖的政策，不仅建立土官城，亦不阻挡明军在境内建立卫城。在明代，自内地向云南有大量军事移民迁来定居，而军事移民以军户为主，军户被分配到全省的卫所。明朝建立卫城以供军户屯聚，而共建了30余卫城⑤。蒙化卫城设立于洪武二十三年，在云南为早期建立的卫城之一，如前所言，筑城有浓厚的军事色彩，明显有战略性目的。蒙化卫城与同年建立的

---

① 师范：《二余堂文稿》卷6，《云南丛书》，中华书局，2009，第25295页。
② 左熙俊编辑《蒙化左族家谱》，《蒙化左氏簪缨人物图》。
③ 左熙俊编辑《蒙化左族家谱》，《蒙化左氏簪缨人物图》。以及康熙《蒙化府志》卷5，《人物志·忠烈》，第120~121页。
④ 左熙俊编辑《蒙化左族家谱》，《蒙化左氏簪缨人物图》以及康熙《蒙化府志》卷5，《人物志·进士》，记左廷皋："因沙逆之变，不屈殉难。"同卷亦载："左廷皋字对杨，崇正庚辛进士。学问充赡，敬于诗文。丁艰回籍，沙贼破蒙，被杀于山。批自乡贤。"
⑤ 正德《大明会典》卷108，《职方·城隍一》，第459页记载，云南都司管辖共有三十五处卫所和千户所。（山根幸夫解题，东京，汲古书院，1989）由此推断，各处建城

土流兼治地区中的土官施政：以滇西蒙化府左氏土官为例

景东卫城同样为了防御麓川傣族势力侵入而设立①。

"立学"表明，左氏土官配合明太祖的政策兴办儒学之事。洪武十五年明军平定云南以后，明太祖为了缓解汉人与土官之间的文化差异，下令教育土官的子弟，以便于统治。明太祖规定在府、州及县兴办儒学，此政策见于洪武二十八年六月壬申给礼部诏谕中："户部知印张永清言：云南，四川诸处边夷之地，民皆罗罗，朝廷与以世袭土官。于三纲五常之道，懵焉莫知，宜设学校以教其子弟。上然之，谕礼部曰：边夷土官皆世袭其职，鲜知礼义，治之则激，纵之则玩，不预教之，何由能化。其云南、四川边夷土官皆设儒学，选其子孙弟侄之俊秀者以教之，使之知君臣父子之义，而无悖礼争斗之事，亦安边之道也。"②

自此时起，四川、云南及贵州的土官辖地中，土官逐渐设立军民指挥官司、宣慰司、安抚司等儒学③。不过截至15世纪中期，有史料作证汉文尚未彻底渗透于云南土官子弟官族人员之间。景泰元年（1450）五月，云南按察司提调学校副使姜浚上报曰："学校乃育才之地，国家致治之源，古今所同重也。臣自受命以来，遍历云南各府、司、州、县儒学，见生员多系僰人、罗罗、摩些、百夷种类，性资愚鲁，不晓读书，不知礼让。廪膳、增广，俱不及数，或缺半者有之，或缺三之一者有之，欲将增广考补百无一二，惟恐虚费廪禄，因循日久，学政废弛。其各卫所军生多有人物聪俊，有志于学，缘不得补廪，无人养赡，难于读书。应不拘常例，军民生员相兼廪膳，庶使生徒向学，不负教养。二、贡举务在得人。云南地方惟流官衙门学校岁贡生员，依例考试。其土官衙门止是选贡。所司更不论其贤否，一概挨次贡部入监，以此生员，惟图侥幸，愈不读书，有负朝廷养贤盛意。请将今后选贡生员亦当于食粮资深内考选资质端重、颇知大

---

① 正德《云南志》卷7，蒙化府、城池之项："蒙化卫城，洪武二十三年建设。周围四里、二百九十二步。开四门，东曰忠武、西曰镇夷、南曰开南、北曰泽润。北门外有教场所。"又参见曹洪刚《明代云南卫所筑城空间分布与中央王朝统治深入》，中国民族史学会第八届会员代表大会暨第十六次学术研讨会《"历史视野下的边疆与民族"论文集》（古代史部分）昆明，2013，第235~243页。
② 《明太祖实录》卷239，洪武二十八年六月壬申，第3475~3476页。
③ 参见顾霞《明代治理西南边民族地区的教育措施》，中国民族史学会第八届会员代表大会暨第十六次学术研讨会《"历史视野下的边疆与民族"论文集》（古代史部分）昆明，2013，第245~246页。

义，或书、或算、略通一艺者也，起送充贡。如人物鄙猥，情无所知，即黜罢之。庶使生徒激劝贡举得人矣。"①

由此可知，在50年之间，虽然云南土官已经建立了儒学，但教育的效果并不理想，尚处于未奠定良好的学养环境基础，未能达到普及礼仪价值观的阶段。而且不仅是土官管辖的土著民，即使卫所的汉人亦缺乏条件专心读书。尽管程度如此有限，亦可确认在云南土官学校已出现土官子弟的生员，因此可以说，兴办儒学对明朝经营云南，施行边疆政策有了一定程度的贡献。明清两朝皆规定，土官/土司子弟为承袭必须受教育，学习礼仪，但两朝对于他们参加考试采取不同的政策。清朝基本上不允许已承袭者参加，但如李世愉指出，明朝不仅允许已承袭土官参加科举考试，尚"对登第土司予以奖励或擢拔"②。尽管如此，自上述史料来看，处于边疆的左氏土官建立儒学，并非在官途上为家族谋求名利，而是为了配合明朝政策。

蒙化土府地处边远，儒学始建于洪武年间，最初为州学，至景泰元年才改为府学③。康熙《蒙化府志》中详述左氏土官配合流官扩建府学曰："蒙化府学宫在西正街。明洪武中建。旧为州学，后改州为府。天顺间因旧制学卑隘、教授吴宪、土知府左琳、土舍左晏、并武职等官市地增建。成化间，土知府左瑛、训导贺游、杨遇兴重修。十六年通判姜永赐、经历何孟浚建堂甃池。土舍左锐、义官张聪建尊经阁、易门铸器置田。宏（弘）治年侍御金献民、嘉靖年兵备道姜龙相继增修、土知府左正更加修葺、增所未备。"④

据此可知，洪武年间左氏土官顺应明朝的政策在辖境内建设了蒙化府学后，至成化年间主要由左氏土官，土舍等人重修。自成化十六年起，通判，兵备道等流官，亦开始与左氏土官参与府学的修建，据康熙《蒙化府志》所记载，土官和流官如此合作维修府学的体制基本上连续至康熙年

---

① 《明英宗实录》卷192，景泰元年五月己酉。
② 李世愉著《清代土司制度论考》，第164～165页。
③ 《明英宗实录》卷190，景泰元年三月丁卯："改云南蒙化州儒学为蒙化府儒学，税课局为税课司，僧正司为僧刚司，置大□教授都纲各一员。"正德《云南志》卷7，志7，记载蒙化府的府学"在府治东南，旧为州学，景泰元年改州为府学"。
④ 康熙《蒙化府志》卷2，《学校》。

间。刘健撰写《庭闻录》，其子刘昆（顺治年间进士）根据其在云南腾冲所见闻著作的《南中杂说》一书中记录：

> 三百年来，渐染华风，土司之居城郭者，亦与汉人无异，而姚安、蒙化二土府，且以诗文自命，附籍螺江矣。①

由此文可以确认，传播汉文化，教育起了极大作用，在17世纪蒙化府城附近的居民大部分接受汉人的风俗习惯，而且读书撰写诗文已经取得一定程度的普及。明太祖下令土官设立儒学，其目的原来于培养一批"知君臣父子之义、而无悖礼争斗之事"的土官接班人和官族人员。土官兴办儒学，以丽江府木氏、姚安府高氏以及左氏蒙化府著称于世。在明代蒙化府学，人才辈出，据康熙《蒙化府志》卷之五，明代共有进士八人，举人九十三人，武举人三人，贡生二百四十六人②。蒙化府能在科举取得如此成绩，与土官与土官家族和流官在兴办儒学上，重视细节有密切关系③。尽管能培养出如此众多的生员，举人以及进士，却并不意味着蒙化土著社会已经成为内地民籍社会。

正德《云南志》卷七，志七，《蒙化府·风俗》曰：

> 边城居者多汉僰人。男女勤于耕织，会饮序齿而坐，婚姻必察性行，皆非前代之故习矣。盖自开设学校以来，闻礼义之教，且近于大理，其亦有所渐染者欤。其余星回接祖鸡卜街子等，与各府大抵相同，不能尽变也。④

实际上，刘昆所记录"渐染华风，土司之居城郭者，亦与汉人无异"的情况与16世纪初期大致相同，汉化的程度基本上仅限于军事系统影响浓

---

① 刘昆：《南中杂说》据《豫章丛书》本，引自王云五主编《丛书集成初编大理行记及其他五种》，商务印书馆，1936，第15页。
② 康熙《蒙化府志》卷5，《人物志》。
③ 关于左氏历代土官的办学和人才辈出参见唐立编《明清滇西蒙化碑刻》（东京，东京外国语大学国立亚非语言文化研究所，2015）3-57。
④ 正德《云南志》卷7，志7，《蒙化府·风俗》。

厚的府城附近而不包括广大的农村。由此可见，在16世纪初期，改土归流时，蒙化土著民社会并不接近民籍社会，从语言、文化、风俗习惯的程度来说，尚存差异，未达到民籍社会标准。因此，为了方便施政，王朝选择保留左氏土官，使其分担行政工作的一部分。

三 土流兼设体制中土官施政范围和任务

自左正改土归流至17世纪末期左世端执政时代，历代世袭土知府官职姓名，皆载于康熙《蒙化府志》①。由此可确认，改土归流后，左氏后代继续担任世袭土知府，土知府官职得以存续是朝廷施政的需要，而并不属于地方官私下措施。关于土流兼设体制，左氏世袭土知府行政范围和任务如何，史书上无记载，仅有数量极少行政文书可参考。如下所指出，行政文书中记载清王朝对于蒙化土知府行政任务的规定。

现将所参考的蒙化府土知府给发的行政文书6张列于表2。最早文书为①康熙二十年，最晚为⑥道光十六年，跨过改土归流后将近250年的历史。虽然此批行政文书之间不连贯，形式上为零散不全、断断续续，不成一批有系统的史料，但它们皆由左氏土知府给发，其中4张钤土知府的官印，由其内容记载可以窥见施政范围和任务的一二。

16世纪初，改土归流时，蒙化土知府登记人口有45837人②。据康熙《蒙化府志》，得知在17世纪末期登记人口分成"三乡三十五里"施政③。关于改土归流后，左氏土官在35里的管辖范围，②康熙五十九年二月初十日云南蒙化府知府世守正堂所发之信票中，记载云贵总督等的指示："三十五里彝人系土官管辖，而钱粮又系流官征收，则流土各官以难专任。如详于每里催头一名，书手一名专管钱粮，听流官佥充，但必得老成谨慎，不敢骚扰彝民者方可佥点。再每里立目把一名，专督缉捕，听土官选择，但必得彝众悦服公举者方为目把。至前三十五里乡保名色，如议革裁，造

---

① 康熙《蒙化府志》卷4，《秩官志·土司》。
② 正德《云南志》卷7，志七，记载蒙化府的户口"户四千三百七十五，口四万五千八百三十七"，第299页。
③ 康熙《蒙化府志》卷3，《服役志》。

册呈报。"①

由此可知，因为三十五里的居民均为土著民，所以由土官负责协助流官施政，但在康熙五十九年，云南省革除原有负责各里内行政的乡报官职，而创设了新的官吏体制。自此以后，流官为征收钱粮在每里任命催头和书手两名官吏，土官每里任命目把一名专督缉捕。土官通过目把来维持地方治安这一点值得注意。此意味着，流官难以维持土著民社会的稳定，需要全面依靠土知府势力。因此可说，至18世纪前期，蒙化府土著民社会尚未达到流官能完全施政的条件。

列于表2的行政文书内容显示，左氏土官负责维持地方治安，协助流官征收钱粮的任务。根据上述②康熙五十九年的信票所提供的信息得知，左氏土知府通过自己任命的佐治官施政。在信票中，左氏土知府任命字如翰为娘陋场里目把，并且明记此次任命经由云南都察院系统批准。对于目把的任务左氏土知府将规定清楚写明："先于初六日，奉巡抚云南督察院加五级甘批，据二司详同前由奉批如详转饬遵照取据流土遵依报查，仍候督部院示缴。奉此，除移布政司并行蒙化府外，拟合就行、为次牌仰该土府官目，遵照牌内详奉宪批事，即便每里设立目把一名，专督缉捕，听该土府选择缘由等因，奉此合行金立。为此，牌仰娘陋场里民字如翰遵照即便充应本里目把事务，约束该里彝民，凡遇公件，协力应办，巡查隘口，盘结奸究匪类，毋许纵放入境，致滋事端，劝谕里民早完粮赋。民间倘有饥寒疾苦，许即据实报闻，以凭酌量调剂。如里内有强梁不法之徒，立即指名扭禀以凭详究。该目把事事务宜秉公，毋得偏徇。如果矢公矢慎，自有优奖。倘始勤终怠，法不少宽。至于里民不听约束者，许尔指名赴府陈禀，以凭究治。"

由信票可知，目把的职务不仅负责治安，亦包括辅佐流官征收钱粮。土知府特别强调"劝谕里民早完粮赋"的任务。实际上，目把代替土官约束土著民，如有"里民不听约束者"，土知府就依法究办。此案例足以证明，改土归流之后，左氏土知府依然维持属于己有的佐治官，尽管失去了征收钱粮的权力，流官却不得不依靠左氏辅助其施政，如果无土知府向土

---

① 唐立编《云南西部少数民族古文书集》（东京，东京外国语大学国立亚非语言文化研究所，2012）第88页。

著民社会施压，地方难以治理。

土知府的存在显然对于流官施政非常重要，但各种史书和行政文书并不记载土知府维持佐治官之事。不过，行政文书内容明示两点值得注意的史实：第一，土知府负责管辖舍族。第二，在村庄中，舍族控制土著民社会，扮演非常重要的角色。如下文所显示，舍族就成为左氏土知府施政的力量。

由行政文书内容可知，舍族享受豁免徭役的特权。土知府利用此种待遇保证其能得到舍族协助，此由①康熙二十年蒙化府知府左氏所给发的票中可确认："知府左为俯赏遵照豁免门差事。据本府族舍左志英、左志洪禀前事，禀称英等住居峰木桥，历有年矣。皆无门差夫役。今突被天策堡乡约丛长不时挟害板当差。伏乞赏照豁免等情到府。据此合行豁免，为此票仰族舍丁左志英、左志洪、左志杰等遵照，即便小心庄村耕种，办纳钱粮，所有该舍一应门差及安塘夫役，本府照旧例豁免。倘乡约丛长地方人等再行板，许该舍即便指名赴禀，以凭拿究。"

此票给居于峰木桥舍丁左志英、左志洪、左志杰共三人，证明土知府"照旧例豁免"三位的门差和安塘夫役。由此可知，康熙二十年之前，舍丁已经享有豁免此两项徭役的特权。康熙二十年清朝征服吴三桂政权，光复云南，"天策堡乡约丛长"乘机图谋废除舍丁的特权。左氏土知府声明，如乡约丛长等流官管制下的佐治官，胆敢继续强迫舍丁当差，则可以报来要求依法究办。同时得注意，票文中直言"小心庄村耕种、办纳钱粮"，不仅可知舍丁的特权不包括豁免钱粮，亦可以推断，土知府仅替代王朝征收钱粮，并不掌握税收权。

左氏土知府利用舍丁，源于其均为同族。在④雍正十二年发给尕阿村族舍人的执照中，左氏土知府清楚说明了同族与治理土著民社会的关系。现将执照引述如下："蒙化府世守正堂左为给照事。窃惟宗支本系一脉居官。□念族人、本府世受国恩，凡有舍人，均叨恤爱。今查得六支人等本应应办事宜，仍前应办。其有钱粮债欠二事，永远不得累及舍人。倘有不法之徒私行妄派，许尔等执照赴府陈禀，以凭重究。为此票仰尕阿村族舍人等执票为照。"

土知府指出，左姓有六宗支，由于"本府世受国恩，凡有舍人，均叨恤爱"，舍人有义务尽职，应当辅佐流官征收钱粮，不能在征税之事出差错，使得"累及舍人"。如有"不法之徒"妄作胡为，舍人可以报来要求依法究办。依此执照来看，左氏土知府依靠其舍人的势力维持村庄中秩序。

行政文书中亦提及土知府管治舍人之事。在⑤乾隆十六年，土知府任命小庄一名舍人为舍长，而发执照为证。现将执照引述如下："蒙化府世守知府正堂左为给照事。照得小庄左宽泰，为人特公练达，勤力可嘉，堪以充当舍长。凡有尔舍之人须当早晚教查，毋致为非犯法。村户里内严查面生匪类之徒，毋得容留。其有衙内大小事件，上行往来即公办理，毋得迟延取咎。倘有尔舍人等不遵约束者，许尔赴衙禀报，以凭拿究重处。为此给照，须至票者。"

除了任命左宽泰为舍长负责管理治安以外，土知府明记，舍人必须遵守法律，亦有尽"早晚教查"的责任，具体规定他们：（1）严格调查"村户里内"，不准将"面生匪类之徒"容留在村寨内；（2）应协助办理土知府衙门"大小事件"，决不允许误事。如舍人不服从舍长的指挥，舍长报告到土知府衙门，依法究办。

由另外一份执照来看，至19世纪前期，舍长的任务范围有所扩大。在⑥道光十六年的执照中，左氏土知府任命李富为左三村等村的舍长，将其任务规定如下："照得本衙所属左三村蔡家巷公上纳舍，设立舍长一名，总统舍内烟户，催办一切夫马，皆其□成。"

至道光年间，舍长的任务明确包括"催办一切夫马"，负责供人马给土官和流官举办公事。

行政文书显示，左氏土官对土著社会的控制能力，依赖其拥有佐治官团体，团体以亲属为核心，以血缘关系管治。左氏运用改土归流之前的血缘关系协同流官治理土著社会。左氏能在土流兼治体制中起作用，来源于土官专治时代政权的积累，由此可言，改土归流在蒙化土府并不意味着土流兼治导致了与过去的断绝，反而表示新的兼治制度基于左氏政权的连续。

四 结论

明清王朝取消土官官职，案例众多，各案例实际情况不同，王朝处理方式亦不相同，难以总论。除了废止官职以外，亦有土官被勒令举家迁居异乡，目的处于扫除土官在地域社会的势力，以便流官施政。一般而言，此意味着土著政权的灭亡，土官与土著社会的断绝。事实上，在蒙化府所实行的土流兼治显示，改土归流并不一定导致土著政权全面崩解，尽管土官失去征收钱粮的权力，其亦保持原有佐治官体制而继续参与施政。行政文书明示，存留土官辅佐流官治理土著社会应当属于王朝策略。《明史》卷313记载，明王朝认可在云南施行土流兼治。其文曰："盖滇省所属多蛮夷杂处，即正印为流官，亦必以土司佐治之。"① 从蒙化府的案例分析，云南土官辅佐流官治理方式并不稀奇，反而在滇为常态，而且更多证明，流官得到土官的协力，则为施政的必要条件。导致此种治理结构的主要原因，就在于改土归流体制上，土著社会尚未能够接受流官施政。不适合受流官直接治理的土著社会，多处于军事系统长期管辖的边缘地区，因此土流兼治方式容易产生于此区域，但少见在与缅甸和老挝等域外接壤的土官辖境中，原因在于军事系统建置难以维持于海拔低，气候炎热，疾病多发的边境地区。

对王朝来言，土流协同治理方式起了稳定地域社会的作用，确实成为便捷的良策。如上所述，刘昆、师范等清人指出，左氏土官长期辅佐流官是蒙化府施政得以成功的原因。改土归流之后，土官之所以能协助流官施政，基于王朝继续承认其土官身份。尽管旧土官势力被整合入明清王朝所设置之行政体制中，但由于左氏仍然保持其原有身份，才能够从16世纪初期改土归流以后至19世纪近250多年之久，一直持续参与维持蒙化地域社会的稳定。蒙化土著民，大多数为彝族，流官难于治理，只好委托左氏代理施政。左氏能维持土著社会的稳定，依赖土官身份所给予的名声与影响力。由于王朝继续承认其土官身份，左氏才有权力任命佐治官，而且行政文书显示，改土归流后，左氏在村寨施政能力依靠任命亲属（舍族、舍丁等）为佐治官，有佐治官才能治理土著民。实际上，左氏能保持权威，长期维持地域社会稳定与其亲属有不可忽略的关系。

蒙化土府的案例显示，明清两王朝在云南推行郡县化，扩大流官行政范围时，流官的施政能力有限，实际上必须依赖土官施政，而且无论在宣慰司等土官地区，或者在郡县，均必须透过土著首领的势力加以控制。尽

---

① 《明史》卷313，《云南土司·序》，中华书局，第8063页。

土流兼治地区中的土官施政：以滇西蒙化府左氏土官为例

管各王朝将全国统一的行政机构铺开于云南，却不得不保留部分土官，借一臂之力治理郡县中的土著民。根据一般的理解，郡县化以后，施政应当完全同于内地，但在云南土流兼治体制的地区众多，实际上难视之为同于内地郡县。史家经常对于土流兼治给予极高评价，解释为一个极有效于逐步使土著社会走向内地化路线的政策。土官权力受到卫所军事系统，或者流官行政系统的限制，因此他们将王朝约束视为推动郡县化的重要因素①。尽管蒙化府的案例为此作证，却应注意将此过程视为过渡时期，仅代表王朝的立场而已。自土著民的立场来看，如仅优先王朝立场，则会忽略土流协同治理体制下，地域社会所经历的历史。此段长达 300 年的历史中，土著民所经历的生活亦为地域史重要内容之一。长期实行土流兼治，不仅使土著社会在得以保持其原有社会结构、风俗习惯下，同时亦使得土著社会有缓慢适应王朝管理体制的条件。土著民则可避免与过去的突然断裂，能保证土著社会的连续。行政文书所提供的信息显示，明清王朝治理云南之过程中，行政制度有其针对性，对土流协同治理体制与土著社会的关系值得深入研究。

（表1、表2、附录见后）

表1　明初云南省各卫所记载的旗纛庙

号码	府名	庙位置	庙数	祭祀神祇	主持祭祀单位	祭祀活动
1	云南府	在长春观西	1座	祀千（疑为牙之误）大纛之神	都司官	每岁霜降，都司官以少牢行事 卷二第144页
2	大理府	在府城西门外校场有一座，洱海大罗二卫各有一座	3座	无记载	军卫	每岁霜降，军卫祀之 卷三第183页
3	临安府	在今东城谯楼	1座	设军牙大纛神牌于东城谯楼内	本卫官	每岁霜降前一日，本卫官率属，各戎服迎神于校场内，次日祭马。卷四第225页

---

① 参见马曜主编《云南简史》，云南人民出版社，1983，第146页。

续表

号码	府名	庙位置	庙数	祭祀神祇	主持祭祀单位	祭祀活动
4	楚雄府	在楚雄卫东	1座	无记载	本卫官	每岁霜降，本卫官祭之 卷五第262页
5	蒙化府	在卫后，洪武二十三年建	1座	无记载	无记载	无记载 卷六第306页
6	景东府	在卫后	1座	无记载	无记载	无记载 卷七第319页
7	曲靖军民府	在卫左，洪武二十三年建，六凉卫、越州卫、平夷卫、马隆所俱有庙	5座	无记载	各卫所官	每岁霜降，各卫所官祀之 卷九第396页
8	寻甸军民府	在木密关守御千户所东	1座	无记载	本所官	每岁霜降，本所官祀之 卷十一第465页
9	澜沧卫军民指挥使司	在南门外教场	1座	无记载	本卫官	每岁霜降，本卫官祭之 卷十二第527页
10	金齿军民指挥使司	在本司后	1座	无记载	本司官	每年霜降日，本司官祭之 卷十三第551页
11	腾冲卫军民指挥使司	在司后	1座	无记载	无记载	无记载 卷十三第568页

资料来源：正德《云南志》（天一阁藏明代方志选刊编编）。

表2 蒙化府左氏土知府给发的行政文书

号码	给发年份	种类	给发目的	官印情况	资料来源
①	康熙二十年（1681）十二月初二日	票	为俯赏遵照豁免门差事	无钤官印	在民间采录，参见附录
②	康熙五十九年（1720）二月初十日	信票	为俯详叙创设乡保冗役等事	钤有官印"蒙化□□府堂关防"两方	唐立编《云南西部少数民族古文书集》（东京，东京外国语大学国立亚非语言文化研究所，2012）第88页

续表

号码	给发年份	种类	给发目的	官印情况	资料来源
③	康熙六十一年（1722）正月二十二日	票	为重差叠役乞天怜豁免门差事	无钤官印	唐立编《云南西部少数民族古文书集》（东京，东京外国语大学国立亚非语言文化研究所，2012）第90页
④	雍正十二年（1734）五月	照	为给照事	钤有官印"蒙化□□府堂关防"两方	在民间采录，参见附录
⑤	乾隆十六年（1751）二月初六日	执照	为给照事	钤有官印"蒙化□□府堂关防"两方	在民间采录，参见附录
⑥	道光十六年（1836）八月初五日	执照	为给照事	钤有官印"蒙化□□府堂关防"一方	唐立编《中国云南少数民族生态关连碑文集》（京都，综合地球环境学研究所，2008）第238页

附录

1. 康熙二十年（1681）蒙化府知府左所发给的票

蒙化府

知府左　为俯赏遵照豁免门差事。据本府
族舍左志英、左志洪禀前事禀称英等住居
峰木桥历有年矣。皆无门差夫役。今突被天策堡
乡约丛长不时挟害板当差。伏乞赏照豁免等
情到府。据此合行豁免、为此票仰族舍丁左志英、左志洪、左志
杰等遵照、即便小心庄村耕种、办纳钱粮、所有该舍一应
门差及安塘夫役、本府照旧例豁免。倘乡约丛长地
方人等再行板、许该舍即便指名赴禀以凭拿究。须票。

康熙贰拾年拾贰月初二日行
　票　行　　　　　　　　限……日缴

4. 雍正十二年（1734）蒙化府土知府所发的执照

蒙化府

蒙化府世守正堂左　为给照事。窃惟宗支本

57

系一脉居官。□念族人　本府世受

国恩凡有舍人均叨恤爱。今查得六支人等本应

应办事宜仍前应办。其有钱粮债欠二事、

永远不得累及舍人。倘有不法之徒私行妄

泒（派）、许尔等执照赴

府陈禀以凭重究。为此票仰尕阿村族舍

人等执票为照。须至票者

　　　　右仰尕阿村族舍人等准此

雍正拾贰年五月□　　　日给

钤有印章一方。"蒙化□□府堂关防"

5. 乾隆十六年（1751）蒙化府世守知府所发给的执照

　　　　　　　　执照

蒙化府世守知府正堂左　为给照事。

照得小庄左宽泰、为人特公练达、勤力可嘉、堪以充当

舍长。凡有尔舍之人须当早晚教查、毋致为

非犯法。村户里内严查面生匪类之徒、毋得

容留。其有衙内大小事件、上行往来即公办

理、毋得迟延取咎。倘有尔舍人等不遵约束者。

许尔赴　衙禀报以凭拿究重处。为此给照、须至票者。遵

　　　　右照仰左宽泰准此

乾隆拾陆年贰月初六日给

府　行

钤有印章二方。"蒙化□□府堂关防"

（作者单位：香港科技大学）

对《中国土司制度史》中土司世系之补遗
——以《清实录》为依据

李士祥

摘　要：龚荫先生的《中国土司制度史》是目前学术界一部较全面的关于土司研究著作，其内容涉及各地区土司承袭情况，史料运用广泛。笔者查阅《清实录》中土司承袭史料时，发现该书中亦有一些土司的世系中有遗漏，及承袭时间与《清实录》不一致。故以《清实录》为依据，进行拾遗补阙。

关键词：清代　土司　世系　《清实录》

土司承袭制度是土司研究的重要内容。探讨土司承袭，可以从制度层面宏观勾勒出土司袭替及中央王朝施政演变轨迹。龚荫先生的《中国土司制度史》是目前学术界一部较全面的关于土司研究著作，其内容涉及各地区土司承袭情况，史料运用广泛。由于受当时条件所限，不可能将《清实录》资料全部采用。但以一人之力，实属不易。笔者在查阅《清实录》中土司承袭史料时，发现该书中所列土司世系，尚有个别遗漏，及承袭时间与《清实录》不一致之处。本文以《清实录》为依据，对书中的遗漏做些拾遗补阙工作。

一　四川

1. 阳地隘口长官司长官王氏

《中国土司制度史》（下编）第222页，承袭：（1）王行俭→（2）王思恭→（3）王燧→（4）王懋永→（5）王维世。①

---

① 龚荫：《中国土司制度史》（下编），四川人民出版社，2012，第222页。以下所引此书内容仅标明页码，不再注明出处。

《清仁宗实录》卷165，嘉庆十一年八月甲寅："以故四川松茂道属阳地隘口长官司王玙子维世袭职。"《清宣宗实录》卷332，道光二十年三月戊午："以故四川龙茂道属土长官王维世子国宾袭职。"

王懋永于雍正年间任职。据此，其世系排列当为：（1）王行俭→（2）王思恭→（3）王熘→（4）王懋永→（5）王玙→（6）王维世→（7）王国宾①

2. 龙州土判官王氏

第223页承袭：（1）王祥→（2）王思民……（6）王启睿→（7）王懋思→（8）王维新。

《清高宗实录》卷260，乾隆十一年三月戊辰："四川龙安府土通判王懋恩故，以其子王沆袭职。"《清宣宗实录》卷116，道光七年四月辛亥："以故四川龙安府属土通判王国和子英杰袭职。"

王维新于嘉庆年间任职。据此，其世系排列当为：（1）王祥→（2）王思民……（6）王启睿→（7）王懋思②→（8）王沆→（9）王维新→（10）王国和→（11）王英杰。

3. 峨弥喜寨土千户

第230页承袭：（1）观则笑→（2）索郎→（3）按那他。

《清高宗实录》卷415，乾隆十七年五月辛巳："以故四川峨眉喜寨土千户狼柘他子狼忠袭职。"《清宣宗实录》卷98，道光六年五月乙酉："以故四川峨眉喜寨土千户索朗子存多格勒袭职。"

观则笑于康熙四十二年归诚，据此，其世系排列当为：（1）观则笑→（2）狼柘他→（3）狼忠→（4）索郎→（5）存多格勒→（6）按那他。

4. 麦杂蛇湾寨土千户

第231页承袭：（1）安布笑→（2）琅柱借→（3）宜麻借。

《清高宗实录》卷415，乾隆十七年五月辛巳："以故麦杂蛇湾寨土千户安布笑子阿问袭职。"

安布笑雍正四年归诚，据此，其世系排列当为：（1）安布笑→（2）阿问→（3）琅柱借→（4）宜麻借。

---

① 为使读者看得更清楚，新补之人名下画横线，以下同。
② 《清实录》为王懋恩，《中国土司制度史》为王懋思。

5. 毛革阿根寨土千户

第231页承袭：（1）王乍→（2）立阿亚→（3）率浪。

《清高宗实录》卷574，乾隆二十三年十一月乙未："四川毛革阿按寨土千户王乍故，以其孙沙架袭职。"《清宣宗实录》卷415，道光二十五年三月甲申："四川成绵龙茂道属毛革阿按寨土千户立窝亚子桑吉蚌袭职。"

据此，其世系排列当为：（1）王乍→（2）沙架→（3）立阿亚①→（4）桑吉蚌→（5）率浪。

6. 阿思峒大寨土千户

第231页承袭：（1）立架→（2）桑作笑→（3）但周王借。

《清高宗实录》卷500，乾隆二十年十一月丙子："以故四川松茂道属阿思洞寨土千户拆加笑子阿双袭职。"《清仁宗实录》卷89，嘉庆六年十月丙寅："以故四川松茂道属阿思洞寨土千户阿双子桑乍孝袭职。"

立架于顺治十五年归诚，据此，其世系排列当为：（1）立架→（2）拆加笑→（3）阿双→（4）桑作笑②→（5）但周王借。

7. 巴细蛇住坝寨土百户

第241页承袭：（1）连再笑→（2）踏爱。

《清仁宗实录》卷252，嘉庆十六年十二月甲子："以故四川松潘厅属巴细蛇住坝寨土百户踏爱子林噶亚袭职。"

据此，其世系排列当为：（1）连再笑→（2）踏爱→（3）林噶亚。

8. 下阿坝阿强寨土千户

第246页承袭：（1）顿坝→（2）扎舍。

《清高宗实录》卷240，乾隆十年五月庚辰："四川下阿坝阿强寨土千户达各故，以其子拆论架袭职。"卷1121，乾隆四十五年十二月癸亥："以故阿坝阿强寨土千户策凌嘉尔子扎舍卜袭职。"

顿坝于雍正元年归诚，据此，其世系排列当为：（1）顿坝→（2）达各→（3）拆论架→（4）策凌嘉尔→（5）扎舍。③

9. 大姓丢骨寨土千户

第246页承袭：（1）沙乍模→（2）屈佶布。

---

① 《清实录》为立窝亚，《中国土司制度史》为立阿亚。
② 《清实录》为桑乍孝，《中国土司制度史》为桑作笑。
③ 《清实录》为扎舍卜，《中国土司制度史》为扎舍。

《清高宗实录》卷1121，乾隆四十五年十二月癸亥："以故丢骨寨土千户龙布革子查得孝袭职。"卷1251，乾隆五十一年三月壬戌："丢骨寨土千户查得孝故，无子，以其弟郎仲布袭职。"《清仁宗实录》卷89，嘉庆六年十月丙寅："以故丢骨寨土千户郎仲布子屈吉布袭职。"

沙乍模于康熙四十二年归诚，据此，其世系排列当为：（1）沙乍模→（2）龙布革→（3）查得孝→（4）郎仲布→（5）屈佶布①。

10. 长宁安抚司安抚使

第252页承袭：姓氏及传袭不详。

《清高宗实录》卷32，乾隆元年十二月庚申："以故四川长宁安抚使苏文耀之孙苏永锡袭职。"《清仁宗实录》卷317，嘉庆二十一年三月乙巳："以故四川长宁安抚使苏朝仕弟朝相袭职。"

据此，其世系排列当为：（1）苏文耀→（2）苏永锡→（3）苏朝仕→（4）苏朝相。

11. 静州长官司长官董氏

第253页承袭：（1）董正伯→（2）董怀德→（3）董应诏→（4）董光舒→（5）董承恩。

《清仁宗实录》卷153，嘉庆十年十一月甲戌："以故四川静州长官司土官董勤诗子光舒袭职。"

据此，其世系排列当为：（1）董正伯→（2）董怀德→（3）董应诏→（4）董勤诗→（5）董光舒→（6）董承恩。

12. 水草坪巡检司土巡检苏氏

第255页承袭：（1）蟒答儿→（2）苏尚智→（3）苏朝选。

《清高宗实录》卷630，乾隆二十六年二月乙酉："以故四川松茂道属水草坪土巡检苏文炳孙永盛袭职。"《清宣宗实录》卷456，道光二十八年六月己酉："以故四川成绵龙茂道属水草坪巡检土司苏国珖弟国荣袭职。"

苏尚智于顺治九年投诚，苏朝选于民国年间任职。据此，其世系排列当为：（1）蟒答儿→（2）苏尚智→（3）苏文炳→（4）苏永盛→（5）苏国珖→（6）苏国荣→（7）苏朝选。

---

① 《清实录》为屈吉布，《中国土司制度史》为屈佶布。

13. 竹木坎副巡检司土副巡检孙氏

第255页承袭：（1）坤儿布→（2）孙应贵→（3）孙有权。

《清高宗实录》卷863，乾隆三十五年六月庚寅："以故四川松茂道属竹木坎土副巡检孙伟子天德袭职。"《清仁宗实录》卷65，嘉庆五年闰四月丙寅："以故四川竹木坎土巡检孙天德子应贵袭职。"《清宣宗实录》卷458，道光二十八年八月丙午："以告替四川成绵龙茂道属竹木坎土巡检应长侄孙国朝袭职。"

坤儿布于明朝归附授职，孙有权于民国年间任职。据此，其世系排列当为：（1）坤儿布→（2）孙伟→（3）孙天德→（4）孙应贵①→（5）孙应长→（6）孙国朝→（7）孙有权。

14. 牟托巡检司土巡检温氏

第256页承袭：（1）灿沙→（2）温怀忠→（3）温清近→（4）温李氏（女）。

《清高宗实录》卷840，乾隆三十四年八月乙卯："以告休四川松茂道属牟托土巡检温如玉子廷瑞袭职。"卷1164，乾隆四十七年九月乙巳："以故四川松茂道属牟托司土巡检温廷瑞子怀忠袭职。"《清穆宗实录》卷361，同治十二年十二月辛卯："以故四川茂州牟托土巡检温联科子国盛袭职。"

温清近于道光年间任职，温李氏（女）于民国时期任职。据此，其世系排列当为：（1）灿沙→（2）温如玉→（3）温廷瑞→（4）温怀忠→（5）温清近→（6）温联科→（7）温国盛→（8）温李氏（女）。

15. 卓克基长官司长官

第260页承袭：（1）良尔吉→（2）索朗郎木尔吉→（3）格山朋→（4）索观瀛。

《清仁宗实录》卷343，嘉庆二十三年六月壬申："以故四川松茂道属卓克基长官司色郎纳木尔吉妻雍恕纳木袭职。"《清德宗实录》卷328，光绪十九年九月甲寅："以不知自爱，革四川理番厅卓克基土司恩布色朗职。"

格山朋于乾隆十五年任职，索观瀛为民国时期任职。据此，其世系排列当为：（1）良尔吉→（2）索朗郎木尔吉→（3）格山朋→（4）色郎纳

---

① 孙应贵袭职时间，《清实录》为嘉庆五年闰四月，《中国土司制度史》为顺治九年。

清史论丛

木尔吉→（5）雍恕纳木（女）→（6）恩布色朗→（7）索观瀛。

16. 松冈长官司长官

第261页承袭：（1）恩布日耳登→（2）根濯斯甲→（3）纳木耳→（4）索郎谷色尔满（女）→（5）思高让能沟。

《清高宗实录》卷829，乾隆三十四年二月戊寅："以故四川松茂道属松冈长官司衮却克嘉布子纳木耳甲袭职。"《清仁宗实录》卷343，嘉庆二十三年六月戊子："四川松茂道属松冈长官司土妇索郎各色尔满以病告替，以其养子苍旺郎扣袭职。"

根濯斯甲于乾隆十七年袭职，思高让能沟于民国年间任职。据此，其世系排列当为：（1）恩布日耳登→（2）根濯斯甲→（3）衮却克嘉布→（4）纳木耳→（5）索郎谷色尔满①（女）→（6）苍旺郎扣→（7）思高让能沟。

17. 党坝长官司长官

第261页承袭：（1）阿丕→（2）泽旺→（3）根噶斯丹增姜初→（4）更噶勒尔悟→（5）思丹增（女）。

《清高宗实录》卷673，乾隆二十七年十月丁未："故四川松茂道属党坝土长官测旺子仓朗袭职。"卷990，乾隆四十年九月庚戌："以故四川松茂道属党坝长官司索诺木弟策旺丹怎袭职。"

根噶斯丹增姜初于嘉庆元年任职，据此，其世系排列当为：（1）阿丕→（2）泽旺②→（3）仓朗→（4）索诺木→（5）策旺丹怎→（6）根噶斯丹增姜初→（7）更噶勒尔悟→（8）思丹增（女）。

18. 沈边长官司长官余氏

第269页承袭：（1）余伯→（2）余期拔→（3）余从国→（4）余明奇→（5）余世统→（6）余尚均。

《清高宗实录》卷374，乾隆十五年十月戊寅："以故四川沈边长官司余世统孙洪泽袭职。"

余尚均于嘉庆年间任职，据此，其世系排列当为：（1）余伯→（2）余期拔→（3）余从国→（4）余明奇→（5）余世统→（6）余洪泽→

---

① 《清实录》为索郎各色尔满，《中国土司制度史》为索郎谷色尔满。
② 《清实录》为测旺，《中国土司制度史》为泽旺。

（7）余尚均。

19. 鄂克什安抚司安抚使

第 273 页承袭：（1）巴碧太→（2）色达拉→（3）苍旺扬玛尔甲。

《清宣宗实录》卷95，道光六年二月甲戌："以故四川龙茂道属鄂克什安抚使苍旺杨玛尔甲子苍旺讷尔结袭职。"

据此，其世系排列当为：（1）巴碧太→（2）色达拉→（3）苍旺扬玛尔甲→（4）<u>苍旺讷尔结</u>。

20. 上革赍土百户

第 303 页承袭：（1）六姑（仅知一代）。

《清高宗实录》卷260，乾隆八年十二月甲寅："上革赍土百户六枯之子登朱袭职。"

六姑于雍正七年归诚，据此，其世系排列当为：（1）六姑①→（2）<u>登朱</u>。

21. 喇滚副安抚司副安抚使

第 305 页承袭：（1）革松结（仅知一代）。

《清世宗实录》卷14，雍正元年十二月甲寅："雅州府喇滚安抚司副使侧汪交故，请以其子革松结承袭。"

据此，其世系排列当为：（1）<u>侧汪交</u>→（2）革松结。

22. 霍耳竹窝安抚司安抚使

第 305 页承袭：（1）索朗滚布→（2）查什那木札尔→（3）索诺木多布丹。

《清高宗实录》卷157，乾隆六年十二月丁未："以故霍耳竹窝安抚司扎什朗结彭错纳金之子彭错袭职。"

索朗滚布于雍正七年归诚，查什那木札尔于嘉庆年间任职。据此，其世系排列当为：（1）索朗滚布→（2）<u>扎什朗结彭错纳金</u>→（3）<u>彭错</u>→（4）查什那木札尔→（5）索诺木多布丹。

23. 瓦述更平东撒土百户

第 307 页承袭：（1）登朱（仅知一代）。

《清高宗实录》卷163，乾隆七年三月癸未："以故瓦述更平东撒土百

---

① 《清实录》为六枯，《中国土司制度史》为六姑。

户登朱之弟纳龙交袭职。"

据此，其世系排列当为：（1）登朱→（2）纳龙交。

24. 图根满碟土百户

第310页承袭：（1）登珠（仅知一代）。

《清高宗实录》卷144，乾隆六年六月戊申："以故四川建昌道属霍耳图根满碟土百户坑太嫡长子彭楚袭职。"

登珠于雍正六年投诚授职，据此，其世系排列当为：（1）登珠→（2）坑太→（3）彭楚。

25. 霍耳咱安抚司安抚使

第311页承袭：（1）阿克旺错尔耻木→（2）索诺木卓尔吗→（3）丹津旺木（女）→（4）丹怎旺布木。

《清高宗实录》卷270，乾隆八年十二月乙丑："以四川故霍耳咱安抚司阿旺初中之子阿旺劳丁袭职。"

阿克旺错尔耻木于雍正六年归诚，丹津旺木（女）于嘉庆十五年袭职。据此，其世系排列当为：（1）阿克旺错尔耻木→（2）阿旺初中→（3）阿旺劳丁→（4）索诺木卓尔吗→（5）丹津旺木（女）→（6）丹怎旺布木。

26. 林葱安抚司安抚使

第313页承袭：（1）俄木林琴→（2）滚噶索诺木→（3）丹怎却克嘉。

《清高宗实录》卷385，乾隆十六年三月辛酉："以故四川林葱安抚司俄木林琴子工布达吉袭职。"

俄木林琴于雍正七年归诚授职，滚噶索诺木于嘉庆年间任职。据此，其世系排列当为：（1）俄木林琴→（2）工布达吉→（3）滚噶索诺木→（4）丹怎却克嘉。

27. 瓦述更平长官司长官

第314页承袭：（1）白马七立（仅知一代）。

《清高宗实录》卷659，乾隆二十七年四月壬午："以故四川建昌道属瓦述更平长官司白马七立子格戎七立袭职。"

据此，其世系排列当为：（1）白马七立→（2）格戎七立。

28. 霍耳东科长官司长官

第315页承袭：（1）达罕格努→（2）江白根登江错→（3）泽登班交→（4）呼毕勒罕更登江错→（5）汪青扎什。

《清高宗实录》卷255，乾隆十年十二月乙卯："以四川故霍耳东科长官司达汉格隆之师弟缺合拉完布袭职。"

据此，其世系排列当为：（1）达罕格努①→（2）缺合拉完布→（3）江白根登江错→（4）泽登班交→（5）呼毕勒罕更登江错→（6）汪青扎什。

29. 河东长官司安氏

第326页承袭：（1）安泰宁→（2）安成爵……（10）安世荣→（11）安平康→（12）岭承恩……（16）岭邦正。

《清宣宗实录》卷312，道光十八年七月戊申："以故四川建昌道属河东长官司安世荣妻安氏袭职。"

据此，其世系排列当为：（1）安泰宁→（2）安成爵……（10）安世荣→（11）安氏（女）→（12）安平康→（13）岭承恩……（17）岭邦正。

30. 继事田土百户沈氏

第328页承袭：（1）沈旺→（2）沈服宁。

《清宣宗实录》卷441，道光二十七年四月辛酉："以故继事田土百户沈宗发子光廷袭职。"

沈服宁于道光前任职，据此，其世系排列当为：（1）沈旺→（2）沈服宁→（3）沈宗发→（4）沈光廷。

31. 阿都正长官兼副长官都氏

第333页承袭：（1）赊唎（女）→（2）安玉桂（女）→（3）都显贵→（4）都位加→（5）都龙光→（6）都定臣→（7）安树德→（8）安学成。

《清宣宗实录》卷115，道光七年三月乙酉："以年老告替四川阿都正长官兼副长官都泰凝孙天锡袭职。"

都龙光民国年间任职，据此，其世系排列当为：（1）赊唎（女）→

---

① 《清实录》为达汉格隆，《中国土司制度史》为达罕格努。

（2）安玉桂（女）→（3）都显贵→（4）都位加→（5）都泰凝→（6）都天锡→（7）都龙光→（8）都定臣→（9）安树德→（10）安学成。

32. 威龙州长官司长官张氏

第340页承袭：（1）张起朝→（2）张秀→（3）张照远→（4）张少光。

《清高宗实录》卷317，乾隆十三年六月戊寅："以四川威龙州长官司张秀子应诏袭职。"《清仁宗实录》卷237，嘉庆十五年十二月乙亥："以故四川威龙州土长官司张如山子照远袭职。"

据此，其世系排列当为：（1）张起朝→（2）张秀→（3）张应诏→（4）张如山→（5）张照远→（6）张少光。

33. 迷易所土千户安氏

第359页承袭：（1）安文→（2）安瑞明→（3）安瑞图→（4）安国泰→（5）安天佑。

《清高宗实录》卷663，乾隆二十七年闰五月辛巳："以故四川建昌道属迷易所土千户安世禄子瑞鸣袭职。"

安文于康熙四十九年投诚授职，据此，其世系排列当为：（1）安文→（2）安世禄→（3）安瑞明①→（4）安瑞图→（5）安国泰→（6）安天佑。

34. 酥州坝土千户姜氏

第361页承袭：（1）姜喳→（2）姜启贤→（3）姜文富。

《清宣宗实录》卷330，道光十七年十一月癸巳："以故四川酥州坝土千户姜复兴弟复盛袭职。"

姜启贤于道光朝前任职，姜文富于咸丰年间任职。据此，其世系排列当为：（1）姜喳→（2）姜启贤→（3）姜复兴→（4）姜复盛→（5）姜文富。

35. 苗出土百户

第362页承袭：（1）热即巴→（2）姜磋→（3）罗成兴。

《清高宗实录》卷1282，乾隆五十二年六月癸卯："以故四川建昌道属苗出土百户谷扒呷子姜磋袭职。"

---

① 《清实录》为安瑞鸣，《中国土司制度史》为安瑞明。

热即巴于康熙四十九年投诚授职,据此,其世系排列当为:(1)热即巴→(2)谷扒呷→(3)姜磋→(4)罗成兴。

36. 大盐井土百户

第363页承袭:(1)前布汪渣→(2)呷作→(3)叶廷耀。

《清宣宗实录》卷242,道光十三年八月癸卯:"以故四川建昌道属大盐井土百户叶朝栋弟朝青袭职。"

呷作于道光朝前任职,叶廷耀于咸丰年间任职。据此,其世系排列当为:(1)前布汪渣→(2)呷作→(3)叶朝栋→(4)叶朝青→(5)叶廷耀。

37. 河西土百户杨氏

第364页承袭:(1)拉姑→(2)杨正禄→(3)杨世福。

《清高宗实录》卷977,乾隆四十年二月丁未:"以故四川建昌道属河西土百户喳拉保侄衣祖袭职。"《清仁宗实录》卷186,嘉庆十二年十月丁亥:"以四川建昌道属河西土百户杨衣租子正禄袭职。"

拉姑于康熙四十九年投诚授职,据此,其世系排列当为:(1)拉姑→(2)喳拉保→(3)杨衣祖→(4)杨正禄→(5)杨世福。

38. 窝卜土百户

第365页承袭:(1)兰布甲噶→(2)伍廷辉→(3)伍朱氏(女)→(4)伍洪贵。

《清仁宗实录》卷196,嘉庆十三年闰五月甲戌:"以故窝卜土百户乌咘叱子伍廷辉袭职。"

兰布甲噶于康熙四十九年投诚授职,据此,其世系排列当为:(1)兰布甲噶→(2)乌咘叱→(3)伍廷辉→(4)伍朱氏(女)→(5)伍洪贵。

39. 泥溪长官司长官王氏

第378页承袭:(1)王麒→(2)王凤……(12)王恒→(13)王之佐。

《清宣宗实录》卷79,道光五年二月乙丑:"以故四川永宁道属泥溪长官土司王文质弟文浩袭职。"

王之佐于嘉庆年间任职,据此,其世系排列当为:(1)王麒→(2)王凤……(12)王恒→(13)王之佐→(14)王文质→(15)王文浩。

40. 蛮夷长官司文氏

第 381 页承袭：(1) 大都→(2) 文福……(11) 文诰命→(12) 文德厚→(13) 文印章。

《清高宗实录》卷 517，乾隆二十一年七月壬辰："以病休四川蛮夷长官司文煜子德厚袭职。"

文诰命于康熙十三年袭职，据此，其世系排列当为：(1) 大都→(2) 文福……(11) 文诰命→(12) 文煜→(13) 文德厚→(14) 文印章。

二 云南

1. 南平关巡检司土巡检李氏

第 415 页承袭：(1) 李喜怒→(2) 李矣……(14) 李毓俊→(15) 李东来→(16) 李世美。

《清高宗实录》卷 521，乾隆二十一年九月壬辰："以故云南禄丰县南平关土巡检李毓俊子镇平袭职。"卷 1136，乾隆四十六年七月壬寅："以故云南禄丰县南平关土巡检李镇平子东来各袭职。"《清仁宗实录》卷 30，嘉庆三年五月甲子："以故云南禄丰县属南平关土巡检李东来子世忠袭职。"《清宣宗实录》卷 82，道光五年五月戊申："以故云南禄丰县南平关从九品土官李世忠弟世美袭职。"卷 115，道光七年三月丁丑："以故云南禄丰县南平关从九品土官李世美弟世爵袭职。"

据此，其世系排列当为：(1) 李喜怒→(2) 李矣……(14) 李毓俊→(15) 李镇平→(16) 李东来→(17) 李世忠→(18) 李世美→(19) 李世爵。

2. 云龙州土千总段氏

第 417 页承袭：(1) 段保→(2) 段海……(7) 段嘉龙→(8) 段彩→(9) 段德寿。

《清仁宗实录》卷 237，嘉庆十五年十二月乙亥："以故云南云龙州土千总段理子履仁袭职。"

段彩于天启年间任职，段德寿为段彩子。据此，其世系排列当为：(1) 段保→(2) 段海……(7) 段嘉龙→(8) 段彩→(9) 段德寿→(10) 段理→(11) 段履仁。

3. 青索鼻巡检司土巡检杨氏

第422页承袭：（1）杨良→（2）杨森……（6）杨应鹏……（8）杨国楷→（9）杨荣昌→（10）杨鼎甲→（11）杨遇春→（12）杨承宗。

《清高宗实录》卷330，乾隆十三年十二月己丑："云南邓川州青索鼻土巡检杨霡故，其子丕昌年幼，以丕昌之叔祖国椿协理。"卷532，乾隆二十二年二月乙丑："以故云南邓川州青索鼻土巡检杨霡之子丕昌袭职。"卷641，乾隆二十六年七月壬戌："以故云南邓川州青索鼻土巡检杨丕昌弟荣昌袭职。"

杨应鹏于清初投诚，传至杨国楷任职。据此，其世系排列当为：（1）杨良→（2）杨森……（6）杨应鹏……（8）杨国楷→（9）<u>杨霡</u>→（10）<u>杨国椿（协理）</u>→（11）<u>杨丕昌</u>→（12）杨荣昌→（13）<u>杨鼎甲</u>→（14）杨遇春→（15）杨承宗。

4. 普屹崆巡检司土巡检杨氏

第424页承袭：（1）杨顺→（2）杨祥……（10）杨遗龙→（11）杨遗凤→（12）杨寿培。

《清高宗实录》卷535，乾隆二十二年三月辛酉："以故浪穹县蒲屹崆土巡检杨遗龙子旸袭职。"①《清仁宗实录》卷350，嘉庆二十年四月丙辰："以故云南大理府蒲屹崆土巡检杨旸孙寿培袭职。"

据此，其世系排列当为：（1）杨顺→（2）杨祥……（10）杨遗龙→（11）杨遗凤②→（12）<u>杨旸</u>→（13）杨寿培。

5. 箭杆场巡检司土巡检字氏

第427页承袭：（1）字忠→（2）字良……（13）字生民→（14）字恩隆→（15）字章朝→（16）字经朝。

《清高宗实录》卷731，乾隆三十年闰二月辛酉："以故云南箭杆场土巡检字生民子印袭职。"卷1381，乾隆五十六年六月庚申："以故云南云龙州箭杆场土巡检字恩宠弟恩隆袭职。"

据此，其世系排列当为：（1）字忠→（2）字良……（13）字生民→（14）<u>字印</u>→（15）<u>字恩宠</u>→（16）字恩隆→（17）字章朝→（18）字

---

① 《清高宗实录》《清仁宗实录》均为蒲屹崆，《中国土司制度史》为普屹崆。
② 杨旸与杨遗凤同为杨遗龙子，是否同一人，待考。

经朝。

6. 纳更山巡检司土巡检龙氏

第445页承袭：（1）龙政→（2）龙觉……（12）龙腾霄→（13）龙恩→（14）龙夔。

《清宣宗实录》卷357，道光二十一年九月戊午："以故云南临安府属纳更山土巡检龙夔孙章袭职。"卷419，道光二十五年七月乙酉："以故云南临安府属纳更山土巡检龙章弟骧袭职。"

据此，其世系排列当为：（1）龙政→（2）龙觉……（12）龙腾霄→（13）龙恩→（14）龙夔→（15）龙章→（16）龙骧。

7. 姚州土同知高氏

第455页承袭：（1）高义→（2）高惠……（14）高宗亮→（15）高配黍→（16）高维藩。

《清高宗实录》卷173，乾隆七年八月乙卯："以故云南姚州土州同高崇亮之弟高崇禹袭职。"卷452，乾隆十八年十二月壬辰："以故云南姚州土州同高宗禹子禹治袭职。"卷728，乾隆三十年二月己卯："以故云南姚州土州同高禹治子配黍袭职。"卷1389，乾隆五十六年十月乙巳："以故云南姚州六品土官高配黍子维藩袭职。"《清宣宗实录》卷326，道光十九年九月丁未："以故云南楚雄府姚州土州同高维藩子嘉澍袭职。"

据此，其世系排列当为：（1）高义→（2）高惠……（14）高宗亮①→（15）高宗（崇）禹→（16）高禹治→（17）高配黍②→（18）高维藩→（19）高嘉澍。

8. 镇南州土州同段氏

第456页承袭：（1）段良→（2）段奴……（12）段光赞→（13）段恒懿→（14）段钟泰。

《清高宗实录》卷241，乾隆十年五月己丑："以故云南镇南州土州同段恒懿弟恒章袭职。"卷736，乾隆三十年五月壬午："以故云南镇南州土州同段恒章子仁昭袭职。"

据此，其世系排列当为：（1）段良→（2）段奴……（12）段光赞→

---

① 《清实录》为高崇亮，《中国土司制度史》为高宗亮。
② 《清实录》为高配黍，《中国土司制度史》为高配桼。

（13）段恒黻→（14）段恒章→（15）段仁昭→（16）段钟泰。

9. 镇南州土州判陈氏

第457页承袭：（1）陈均祥→（2）陈寿……（15）陈恩典→（16）陈辅世→（17）陈瑚→（18）陈诗。

《清高宗实录》卷1224，乾隆五十年二月戊子："以故云南楚雄府属镇南州土州判陈嘏锡子瑚袭职。"

据此，其世系排列当为：（1）陈均祥→（2）陈寿……（15）陈恩典→（16）陈辅世→（17）陈嘏锡→（18）陈瑚→（19）陈诗。

10. 回蹬关巡检司土巡检杨氏

第462页承袭：（1）杨保→（2）杨震……（13）杨恒→（14）杨怡→（15）杨朝旺→（16）杨应贵。

《清仁宗实录》卷356，嘉庆二十四年四月甲申："以故云南广通县回蹬关从九品土官杨廷桂兄朝旺袭职。"

据此，其世系排列当为：（1）杨保→（2）杨震……（13）杨恒→（14）杨怡→（15）杨廷桂→（16）杨朝旺①→（17）杨应贵。

11. 镇南关巡检司土巡检杨氏

第463页承袭：（1）杨昌→（2）杨三……（9）杨珏→（10）杨继祖→（11）杨文辉→（12）杨富。

《清高宗实录》卷63，乾隆三年二月己酉："以故云南镇南州镇南关土巡检杨仕杰之子杨桧袭职。"卷1045，乾隆四十二年十一月戊寅："以故云南镇南州属镇南关土巡检杨桧子文辉袭职。"

据此，其世系排列当为：（1）杨昌→（2）杨三……（9）杨珏→（10）杨继祖→（11）杨仕杰→（12）杨桧→（13）杨文辉→（14）杨富。

12. 阿雄关巡检司土巡检者氏

第464页承袭：（1）者白→（2）者吾……（14）者光祖→（15）者宗盛→（16）者朝英→（17）者英文→（18）者际泰→（19）者吉承。

《清高宗实录》卷863，乾隆三十五年六月庚寅："以故云南镇南州属阿雄关土巡检者肇正侄朝英袭职。"

据此，其世系排列当为：（1）者白→（2）者吾……（14）者光祖→

---

① 杨朝旺承袭时间《清实录》为嘉庆二十四年，《中国土司制度史》为嘉庆二十年。

(15) 者宗盛→（16) 者肇正→（17) 者朝英→（18) 者英文→（19) 者际泰→（20) 者吉承。

13. 猛麻巡检司土巡检奉氏

第479页承袭：（1) 奉恭→（2) 奉诏……（5) 俸（奉) 召宝→（6) 奉世勋→（7) 奉春魁→（8) 奉恩麟。

《清高宗实录》卷157，乾隆六年十二月丁未："以故云南顺密府故猛麻土巡检俸召宝之子俸天和袭职。"卷1072，乾隆四十三年十二月戊午："以故云南顺宁府属猛麻土巡检俸晋琦子维繁袭职。"

奉世勋于嘉庆十一年任职，据此，其世系排列当为：（1) 奉恭→（2) 奉诏……（5) 俸（奉) 召宝→（6) 俸（奉) 天和→（7) 俸（奉) 晋琦→（8) 俸（奉) 维繁→（9) 奉世勋→（10) 奉春魁→（11) 奉恩麟。

14. 平彝县土县丞海氏

第486页承袭：（1) 禄宁→（2) 海叶……（11) 海一清→（12) 海藏珍→（13) 海朝宗→（14) 姬氏（女) →（15) 海光曙→（16) 海述宗。

《清高宗实录》卷42，乾隆二年五月辛丑："云南平彝县土县丞海藏珍以老病告替，以其子海岑袭职。"卷780，乾隆三十二年三月己卯："云南平彝县土县丞海兆昌病故，子继昌年幼，以官男之母陇氏，管理地方事务。"《清仁宗实录》卷183，嘉庆十二年七月己巳："云南曲靖府属平彝县土县丞海绍昌因病告替以其子沛沅袭职。"《清宣宗实录》卷68，道光四年五月癸亥："以故云南平彝属土县丞海沛元子朝宗袭职。"

据此，其世系排列当为：（1) 禄宁→（2) 海叶……（11) 海一清→（12) 海藏珍→（13) 海岑→（14) 海兆昌→（15) 陇氏（女) →（16) 海绍昌→（17) 海沛元→（18) 海朝宗①→（19) 姬氏（女) →（20) 海光曙→（21) 海述宗。

15. 镇康州土知州刀氏

第530页承袭：（1) 曩光→（2) 刀木袄……（9) 刀珍→（10) 刀鉴→（11) 刀铣→（12) 刀济→（13) 刀克彰→（14) 闷晟图→（15) 刀锦图。

《清高宗实录》卷1065，乾隆四十三年八月癸酉："以故云南永昌府属

---

① 海朝宗承袭时间《清实录》为道光四年，《中国土司制度史》为道光七年。

镇康土知州刀闷鼎子闷鉴袭职。"《清宣宗实录》卷31，道光二年三月丁未："以故云南永昌府属镇康土知州刀闷济子克彰袭职。"

据此，其世系排列当为：（1）曩光→（2）刀木祆……（9）刀珍→（10）刀闷鼎→（11）刀（闷）鉴→（12）刀铳→（13）刀（闷）济①→（14）刀克彰→（15）闷晟图→（16）刀锦图。

16. 登埂土千总段氏

第540页承袭：（1）段联第→（2）段允恭→（3）段耀→（4）段豫。

《清仁宗实录》卷186，嘉庆十二年十月乙未："以故云南上江登埂土千总段允庄侄豫袭职。"

据此，其世系排列当为：（1）段联第→（2）段允恭→（3）段耀→（4）段允庄→（5）段豫。

17. 大塘隘土把总二刘氏

第542页承袭：（1）刘尔游→（2）刘开辅。

《清高宗实录》卷1466，乾隆五十九年十二月甲子："以故云南腾越州属大塘隘土把总刘尔游子学聪袭职。"《清宣宗实录》卷160，道光六年九月庚子："以告替云南腾越厅属大塘隘土把总刘学聪子开辅袭职。"

据此，其世系排列当为：（1）刘尔游→（2）刘学聪→（3）刘开辅。

18. 北胜州土知州高氏

第570页承袭：（1）高策→（2）高铭……（12）高赞熙→（13）高配勋→（14）高良弼→（15）高龙跃→（16）高祖培→（17）高兴→（18）高守箴。

《清世宗实录》卷140，雍正九年三月丁亥："云南永北府北胜土知州高昶勋故，其孙高龙跃承袭年幼，请以高龙跃母木氏协里。"《清高宗实录》卷156，乾隆六年十二月乙巳："以故云南永北府北胜州土知州高昶勋之孙高龙跃袭职。"《清仁宗实录》卷39，嘉庆四年二月辛丑："以故云南北胜州土知州高兴弟善袭职。"《清宣宗实录》卷36，道光二年五月辛丑："云南永北厅属北胜土知州高善缘事革退，以故土知州高兴子守箴袭职。"《清德宗实录》卷587，光绪三十四年二月甲申："以暴戾恣睢革云南北胜土知州高长钦职。"

---

① 《清实录》为刀闷济，《中国土司制度史》为刀济。

据此，其世系排列当为：（1）高策→（2）高铭……（12）高赞熙→（13）高配（配）勋①→（14）木氏（女）→（15）高良弼→（16）高龙跃→（17）高祖培→（18）高兴→（19）高善→（20）高守箴→（21）高长钦。

三　贵州

1. 卧龙司土官龙氏

第 624 页承袭：（1）龙文求→（2）龙颜……（11）龙毓麟→（12）龙功溥→（13）龙文运。

《清高宗实录》卷 372，乾隆十五年九月壬子："以故贵州定番州卧龙司土官龙毓麟之子致虞袭职。"

据此，其世系排列当为：（1）龙文求→（2）龙颜……（11）龙毓麟→（12）龙致虞→（13）龙功溥→（14）龙文运。

2. 方番长官司长官方氏

第 626 页承袭：（1）方昌盛→（2）方得用→（3）方正刚→（4）方承恩→（5）方珑→（6）方定元→（7）方政和。

《清高宗实录》卷 72，乾隆三年七月乙卯："贵州定番州属方番司土官方珑因病解退，以其子方绍尧承袭。"

据此，其世系排列当为：（1）方昌盛→（2）方得用→（3）方正刚→（4）方承恩→（5）方珑→（6）方绍尧→（7）方定元→（8）方政和。

3. 金石番长官司长官石氏

第 627 页承袭：（1）石延异……（8）石开乾→（9）石西舜→（10）石天星。

《清高宗实录》卷 487，乾隆二十年四月甲子："贵州定番州属金石司土官石开乾因病乞休，以其子朝栋袭职。"

据此，其世系排列当为：（1）石延异……（8）石开乾→（9）石朝栋→（10）石西舜→（11）石天星。

4. 程番长官司长官程氏

第 628 页承袭：（1）程元随→（2）程谷祥……（5）程儒→（6）程

---

① 《清实录》为高配勋，《中国土司制度史》为高配勋。

连级→（7）程凌膏。

《清高宗实录》卷156，乾隆六年十二月乙巳："故贵州定番州程番长官司程儒之子程天贤袭职。"卷422，乾隆十七年九月辛未："贵州定番州属程番司土官程天贤故，以其弟天顺袭职。"卷822，乾隆三十三年十一月庚寅："贵州定番州属程番司土官程天顺子元昭袭职。"《清仁宗实录》卷308，嘉庆二十年七月癸卯："以故贵州定番州属程番长官司程仁澍子连级袭职。"

据此，其世系排列当为：（1）程元随→（2）程谷祥……（5）程儒→（6）<u>程天贤</u>→（7）<u>程天顺</u>→（8）<u>程元昭</u>→（9）<u>程仁澍</u>→（10）程连级→（11）程凌膏。

5. 卢番长官司长官卢氏

第630页承袭：（1）卢陵……（12）卢俊→（13）卢廷珍→（14）卢鉴。

《清高宗实录》卷82，乾隆三年十二月戊子："贵州卢番司土官卢廷珍年老，以子卢文钦袭职。"

据此，其世系排列当为：（1）卢陵……（12）卢俊→（13）卢廷珍→（14）<u>卢文钦</u>→（15）卢鉴。

6. 木瓜长官司长官石氏

第636页承袭：（1）石朝玺→（2）石盖……（10）石天锡→（11）石钟玉→（12）石奎光。

《清高宗实录》卷82，乾隆三年十二月乙酉："贵州木瓜长官司土官石天锡年老，以子石开治袭职。"

据此，其世系排列当为：（1）石朝玺→（2）石盖……（10）石天锡→（11）<u>石开治</u>→（12）石钟玉→（13）石奎光。

7. 木瓜副长官司副长官顾氏

第636页承袭：（1）顾德→（2）顾宸……（5）顾操→（6）顾维英→（7）顾楷。

《清仁宗实录》卷251，嘉庆十六年十二月戊申："以故贵州木瓜副司土官顾天明子飞鹏袭职。"

顾维英于康熙五十四年任职，顾楷于道光十九年任职。据此，其世系排列当为：（1）顾德→（2）顾宸……（5）顾操→（6）顾维英→（7）<u>顾天明</u>→（8）<u>顾飞鹏</u>→（9）顾楷。

8. 麻响长官司土官得氏

第637页承袭：（1）得玉恩→（2）得胜……（5）得君位→（6）得子民→（7）得觐光。

《清高宗实录》卷978，乾隆四十年三月乙亥："以故贵州贵阳府属定番州麻响土司得子民子玉锦袭职。"《清仁宗实录》卷108，嘉庆八年二月癸卯："以故贵州定番州属麻响司土官得玉锦子恩荣袭职。"卷251，嘉庆十六年十二月戊申："以故麻向司土官得（恩）荣子觐光袭职。"

据此，其世系排列当为：（1）得玉恩→（2）得胜……（5）得君位→（6）得子民→（7）<u>得玉锦</u>→（8）<u>得恩荣</u>→（9）得觐光。

9. 沙营长官司长官沙氏

第683页承袭：（1）沙先→（2）沙达……（14）沙天泗→（15）沙尽美→（16）沙再昌→（17）沙安氏（女）→（18）安荣诰。

《清高宗实录》卷254，乾隆十年十二月壬子："以故贵州沙营司土官沙泯美之子沙钟管袭职。"

据此，其世系排列当为：（1）沙先→（2）沙达……（14）沙天泗→（15）沙尽美[①]→（16）<u>沙钟管</u>→（17）沙再昌→（18）沙安氏（女）→（19）安荣诰。

10. 盘江巡检司土巡检（从九品土官）李氏

第684页承袭：（1）李当→（2）李康祚……（13）李佐→（14）李镇衡。

《清宣宗实录》卷372，道光二十二年五月丁巳："以故贵州永宁州属盘江从九品土官李镇衡子元勋袭职。"

据此，其世系排列当为：（1）李当→（2）李康祚……（13）李佐→（14）李镇衡→（15）<u>李元勋</u>。

11. 都匀长官司长官吴氏

第715页承袭：（1）吴莱→（2）吴贵……（7）吴鸿业→（8）吴天柄→（9）吴镡→（10）吴庆云→（11）吴允文→（12）吴允恭→（13）吴钟英。

《清高宗实录》卷64，乾隆三年三月戊午："以患病解职之贵州都匀司土官吴天炳子吴德仁袭职。"卷633，乾隆二十六年三月乙卯："以故贵州

[①] 《清实录》为沙泯美，《中国土司制度史》为沙尽美。

都匀府属都匀正长官司吴德仁侄镈袭职。"

据此，其世系排列当为：（1）吴莱→（2）吴贵……（7）吴鸿业→（8）吴天柄→（9）吴德仁→（10）吴镈→（11）吴庆云→（12）吴允文→（13）吴允恭→（14）吴钟英。

12. 乐平长官司长官宋氏

第720页承袭：（1）宋仁德→（2）宋拱极→（3）宋治政→（4）宋金印→（5）宋潢→（6）宋世祥。

《清高宗实录》卷660，乾隆二十七年五月丁酉："贵州都匀府麻哈州属乐平长官司土官宋潢因病告休，以其子圣宣袭职。"卷1410，乾隆五十七年八月丁丑："以故贵州麻哈州属乐平长官司宋圣宣子兆图袭职。"

据此，其世系排列当为：（1）宋仁德→（2）宋拱极→（3）宋治政→（4）宋金印→（5）宋潢→（6）宋圣宣→（7）宋兆图→（8）宋世祥。

13. 烂土长官司长官张氏

第723页承袭：（1）张均→（2）张和……（14）张克承→（15）张乾→（16）张泰。

《清高宗实录》卷1067，乾隆四十三年九月乙卯："已革贵州独山州属烂土司土官张乾子祁定袭职。"《清宣宗实录》卷162，道光九年十一月甲午："以故贵州烂土长官司张治泽子灿极袭职。"

张泰系张乾胞弟，因兄革职，仅代理土务，据此，其世系排列当为：（1）张均→（2）张和……（14）张克承→（15）张乾→（16）张泰→（17）张祁定→（18）张治泽→（19）张灿极。

14. 镇远府土同知何氏

第746页承袭：（1）何永寿→（2）何孟海……（13）何守德→（14）何大昆→（15）何毓杞。

《清高宗实录》卷657，乾隆二十七年三月丙辰："以故贵州镇远府属告休土同知何毓杞子经袭职。"卷1479，乾隆六十年五月甲戌："以故贵州镇远府属五品土官何经侄道纲袭职。"《清仁宗实录》卷49，嘉庆四年七月丙戌："以故贵州镇远府属五品土官何道纲侄玉贵袭职。"

何毓杞于康熙五十二年任职，据此，其世系排列当为：（1）何永寿→（2）何孟海……（13）何守德→（14）何大昆→（15）何毓杞→（16）何

79

经→（17）何道纲→（18）何玉贵。

15. 镇远府土推官杨氏

第748页承袭：（1）杨再华→（2）杨政朝……（8）杨通理→（9）杨通淮→（10）杨秀玮。

《清高宗实录》卷261，乾隆十一年三月壬辰："贵州镇远府属土推官杨再瀚故，以其子杨再苾袭职。"

杨秀玮于顺治十五年任职，据此，其世系排列当为：（1）杨再华→（2）杨政朝……（8）杨通理→（9）杨通淮→（10）杨秀玮→（11）杨再瀚→（12）杨再苾。

16. 邛水长官司土官杨氏

第749页承袭：（1）杨通称→（2）杨光荣……（11）杨正炯→（12）杨通礼。

《清高宗实录》卷1293，乾隆五十二年十一月乙酉："病休贵州镇远府属邛水司土官杨政㶸孙光鉴袭职。"

杨通礼于乾隆四十二年任职，据此，其世系排列当为：（1）杨通称→（2）杨光荣……（11）杨正炯→（12）杨通礼→（13）杨政㶸→（14）杨光鉴。

17. 邛水副长官司袁氏

第749页承袭：（1）袁诚→（2）袁让……（9）袁三奇→（10）袁周佐。

《清宣宗实录》卷312，道光十八年七月戊申："以故云南镇远府属邛水副长官司袁本芳叔士信袭职。"

袁周佐于雍正九年任职，据此，其世系排列当为：（1）袁诚→（2）袁让……（9）袁三奇→（10）袁周佐→（11）袁本芳→（12）袁士信。

18. 偏桥长官司土官安氏

第750页承袭：（1）安怀信→（2）安德可……（7）安宏治→（8）安德隆→（9）安鸿勋。

《清仁宗实录》卷81，嘉庆六年三月辛丑："贵州镇远府属偏桥长官司土官安定远因病告替，以其子汝桂袭职。"

安宏治于康熙年间任职，安德隆于光绪元年任职。据此，其世系排列当为：（1）安怀信→（2）安德可……（7）安宏治→（8）安定远→（9）安汝桂→（10）安德隆→（11）安鸿勋。

19. 偏桥左副长官司副长官（土县丞）杨氏

第751页承袭：（1）杨胜友→（2）杨正麒……（9）杨通圣→（10）杨维屏→（11）杨其明。

《清高宗实录》卷330，乾隆十三年十二月辛卯："以贵州镇远府属已革偏桥司左副土官杨清之侄安禄袭职。"《清仁宗实录》卷306，嘉庆二十年五月己酉："贵州镇远府偏桥左土官杨廷瑄因病休致，以其子玉麟袭职。"

杨通圣于顺治朝归附，杨维屏于光绪初年任职。据此，其世系排列当为：（1）杨胜友→（2）杨正麒……（9）杨通圣→（10）<u>杨清</u>→（11）<u>杨安禄</u>→（12）<u>杨廷瑄</u>→（13）<u>杨玉麟</u>→（14）杨维屏→（15）杨其明。

20. 重安司土吏目张氏

第756页承袭：（1）张佛宝→（2）张威镇→（3）张汉生→（4）张纯文→（5）张纯全→（6）张若龄。

《清高宗实录》卷705，乾隆二十九年二月丁未："予休致贵州平越府黄平州重安司土吏目张纯德子夔袭职。"卷1092，乾隆四十四年十月癸丑："贵州重安司土吏目张夔缘事革职，以其子若龄袭职。"《清仁宗实录》卷325，嘉庆二十一年十二月乙酉："病休贵州黄平州重安司土吏目张若龄子星煌袭职。"

张纯全于康熙五十五年任职，张若龄于嘉庆年间任职。据此，其世系排列当为：（1）张佛宝→（2）张威镇→（3）张汉生→（4）张纯文→（5）张纯全→（6）<u>张纯德</u>→（7）<u>张夔</u>→（8）张若龄→（9）<u>张星煌</u>。

21. 都坪长官司土官何氏

第769页承袭：（1）何清→（2）何应龙→（3）何润远→（4）何察→（5）何道惶。

《清高宗实录》卷660，乾隆二十七年五月庚子："以故贵州思州府属都坪司土官何道煌子型袭职。"

据此，其世系排列当为：（1）何清→（2）何应龙→（3）何润远→（4）何察→（5）何道惶①→（6）<u>何型</u>。

---

① 《清实录》为何道煌，《中国土司制度史》为何道惶。

22. 都素蛮夷长官司长官周氏

第772页承袭：(1) 周文富→(2) 周源……(10) 周之龙→(11) 周弘基→(12) 周伟。

《清宣宗实录》卷303，道光十七年十一月癸巳："年老贵州都素正长官司周默布子光复袭职。"

周伟于康熙五十五任职，据此，其世系排列当为：(1) 周文富→(2) 周源……(10) 周之龙→(11) 周弘基→(12) 周伟→(13) 周默布→(14) 周光复。

23. 黄道溪长官司长官黄氏

第772页承袭：(1) 黄文聪→(2) 黄子芳……(12) 黄金印→(13) 黄恩荣→(14) 黄卷。

《清高宗实录》卷180，乾隆七年十二月辛卯："以患病解职之贵州黄道溪长官司土官黄卷子黄之钺袭职。"《清宣宗实录》卷81，道光五年四月丙戌："以故贵州思州府属黄道正长官司黄崇格子耀日袭职。"

据此，其世系排列当为：(1) 黄文聪→(2) 黄子芳……(12) 黄金印→(13) 黄恩荣→(14) 黄卷→(15) 黄之钺→(16) 黄崇格→(17) 黄耀日。

24. 黄道溪长官司长官刘氏

第773页承袭：(1) 刘贵→(2) 刘道传……(12) 刘师上→(13) 刘士元→(14) 刘祚昌。

《清宣宗实录》卷62，道光三年十二月壬寅："以告替贵州黄道长官司土官刘能任子绍勋袭职。"《清宣宗实录》卷427，道光二十六年三月壬午："以故贵州思州府黄道正长官司刘绍勋子荣耀袭职。"

刘祚昌于康熙二十五年任职，据此，其世系排列当为：(1) 刘贵→(2) 刘道传……(12) 刘师上→(13) 刘士元→(14) 刘祚昌→(15) 刘能任→(16) 刘绍勋→(17) 刘荣耀。

四 广西

1. 东兰州土知州韦氏

第841页承袭：(1) 韦德隆→(2) 韦钱保……(17) 韦兆黑→(18) 韦兆象→(19) 韦朝辅→(20) 韦朝佐→(21) 韦宏→(22) 韦

振馨。

《清世宗实录》卷33，雍正三年六月己丑："广西东兰州土知州韦国栋故，请以其子韦朝辅承袭。"《清高宗实录》卷202，乾隆八年十月己未："以广西故东兰土州同韦朝佐之子韦振声袭职。"卷607，乾隆二十五年二月壬辰："以故广西庆远府东兰土州同韦振声弟振馨袭职。"卷923，乾隆三十七年十二月己卯："以故广西东兰土州同韦振馨子永镇袭职。"《清仁宗实录》卷118，嘉庆八年八月丙子："以故广西庆远府东兰土州同韦永镇子承基袭职。"

据此，其世系排列当为：（1）韦德隆→（2）韦钱保……（17）韦兆黑→（18）韦兆象→（19）韦国栋→（20）韦朝辅→（21）韦朝佐→（22）韦振声→（23）韦宏→（24）韦振馨→（25）韦永镇→（26）韦承基。

2. 南丹土知州莫氏

第842页承袭：（1）莫国麒→（2）莫忠敇……（23）莫汝明→（24）莫云尊。

《清宣宗实录》卷468，道光二十九年五月己未："以故广西庆远府属南丹土知州莫芳圃子树棠袭职。"

莫云尊于道光朝前任职，据此，其世系排列当为：（1）莫国麒→（2）莫忠敇……（23）莫汝明→（24）莫云尊→（25）莫芳圃→（26）莫树棠。

3. 永定长官司长官韦氏

第845页承袭：（1）韦槐→（2）韦宝……（13）韦调元→（14）韦尔昌。

《清仁宗实录》卷110，嘉庆八年三月乙未："广西庆远府属永定土司韦尔昌因病告替，以其子兆熊袭职。"

据此，其世系排列当为：（1）韦槐→（2）韦宝……（13）韦调元→（14）韦尔昌→（15）韦兆熊。

4. 归德州土知州黄氏

第853页承袭：（1）黄志隆→（2）黄胜安……（20）黄世周→（21）黄昌。

《清仁宗实录》卷325，嘉庆二十一年十二月乙酉："以故广西南宁府归德土知州黄昌子学浚袭职。"

据此，其世系排列当为：（1）黄志隆→（2）黄胜安……（20）黄世周→（21）黄昌→（22）<u>黄学浚</u>。

5. 果化州土知州赵氏

第854页承袭：（1）赵永全→（2）赵荣宗……（19）赵常茂→（20）赵应龙→（21）赵承通。

《清宣宗实录》卷114，道光七年二月庚午："以故广西南宁府属果化土知州赵启贤子廷枢袭职。"

赵承通于道光朝前任职，据此，其世系排列当为：（1）赵永全→（2）赵荣宗……（20）赵应龙→（21）赵承通→（22）<u>赵启贤</u>→（23）<u>赵廷枢</u>。

6. 上思州土知州黄氏

第857页承袭：（1）黄仲荣→（2）黄瑛。

《清高宗实录》卷634，乾隆二十六年四月己卯："以病休之广西思州土知州黄观琏子繁袭职。"

黄瑛于明嘉靖朝前任职，据此，其世系排列当为：（1）黄仲荣→（2）黄瑛→（3）<u>黄观琏</u>→（4）<u>黄繁</u>。

7. 迁隆州土知州黄氏

第858页承袭：（1）黄威鋆→（2）黄世荣……（15）黄震中→（16）黄文光→（17）黄恭。

《清高宗实录》卷40，乾隆二年四月己巳："广西迁隆峒土官黄震中缘事革职，以其弟黄在中替袭。"卷206，乾隆八年十二月甲寅："以广西故迁隆峒土官黄在中之子黄文光袭职。"

据此，其世系排列当为：（1）黄威鋆→（2）黄世荣……（15）黄震中→（16）<u>黄在中</u>→（17）黄文光→（18）黄恭。

8. 那马巡检司土巡检黄氏

第861页承袭：（1）黄理→（2）黄旸……（15）黄昌运→（16）黄瑜。

《清宣宗实录》卷90，道光五年十月丁丑："广西思恩府属那马土巡检黄瑜缘事褫革，以其子河源袭职。"

据此，其世系排列当为：（1）黄理→（2）黄旸……（15）黄昌运→（16）黄瑜→（17）<u>黄河源</u>。

9. 定罗巡检司土巡检徐氏

第861页承袭：（1）徐吾→（2）徐浩……（17）徐尚文→（18）徐能文→（19）徐典章。

《清高宗实录》卷1454，乾隆五十九年六月庚申："以参革广西定罗司土巡检徐能文弟大文袭职。"《清仁宗实录》卷71，嘉庆五年七月甲申："广西思恩府属定罗司土巡检徐能文缘事革退，以其子典章袭职。"《清宣宗实录》卷251，道光十四年四月戊午："以革退广西思恩府属定罗司土巡检徐典章嗣子千治袭职。"卷423，道光二十五年十一月甲子："以故广西思恩府定罗司土巡检徐千治弟千政袭职。"

据此，其世系排列当为：（1）徐吾→（2）徐浩……（17）徐尚文→（18）徐能文→（19）徐大文→（20）徐典章→（21）徐千治→（22）徐千政。

10. 兴隆巡检司土巡检韦氏

第862页承袭：（1）韦贵→（2）韦卢……（12）韦洸→（13）韦瓒→（14）韦可法。

《清仁宗实录》卷306，嘉庆二十年五月丁酉："广西思恩府兴隆司土巡检韦可法缘事革退，以其子柱袭职。"《清宣宗实录》卷334，道光二十年五月庚寅："以广西思恩府属兴隆司土巡检韦柱侄彩基袭职。"

据此，其世系排列当为：（1）韦贵→（2）韦卢……（12）韦洸→（13）韦瓒→（14）韦可法→（15）韦柱→（16）韦彩基。

11. 阳万州土知州岑氏

第868页承袭：（1）岑洁→（2）岑宜擐→（3）岑熙。

《清仁宗实录》卷251，嘉庆十六年十二月己未："以故广西思恩府阳万土州判岑熙子裕坦袭职。"

据此，其世系排列当为：（1）岑洁→（2）岑宜擐→（3）岑熙→（4）岑裕坦。

12. 旧城巡检司土巡检黄氏

第870页承袭：（1）黄集读→（2）黄宗石……（12）黄瀚源→（13）黄桂。

《清宣宗实录》卷284，道光十六年六月戊午："以故广西思恩府属旧城司土巡检黄中炯子域袭职。"

黄桂于道光朝前任职，据此，其世系排列当为：（1）黄集读→（2）黄宗石……（12）黄瀚源→（13）黄桂→（14）黄中炯→（15）黄域。

13. 下旺巡检司土巡检韦氏

第870页承袭：（1）韦良保→（2）韦德载……（12）韦仕秀→（13）韦尚礼→（14）韦继勋。

《清高宗实录》卷928，乾隆三十八年三月辛丑："广西思恩府下旺司土巡检韦尚礼病休，以其弟尚慈协理。"《清宣宗实录》卷23，道光元年九月辛亥："以故广西思恩府下旺司土巡检韦应辅弟应检袭职。"卷241，道光十三年七月戊戌："以故广西思恩府下旺司土巡检韦应弼弟应赞袭职。"

韦继勋于道光朝前任职，据此，其世系排列当为：（1）韦良保→（2）韦德载……（12）韦仕秀→（13）韦尚礼→（14）韦尚慈（协理）→（15）韦继勋→（16）韦应辅→（17）韦应检→（18）韦应弼→（19）韦应赞。

14. 都康州土知州冯氏

第880页承袭：（1）冯大英→（2）冯德高……（21）冯御绶→（22）冯锟→（23）冯永吉。

《清高宗实录》卷315，乾隆十三年五月己亥："以故广西都康土知州冯锟子永先袭职。"卷608，乾隆二十五年三月庚申："以故广西镇远府都康土知州冯锟子永吉袭职。"《清仁宗实录》卷118，嘉庆八年八月丙子："以故镇安府都康土知州冯永吉子振铎袭职。"

据此，其世系排列当为：（1）冯大英→（2）冯德高……（21）冯御绶→（22）冯锟→（23）冯永先→（24）冯永吉→（25）冯振铎。

15. 向武州土知州黄氏

第881页承袭：（1）黄朝用→（2）黄仕太……（28）黄徽猷→（29）黄坤宁→（30）黄锡曾。

《清宣宗实录》卷352，道光二十一年五月辛巳："以缘事革退广西镇安府属向武土知州黄清献弟清标袭职。"

黄锡曾于道光朝前任职，据此，其世系排列当为：（1）黄朝用→（2）黄仕太……（28）黄徽猷→（29）黄坤宁→（30）黄锡曾→（31）黄清献→（32）黄清标。

16. 小镇安巡检司土巡检岑氏

第886页承袭：（1）岑凤池→（2）岑纯武。

《清高宗实录》卷184，乾隆八年二月甲午："予故广西镇安府属小镇安土舍岑池凤之孙岑金佩袭职，兼巡检衔。"卷396，乾隆十六年八月乙未："广西镇安司土巡检岑金佩故无子，以其叔父光绥承袭。"卷558，乾隆二十三年三月己丑："广西小镇安土巡检岑光绥故，子幼，以其妻沈氏护印。"

据此，其世系排列当为：（1）岑凤池①→（2）岑金佩→（3）岑光绥→（4）沈氏（女）→（5）岑纯武。

17. 下石西州土知州闭氏

第889页承袭：（1）闭贤→（2）闭三贵……（16）闭有光→（17）闭世琮→（18）闭成锈。

《清仁宗实录》卷237，嘉庆十五年十二月甲午："以故广西太平府土知州闭成锈子显荣袭职。"《清宣宗实录》卷197，道光十一年九月甲戌："以广西太平府属下石西土知州闭显荣子孔昭袭职。"

据此，其世系排列当为：（1）闭贤→（2）闭三贵……（16）闭有光→（17）闭世琮→（18）闭成锈→（19）闭显荣→（20）闭孔昭。

18. 思陵州土知州韦氏

第890页承袭：（1）韦延寿→（2）韦成……（19）韦一麟→（20）韦一彪。

《清仁宗实录》卷280，嘉庆十八年十二月己亥："广西思陵土知州韦一彪因病告替，以其子绣袭职。"

据此，其世系排列当为：（1）韦延寿→（2）韦成……（19）韦一麟→（20）韦一彪→（21）韦绣。

19. 凭祥州土知州李氏

第891页承袭：（1）李广宁→（2）李珠……（17）李樟→（18）李燕。

《清宣宗实录》卷83，道光五年六月庚申："以故广西太平府属凭祥土知州李燕子光垂袭职。"

据此，其世系排列当为：（1）李广宁→（2）李珠……（17）李樟→（18）李燕→（19）李光垂。

20. 佶伦州土知州冯氏

第894页承袭：（1）冯万杰→（2）冯志威……（18）冯时昇→

---

① 《清高宗实录》为岑池凤，《中国土司制度史》为岑凤池。

（19）冯峻柱→（20）冯廷琚。

《清宣宗实录》卷19，道光元年六月丙戌："以故广西太平府属佶伦土知州冯廷琚子镰袭职。"卷372，道光二十二年五月丙辰："以故广西太平府属佶伦土知州冯镰子名器袭职。"

据此，其世系排列当为：（1）冯万杰→（2）冯志威……（18）冯时昇→（19）冯峻柱→（20）冯廷琚→（21）冯镰→（22）冯名器。

21. 结安州土知州张氏

第895页承袭：（1）张仕泰→（2）张仕荣……（26）张治宁→（27）张见穆→（28）张承璧。

《清高宗实录》卷1453，乾隆五十九年五月癸卯："以故广西太平府属结安土知州张治宁子晃穆袭职。"《清仁宗实录》卷255，嘉庆十七年三月庚子："以广西结安土知州张承璧子学鹏袭职。"

据此，其世系排列当为：（1）张仕泰→（2）张仕荣……（26）张治宁→（27）张见穆①→（28）张承璧→（29）张学鹏。

22. 都结州土知州农氏

第897页承袭：（1）农应广……（21）农建业→（22）农世元→（23）农世仰→（24）农恩德。

《清高宗实录》卷350，乾隆十四年十月癸未："广西太平府属都结州土知州农建业病废乞休，以其子世元袭职。"卷460，乾隆十九年四月壬辰："以故广西太平府属都结土知州农世元弟世卿袭职。"卷1372，乾隆五十六年二月己未："以故广西都结土知州农世仰子恩注袭职。"《清宣宗实录》卷166，道光十年三月壬寅："以告病广西都结州土官农恩注子际兰袭职。"

据此，其世系排列当为：（1）农应广……（21）农建业→（22）农世元→（23）农世卿→（24）农世仰→（25）农恩德②→（26）农际兰。

23. 龙英州土知州赵氏

第898页承袭：（1）赵斗南→（2）赵元龄……（24）赵炳→（25）赵作晋→（26）赵作梁→（27）赵承业→（28）赵镕→（29）赵奉矩。

---

① 《清实录》为张晃穆，《中国土司制度史》为张见穆。
② 《清实录》为农恩注，《中国土司制度史》为农恩德。

《清高宗实录》卷352，乾隆十四年十一月辛亥："以故广西太平府属龙英州土知州赵作梁子璞袭职。"卷608，乾隆二十五年三月戊午："广西太平府龙英土知州赵璞患病告休，子承业年幼，以官男之曾叔祖甦协理州务。"卷770，乾隆三十一年十月壬戌："以广西龙英土知州赵甦子承业袭职。"《清宣宗实录》卷432，道光二十六年七月庚戌："以故广西太平府属龙英土知州赵奉矩弟奉藩袭职。"

据此，其世系排列当为：（1）赵斗南→（2）赵元龄……（24）赵炳→（25）赵作晋→（26）赵作梁→（27）赵璞→（28）赵甦→（29）赵承业→（30）赵鎔→（31）赵奉矩→（32）赵奉藩。

24. 安平州土知州李氏

第903页承袭：（1）李郭佑→（2）李赛都……（20）李廷栏→（21）李缉佑→（22）李秉圭→（23）李超绪→（24）李德普。

《清宣宗实录》卷351，道光二十八年四月戊申："以缘事革退广西安平土知州李廷植弟秉圭袭职。"

据此，其世系排列当为：（1）李郭佑→（2）李赛都……（20）李廷栏→（21）李缉佑→（22）李廷植→（23）李秉圭[①]→（24）李超绪→（25）李德普。

25. 万承州土知州许氏

第905页承袭：（1）许祖俊→（2）许郭安……（20）许载屏→（21）许天爵→（22）许修义→（23）许可均→（24）许绍→（25）许荣→（26）许绍绪→（27）许建藩。

《清仁宗实录》卷103，嘉庆七年九月壬戌："以故广西太平府属万承土知州许天爵子修仁袭职。"卷278，嘉庆十八年十一月癸酉："以故广西万承州土知州许修仁弟修义袭职。"

据此，其世系排列当为：（1）许祖俊→（2）许郭安……（20）许载屏→（21）许天爵→（22）许修仁→（23）许修义→（24）许可均→（25）许绍→（26）许荣→（27）许绍绪→（28）许建藩。

26. 上下冻州土知州赵氏

第908页承袭：（1）赵帖从→（2）赵福祥……（20）赵东相→

[①] 李秉圭承袭时间《清实录》为道光二十一年，《中国土司制度史》为道光十五年。

（21）赵京→（22）赵嗣献。

《清宣宗实录》卷32，道光二年闰三月壬午："以故广西太平府属上下冻土知州赵承烈弟承熹袭职。"

赵嗣献于道光朝前任职，据此，其世系排列当为：（1）赵帖从→（2）赵福祥……（20）赵东相→（21）赵京→（22）赵嗣献→（23）赵承烈→（24）赵承熹。

27. 罗白县土知县梁氏

第910页承袭：（1）梁复昌→（2）梁福里……（16）梁应乾→（17）梁懋英。

《清宣宗实录》卷166，道光十三年三月癸巳："以故广西罗白土官梁懋英侄维嵩袭职。"

据此，其世系排列当为：（1）梁复昌→（2）梁福里……（16）梁应乾→（17）梁懋英→（18）梁维嵩。

28. 罗阳县土知县黄氏

第910页承袭：（1）黄谷保→（2）黄瑄……（22）黄焕琮→（23）黄云汉。

《清宣宗实录》卷19，道光六年六月丙戌："以故罗阳土知县黄云汉子楫袭职。"

据此，其世系排列当为：（1）黄谷保→（2）黄瑄……（22）黄焕琮→（23）黄云汉→（24）黄楫。

29. 上龙巡检司土巡检

第912页承袭：（1）赵升→（2）赵宏烈→（3）赵彦→（4）赵纯虾→（5）赵纯臣。

《宣宗成皇帝实录》卷74，道光四年十月甲申："以参革广西太平府属上龙司土巡检赵纯昌子昕袭职。"

赵纯臣于道光朝前任职，据此，其世系排列当为：（1）赵升→（2）赵宏烈→（3）赵彦→（4）赵纯虾→（5）赵纯臣→（6）赵纯昌→（7）赵昕。

五 湖南

1. 永顺军民宣慰司宣慰使彭氏

第935页承袭：（1）彭胜祖→（2）彭万潜……（22）彭弘海→

（23）彭肇槐。

《清世宗实录》卷61，雍正五年九月己卯："永顺宣慰司彭肇槐患病休致，请以其子彭景燧袭替。"

据此，其世系排列当为：（1）彭胜祖→（2）彭万潜……（22）彭弘海→（23）彭肇槐→（24）<u>彭景燧</u>。

2. 大喇长官司长官彭氏

第946页承袭：（1）彭莫古送→（2）彭可宜……（14）彭御椿→（15）彭御桔。

《清高宗实录》卷807，乾隆三十三年三月辛亥："以故湖南龙山县大喇司土把总彭炳子荣魁袭职。"

彭御桔于雍正十一年替职，摄理司事。据此，其世系排列当为：（1）彭莫古送→（2）彭可宜……（14）彭御椿→（15）彭御桔→（16）<u>彭炳</u>→（17）<u>彭荣魁</u>。

3. 下峒长官司长官向氏

第950页承袭：（1）向仲贵→（2）向广……（11）向日葵→（12）向鼎成→（13）向梁佐。

《清高宗实录》卷910，乾隆三十七年六月辛未："以故湖广永顺府属下峒土把总向梁佐子正旸袭职。"《清宣宗实录》卷104，道光六年八月癸酉："以故湖南永顺府桑植县下峒土把总向正旸孙光明袭职。"

据此，其世系排列当为：（1）向仲贵→（2）向广……（11）向日葵→（12）向鼎成→（13）向梁佐→（14）<u>向正旸</u>→（15）<u>向光明</u>。

4. 茅冈长官司长官覃氏（后降土千总）

第955页承袭：（1）覃福→（2）覃天佑→（3）覃垢→（4）覃尧之→（5）覃宗伊→（6）覃胤昌→（7）覃洪柱→（8）覃声极→（9）覃纯一。

《清圣祖实录》卷40，康熙十一年十一月庚子："以故茅冈土司安抚使覃洪治子覃印祚袭职。"卷109，康熙二十二年四月乙巳："以故茅冈土司安抚使覃洪治弟覃洪潮袭职。"卷189，康熙三十七年八月丙午："湖广茅岗安抚使覃洪潮以病乞休，以其侄覃声极袭替。"《清高宗实录》卷145，乾隆六年六月己未："以故湖广茅冈土千总覃纯嫡孙覃忠襄袭职。"卷1414，乾隆五十七年九月己卯："以故湖广茅冈司土千总覃忠襄子熙胜袭职。"

覃洪柱于顺治七年投诚，仍袭安抚使世职。据此，其世系排列当为：（1）覃福→（2）覃天佑→（3）覃垢→（4）覃尧之→（5）覃宗伊→（6）覃胤昌→（7）覃洪柱→（8）<u>覃洪治</u>→（9）<u>覃印祚</u>→（10）<u>覃洪潮</u>→（11）覃声极→（12）覃纯一①→（13）<u>覃忠襄</u>→（14）<u>覃熙胜</u>。

5. 麻寮所隘丁土千户唐氏

第955页承袭：（1）唐涌→（2）唐贤……（18）唐德昌→（19）唐仁爵→（20）唐贤圣。

《清高宗实录》卷849，乾隆三十四年十二月戊辰："以故湖南麻寮所土把总唐祚禄子开玺袭职。"

唐贤圣于雍正十三年前任职，据此，其世系排列当为：（1）唐涌→（2）唐贤……（18）唐德昌→（19）唐仁爵→（20）唐贤圣→（21）<u>唐祚禄</u>→（22）<u>唐开玺</u>。

6. 樱桃隘土百户黎氏

第960页承袭：（1）黎志立→（2）黎谦……（13）黎维纯→（14）黎之俊→（15）黎显福。

《清仁宗实录》卷234，嘉庆十五年九月庚午："以故湖南慈利县麻寮所土把总黎文炳孙定荣袭职。"《清宣宗实录》卷441，道光二十七年四月丁未："以故湖南慈利县属麻寮所樱桃隘土把总黎定荣孙成祖袭职。"

黎显福于雍正十三年前任职，据此，其世系排列当为：（1）黎志立→（2）黎谦……（13）黎维纯→（14）黎之俊→（15）黎显福→（16）<u>黎文炳</u>→（17）<u>黎定荣</u>→（18）<u>黎成祖</u>。

7. 靖安隘土百户向氏

第963页承袭：（1）向祥→（2）向拳甫……（12）向九富→（13）向子瑛→（14）向庆历。

《清高宗实录》卷1418，乾隆五十七年十二月丙子："以故湖南靖安隘土把总向广福子茂栋袭职。"《清仁宗实录》卷343，嘉庆二十三年六月戊寅："以故靖安隘把总向祚华孙添诚袭职。"

向庆历于雍正十三年前任职，据此，其世系排列当为：（1）向祥→

---

① 《清实录》为覃纯，《中国土司制度史》为覃纯一。

（2）向拳甫……（12）向九富→（13）向子瑛→（14）向庆历→（15）向广福→（16）向茂栋→（17）向祚华→（18）向添诚。

8. 龙溪隘土百户郑氏

第964页承袭：（1）郑仁拳→（2）郑礼英……（11）郑诚道→（12）郑之昌→（13）郑奇常。

《清高宗实录》卷1067，乾隆四十三年九月乙卯："以故湖南澧州属石门县添平所龙溪隘土把总职衔郑作常子文宗袭职。"《清仁宗实录》卷308，嘉庆二十年七月癸卯："以故湖南石门县添平所龙溪隘土把总郑武铉子平略袭职。"

郑奇常于乾隆朝前任职，据此，其世系排列当为：（1）郑仁拳→（2）郑礼英……（11）郑诚道→（12）郑之昌→（13）郑奇常→（14）郑作常→（15）郑文宗→（16）郑武铉→（17）郑平略。

9. 遥望隘土副百户陈氏

第967页承袭：（1）陈福生→（2）陈安富……（11）陈恩炽→（12）陈嗣绍。

《清高宗实录》卷521，乾隆二十一年九月癸巳："以故湖南添平所遥望隘世袭把总陈嗣绍孙永朝袭职。"

据此，其世系排列当为：（1）陈福生→（2）陈安富……（11）陈恩炽→（12）陈嗣绍→（13）陈永朝。

10. 细沙隘土百户伍氏

第971页承袭：（1）伍彦材→（2）伍天禧……（14）伍开代→（15）伍万岐。

《清宣宗实录》卷358，道光二十一年九月戊寅："以故湖南石门县添平所细沙隘土把总伍万岐弟万爵袭职。"

据此，其世系排列当为：（1）伍彦材→（2）伍天禧……（14）伍开代→（15）伍万岐→（16）伍万爵。

六　湖北

1. 东乡五路安抚司安抚使覃氏

第975页承袭：（1）覃起喇→（2）覃□→（3）覃天允→（4）覃寿椿。

《清圣祖实录》卷219，康熙四十四年三月甲辰："以故湖广东乡安抚司土官覃光祚子覃寿椿袭职。"

据此，其世系排列当为：（1）覃起喇→（2）覃□→（3）覃天允→（4）覃光祚→（5）覃寿椿。

2. 龙潭安抚司安抚使田氏

第982页承袭：（1）田起喇→（2）田贵龙。

《清高宗实录》卷415，乾隆十七年五月辛巳："以故湖北龙潭司土弁田贵龙子朝举袭职。"

据此，其世系排列当为：（1）田起喇→（2）田贵龙→（3）田朝举。

3. 忠建宣抚司宣抚使田氏

第984页承袭：（1）田恩俊→（2）田思进→（3）田忠孝→（4）田兴爵。

《清圣祖实录》卷198，康熙三十九年三月辛丑："湖广忠建宣抚使田世勋病故无嗣，以其侄田兴爵袭职。"

田忠孝于洪武二十二年任职，据此，其世系排列当为：（1）田恩俊→（2）田思进→（3）田忠孝→（4）田世勋→（5）田兴爵。

4. 忠峒安抚司安抚使田氏

第985页承袭：（1）田蛮王→（2）田楚珍→（3）田桂芳→（4）田雨公→（5）田光祖。

《清仁宗实录》卷286，嘉庆十九年闰二月丙戌："以故湖北忠峒司土千总田世桂子三庆袭职。"《清宣宗实录》卷134，道光八年三月乙卯："以故湖北江夏县忠峒司世袭千总衔田连保弟诏元袭职。"

田光祖于乾隆二年任职，据此，其世系排列当为：（1）田蛮王→（2）田楚珍→（3）田桂芳→（4）田雨公→（5）田光祖→（6）田世桂→（7）田三庆→（8）田连保→（9）田诏元。

七　甘肃

1. 河州卫土指挥佥事（土百户）王氏

第1004页承袭：（1）王且禄→（2）王官卜加……（11）王车位→（12）王斌。

《清仁宗实录》卷324，嘉庆二十一年十一月乙丑："以甘肃故河州土百户王斌子焕章袭职。"

据此，其世系排列当为：（1）王且禄→（2）王官卜加……（11）王

94

车位→（12）王斌→（13）王焕章。

2. 洮州卫三隘口土千户杨氏

第1015页承袭：（1）永鲁札剌肖→（2）杨彪……（9）杨世芳→（10）杨绍先→（11）杨班爵→（12）杨国用→（13）杨国成→（14）杨绣春→（15）杨渐荣→（16）杨永隆。

《清高宗实录》卷849，乾隆三十四年十二月戊辰："以故甘肃洮州厅属土千户杨绍祖子班爵袭职。"《清宣宗实录》卷456，道光二十八年六月丁巳："以故甘肃洮州厅属副千户土司杨国成子绣春袭职。"

据此，其世系排列当为：（1）永鲁札剌肖→（2）杨彪……（9）杨世芳→（10）杨绍先→（11）杨绍祖→（12）杨班爵→（13）杨国用→（14）杨国成→（15）杨绣春①→（16）杨渐荣→（17）杨永隆。

八 青海

1. 西宁卫土指挥佥事朱氏

第1039页承袭：（1）乩铁木……（10）朱廷章→（11）朱孙林→（12）朱子贵→（13）朱协→（14）朱廷佑。

《清高宗实录》卷405，乾隆十六年十二月辛未："以甘肃碾伯县土司指挥佥事朱永泰子孙林袭职。"

据此，其世系排列当为：（1）乩铁木……（10）朱廷章→（11）朱永泰→（12）朱孙林②→（13）朱子贵→（14）朱协→（15）朱廷佑。

最后，需要说明两点。第一，以上只是根据《清实录》所载，对龚先生所做土司世系表做了些拾遗补阙工作，不可能补全，中间还有许多遗漏。只有更加广泛地搜集档案和其他史料，做过细的工作，才会有一个较为接近于完成的土司世系表，这也是我们所期待的。第二，这里亦涉及改土归流之后土司的职衔有所变化，因本文旨在对土司世系做补充，故对职衔变化问题另撰文阐述。

（作者单位：遵义师范学院）

---

① 杨绣春承袭时间，《清实录》为道光二十八年，《中国土司制度史》为咸丰年间。
② 朱孙林承袭时间，《清实录》为乾隆十六年十二月，《中国土司制度史》承袭时间不详。

清代湖广土家族地区民族关系研究*

郝玉松 黄 梅

摘 要: 雍正时期,清廷对湖广土司实行改土归流,流官取代了土司的统治,"蛮不出境、汉不入峒"的民族隔离政策被废止,大量的客民进入湖广土家族地区,与土民、苗民共同生产生活,共同开发了土家族山区。为调节土、客、苗之间的关系,流官发布了一系列文告,促进了该地区民族关系友好发展和民族融合,推动了民族经济和文化发展。各民族相互影响,民族习俗也随之发生变化。这种友好的民族关系建立在民族间互惠原则基础之上,土家族山区为客民提供了丰富的物质资源和生存空间,客民带来的先进生产技术和中原文化则为土民、苗民所吸收,从而推动了土家族地区经济、文化的发展。

关键词: 改土归流 土家 客家 苗家 民族关系

雍正时期,清政府对湖广土司实施改土归流,"蛮不出境、汉不入峒"的禁令被废止,大量的客民(汉民)进入湖广土家族山区,他们与当地的土民、苗民共同主导了该地区的农业开发。湖广土家族山区为客民提供了广阔的生产生活空间和物质资源,客民得以在土家族地区安家落户。与此同时,客民也带来了土民、苗民急需且相对先进的生产工具和生产技术,推动了土家族地区经济的发展。外来的客商、工匠促进了土家族地区商业繁荣和手工业发展。客民、土民、苗民互动增强,土民、苗民的生产生活方式和文化习俗也随之发生变迁。

---

* 本文系遵义师范学院博士基金课题"改土归流与土家族社会重构研究"(遵师 BS201520)的阶段性成果。

一 客民与土民互动的增强与土家社会的发展

1. 土司统治时期的客民

土司统治时期，官府虽有"蛮不出境、汉不入峒"的禁令，但土汉之间的往来并非完全隔绝，土司辖区内也有客民，并专设管理客民的官员——经历。《永顺府志》载："土人有罪，小则土知州、长官等治之，大则土司自治。若客户有犯，则付经历，以经历为客官也。"① 改土归流时，西南各省督抚对土司残暴统治多次参革，其中就有土司抢掠客民的记载："容美土司田旻如、桑植土司向国栋，率土兵掳劫保靖土民、客民男女千余人，略（掠）卖分财，（雍正）四年以贪暴参革提勘。"② 顺治时期，保靖土司彭鼎与南明军开战，"（顺治）十一年九月，又值高必正、李赤心之寇攻保靖礼营对河两月。彭鼎调苗兵万余，从菁林开路攻杀数千人，高必正亦被药箭死，余皆奔溃。把目客民数千，有避难辰州者，方得回寨"③。客民数千逃至辰州，兵事结束后方返回保靖村寨。仅因战乱，保靖逃亡的客民达到了数千，可知当时土家族地区客民的数量已经较多。除客民外，还有客商往来土家族山区，土司对过往的客商层层盘剥，逢年节客商都要向各级土官缴纳节礼，"每逢年节，凡商贾客人，俱须馈送土官、家政、舍巴、总理等礼物，名曰节礼。倘有不周，非强取其货物，即抄掠其资本"④。土司对过往客商严加盘剥，以致商旅不兴。

2. 流官"因族而治"

改土归流后，流官取代了土司的统治。流官采取了诸多措施，因地制宜，对土民、苗民开展教化，"土苗驯良畏法者多，其作奸犯科者皆客户，故汉奸擅入苗地例禁綦（甚）严"⑤。流官将苗疆治理的经验总结为"禁汉奸"，但永顺府改土归流后，汉民所占人口比例较高，桑植县的汉民甚至超过了土民的数量，流官感叹："今府属随处皆汉人也，可尽禁乎？"他们认为，"善政不如善教之"，流官分析当地的形势，认为土、苗性情不

---

① 乾隆《永顺府志》卷12《杂记》。
② 同治《保靖县志》卷5《武备志·土司考》。
③ 同治《保靖县志》卷5《武备志·苗防》。
④ 乾隆《永顺府志》卷11《檄示》。
⑤ 乾隆《永顺府志》卷4《户口》。

同,"土户承土司积威,无苗之犷悍而贪与愚相类"。"郡为苗疆,而有军户、民户、客户半相错处,与他苗疆又稍异"①。对于"禁汉奸"的措施,概不能行,因为汉民数量太多,且境内土民、客民、苗民杂居。流官认为,"因族制宜""因地制宜"地对土民、客民和苗民实施教化为上策:

> 治苗疆者曰:禁汉奸。今府属随处皆汉人也,可尽禁乎?张弛宽猛,因地制宜,治客户之法与军民异,治军民之法与苗土异,一概相量,即同胶柱。以治苗疆常法治永顺尚不可,况以治内地者治之!文告虽勤,其如不切,何然?孟子曰:善政不如善教之。②

流官认识到土民和客民的差异,"土民淳,而客户狡悍",对客、土民人的治理,要"因族制宜",采取不同的治理措施。即使同一县内,也要根据各民族特点采取不同的治理措施,如桑植县"外半县三溶其民诈,其地近沐王化久,易治以法。内半县之土民淳,而客户狡悍,去城远较难治,如怀德里之罗峪,淳风里之四门岩,崇安里之姆姆界,依仁里之白竹坪,及兴贤、云从二里,皆地险而民顽,其中太平文教等里较淳"③。

恩施县的流官认识到土著和客户的差异,"邑民有本户、客户之分,本户皆前代土著,客户则乾隆设府后,贸迁而来者。大抵本户之民多质直,客户之民尚圆通"④。他们认为,土民与客户性格不同,对土著与客户要采取不同的教化措施。

为禁止客商欺诈土民,改土归流后,保靖县第一任知县王钦命特向湖广总督请示《详定斛斗》⑤,以禁止客民奸商坑害土民。

---

① 乾隆《永顺府志》卷11《檄示》。
② 乾隆《永顺府志》卷11《檄示》。
③ 同治《桑植县志》卷2《风土志·风俗》。
④ 同治《恩施县志》卷7《风俗志·习尚》。
⑤ 王钦命:《详定斛斗》,"为详禁违式制用,请颁定制斛斗,以昭画一,以厚民风事。窃照斗斛之设,所以谨权量而昭公平。卑职到任后,即查询客民交易斛斗等项,每据禀论不一,当又引阅铺户粜籴米粮,斗升俱皆大小不齐。以致商贩得以高下其手,价值听增减,若不定制使用,难剔陋弊。理合备详,专差前赴宪辕,谓将部颁斛斗则式,饬发下县,发给经纪铺户人等,照式备造,印烙使用。其从前违式斗斛,概营销毁,以昭画一,庶得公平。倘有私匿在乡行使,诈骗土愚者,立拿按法重处,庶新辟地方颓风易挽,民俗渐厚矣,为此具文通详。"载同治《保靖县志》卷12《艺文志·详》。

客民常以"客家"为由不当土差，为维护社会稳定，永顺府知府发布檄示，让客民当差，"（客民）今既有产业，居住年久，应与土民一例编甲，以便稽查，至于初至贸易客民，并无产业，居址未定者，不在此限。但亦须房主保管，以杜奸匪"①。将客民与土民、苗民一起编入保甲，对客民引诱滋事者，严加惩处，以维护地方稳定。流官认为，土民、苗民敬畏官长，风俗淳朴，客民狡猾滋事者多，要因族而治，"保邑（保靖县）古直朴素，殊有古风，好恶崇尚，率多陋俗，渐摩之方不可缓也。龙邑（龙山县）峒寨数十，土苗杂处，间有外来民人附居落籍者为客家。一体编甲，历经训饬劝禁，土苗蒸蒸向化，客民亦安分。桑民素号淳朴，有垂老不见长吏者，近多客家寄籍，或引诱滋事，然加之惩创，亦不至于长奸而蠹善类"②。

教化的结果，到同治年间，无论客户还是土户、苗户，均接受了流官推行的儒家思想观念，尊崇理法。除"风颇近古"外，"间阎多弦诵声"，且"好童子文，颇尚理法"，正如《桑植县志》所载：

> 地处边徼，民性浑厚。无论客、土、苗户，一切日用酬酢，皆崇简朴，风颇近古，间阎多弦诵声，诸生习尚质朴，亦多自好童子文，颇尚理法。③

3. 商业、手工业的发展

改土归流后一百多年，土家族地区的工匠多外来者，桑植县的工匠多来自于桃源、蒲圻、辰州，保靖县的工匠也以外县人居多，从事商贸者亦多来自外地，被称为客商。桑植县的客商来自常德、江右等地。外来工匠和客商的进驻，促进了土家族地区手工业的发展和商业的繁荣。改土归流之初，土家族地区的农业、手工业、商业发展缓慢，"农，邑民鲜逐末，除力田垦山外，别无奇赢可挟。故耕作勤而盖藏亦寡。工，土著之民不娴匠作，所需木、石、铜、铁等工多自桃源、蒲圻、辰州来者。商，土少出

---

① 乾隆《永顺府志》卷11《檄示》。
② 乾隆《永顺府志》卷10《风俗》。
③ 同治《桑植县志》卷2《风土志·风俗》。

产，河道险隘，不通贩运，惟常德江右有受□此地者"①。在外来工匠和客商的推动下，到同治年间，土家族地区的工商业快速发展，"工役：土、木、竹、石、裁缝、机匠之属，各有专司，但外县人居多。商买：城乡市铺贸易往来，有自下路装运来者，如棉花、布匹、丝扣等类，曰杂货铺。如香、纸、烟、茶、糖、食等类，曰烟铺。亦有专伺本地货物涨跌，以为贸易者。如上下装运盐、米、油、布之类，则曰水客"②。客商把持了土家族地区的商贸，逐渐形成商帮，"商业的发展，却没能产生土家族商人。此时客商之间勾心斗角，渐成帮派，其中江西商人组成江西帮，并在前街建立江西会馆（即今尚存的万寿宫）。客商为了自己的子弟读书，于乾隆五年（1740）建立桂林书院，在书院读书的也有土家族富户子弟"③。

客商收购土民的特产，贩至外地，据《永顺府志》载："冻绿皮，产山谷间。其种有二，土人采取外贸，其利颇厚。近年来，常有江西、湖北客商，来郡采办者。"④ 土家族地区的矿山，则任由客民或土民开采，并无专属。"俱有客民或土民设厂筑窑，烧贩他境。取用者多，山渐童而薪亦渐桂（贵）矣"⑤。客民、土民开采矿山，带来严重的生态问题，导致"山渐童"，由于过度砍伐，原来的青山变得光秃秃了。

土民重农、简朴，"多勤劬力田，不逐末，衣食俭觳"；土民重义气，善争斗，"或任侠尚气，一语投合，倾身与交。偶枨触所忌，则反眼若不相知，必得报而后已。乡居穷僻，不谙科法，庋理乞胜，强于竞讼，视纠众劫斗为故常"⑥。但土民敬畏官长，"或彼此有仇衅，经世不能解，得明察者一言剖决之，往往帖首而服"⑦。土民与客民长期杂居，多学习客语，到同治年间，已经"无鴂舌者"⑧。土家族、苗族学习官话，而客户则从其乡音，反映了

---

① 同治《桑植县志》卷2《风土志·风俗》。
② 同治《保靖县志》卷2《舆地志·风俗》。
③ 柏贵喜：《论土家族集镇与传统文化当代变迁的关系——关于卯洞社区中土家族集镇的个案研究》，中南民族学院硕士学位论文，1990，第15页。
④ 乾隆《永顺府志》卷10《风俗》。
⑤ 乾隆《永顺府志》卷10《风俗》。
⑥ 同治《龙山县志》卷11《风俗》。
⑦ 同治《龙山县志》卷11《风俗》。
⑧ 同治《龙山县志》卷11《风俗》。

土家族地区各民族间相互学习与影响，"客户多辰、沅民，江右闽广人亦贸易于此。衣冠华饰，与土苗异，亦安分自守，土人能官话，苗人亦间有学官话者"①。客民多经商而来，致富后，在当地置买地产房屋，与土民通婚，客民的衣食住行，保留了自己的传统，而风俗习惯，则与土家族"相染"，出现了客民土化的现象，土家族地区呈现出民族融合的趋势。

>客民多长、衡、常、辰各府及江西、贵州各省者。其先服贾而来，或独身持橐被入境，转物候时，十余年间，即累赀巨万，置田庐，缔姻戚子弟，以次并列庠序。故县属巨族，自来客籍为多。服食言动，皆沿华风，至伏腊婚祭，一切习尚，或各守其祖籍之旧，往往大同小异，乡居与土风相染。②

迁徙而来的客籍妇女保留了原来的生产生活方式，"娴针黹，刺绣花鸟态致天然。然多以纺织绵麻为恒业，不饰治容，不轻逾门外，偶出，必肩舆障，以帘帷，人罕见其面"③。而土家族妇女则"亲杵臼爨炊业纺织，时出门，馌耕者于亩，或入山樵采，背竹笼，有稚儿即置笼中，既背薪，则抱于手而归。又有并其夫业耕耘者，其勤劬为甚"④。客家妇女则按照儒家伦理道德的要求，不轻易出门，偶尔外出，则乘坐竹轿，"人罕见其面"。而土家族妇女则直接参与生产生活的各项劳作，出则馌耕于田、上山伐薪，入则炊爨纺织，日无宁息。土家族、苗族的妇女善于织锦裙、被，并织土布，"土苗妇女善织锦裙被，或全丝为之，或闲纬以绵纹陆离，有古致。其丝并家出树桑饲蚕，皆有术。又织土布、土绢，皆细致可观，机床低小，布绢幅阔不逾尺。向不知制履肆诸人，近皆能自制，与客籍妇女同"⑤。土家族的妇女不制鞋履，改土归流后，受客家妇女的影响，学会了制鞋。改土归流前，"土民散处山谷间，男女短衣跣足，以布裹头，服

---

① 乾隆《永顺府志》卷10《风俗》。
② 同治《龙山县志》卷11《风俗》。
③ 同治《龙山县志》卷11《风俗》。
④ 同治《龙山县志》卷11《风俗》。
⑤ 同治《龙山县志》卷11《风俗》。

斑斓之衣"①。改流之后,保靖县知县王钦命发布《示禁短衣赤足》②,禁止赤足。这也是土家族妇女学会制鞋的重要原因。

二 客民与苗民的互动及苗民习俗的变迁

1. 土司统治时期的苗民

清代,湖广土家族地区的苗族数量较少,且主要分布在湘西的永顺、保靖二县,鄂西各县几乎没有苗民。同治《来凤县志》指出,来凤不是苗疆,土民不是苗民:

> 来凤山川盘郁,道路纷歧,逼近苗疆,间处三省。其势宜强而不宜弱,其地可战而亦可守,诚川湖之咽喉而荆施之陑要也。其东与南均界接湖南龙山,西南界接四川酉阳,西及西北均界接咸丰,咸丰毗连黔江为入川门户。龙山故苗疆,去保靖近,保靖又与镇筸近,镇筸四面皆红苗,来凤距苗寨数百里耳。旧志及文移相沿,亦以来凤为苗疆,皆未详考。古称西南夷杂处夜郎五溪之间,谓为蛮夷则可,谓为苗疆则非也。③

根据户口统计显示,雍正时期来凤县只有土家和客家,"雍正十三年,改土归流,土民二千三百一十二户,客民八千四百四十六户,共烟户一万七百五十八户,共烟民四万七千四百四十五丁口"④。客民远多于土民,"土二客八",实无苗族。

鄂西其他州县与来凤类似,改土归流后,大量客民进入土家族地区,

---

① 乾隆《永顺府志》卷10《风俗》。
② 王钦命:《示禁短衣赤足》:"为禁约事。照得保邑代隶土司,是以居民多有不知礼节,惟服色一项,更属鄙陋,不拘男妇,概系短衣赤足,恬不为羞。今蒙皇恩改土归流,凡一切有关民俗事,宜相应兴举,从前陋习,合行严禁。为此,示仰居民人等知悉:尔民一村一寨之内,或有二三人家,仰遵劝谕,即将衣履改换,不过数月,邻里亲族无不相尚移易。示后,限一年,尔民岁时伏腊,婚丧宴会之际,照汉人服色,男子戴红帽,穿袍褂,着鞋袜;妇人穿长衣,长裙,不许赤足。岂不有礼有仪,体统观瞻!倘有不遵者,即系犬羊苗猓,不得与吾民同登一道之盛矣!各宜恪遵勿懈。"载同治《保靖县志》卷12《艺文志·示》。
③ 同治《来凤县志》卷4《地舆志》。
④ 同治《来凤县志》卷13《食货志·户口》。

与土民杂居，并无苗族。湘西四县苗族分布并不均衡，与鄂西接壤的北部县区桑植、龙山苗族人口较少，改土归流初，桑植县"土四之，客六之"。而与苗疆毗邻的永顺、保靖二县苗族人口相对较多。

永顺土司统治主体为土民，区域内的苗民仅"十之一"，永顺"府属皆土司旧所治，其民为土人，若苗户才十之一"。苗族是土司所招，或逃亡到土司区，土司招徕苗民是为了军事防御的需要，"永邑惟功全、冲正、西英、田家、罗衣等保系苗人，余俱土人，各保沿边苗人，乃土司招徕使悍御以备藩篱者"①。

到乾隆中期，永顺"府属四县皆有苗"，因苗民数量较少，流官并未对其采取特殊的管理措施，"（苗民）与土民一体编保，并未设立苗头、百户名目。而抚御苗情、办理苗案，则皆与他处有苗之地同"②。

《永顺府志》对苗族生活习俗有详细的描述：

> 苗民性悍，心野贪而多疑。男女畜发椎髻，赤足短衣，耳贯大环，出入佩刀携枪，祀青草鬼，忌带青草入室，刻竹为契（今土苗有以竹中剖各执一片为据者是）。少不合即劫杀，血誓为信，性喜彩衣，能织纴，有苗巾、苗锦之属，自制苗笙，其声清畅，又能锻铁为刀剑，楺木为弩，架木为屋，有榻无几，席地而坐，㸑设中庭，食则刳木为槽，共取啜之。③

同时还记载了苗民所独有的技能："苗人习滚坡绝技云，凡悬岩陡坎人所不能攀缘之处，但敛其手足，缩身如猬，呼吸至底云云。此犹止得其半也，苗人又有扒坡绝技，凡悬崖陡坎，人所不能攀缘之处，以身附坡，但闻砂石硌硪如猿猱蛇蟮，倏然至顶。又闻明代永顺土司彭明辅时，有一苗能于千尺悬崖上，奋身投下，以手蹋地倒行数十步，其趋捷如此。"④

2. 苗族习俗的变迁

改土归流后，苗族习俗逐渐发生了变化，"近被化已久，颇革旧俗"，

---

① 乾隆《永顺府志》卷10《风俗》。
② 乾隆《永顺府志》卷12《杂记》。
③ 乾隆《永顺府志》卷10《风俗》。
④ 乾隆《永顺府志》卷12《杂记》。

"今苗俗亦稍变,苗俗男女皆跣足不穿履,未尝皴裂,行山林间竹箐树桠皆不能伤,近渐染风化,令节晏聚,妇女间有着鞋者,然不能自制,率市之肆中"①。之后,苗族的审美观念变化,苗族妇女为跣足而害羞,"民勤怜俗俭,妇女共耕樵。露粟腰镰刈,山蔬背笼挑。珥浑垂臂钏,裳偶饰鲛绡。蓬跣惭相顾,逢人欲讳苗"②。土家族有摆手舞,苗族则有跳鼓脏:"苗人则有跳鼓脏之俗,今同知所驻地为古丈坪,或云乃前苗跳鼓脏地也。"③ 土民多习说汉话,苗族也有学习汉话者,客家则保持家乡方言。改土归流后,龙山县的苗民编入土著甲内,能使用汉语与客民交流,并接受教育,攻读诗书,"(苗民)较永、凤、乾诸厅州为少。所居依山结屋,排比无次第,每间枝十余柱,无窗棂,檐户低小,出入尝俯首。室内设火床,翁姑子妇同寝处,鸡犬栖其下,与相习不知为秽。不轻入城市,惟卖薪肆盐间一至。而已与客民酬答,能效其语言。近亦知从师受经,通习章句"④。

土司统治时期,专门编制苗旗,对苗民进行管理,永顺五十八旗外,"更有戎、猎、镶、苗、米房、吹鼓手六旗,伴当七旗,长川旗、散人旗、总管旗"。编制苗旗,专门管理苗民;保靖苗民更多,保靖十六旗中有"先旗、镇旗"两旗为苗旗。保靖与苗边毗邻,保靖土司曾令土民蓄发,冒充苗民,以刺探情报,"保靖飞、良、先、正(镇)四旗,接壤苗边,其间不剃头发者十之六七。只因从前屡受苗害,是以土司令其蓄发,与苗往来,以通线索。近闻此辈每假充苗人,肆行不法"⑤。

改土归流后,流官按内地做法,令土民、苗民、客民都编入保甲,并根据"土苗杂处,间有外来民人附居落籍者为客家"的特点,一体编甲。并由经历训饬劝禁,不久,"土、苗蒸蒸向化,客民亦安分"⑥。苗民、土民读书知礼,"永保二邑苗户多,龙山次之,桑植又次之,皆僻处深山,

---

① 乾隆《永顺府志》卷10《风俗》。
② 乾隆《永顺府志》卷11《檄示》。
③ 乾隆《永顺府志》卷10《风俗》。
④ 同治《龙山县志》卷11《风俗》。
⑤ 乾隆《永顺府志》卷11《檄示》。
⑥ 乾隆《永顺府志》卷10《风俗》。

自食其力，现俱一体编保，渐有读书知礼者，以习汉俗为喜"①。处理苗民事件，地方官须问询乡保苗头，方能处置得当，"苗地既设流官，凡苗人口角大小事件，必令乡保苗头，先来面禀官，即为剖析词讼，速审毋使守候，行之数年，塘汛擅受之弊渐息，敢以质之来者"②。在处理苗民事件时，令地方官勿"因循瞻顾，苟且完结"，"或遇被害告发，或遇苗人生事，即密拿重治，并不因循瞻顾，苟且完结，则苗人既无兵役之索诈，又无汉奸之挑唆，自必各安耕凿共乐升平"③。散居在土家族地区的苗民，其风俗习惯、宗教信仰与苗族聚居区的苗民有所不同，如"白帝天王之神，不知何所从出，苗人尊奉之。乾绥各处皆然，今永属四县苗寨亦多，苗俗无异，然未闻有其庙者。盖此地□系土司之地，土势盛而苗势微也"④。

保靖县苗民较多，占该县人口比例近四分之一。改土归流后，保靖县采取了诸多措施管理苗民。如保靖县首任知县王钦命发布《详设市场》告示，管控民苗，采取的措施为分民苗而治之：

  古铜溪设有把总一员，至期再令在城之典史前往，协同巡视。仍于苗人内着苗长、寨长于开市之日押苗人以同来，复押以同往，不许于交易之时任听滋事。如民苗抬价短货，争竞生事等情，立解卑职衙门，严加究处，使民人不敢擅入苗地，苗人不敢聚集汉地，而边城得以安静矣！⑤

为教化苗民，王钦命在苗寨设置义学，"义学四馆，雍正八年邑令王钦命详请设立，义学四馆岁支馆饩银六十四两，设馆寨落：一在格若苗寨，一在排大方苗寨，一在夯沙坪苗寨，一在葫芦寨苗寨"⑥。清政府设置军队，控制苗寨，"印山台，在县东南七十五里，山形若印，高压群峰，

---

① 乾隆《永顺府志》卷4《户口》。
② 乾隆《永顺府志》卷6《兵制》。
③ 乾隆《永顺府志》卷11《檄示》。
④ 乾隆《永顺府志》卷12《杂记》。
⑤ 同治《保靖县志》卷12《艺文志》。
⑥ 同治《保靖县志》卷4《学校志》。

105

俯视苗寨,如可指数,即葫芦寨汛千总驻防处"①。

乾嘉苗民起义后,清政府采用"以苗制苗、以苗养苗"的策略,"添设各寨苗弁土塘,留兵互相稽察(查),是以苗制苗之道。而养之以叛田估田,则以苗制苗者。又以苗养苗行之有常,实为久安长治之策"②。为了达到"以苗制苗",清政府专门设置苗弁苗兵,"嘉庆二年平苗后,改设苗弁五十六名,苗兵三百名"③。且派重要将领驻防苗寨,如保靖县,"守备二员,一驻县城外,一驻水荫场汛苗隘,离城四十里。千总二员,一驻葫芦寨汛苗隘,离城八十四里。一驻保安汛苗隘,离城三十五里"④。苗兵的口粮较为优厚,与清军战兵相同,为清军守兵的两倍,"苗兵三百名,战兵六十名,每名给口粮谷七石二斗。守兵二百四十名,每名给口粮谷三石六斗"⑤。

流官采取了诸多措施,将苗民与客民、土民一体编甲,利用保甲控制苗民,有事则"苗头"负责,并设置义学,教化苗民。乾嘉苗民起义后,采取"以苗制苗、以苗养苗"的策略,从而维护了该地区的社会秩序。

三 结语

清代,湖广土司被改土归流,"蛮不出峒、汉不入境"的禁令被废止,大量的客民进入湖广土家族山区,与土民、苗民生产生活,互相影响,共同推动了土家族地区社会经济和民族文化的发展。清代湖广土家族地区的社会相对稳定,民族关系融洽,各民族之间的友好交流建立在互惠互利基础之上,土家族山区为外来的客民提供了物质资源和广阔的生产生活空间,客民为土民、苗民带来了相对先进的农业生产技术和中原文化。

清代湖广土家族地区民族关系相对稳定,还与该地区推行的新政策、措施有关。改土归流初,流官发布文告,鼓励客民到土家族山区垦荒,推

---

① 同治《保靖县志》卷2《舆地志·山川》。
② 同治《保靖县志》卷12《艺文志》。
③ 同治《保靖县志》卷5《武备志》。
④ 同治《保靖县志》卷5《武备志》。
⑤ 同治《保靖县志》卷3《食货志》。

动了土家族山区的开发。到乾隆中期，当流官意识到土家族山区人口趋于饱和，外来的客民侵夺土民耕地时，他们及时出台文告，严禁汉民购买土民的田地，从而维护了社会稳定。总之，改流之后，清政府在这一地区的治理，对维护民族地区社会稳定方面发挥了重要作用。

（作者单位：遵义师范学院）

清代四川的屯弁朝觐[*]

黄 梅

摘 要：在清乾隆和嘉庆朝的土司年班中，四川省杂谷和金川地区的屯弁多次被恩准随同年班朝觐。本文以中国第一历史档案馆收藏的《满文录副奏折》和《内务府全宗》为基本史料，梳理了清代四川屯弁朝觐的基本情况，分析了屯弁被恩准朝觐的主要原因，对屯弁的贡物和清政府对屯弁的赏赐做了研究。

关键词：四川 屯弁 朝觐

乾隆朝先后在杂谷和大、小金川土司地区实行了"改土归屯"，废除叛乱土司，将番民改为屯兵，从当地选取有功头人委以屯守备、屯千总、屯把总和屯外委等土职，管理屯兵和屯务。清政府在杂谷地区设杂谷脑、九子寨、乾堡寨、上孟董和下孟董五屯，设屯守备9名，各屯守备下属"屯千总二员、屯把总四员、屯外委八员"，管束屯兵3000名；金川地区设懋功、抚边、章谷、崇化和绥靖五屯，懋功屯辖八角碉屯守备和汉牛屯守备各1员，抚边屯辖别思满屯守备1员，章谷屯辖宅垄屯守备1员，崇化屯辖河东屯守备1员，绥靖屯辖河西屯守备1员，以上屯守备下属屯千总9名、屯把总12名、屯外委38名，管辖屯番1924户[①]。

在乾隆四十一年（1776）的金川之役后，清政府将川西藏区土司列入年班按期进京朝觐。杂谷和金川地区的屯弁虽未被永列年班，却因功绩卓著而多次被特许随同土司年班朝觐，成为清政府奖励和笼络屯弁的重要

---

[*] 此文为国家社科基金2012年度重大招标项目"中国土司制度资料编纂整理与研究"（12&ZD135）的阶段性成果。

[①] 嘉庆《四川通志》卷98《武备·土司》。

措施。

一 屯弁朝觐的基本情况

本文根据中国第一历史档案馆收藏的《内务府全宗》、《满文录副奏折》、台北故宫博物院收藏的《军机处折件》和嘉庆《四川通志》中的相关记载，统计出屯弁参与的年班朝觐 11 次，其中乾隆朝 6 次，嘉庆朝 5 次（详见表1）。

参与年班朝觐屯弁的名号和人数，乾隆五十五年（1790）、乾隆五十八年、嘉庆十四年（1809）、嘉庆二十年和嘉庆二十四年 5 届列入年班的屯弁名号和人数在《内务府全宗》、《满文录副奏折》和《军机处折件》有详细记载，为准确名号和人数。对于参与年班的屯弁，四川督抚必须按中央政府的要求上报土弁朝觐次数。本文根据对乾隆五十五年和五十八年班中有关屯弁进京次数的记载，部分统计了参与乾隆四十一年、乾隆四十五年和乾隆四十九年班屯弁的名号和人数。《军机处折件》中乾隆四十七年年班有关屯弁的记载只称别思满屯守备，无具体人名。嘉庆四年和嘉庆十年朝觐屯弁的记载来自嘉庆《四川通志》。

表1 屯弁朝觐基本情况统计

年班时间	朝觐屯弁和土弁	朝觐人数
乾隆四十一年[①]	河东土守备丹比西拉布、八卦碉屯守备穆塔尔	2
乾隆四十五年[②]	汗牛土守备棍噶、河东土守备丹比西拉布、八卦碉屯守备穆塔尔	3
乾隆四十七年[③]	别思满屯守备	1
乾隆四十九年[④]	河西屯千总甲噶尔绷	1
乾隆五十五年[⑤]	汗牛土守备棍噶、河东土守备丹比西拉布、乾堡寨土守备丹巴、乾堡寨土守备嘉木错札布、别思满土守备瑯尔吉、河西土千总僧格、八卦碉屯守备穆塔尔	7
乾隆五十八年[⑥]	八卦碉屯守备木塔尔、九子寨屯守备阿忠、别思满屯守备郎噶尔结、河西屯千总甲噶尔绷、杂谷脑屯守备阿拉、乾堡寨屯守备甲木绰斯甲、乾堡寨屯把总阿绒、上孟董屯守备甲尔穆	8
嘉庆四年[⑦]	上孟董屯守备纳耳吉	1
嘉庆十年[⑧]	河东屯守备郎尔结	1

续表

年班时间	朝觐屯弁和土弁	朝觐人数
嘉庆十四年⑨	副将衔屯守备阿纳、副将衔屯把总朗卡尔结、参将衔屯守备纳尔吉、游击衔屯守备绒塔尔、游击衔屯守备撒尔结、游击衔屯千总阿思甲、行营都司职衔屯千总沙拉尔结、云骑尉顶戴屯守备扎什耳吉、行营守备职衔屯守备木耳吉	9
嘉庆二十年⑩	河西屯守备雍蚌、河西屯千总肯木擢、河东屯千总思丹巴斯甲	3
嘉庆二十四年⑪	杂谷脑屯守备桑加斯塔、上孟董屯守备一朱阿拉、下孟董屯守备沙加噶舍、九子寨屯守备杨桂、河西屯千总日更太、乾堡寨屯千总扣五斯甲	6

说明：①中国第一历史档案馆藏《满文录副奏折》，乾隆五十五年六月二十一日，"军机处查报赏赐四川进京瞻觐土司喇嘛缎匹等物数目事"，档案号 03 - 194 - 3331 - 042；缩微号 150 - 2147 - 2157。中国第一历史档案馆藏《满文录副奏折》，乾隆五十八年十一月二十六日，"重庆总兵袁国璜禀报年班觐见土司等加衔戴顶事"，档案号 03 - 195 - 3456 - 005；缩微号 157 - 2299 - 2324。

②中国第一历史档案馆藏《满文录副奏折》，乾隆五十五年六月二十一日，"军机处查报赏赐四川进京瞻觐土司喇嘛缎匹等物数目事"，档案号 03 - 194 - 3331 - 042；缩微号 150 - 2147 - 2157。中国第一历史档案馆藏《满文录副奏折》，乾隆五十八年十一月二十六日，"重庆总兵袁国璜禀报年班觐见土司等加衔戴顶事"，档案号 03 - 195 - 3456 - 005；缩微号 157 - 2299 - 2324。

③台北故宫博物院藏清代档案《军机处档折件》，乾隆四十六年九月二十三日，"特成额带领年班入觐奉旨交"，文献编号：035005。

④中国第一历史档案馆藏《满文录副奏折》，乾隆五十五年六月二十一日，"军机处查报赏赐四川进京瞻觐土司喇嘛缎匹等物数目事"，档案号 03 - 194 - 3331 - 042；缩微号 150 - 2147 - 2157。台北故宫博物院藏清代档案《军机处档折件》，乾隆五十五年，"清单"，文献编号：046801。

⑤中国第一历史档案馆藏《满文录副奏折》，乾隆五十五年六月二十一日，"军机处查报赏赐四川进京瞻觐土司喇嘛缎匹等物数目事"，档案号 03 - 194 - 3331 - 042；缩微号 150 - 2147 - 2157。

⑥中国第一历史档案馆藏《满文录副奏折》，乾隆五十八年十一月初十日，"署理四川总督惠龄报四川年班土司及军营出力之将弁等贡物跟役名数清册"，档案号 03 - 195 - 3455 - 025；缩微号 157 - 1984。

⑦（清）常明、杨芳灿等纂修：嘉庆《四川通志》卷98，《武备·土司十九》。

⑧（清）常明、杨芳灿等纂修：嘉庆《四川通志》卷98，《武备·土司二十五》。

⑨中国第一历史档案馆藏《内务府全宗》，嘉庆十四年十月初八日，"广储司奏为正大光明殿筵宴赏蒙古王、公等赏给缎绸事"，案卷号 05 - 0545，档案号 05 - 0545 - 013。

⑩中国第一历史档案馆藏《内务府全宗》，嘉庆二十年正月初十日，"广储司奏为年班回子及土司等进贡照例折赏事"，案卷号 05 - 0576，档案号 05 - 0576 - 005。

⑪中国第一历史档案馆藏《内务府全宗》，嘉庆二十四年十月初七日，"广储司奏为正大光明殿筵宴赏蒙古王、公等赏给缎绸事"，案卷号 05 - 0604，档案号 05 - 0064 - 041。

《内务府全宗》中完整记载了道光朝6次土司年班的土司、土舍和头人名单，其名册中已无屯弁参与朝觐的记录。《清实录》记载了咸丰朝土司年班二届，时间为咸丰三年（1853）和咸丰九年（1559）。《内务府全宗》也记录这两届年班土司贡物和赏赐清单，其中也无屯弁参与年班的记录。《清实录》中无同治朝土司年班的记载，《内务府全宗》中记载同治朝土司年班两届，时间为同治四年（1865）和同治十年（1871），土司名册中无屯弁。《清实录》记载光绪朝土司年班两届，时间为光绪十年（1884）和光绪二十三年（1897），《内务府全宗》记载光绪年班两次，时间为光绪十七年和光绪三十年（1904），也无屯弁参与朝觐的记载。

虽然朝觐次数和土弁人数统计不完整，但可见乾隆朝是屯弁朝觐的高峰期，屯弁朝觐在嘉庆朝仍在延续，道光朝和咸丰两朝已无屯弁朝觐的记载。《内务府全宗》、《满文录副奏折》和台北故宫博物院收藏的《军机处折件》等档案和《清实录》中也无同治、光绪和宣统时期屯弁朝觐的记载，表明了屯弁朝觐的衰落甚或结束。

二 屯弁参与朝觐的原因

杂谷五屯与金川五屯的屯弁在乾隆和嘉庆两朝多次被恩准特列土司年班朝觐，主要是由于屯弁的卓著战绩。屯番在乾隆三十八年（1773）奉调出征金川、乾隆四十六年（1781）出征甘肃兰州、乾隆四十九出征甘肃石峰堡、乾隆五十二年（1791）出征台湾、乾隆五十三年（1788）出征西藏参与平定巴勒布之乱、乾隆五十六年（1791）出师西藏参与抵抗廓尔克侵略的斗争、乾隆六十年（1795）出师贵州参与平定苗变①。乾隆称赞川省屯练、降番"二千人足抵二万人之用"②，为军营得力之师。

为了奖励立功屯弁，除赏给顶戴、巴图鲁称号和加虚衔外，清朝皇帝恩赐屯弁随同年班朝觐，使屯弁"得同邀宴赍，以示奖励"③。

为了保证土司年班顺利朝觐，军机处要求四川督抚提前查明和上报土司的品级、功绩、顶戴和进京次数，功绩的有否和大小决定了屯弁能否被恩赐朝觐。乾隆五十五年（1790）和五十八年两届土司年班清册中详载了朝觐屯弁的功绩，详见表2、表3。

---

① 《清高宗实录》卷1129，乾隆四十六年四月壬申；《清高宗实录》卷1207，乾隆四十九年五月癸未；《清高宗实录》卷1286，乾隆五十二年八月丁酉；《清高宗实录》卷1310，乾隆五十三年八月庚寅；《清高宗实录》卷1473，乾隆六十年四月戊申。

② 《清高宗实录》卷1287，乾隆五十二年八月丙辰。

③ 《清高宗实录》卷1420，乾隆五十八年正月戊申。

表2　乾隆五十五年朝觐屯弁功绩、顶戴和进京次数

名号	功绩和顶戴	进京次数
汗牛土守备棍噶	该土守备于四十五年进京一次，五十二年台湾军营经协办大学士公福康安奏请赏戴花翎	第二次
河东土守备丹比西拉布	于金川军营投诚打仗著绩，曾经赏戴花翎，四十六年兰州军营，蒙赏二等侍卫职衔，西藏巴勒布军营，经将军鄂辉奏请赏顶戴二品	第三次
乾堡寨土守备丹巴	于台湾军营打仗著绩，经协办大学士公福康安奏请，赏戴花翎土都司职衔	初次
乾堡寨土守备嘉木错札布	查嘉木错札布因西藏巴勒布事内，经将军鄂辉等奏请，赏戴花翎	初次
别思满土守备瑯尔吉	查该土守备于台湾军营打仗著绩，经协办大学士公福康安奏请，赏戴花翎土游击职衔	初次
河西土千总僧格	查该土弁于台湾军营打仗著绩，经协办大学士公福康安奏，赏戴花翎，并给土守备委牌	初次

资料来源：中国第一历史档案馆藏《满文录副奏折》，乾隆五十五年六月二十一日，"军机处查报赏赐四川进京瞻觐土司喇嘛缎匹等物数目事"，档案号03-194-3331-042；缩微号150-2147-2157。

表3　乾隆五十八年朝觐屯弁功绩、顶戴和进京次数

名号	功绩和顶戴	进京次数
八卦碉屯守备穆塔尔	该屯守备前在金川，蒙赏花翎并头等侍卫职衔，乾隆四十一年年班进京，蒙赏给穆赞巴图鲁名号；四十五年年班进京一次；四十六出师甘省石峰堡【案内】，蒙赏给散秩大臣职衔和食副将俸；五十二年出师台湾，五十五年年班进京一次。五十八年出廓尔喀，蒙赏给副都统职衔	第四次
九子寨屯守备阿忠	该屯守备于出师甘省石峰堡，蒙赏花翎。五十二年出师台湾，蒙赏给札克玻巴图鲁名号；出师廓尔喀，蒙赏给副将职衔	初次
别思满屯守备郎噶尔结	该屯守备出师台湾蒙赏花翎；五十五年年班进京一次；五十八年出师廓尔喀，蒙赏给副将职衔并噶达布巴图鲁名号	第二次
河西屯千总甲噶尔绷	该土弁于乾隆四十九年年班进京，蒙赏给五品顶戴。五十二年出师台湾，蒙赏给花翎都司职衔；出师廓尔喀，蒙赏给章布巴图鲁名号参将顶戴	第二次
杂谷脑屯守备阿拉	该屯守备出师廓尔喀，蒙赏给花翎并罗丹巴图鲁名号	初次
乾堡屯守备甲木绰斯甲	查该屯守备查办巴勒布，蒙赏给花翎；五十五年年班进京，蒙赏给四品顶戴；出师廓尔喀，蒙赏给德罗特巴图鲁名号，参将职衔	第二次

续表

名号	功绩和顶戴	进京次数
上孟董屯守备甲尔穆	查该屯守备出师台湾，蒙赏给花翎，出师廓尔喀，蒙赏给舍当巴图鲁名号，游击职衔	初次
乾堡屯把总阿绒	查该屯弁出师石峰堡，蒙赏给都司职衔；出师台湾，蒙赏给花翎；出师廓尔喀，蒙赏给觉克玻巴图鲁名号，游击职衔	初次

资料来源：中国第一历史档案馆藏《满文录副奏折》，乾隆五十八年十一月二十六日，"重庆总兵袁国璜禀报年班觐见土司等加衔戴顶事"，档案号03-195-3456-005；缩微号157-2299-2324。

从以上两表可见，随同乾隆五十五年土司年班朝觐的是出师台湾和西藏有功的屯弁，参与乾隆五十八年土司年班的是出征廓尔喀有功的屯弁。乾隆五十八年，为鼓励参与抵抗廓尔克侵略有功的屯备，乾隆下令四川督抚"将此次随征廓尔喀出力之屯土将弁等拣派数人，于年底一同赴京瞻觐，倘因人数稍多，不妨将例应入觐之土司酌减为下班"，"于冬底到京以备赏赉"①，显示了对有功屯弁的重视。各屯弁能否参与朝觐和朝觐次数多少的主要依据是功绩。以朝觐次数最多的八卦碉屯守备穆塔尔为例，其因平定金川有功被恩准于乾隆四十一年和四十五年随同土司年班朝觐，嗣后因出征台湾功被恩准于乾隆五十五年随同年班土司朝觐，又因出征廓尔克有功被恩准于乾隆五十五年随同年班土司朝觐。

屯弁在嘉庆朝仍被频繁征调，屯番除继续参与平定苗变外，于嘉庆元年被征调四川达州剿灭教匪，嘉庆十一年出师宁夏和陕西，嘉庆二十年出师参与平定四川瞻对土司滋事②。与屯番被征调的时段相对应，带领屯番出征的屯弁在嘉庆四年、十年、十四年、二十年和二十四年均被列入土司年班随同朝觐。嘉庆《四川通志》中记载了上孟董屯守备纳耳吉的功绩和朝觐情况："该屯守备于六十年出师苗疆打仗有功，蒙恩赏戴花翎，又攻克纳共山等处苗寨奉旨赏给行营参将，嘉庆二年在大宁东乡一带追剿教匪有功，嘉庆四年奉派赴京一次。"③

屯弁在道光朝主要在四川省内征调，多次奉调参与平定峨边、清溪、

---

① 《清高宗实录》卷1429，乾隆五十八年五月辛亥。
② 《清仁宗实录》卷10，嘉庆元年十月丁丑；《清仁宗实录》卷164，嘉庆十一年七月辛亥；《清仁宗实录》卷308，嘉庆二十年七月甲午。
③ （清）常明、杨芳灿等纂修：嘉庆《四川通志》卷98，《武备·土司十九》。

113

马边、越巂等地夷民的变乱①。在第一次鸦片战争中，川省屯番奉调出师浙江，参与抵抗外国侵略的斗争②。太平天国运动期间，屯番咸丰四年（1854）被调派镇守湖北，九年调派镇守成都，十一年参与平定贵州苗变③。迨至同治朝，四川屯兵因"调离本境，水土异宜，又于关外地势不甚相合，且屯兵应调中多雇替，钤束既难而需饷尤费"④，清政府停止了对于四川屯兵的外调，同治、光绪两朝《清实录》和《宣统政纪》中再无征调屯番的记载。

三 贡品和赏赐

参与朝觐的屯弁与年班土司一样均呈进贡品，作为对清政府政治臣服的一种标志。对于年班土司呈进贡品的种类和数量，清政府并无明确规定。《内务府全宗》收录了嘉庆二十年和二十四年两届土司年班的赏赐清单，其中也详细记载了屯弁呈献贡物和获得赏赐的情况，详见表4、表5。

表4 嘉庆二十年年班屯弁贡物和赏赐

名号	贡品种类和折价	赏赐
河西屯千总肯木擢	进佛二尊，例不作价；哈达二个，每个作银一钱；藏香六束，每束作银一钱，鸟枪二杆，每杆作银三两；腰刀二把，每把作银二两；左插刀二把，每把作银一两；氆氇十个，每个作银二两四钱，共作银三十六两八钱	折赏由内交出小卷八丝缎三匹、小卷宁由五匹
河西屯守备雍蚌	进佛二尊，例不作价；哈达二个，每个作银一钱；藏香二束，每束作银一钱，鹿茸一对，作银二两；狐皮二张，每张作银一两；豹皮二张，每张作银一两，鸟枪二杆，每杆作银三两；腰刀二把，每把作银二两；左插刀二把，每把作银一两；氆氇八个，每个作银二两四钱，共作银三十七两六钱	折赏由内交出小卷八丝缎二匹、小卷宁由六匹、春绸三匹

---

① 《清宣宗实录》卷237，道光十三年五月己丑；《清宣宗实录》卷264，道光十五年三月戊辰；《清宣宗实录》卷304，道光十七年十二月丁未；《清宣宗实录》卷319，道光十九年二月壬申。
② 《清宣宗实录》卷357，道光二十一年九月癸亥。
③ 《清文宗实录》卷134，咸丰四年六月甲午；《清文宗实录》卷302，咸丰九年十二月壬寅；《清文宗实录》卷342，咸丰十一年二月戊辰。
④ 《清穆宗实录》卷133，同治四年三月甲寅。

续表

名号	贡品种类和折价	赏赐
河东屯千总思丹巴斯甲	进佛二尊，例不作价；哈达二个，每个作银一钱；藏香六束，每束作银一钱，鹿茸一对，作银二两；狐皮二张，每张作银一两；豹皮二张，每张作银一两；鸟枪二杆，每杆作银三两；腰刀二把，每把作银二两；左插刀二把，每把作银一两；氆氇八个，每个作银二两四钱，共作银三十八两	折赏由内交出小卷八丝缎二匹、小卷宁由六匹、春绸三匹

资料来源：中国第一历史档案馆藏《内务府全宗》，嘉庆二十年正月初十日，"广储司奏为年班回子及土司等进贡照例折赏事"，案卷号05-0576，档案号05-0576-005。

表5　嘉庆二十四年年班屯弁贡物和赏赐

名号	贡品种类和折价	赏赐
河西屯千总日更太	进哈达二个，每个作银一钱；氆氇八个，每个作银二两四钱；左插刀二把，每把作银一两；腰刀二把，每把作银二两；鸟枪二杆，每杆作银三两，共作银三十一两四钱	折赏大卷八丝缎一匹、部项缎一匹、小卷素缎一匹、小卷宁绸一匹、小卷纱一匹、花纺丝一匹
杂谷脑屯守备桑加斯塔	进长寿佛一尊，例不作价；哈达一个，作银一钱；银曼达一个，重十四两，每两作银一两；氆氇二个，每个作银二两四钱；鸟枪一杆，作银三两，共作银二十一两九钱	折赏部项缎一匹、小卷素缎一匹、小卷宁绸一匹、线绐二匹
乾堡寨屯千总扣五斯甲	进长寿佛一尊，例不作价；哈达一个，作银一钱；贝母二匣，每匣作银二两；腰刀二把，每把作银二两，共作银八两一钱	折赏小卷八丝缎一匹、花纺丝一匹
上孟董屯守备一朱阿拉	进长寿佛一尊，例不作价；哈达二个，每个作银一钱；银曼达一个，重十六两，每两作银一两；铃杵一分，作银一两；氆氇二个，每个作银二两四钱；左插刀二把，每把作银一两；腰刀二把，每把作银二两；鸟枪二杆，每杆作银三两，共作银三十四两	折赏大卷八丝缎一匹、部项缎一匹、小卷宁绸二匹、线绐二匹
下孟董屯守备沙加噶舍	进长寿佛一尊，例不作价；哈达一个，作银一钱；氆氇二个，每个作银二两四钱；左插刀二把，每把作银一两；腰刀二把，每把作银一两；鸟枪二杆，每杆作银三两，共作银十六两九钱	折赏部项缎一匹、小卷八丝缎一匹、线绐一匹
九子寨屯守备杨桂	进长寿佛一尊，例不作价；哈达一个，作银一钱；银瓶一个，重八两，每两作银一两；延寿果二匣，每匣作银一两；氆氇二个，每个作银二两四钱；鸟枪一杆，作银三两，共作银十七两九钱	折赏部项缎一匹、小卷宁绸一匹、线绐二匹

资料来源：中国第一历史档案馆藏《内务府全宗》，嘉庆二十四年十月初七日，"广储司奏为正大光明殿筵宴赏赏蒙古王、公等赏给缎绸事"，案卷号05-0604，档案号05-0064-041。

115

从以上两表可见，屯弁的贡品虽然在具体种类上不完全相同，但基本上是宗教用品、药材、特色枪械和刀具、兽皮和特色纺织品。清政府规定相应的贡品价值，由内务府将屯弁的贡品折算为价银，根据贡品价值的多少赏给屯弁价值相等的物品，是为等值折赏。屯弁贡品的折价多少不等，少的不足十两，多的不超过四十两，清政府的赏赐则为折价相等的各类纺织品。屯弁贡品和清政府赏赐物品的折价也并非依据真实市价，显示了屯弁进贡和清政府赏赐以政治意义为主的特征。

清代土司年班有朝正年班和万寿年班两种形式。朝正年班为正月朝觐，万寿年班则是在皇帝寿辰时的朝觐。清政府对朝正土司的赏赐为等值折赏，对在万寿年班时朝觐土司的赏赐则同时有等值折赏和品级给赏两种形式。品级给赏是依土司品级高低给予土司的赏赐，赏赐物品和银两多少依据的是土司品级高低，与土司贡品的价值高低无关。对于有功屯弁，清政府多按绿营职衔赏给高于本品级的虚衔，给予屯弁的赏赐也不是依本品级，而是依虚衔赏给。嘉庆十四年和二十四年两届万寿年班的品级赏赐清单充分显示了品级给赏的形式和特征。

广储司奏为正大光明殿筵宴赏蒙古王、公等赏给缎绸事

"此次正大光明殿入宴土司、土舍等拟赏。副将衔屯守备阿纳、副将衔屯把总朗卡尔结、副将衔大头人昂奔旺结、二品顶戴宣慰司甲木参沙克加、参将衔屯守备纳尔吉、游击衔屯守备绒塔尔、游击衔屯守备撒尔结、游击衔屯千总阿思甲、游击衔大头人巴勒珠尔盆楚克、三品顶戴宣抚司阿策共十人。每人赏锦一匹、小卷八丝缎一匹、小卷锦一匹、氆氇一个、银五十两。

四品顶戴土千户安荣、四品顶戴土千户亦西折他、行营都司职衔屯千总沙拉尔结共三人。每人赏锦一匹、小卷八丝缎一匹、小卷锦一匹、银四十两。

云骑慰顶戴屯守备扎什耳吉、行营守备职衔屯守备木耳吉、五品顶戴土千户贡曲、五品顶戴土千户朗卡格尔、五品顶戴土千户桑乍学木、五品顶戴土千户屈吉布、五品顶戴长官司吉荣秋共七人。每人赏

小卷八丝缎一匹、小卷锦一匹、银三十两。"①

为明确品级赏赐的特征，本文将嘉庆十四年朝觐屯弁的本品级和加衔品级列表如下（见表6）。

表6 嘉庆十四年年班屯弁品级

土司	本品级	加衔	加衔品级
屯守备阿纳	正五品	副将	从二品
屯把总朗卡尔结	正六品	副将	从二品
屯守备纳尔吉	正五品	参将	正三品
屯守备绒塔尔	正五品	游击	从三品
屯守备撒尔结	正五品	游击	从三品
屯千总阿思甲	正六品	游击	从三品
屯千总沙拉尔结	正六品	行营都司	正四品
屯守备扎什耳吉	正五品	无	无
屯守备木耳吉	正五品	行营守备	无

综合分析赏单和屯弁品级表，屯守备阿纳的本品级为正五品，加衔品级为从二品；屯把总朗卡尔结本品级为正六品，加衔品级为从二品；屯守备纳尔吉本品级为正五品，加衔品级为正三品；屯守备绒塔尔本品级为正五品，加衔品级为从三品；屯守备撒尔结本品级为正五品，加衔品级为从三品；屯千总阿思甲本品级为正六品，加衔品级为从三品，以上6名屯弁的品级赏赐均是按其加衔以二品和三品赏给。屯千总沙拉尔结本品级为正六品，加衔品级为四品，品级给赏按四品赏。屯守备扎什耳吉和屯守备木耳吉无加衔，按本品级五品给赏。

广储司奏为正大光明殿筵宴赏蒙古王、公、土司、土舍缎绸数目事

"此次正大光明殿入宴土司、土舍拟赏。二品顶戴宣抚司丹紫江楚、三品顶戴土舍索诺木文辅、三品顶戴屯千总日更太共三人，每人

---

① 中国第一历史档案馆藏《内务府全宗》，嘉庆十四年十月初八日，"广储司奏为正大光明殿筵宴赏蒙古王、公等赏给缎绸事"，案卷号05-0545，档案号05-0545-013。

赏锦一匹、小卷八丝缎一匹、小卷宫绸一匹、倭缎一匹、银五十两。

四品顶戴长官司余尚均赏锦一匹、小卷八丝缎一匹、小卷宫绸一匹、银四十两。

五品顶戴大头人常林保、五品顶戴安抚司苏朝相、五品顶戴屯守备桑加斯塔、五品顶戴屯守备一珠阿拉、五品顶戴屯守备沙加噶舍、五品顶戴屯守备杨桂、五品顶戴屯千总扣五斯甲、五品顶戴土千户占巴拆伦、五品顶戴土千户六笑亚、五品顶戴土千户朗笑加、五品顶戴土千户拆旺笑共十一人，每人赏小卷八丝缎一匹、小卷宫绸一匹、绸一匹、银三十两。"[1]

在嘉庆二十四年的赏赐清单中，本品级为六品的屯千总日更太按加衔品级三级获赏，本品级为六品的屯千总扣五斯甲按加衔品级五级获赏。

以上两份清单证明，对于有加衔的土司，品级给赏赐按加衔的品级赏给，对于无加衔的土司，则按本品级给赏。屯弁加衔均为虚衔，并无实权。清政府对有加衔的屯弁均按虚衔给赏，显示了对有功屯弁的特殊恩典。

四　结语

作为改土归屯后设置的低级武职，四川省屯弁带领所辖的屯练和屯番屡次出征，对维护清王朝的统治发挥了积极作用。在战争中立功的屯弁被特许列入土司年班随同朝觐，使屯弁得享瞻觐天颜的荣耀。清政府对屯弁按加衔给予赏赐，有效激励了屯弁对清政府的效忠。

鸦片战争后，清朝防御重点向内地和沿海转变，擅长山地作战的屯番难以发挥其优势，加之水土不服导致外调屯番大量病故，清政府逐渐减少甚或停止了屯番的外调。处于内外交困下的清政府也无力再维持正常的年班制度，年班土司经常未能按期朝觐，曾因战功卓著而被特许随同朝觐的

---

[1] 中国第一历史档案馆藏《内务府全宗》，嘉庆二十四年十月初七日，"广储司奏为正大光明殿筵宴赏蒙古王、公、土司、土舍缎绸数目事"，案卷号05-0604，档案号05-0604-040。

屯弁也未再出现在年班中。咸丰十年（1860），四川土司、屯番恳请"进京祝嘏"，咸丰帝因"念路途遥远，跋涉维劳"，下令"均著无庸前来，仍照旧轮流各按年班日期来京朝觐"①，成为《清实录》中有关屯弁朝觐的最后记载。

（作者单位：文山学院）

---

① 《清文宗实录》卷305，咸丰十年正月壬申。

专题研究

清代西南戏曲时空流布及其地域性特征*

陈季君

摘　要：清代以来，随着移民的迁入和经济的发展，西南戏曲出现了外来声腔广为流布、民间地方戏日渐繁盛的局面，发展态势明显呈时间与地域性推进。清代西南连续不断的民俗生活构成了社会的特质，在很大程度上构成了戏曲的载体，民俗文化和戏曲文化同步繁荣、相得益彰。本文通过比较研究明清西南戏曲的分布差异，以及清代前期、中期、后期演剧活动总体空间分布、变化和发展，力图厘清从明代到清代不同时期西南戏曲分布区域的变更，以及清代西南戏曲的地域性和统一性。本文的西南概念范围界定在云贵川三省。

关键词：四川　云南　贵州　戏曲

一　明代西南戏曲的流布

（一）移民的大量迁入，为南北戏曲传入西南创造了有利条件

明朝沿用元朝的地方建制，撤销了行省，设置布政司，总管一省民政，明初共设十二布政司，即山西、山东、河南、陕西、四川、江西、湖广、浙江、福建、广东、广西、北平和一个直隶区，后来增设云南、贵州两布政司，并将北平改为北直隶，这15个省级行政区，至明亡并无改变。

明洪武九年（1376），明朝建四川承宣布使司"割云南之镇雄、乌蒙、

---

* 本文为教育部人文社会科学研究规划基金项目"清代中国西南戏曲时空流变与社会经济环境关系研究"项目（项目号12YJA770005）的阶段性成果。

乌撒、东川四军民府，又贵州之遵义军民府，均改隶四川"①。四川布政使司共领府十三，在四川八府、在云南四府、在贵州一府。元朝在1276年建立云南行省，管辖范围包括现在的云南省、贵州省西部、缅甸北部东部中部地区，以及老挝与越南的少数地区。明洪武十四年，朱元璋派大将傅友德、沐英率军队在贵州宣慰司奢香夫人的帮助下攻占云南，灭元朝梁王。明朝继承了元朝云南省的大部分辖地。永乐十一年（1413），明朝废除了思州、思南二宣慰司，以其地分设八府，加上贵州宣慰司及安顺、镇宁、永宁三州，建立贵州承宣布政使司，贵州始成为一省。明代，四川、贵州、云南的社会及政治、经济、文化，都有了历史性的变化。

明代推行"移民实边"与"移民就宽乡"的政策，促使人口稠密地区的劳动力向人口稀少的西南流动。当时，除了以卫屯、军屯、民屯、商屯的形式组织移民外，还有川湖等地自发流入的流民。

元明之际，长期的战乱和自然灾害使得四川人口急剧下降，田地大量荒芜，经济受到重创。洪武五年，"户部奏四川民总八万四千余户，其伪夏故官占为庄户者凡二万三千余户，宜令户满三丁者佥一军，其不及者为民从之"②。省内由佃农改作民籍的或军籍的庄户达两万三千余户，约占当时全省民户的四分之一。省外大量人口迁徙入川，各地多有"杂四方之民"的情况。如四川泸州"四方之民流寓于泸者，倍于版籍"，其"侨寓者居十之七"③。再如"明初，中江县开设，土著人户业七八家，余皆自别省流来者"④。至明太祖洪武十四年，四川人口上升到"一百四十六万四千五百一十五"⑤，除了人口自然增长，就是大规模移民，而湖广移民占了这一时期所增加人口的主要部分。由于明初四川社会安定，加上政府奖励垦殖政策，使得农业经济有了较快发展，粮食丰足，如川东长寿县仓储即足以支付当地俸饷百年⑥。年久失修的都江堰等水利工程得到整治修理，屯

---

① 龚煦春：《四川郡县制》卷10《元明疆域沿革考》，成都古籍书局，1983，第389页。
② 《明太祖实录》卷72，洪武五年二月己卯。
③ 《永乐大典》卷2217《永乐泸州志·风俗形胜》，中华书局，1960，第26页。
④ 光绪《新修潼川府志》卷5，《祠庙 明王惟贤记》。
⑤ 《明太祖实录》卷140，洪武十四年十二月辛亥。
⑥ 《明成祖实录》卷83，永乐十年五月乙未。

田面积有所扩大①。交通和城市得到发展，商业发达。但是，经济发展不平衡，成都、重庆地理环境相对较好，所以经济发展较快；而川东、川西北、川西南一带，山高水险，土地贫瘠，农业经济十分落后，即所谓"石田千里，无所用之，州县封疆延袤虽广，其财赋不当江南之什一"②。

明洪武十五年，明王朝平定云南，进入云南和贵州的30万军队，战后大部分留在云贵实行军屯。洪武二十年，明王朝"诏湖广常德辰州二府民三丁以上者出一丁往屯云南"③。洪武二十二年又命："携江南江西人民二百五十余万人入滇。"洪武二十五年至三十一年，"再移南京人民三十余万人入云南"④。这样，大批江南湖广移民入滇，不仅使云南的汉族人口历史上第一次超过少数民族，而且促进了云南在经济上、文化上的发展。贵州亦是"调北填南"的地域，明初入驻贵州的士卒及其家属，应有六七十万之众。嘉靖时"军户六万二千二百七十三户，二十六万一千八百六十九丁口。民户五万六千六百八十四户，二十五万四百二十丁口"⑤。可见，原为少数民族聚居区的贵州，汉族人口大多为永乐以后迁入的屯卫人口，军户比民户多出5589户。这样使得贵州原有的"地广人稀"的局面以及民族分布格局发生了很大变化，有利于贵州经济的开发。移民带来了先进的生产工具、生产技术和经验，促进了云南和贵州农业的发展与矿业的开发。银矿、锡矿、盐矿、铁矿的开采，又促进了商业的发展。

（二）外来戏曲声腔传入并扎根西南

明代西南社会相对安定，经济发展，交通得到进一步开辟，商业的兴起，人口增加，城镇繁华，加之移民不断进入西南，为南北戏曲传入创造了有利条件。

明朝皇室重视戏曲教化功能，"洪武初，亲王之国，必以词曲一千七

---

① 《明史》卷77《食货志·屯田》，中华书局，1974，第1884页。
② 万历《重庆府志》卷3，明万历三十四年（1606）刻本。
③ 《明太祖实录》卷186，洪武二十年十月戊申。
④ 佚名：《云南世守黔宁王沐英附后嗣略》，吕志伊、李根源编《滇粹》，杭州古旧书店，1981，第69页。
⑤ 嘉靖《贵州通志》卷3，《户口》。

125

百本赐之"①。蜀献王朱椿于洪武二十三年就藩成都,他带动并促进了官宦人家的嗜爱戏曲风尚,而且当时的仕宦调迁或隐退还乡的文人,崇尚风雅,蓄养家班演戏为时尚,如"西蜀杨石,浸淫成俗,熙朝乐事"②。"洪武三年六月,诏天下府州县立城隍庙,其制高广各视官署厅堂,其几案皆同置神主于座,旧庙可用者修改为之"③,"祈禳报赛,独祀城隍。明洪武时,改正天下神号"④。在朝廷的号召下,西南各郡县广修城隍庙,庙里普遍建戏台,随之城乡遍布乐楼戏台,如黔江县"洪武十四年,千户孙文建城隍庙……其乐楼则因旧而重饰之"⑤。嘉靖年间,四川各地仍在广修乐楼戏台,如建于嘉靖三十二年(1553)的罗江马驰寺"殿有五层,第一为乐楼"⑥。"最繁神会是城隍"⑦,规模宏大,演出繁盛,时间长者如铜梁"演习匝月",新津"演戏辄匝月"⑧,少者如大邑"浃旬乃止"⑨,合江"辄逾旬月"⑩,乐至"凡二十有四"⑪。隆庆年间,各地祈神赛会之风兴盛。芦山县"中元圣诞,演戏赛会,第见远近朝睹,老幼皆欢"⑫。隆庆二年(1568)孟夏月,雅安庙中神诞日"彩帐错差,粉墨竟陈,骶鱼龙之属,缤纷陆离,不图二十年光景,重见今日"⑬。可见,戏曲以其炫耀的方式吸引着大众,伴随着民俗的戏剧演出广受欢迎。

随着经济的繁荣与移民的涌入,各种声腔也纷纷传入贵州、云南。特别是明初,"调北征南"的军政人员和"调北填南"的缙绅、百姓中有不少人来自湖广、安徽、江西等地,他们随之带来了家乡戏曲文化和演戏风

---

① 李开先:《闲居集》卷6《张小山小令后序》,《李开先集》(上册),中华书局,1959,第369页。
② 钱谦益:《列朝诗集小传》丙集《许副都宗鲁》,上海古籍出版社,1983,第362页。
③ 《明太祖实录》卷53,洪武三年六月戊午。
④ 民国《宣汉县志》卷3《重修城隍庙碑记》。
⑤ 光绪《黔江县志》卷2《祠祀》。
⑥ 李调元:《游马驰寺记》,龙显昭主编《巴蜀佛教碑文集成》,巴蜀书社,2004,第692页。
⑦ 万清涪:《南广竹枝词 三十六首并序》,林孔翼、沙铭璞辑《四川竹枝词》,四川人民出版社,1989,第108页。
⑧ 光绪《铜梁县志》卷1《风俗》;道光《新津县志》卷15《风俗》。
⑨ 同治《大邑县志》卷7《风土》。
⑩ 同治《合江县志》卷18《风俗》。
⑪ 道光《乐至县志》卷3《地理志·风俗》。
⑫ 隆庆《芦山县志·坛庙》《飞龙山张公祠碑记》。
⑬ 参见段玉明《中国寺庙文化》,上海人民出版社,1994,第138页。

俗。明代一些墨客骚人或官吏的"竹枝词""迎春曲"等诗词，以及各府州县的志书中均有涉及歌舞曲宴活动的记载。据嘉靖《贵州通志》记载："成化六年，布政司萧俨奏大成雅乐一部，按察使钱钺增置乐舞：衣、冠、带、履，凡二百六十四件。"① 贵州已开戏剧演出之风气。王阳明贬谪贵州时，曾见修文县乡下演木偶戏为乡民观赏，颇有感触，写诗一首《龙场傀儡诗》，诗中写道："处处相逢是戏场，何须傀儡夜登堂。繁荣过眼三更促，名利牵人一线长；稚子自应争诧说，矮人亦复浪怨伤。本来面目还谁识，且向樽前学楚狂。"②

魏良辅《南词引正》中写道：

> 腔有数样，纷纭不类，各方风气所限。有：昆山、海盐、余姚、杭州、弋阳。自徽州、江西、福建俱作"弋阳腔"。永乐间，云、贵二省皆作之，会唱者颇入耳。③

由此可知，永乐年间云贵已有弋阳腔的演出活动。天启年间又有贵州石阡举人费道用著诗曰："高台百戏看优伶，才说收场转眼留。"④ 嘉靖年间流放云南的杨慎作杂剧《洞天玄记》。在杨慎的一些诗文中也涉及戏曲，如《金衣公子·李菊亭携妓夜过》中有："滇音按歌，秦音半讹，金屏笑映如花坐。"⑤ 可以知道秦腔已在明中叶传入云南并有演出活动。崇祯时徐弘祖在《徐霞客游记》中有几处记载云南演戏盛况，"由沾益州署前抵东门。投旧邸龚起潜家，见其门闭，异之，扣而知方演戏于内也"。"戊寅（崇祯十一年）十二月二十二日，唐君为余作《瘗静闻骨记》，三易稿而后成，已乃具酌演优……""金公趾（按：昆明人）……风流公子也，善歌，

---

① 嘉靖《贵州通志》卷6《学校》。
② 王阳明：《龙场傀儡诗》，王守仁著，朱五义注，冯楠校《王阳明在黔诗文注释》，贵州教育出版社，1996，第70页。
③ 魏良辅：《南词引正》，修海林编《中国古代音乐史料集》，世界图书出版公司西安公司，2000，第496页。
④ 费道用：《黔风录·次群玉病中五首之二》，引自王颖泰《贵州古代表演艺术》，贵州人民出版社，2004，第111页。
⑤ 杨慎：《陶情乐府》卷4《金衣公子·李菊亭携妓夜过》，转引自顾峰《云南歌舞戏曲史料辑注》，云南省民族戏曲研究所戏剧研究室1986年编印（内部资料），第80页。

知音律，家有歌童声伎"①。

从云贵川戏曲活动的记载，我们还可看到明代西南戏曲活动前期主要还是杂剧搬演，后期有传奇搬演，嘉靖四十四年，"有外籍游食乐工，乘骑者七人，至绵州，未详何省人。其所携服饰，整洁鲜明；抛戈掷瓮，歌喉婉转，腔调琅法，咸称有遏云之势……搬作杂剧，连宵达旦者数日"②。明代后期传奇剧目大量流入四川。周朝俊所作《红梅记》流传各地，《涌上耆旧诗集传》称"蜀中、岭外，伶人莫不唱《红梅花》"③，即是明证。

从明代演剧活动的记载来看，由于地域的封闭性，元代传入的元杂剧得以保留并广为传播。嘉靖以前，城市和农村中杂剧的根基相当稳固，深入民间，艺人们不仅在城市中，更在乡村迎神赛会中搬演杂剧，遍布城乡的神庙戏台是联系乡民与戏曲的纽带，也是戏曲活动得以繁盛的物质条件。明朝中后期，明传奇传入，并逐渐取代元杂剧占据城乡戏台。

昆曲，原名亦称昆山腔、昆腔，早在元朝末期即产生于苏州昆山一带，它与起源于浙江的海盐腔、余姚腔和起源于江西的弋阳腔，被称为明代四大声腔，同属南戏系统。昆山腔开始只是民间的清曲、小唱，其流布区域，开始只限于苏州一带，到了万历年间，便以苏州为中心扩展到长江以南和钱塘江以北各地，万历末年还流入北京。这样昆山腔便成为明代中叶至清代中叶影响最大的声腔剧种。昆曲讲究唱腔华丽婉转、念白儒雅、表演细腻、舞蹈飘逸，加上幽雅的舞美，各个方面都达到了最高境界。正因如此，西南地方剧种，无不受其滋养。高雅格调的昆曲与浅俗风格的弋阳腔形成鲜明对比，常在府衙厅堂宴聚时演出。昆曲何时传入西南，从明人的诗词杂记以及考古发掘的文物中，可窥见其端倪。洪武时曾任广西藤县县令、后被贬谪云南的平显，在《寄滇中友人》中吟道："梦入滇池卷白波，密檀花发暖风多，划船总载江南客，齐唱吴腔子夜歌。"④ 在1957年出土于遵义县龙坪皇坟嘴杨粲墓隔河相望的赵家坝明墓中出土了《备宴

---

① 徐弘祖：《徐霞客游记》卷5下《滇游日记三》，上海古籍出版社，2007，第729页。
② 张谊：《宦游记闻》，中国戏曲志四川编辑部编《川剧常识》，1987年印刷，第7页。
③ 李文允：《涌上耆旧诗集传》卷30，引自杜建华等著《川剧》，浙江人民出版社，2008，第30页。
④ 平显：《寄滇中友人》，引自蓝勇《西南历史文化地理》，西南师范大学出版社，1997，第249页。

图》《演乐图》《梳妆图》三块墓壁浮雕,从图中看到琵琶是家宴歌舞娱乐的主要伴奏乐器,演出场面颇似昆曲中的清曲小唱,这也从另一个侧面反映昆腔雅乐清曲已传播到西南并为土司贵族所钟爱。

嘉靖以后,灯戏逐渐在川西北、川南、川西南兴盛。灯戏分布在洪雅、阆中、秀山一带。另据《洪雅县志》记载:嘉靖年间,当地"元夕,张灯放花结彩棚,聚歌儿演戏剧"[1]。阆中"五月十五日瘟祖会,较诸会为盛。旧在城隍庙,今移太清观,醮天之夕,锣钹笛鼓响遏云衢,演灯戏十日。每夜焚香如雾,火光不息。其所谓灯山者,亦如上元时"[2]。

这一时期,云贵花灯也有演出活动记载。如杨慎在《观秋千》中说:"滇歌僰曲齐声和,社鼓渔灯夜未央。"在《临安春社行》中云:"少年社火燃灯寺,垺材角妙纷纷至。"在《晋宁观社将归留别诸君子》中说:"九枝灯下开华宴,百戏棚中夺彩筹。"[3]诗中提到"滇歌"、"僰曲",即汉族与少数民族的腔调在同一活动中出现。贵州花灯的传统剧目多数搬演江南民间故事,在贵州采茶歌中多用江浙方言"侬"字。安顺府的"屯堡人"即明代征调的江南籍汉族移民,其在衣食住行方面多江南遗风,随之带来的地方戏曲,也广为流传。

由于雅安至乌斯藏的驿道修通,藏传佛教东进,藏族宗教文化也促进了四川藏区的说唱、音乐、戏曲等艺术门类的发展。

明代西南外来戏曲演出活动主要在外来移民的范围之内,外来移民又主要分布在交通干道和重要城镇地区。

二 清代西南戏曲演出活动的时空流变

清初,统治者采取了一系列奖励垦荒、与民休息的政策,为贵州、云南经济的恢复和发展创造了有利条件。吴三桂叛乱后,经济又一度遭到破坏。清王朝平定吴三桂叛乱之后,清政府采取了安抚政策,"优恤死伤,安插降众,招集流亡,抚绥土著"[4]。康熙二十二年(1683),帝谕户部:

---

[1] 嘉靖《洪雅县志》卷15《风俗》。
[2] 嘉靖《阆中县志》卷30《神会》。
[3] 杨慎著,王文才选注《杨慎诗选》,四川人民出版社,1981,第131页。
[4] 康熙《云南通志》卷29《艺文志》。

> 黔省为滇南孔道，地瘠民贫，大兵凯旋，挽输刍粮，供应人夫，及其浩繁，且起解吴逆家口，络绎运送，不无苦累……所有本年秋冬及来年春夏应征地丁正项钱粮，尽行蠲免。①

到康熙末年，云贵川等省的荒地几乎已"开垦无遗"②。云南的矿业、商业又得到恢复和较迅速的发展。"十八世纪至十九世纪早期，全国铸钱所需之铜，百分之八十至九十出自云南"③。商业上出现"有滇人远出经营于四方者，有四方之人来经营于兹土者"④ 的现象。

在中国戏曲发展史上，清代是一个承前启后、继往开来的时代，是一个充满碰撞、聚合与裂变的时代。与明代相比，西南演剧活动更加繁盛，出现"雅部"竞放，"乱弹"、"花部"遍地开花的局面，还有八个少数民族产生了民族戏曲。

（一）清初至雍正末年西南演剧活动的分布情况

清初以来，昆曲、秦腔、高腔传入西南，但局限于大城市官府或会馆，而且呈独立剧种状态分布，还未地方化。

1. 清初四川演剧活动的分布

此时，川北已有完整的传奇搬演，康熙时的贡生吴珍奇在《与优者言》中写道：

> 余少为父师所拘，毋许观戏……岁在丁亥，观戏于中江署，而神忽有所悟也。……淫哇之声，足以快心志、悦耳目。而其发之为声，着之为容也，文之所至，情亦至焉。服物采章，示有仪也；旌旗剑戟，示有威也；管弦箫鼓，示有声也；涂朱抹粉，示有象也；贵贱尊卑，示有伦也，戏也，而进于道也。⑤

---

① 民国《贵州通志·前世志三》（点校本），贵州人民出版社，1987，第124~125页。
② 《清圣祖实录》卷249，康熙五十一年壬辰。
③ 严正平：《清代云南铜政考》，中华书局，1957，第23页。
④ 李春龙、王珏点校《新纂云南通志》卷134《学制考四·云南府》，云南人民出版社2007，第528页。
⑤ 乾隆《重修昭化县志》卷36《贡生》。

康熙年间，秦腔与吹腔已在四川流行。康熙五十一年，曾任绵竹县宰的陆箕永在《绵竹竹枝词》中写道："山村社戏赛神幢，铁板檀槽柘作梆；一派秦声浑不断，有时低去说吹腔。"① 其中他还叙说了一段乱弹故事："俗尚乱弹，余初见事颇骇观听，久习之，反取其不通，足以笑资也。"②

雍正二年（1724），成都已有高腔戏班"老庆华班"。清代戏曲家李调元在《剧话》卷上中写道："弋阳腔始弋阳，即今高腔。"而雍正年间，乱弹也曾在四川藏区演出。如雍正七年四川提督黄廷桂在一道奏折中说："驻藏銮仪史周瑛，抵藏之后，竟于川省兵丁队中，择其能唱乱弹者，拼凑成班，各令分认角色，以藏布制造戏衣，不时装扮歌唱，以供笑乐，甚失军荣。"

雍正年间，川陕总督岳钟琪与曾任四川总督的福康等，"均养歌舞伶人，搬演昆曲，用于宴乐助兴"③。李调元本人也嗜好昆曲，在他返回四川故里后，办起了昆曲家班，并常"挈伶人，逾州越县"④ 演出。他自述，"家有小梨园，每冬围炉课曲，听教师演昆腔杂折以为消遣"⑤。并说其家班"先生实苏产，弟子尽川孩"⑥。还说"余自己已归里，居醒园，闭门不出，日以课童为乐"。还"自敲檀板课歌童"⑦。李调元家班所演之戏有《十五贯·见都》《白罗衫·贺喜》以及李渔所著《比目鱼》等十种曲。随着戏曲声腔剧种的汇入四川，在四川成立了演唱不同声腔的戏班。如昆腔有"舒颐班"，高腔有"老庆华班""金玉班"，秦腔有"庆华班""福盛班""金贵班"，胡琴腔有"上升班"。

以上各声腔剧种，虽在社戏、庙会中已有合台演出，但其基本形态仍是以本剧种独立的面貌在社会上流传。并且，还依人们习惯，"报赛演剧，

---

① 陆箕永：《绵竹竹枝词》，林孔翼、沙铭璞编《四川竹枝词》，四川人民出版社，1989，第87页。
② 道光《绵竹县志》卷36《艺文志一》。
③ 李调元著，詹杭伦、沈时蓉校正《雨村诗话校正》卷11，巴蜀书社，2007，第253页。
④ 李调元：《童山文集》卷10《书·答祝芷塘同年书》，《续修四库全书·集部·别集类》第1456册，上海古籍出版社，2002，第567页。
⑤ 李调元著，詹杭伦、沈时蓉校正《雨村诗话校正》卷6，巴蜀书社，2007，第152页。
⑥ 李调元：《童山诗集》卷25《乙巳·戏作》，《续修四库全书·集部·别集类》第1456册，上海古籍出版社，2002，第341页。
⑦ 李调元著，詹杭伦、沈时蓉校正《雨村诗话校正》卷9，巴蜀书社，2007，第213页。

大约西人用秦腔,南人用昆腔,楚人、土著多曳声,曰高腔"①。

清初,藏戏有了较大发展,约于顺治十八年(1661),西藏"将噶冉巴""学巴"等派藏戏传入四川康巴地区,广泛演出了《卓娃桑姆》《洛桑法王》《文成公主》等八大藏戏,嘉戎藏戏也在四川省藏区的嘉戎方言区演出《阿米格冬》《吉祥颂》等戏。康熙十年(1671)甘孜巴底部落演出了嘉荣藏戏《格冬特青》。德格藏戏产生于德格土司辖区,并演出《哈热巴》《狮王的故事》《诺桑法王》等,雍正十二年(1734),甘孜修建慧远寺大殿,创建僧侣藏戏团,演出藏戏②。嘉戎藏戏也于乾隆年间,在北京太和殿为乾隆寿诞献演,并在元旦、节日招待皇亲国戚和各地进京贺岁的使节,演出剧目有《吉祥颂》等。嘉戎藏戏因乾隆打下大小金川后,清将阿桂俘虏了上千名嘉戎人,其中不少是演员,每岁为乾隆演出。

2. 清初贵州、云南戏曲活动分布

如前所述,弋阳腔早在明初就进入云贵地区。昆曲在清初也传入贵州,康熙年间,贵州巡抚田雯在其所编纂的《古欢堂全集》中写道:"山蘲牢落有心情,一部宫商夜沸声。红袖小鬟新乐府,白髭老子旧词名。"③ "山蘲"乃田雯别名,编书困乏之余,与众人小饮,并观赏红衣小优伶唱曲。

从清顺治元年(1644)到十五年,云南由农民起义军大西军和南明永历帝统治。在大西军及永历小王朝中,都有戏班活动。《明末滇南纪略》中说,大西军攻入昆明之后,"男子十余岁者拿为小子,打柴割草,女子十余岁者发戏房中教戏","己丑(顺治六年,南明永历三年)元宵,大放花灯,四门唱戏,大酺三日,金吾不禁,百姓男妇入城观灯者如赴市然"④。至于南明小朝廷中的戏曲活动,邓凯在《也是录》中说:"是月(按:即1659年8月),王(按:即永历帝)患腿疾……而诸臣中之多数,犹日以酣歌纵博为乐。中秋之夕,马吉翔、李国泰强梨园黎应祥者演戏,

---

① 嘉庆《汉州志》卷15《风俗》。
② 中国戏曲志编辑委员会《中国戏曲志·四川戏曲志》,中国ISBN中心,1995,第9~10页。
③ 田雯:《古欢堂全集》,中国戏曲志编辑委员会编《中国戏曲志·贵州卷》,中国ISBN中心,2000,第564页。
④ 佚名:《明末滇南纪略·政图安置》,刘茞一等编《明末清初史料选刊》,浙江古籍出版社,1986,第39页。

应祥泣曰：'行宫在近，王体不安，且国破家亡，流离至于此，极力图恢复之不暇，当行此忍心之事乎？'"① 至于民间的演戏活动则在黄向坚的《滇还日记》中有所记载，门贤王设酒相邀，"演剧奏乐，声容和畅"②。

在吴三桂统治云南的 20 年中，穷奢极欲，极声色之好，其"吴宫"中养有戏班。据《吴三桂始末》记载，"（吴三桂）又使赵㻦采买吴伶年之十五者，共四十人为一队"，又制造戏装"凡为箱三十，费数十万金，送入安福（阜）园（按：园在昆明城北）"③。

随着社会的安定，外籍人员流入后纷纷修建会馆戏台和庙台进行演剧活动，如建于康熙四十年的昆明乐王庙，建于康熙五十年的会泽江西庙戏台，初建于明代、重建于康熙雍正年间的玉溪九龙池戏台等等。清前期，贵阳、昆明等大城市有昆弋戏曲活动，但是，由于戏曲发展自身的规律和政治经济背景下，外来声腔民间化、俗化、地域化趋势已见端倪。

（二）乾隆年间至道光末年西南演剧活动的分布情况

由于康乾时期社会经济的恢复与发展为演出活动提供了基本的物质条件，戏曲自身的发展到这个时期积淀也日渐深厚。继昆山腔和弋阳诸腔戏的盛行之后，到乾隆初年至道光末年，戏曲艺术出现了新的气象，民间地方戏开始兴起和流行。西南三省出现"乱弹"、诸腔杂呈，地方民族民间戏曲遍地开花的局面。

1. 四川的戏曲分布

随着清初湖广填四川移民政策的推行和社会经济的恢复和发展，外省会馆在四川大量修建。至乾嘉年间，各种声腔艺术随之纷纷流入，并在城乡各地演出。如杨燮《锦城竹枝词》记锦城有胡秦腔和高腔演出，"张士贤在上升班扮净，唱胡秦腔，一气可作数十折"、"见说高腔有苟莲（演员）"，苟莲每一进省演出"则挤墙塌壁，观者如云"④。绵竹有高腔演出：

---

① 邓凯：《也是录》，中国历史研究社编《崇祯长编》，神州国光社，1946，第 212 页。
② 黄向坚：《滇还日记》，方国瑜主编、徐文德等纂录校订《云南史料丛刊》（第 5 卷），云南大学出版社，1998，第 522 页。
③ 抱阳生编著《甲申朝事小记》卷 5《吴三桂始末》，书目文献出版社，1987，第 127 页。
④ 六对山人：《锦城竹枝词》，杨燮编《成都竹枝词》卷 1，四川人民出版社，1982，第 48 页。

"绵竹东岳庙有沙弥……素有能戏之名,……其眼颇大,教以《三请师·挡夏》一出,使扮张翼德而唱高腔。"① 成都的戏剧演出很红火,呈现五方杂处、诸腔杂呈的局面:"会馆虽多数陕西,秦腔梆子响高低。观场人多坐板凳,炮响酬神散一齐。""过罢元宵尚唱灯,胡琴拉得是淫声。《回门》《送妹》皆堪赏,一折《广东人上京》。""灯影原宜趁夜光,如何白昼即铺张。弋阳腔调杂钲鼓,及至灯明已散唱。"② 高腔不但在城市流行,在农村也颇流行。李调元的门生温庄亭曾以诗记:"路多通背岭,人半住林间,耕牧时无事,高腔唱往还。"③

太洪班在道光年间于昆曲、高腔外,"创演丝弦"。这时,以唱弹戏为主兼唱皮黄(胡琴)的太洪班、义泰班在南充、西充相继成立。

道光年间,梁山灯戏已从本地流播到四川各地及省外。黄勤业在《蜀游日记》中说道:"是夜乡人作优戏,登场不多人,声容俱无足取,其班曰灯班,调曰梁山调,盖由梁山县人上元灯事所作,而遗留以至于今也。"④ 传至长江中下游的湖北宜昌、长乐、辰州、汉口等州府。兰恬居士题笺的《汉皋竹枝词》以《梁山调》为名的词云:"芦棚试演梁山调,纱幔轻遮木偶场,听罢道情看戏法,百钱容易剩空囊。"《长乐县志·风俗》中记:"演戏多唱花柳戏,其音节出于四川梁山县,又曰梁山调。"⑤ 李传杰《怡养知室诗存》记述了四川灯戏的演出盛况:"千队排来绣袍褶"。"表演的举止,描摹逼肖",以至观众"老稚摩肩遮道立",而"集千人"的戏楼已装饰成"五光衬出锦氍毹"⑥。

乾嘉年间,戏曲多在会馆、庙台(万年台)上演。尤其是新修庙宇、神佛开光、神诞会期,以及庙会,"上元""中元"等特定的民间习俗节日,均要演剧酬神娱人。如记:"上元、天官会,演剧于城隍庙。(三月十

---

① 段玉明:《中国寺庙文化》,上海人民出版社,1994,第138页。
② 定晋岩樵叟:《成都竹枝词》,杨燮编《成都竹枝词》卷1,四川人民出版社,1982,第53、55页。
③ 李调元著,詹杭伦、沈时蓉校正《雨村诗话校正》卷13,巴蜀书社,2007,第293页。
④ 黄勤业:《蜀游日记》卷8,王锡祺辑《小方壶斋舆地丛钞》第7帙,杭州古旧书店,1985,第19页。
⑤ 咸丰《长乐县志》卷12《风俗》。
⑥ 李传杰:《恬养室诗存·咏灯戏》,引自戴德源辑录《四川戏曲史料》,成都川剧志编辑部,1986,第79页。

八日城内圣母宫）演剧赛神者众，各衙门官弁镇会……五月二十八日，城隍会，相传是日为州城隍生日，阖州士民以次演剧……"① 此时，目连戏也在四川各地盛行。在《锦城竹枝词》中有"大跳神同扮目连，自从禁却也枉然"② 的记载。

从四川府各县记载的演剧活动来看，清朝乾隆年间至道光末年的分布特征是：昆曲演出活动主要在成都，秦腔、提阳戏主要流布在川北，梁山灯调流布在川东、川南，并沿长江流播到湖广、江西等地，秀山花灯演出在川东南一带，土戏流布在川东南土家族聚居区。德格藏戏在川西北德格土司辖区演出，康巴藏戏流布在巴塘安抚司，嘉荣藏戏多演于川西北嘉戎藏族聚居区。

2. 贵州、云南的戏曲分布情况

从乾隆到道光年间，贵州云南经济文化有所发展，商业比前代繁荣。外地客商纷纷来到贵州，以手艺或佣工为生的人也在城市聚集。乾隆年间，全省有"贸易、手艺、佣工客民二万四千四百四十四户"，另有住在城镇而在乡间购置田产的"客民"总数不下十多万人。省城贵阳是一个"五方杂处"之地，居民来自四面八方，大多是"江、广、楚、蜀贸易之民"③。云南也出现了"历年内地人民贸易往来，纷如梭织，而楚、粤、蜀、黔之携眷世居其地，租垦营生者，凡十之三四"④ 的盛况。随着经济的发展，各省来滇经商人数增多，同乡会馆和庙宇纷纷建立。如江西会馆（万寿宫）、山西会馆（关圣宫）、两粤人的六祖宫、两湖人的寿福宫、福建人的天后宫、四川人的川主庙等。这些会馆、庙宇，大多建有戏台，既是他们聚会议事的场所，又是他们进行文化娱乐活动包括戏曲活动的地方。于是，这一时期便有多种声腔在云贵流传。

贵州兴建的多处庙宇中建有戏台，是天然的演出场所。从乾隆三十七年（1772）任贵州布政使的韦谦恒见贵州百姓迎春演戏的盛况有感而作的

---

① 嘉庆《汉州志》卷15《风俗》，嘉庆二十二年（1817）刻本。
② 六对山人：《锦城竹枝词》，杨燮编《成都竹枝词》卷1，四川人民出版社，1982，第43页。
③ 爱必达：《黔南识略》卷1《总叙》，乾隆十四年（1749）修刊本。
④ 江浚源：《介亭文集》卷6《条陈稽查所属夷地事宜》，转引自方国瑜《彝族史稿》，四川民族出版社，1984，第332页。

诗中可见一斑："笑骑白鹿与青鸾，雪藕冰桃簇玉盘。立部堂堂争献寿，春风赢得万人看。"韦谦恒自注云：黔俗迎春陈百戏，使者坐堂皇，守令捧斛为寿，以兆丰年，观者如堵例不禁也①。明清时代有"西南大都会"之称的镇远，在方圆不过三平方公里的小城里，有八个会馆，十二座戏楼。乾隆《镇远府志》记载的江西会馆万寿宫，前院南侧为戏楼。戏楼系单檐歇山顶穿斗式结构，面阔纵身太高，台后有化妆间和演员休息室，宽大厚实的台面枋上有浮雕戏文图，精刻着"双龙会"等十幅历史故事剧。戏楼富丽堂皇。福建会馆天后宫，有福建的建筑风格。每年三月二十三日天后（妈祖）生日这一天，所有闽籍男女老幼都可以进馆参加祝寿活动，大家在会馆吃、喝、看戏，闹上三天才归。

嘉庆十八年（1813），李宗昉纂修的《黔记》载有《竹枝词》，其中记有贵阳秦腔演出的盛况："条条板凳坐绿鬟，娘娘庙前豫声班。今朝更比昨朝好，《拷火》连场看《下山》。"②《拷火下山》等乱弹戏，经过长期演变，逐渐地方化而成为贵州地方戏——贵州梆子的剧目。贵州梆子又称本地戏、簧梆子，流行于贵阳、安顺、都匀、遵义、铜仁等地。

大约在道光八年（1828）至十八年，侗戏产生，在黎平演出，随着侗戏《李旦凤娇》和《梅娘玉》的流传，到清末贵州黎平、从江、榕江许多侗寨出现了业余戏班，并先后有《毛宏玉英》《山伯英台》《陈世美》《珠郎娘美》等一批侗戏剧目演出。

据清代编修的贵州地方志书记载，唱扬琴在嘉庆、道光年间即已出现，为士大夫、文人墨客自娱的艺术，或在喜庆宴会时演唱，光绪年间最盛。清末落第举子王石青最擅演唱，并能编写脚本，曾吸收贵州梆子的"二黄""二流"唱腔和民间曲调，发展了扬琴的唱腔。光绪年间，贵州琴书开始走向民间，扬琴社团和茶社主要分布在贵阳府、安顺府、大定府、遵义府、铜仁府等地的中心城市。从以上记载可以看出，清中叶贵州戏曲及外来戏曲演出活动主要集中在政治中心或交通要道。

云南在此时期演出机构和演出场所也纷纷建立。康熙四十年（1701）在昆明建立了乐王庙，乾隆五十三年（1788）建立起老郎宫。根据乐王庙

---

① 韦谦恒：《传经堂诗钞》卷7中《迎春曲八首》。
② 李宗昉：《黔记》卷1，中华书局，1985，第3页。

碑、老郎宫碑的记载及乾隆五十三年的官府告示和房产地契等资料统计，从康熙末年到乾隆年间，云南有两个私家戏班，即乾隆时期云贵总督富纲的东院内班，云南巡抚谭尚忠的西院内班。民间的职业戏班共有17个，即石俯班、长乐班、大攒班、左小班、桂林班、全升班、金玉班、秀雅班、荣和班、玉林班、吉祥班、长春班、祥泰班、怡顺班、朝元班、桂花班、阳春部。从内地到最远的地区，都先后修建起戏台，如建于乾隆二十三年（1758）的洱源兴文寺戏台，建于乾隆三十二年的通海龙海寺戏台，建于嘉庆十一年（1806）的建水大兴寺戏台，建于道光十年（1830）的丽江龙神寺戏台，等等。这些戏班和戏台具体演唱什么声腔和剧种，大都无资料说明。只有乾隆五十七年，在云南曾任元谋县令的檀萃六十岁生日时，他的友人和学生请阳春部演戏为他祝寿，写了篇《梨园宴会和歌》，还有序文，从中知道阳春部是徽班，昆乱并演。所有这些戏班，除祥泰班外，乾隆以后都再没有出现过，祥泰班则一直到道光年间还存在。

一方面有外地声腔传入云南，另一方面云南也有戏班和艺人去外地演出。根据冯明珠《中国舞台剧的滥觞》介绍，记载康熙帝做寿时演出盛况的《万寿盛典》附图统计，当时已有云南的戏班到北京演出，但是什么戏班、演何剧种，都没有记载。道光时人华胥大夫的《金台残泪记》提到，"故当时蜀伶（按：指魏长生、陈银官等）而外，秦、楚、滇、黔、晋、粤、燕、赵之色，萃于京师"。但当时的滇伶除刘二官而外，余均不可考。乾隆时人吴太初《燕兰小谱》称："刘二官，孝庆部，名玉，字芸阁，云南安宁州人，长身玉立，逸致翩翩。""却怜南国生刘二，不似西州熟魏三"[1]。这反映云南籍的伶人，已经熟练地掌握外来的声腔（刘唱的是秦腔）。

在这段时期中，云南民间的社火观灯活动，已经和云南人民原有的"祭土主"、"祭本主"的风俗相融合，成为祭祀性的花灯歌舞活动。云南宜良县土官村康熙年间所立的一块碑，碑文中说："甸中民社，各扮春装，点缀春景，挝鼓筛金，丝竹嘹亮，旗幡缥缈，优俳歌舞。"[2] 记述的是每年二月初八土主庙会时花灯歌舞演唱情景。在一些地区，花灯开始从行进中

---

[1] 吴长元：《燕兰小谱》卷2，明文书局，1985，第32页。
[2] 郑祖荣、周思福主编《宜良碑刻》，云南民族出版社，2006，第179页。

或广场上演出，发展到进入灯棚演出。康熙《禄丰县志》云："元宵张灯三日，士庶会构灯棚，于十六日夜邀县令各官宴饮，百姓儿童扮采茶，鸣锣击鼓，官民同乐毕，各步星宿桥，俗名走百病。"① 道光二十七年（1847）嵌于嵩明大官渡村的《中灯山房碑记》云："吾中节灯棚一地，自乾隆年初建，于嘉庆年重修。斯时也，老叟咸歌舜日，少慕共乐尧天，岂不美哉。"② 乾隆年间，倪蜕在《戏为举业文题词》中说："去年夏（约为乾隆六年），客建宁（今曲靖），见村优演戏，始而憨童娶妇，继而黠女潜逃，或诱于逆旅，或窃于户庭，或盲而扪，或乞而舞，秧歌稻鼓，楚咻秦鸣，无不杂然并出，风雨争鸣，其将卒也，瞎雄乞牝，𧐢而下场。"③ 文中所述，花灯如《瞎子观灯》《包二回门》等传统剧目今天依然存在。

也是在康熙至道光之间，少数民族戏曲演出开始出现。《赵州志》记载："民家曲以民家语为之，声调不一，音韵悠然动人，亦有演作戏剧者。或杂以汉语，调之汉僰楚江秋。"④ "民家"即白族原来的称谓，表明当时白族已有了戏剧，白族吹吹腔至今还保持着这种"汉夹白"的演唱传统。"苗戏"一词亦在嘉庆时人钱青选《上元观苗剧歌》的"静夜华灯演苗戏"诗句中出现，表明滇南当时已有苗戏。云南壮剧中最早的一支为富宁土戏的"哎咿呀"腔调，从所发现的早期剧本等情况看，有可能在清代中叶形成为戏。傣剧受皮影戏影响，于道光年间模仿皮影戏，将《封神演义》译成傣语演出。据建水县花灯艺人陈述，该县羊街人楚惠，在道光年间演出了从语言到音乐都完全彝族化了的花灯传统剧目《打花鼓》，以后又陆续演出了彝族花灯剧目《霸王下山》《打鱼》《打草杆》等。这说明花灯已在少数民族中生根。佤族清戏属弋阳腔系统，据艺人谈，咸同以前即已有演出。

属于傩戏范畴的剧种，亦在几个地区萌生。大关、彝良两县先后于康熙四年（1665）和乾隆五十年（1785），有人从四川坛门学来端公的做法与端公戏传播于本区。在巧家县的一些地区，花灯与端公戏混杂在一起，

---

① 康熙《禄丰县志》，《风俗》。
② 顾峰：《云南戏曲碑刻文告考述》，《中华戏曲》1996年第9期，第23页。
③ 倪蜕：《蜕翁文集》卷2《戏为举业文题词》，《丛书集成续编·集部》第127册，上海书店，1985。
④ 乾隆《赵州志·民家曲》。

端公戏也被称为"灯"。保山地区的彝族先民本信巫鬼,《新唐书·南蛮传下》载:"大部落有大鬼主,百家则置小鬼主。"① 香通戏也叫跳神戏,香通即端公的另一种称呼。据当地香通戏艺人杨发松称,他家世代以跳神为业唱香通戏,记得名字的已有七代,据推算,第一代约在清代中叶。关索戏仅流行于澄江县小屯村。

(三) 咸丰年间至清末西南戏曲分布情况

这一时期是清代社会矛盾、民族矛盾的尖锐时期,清代中后期的剧坛呈现出以表演为中心、更加地域化、民间化的发展趋势,而且随着时局的动荡和社会危机的加深,清代戏曲活动更加走向地域区隔分化②。雅部昆曲已逐渐脱离社会生活,失去了观众和舞台,而花部地方戏、少数民族戏曲、民间小戏呈现生机勃勃、遍地开花的局面,并形成民族民间戏曲地域性群落,显示出明显的地域性艺术特征。

清末,中国社会面临空前的矛盾和内忧外患的深重危机,同时也孕育着社会革新嬗变的希望。随着时代的变迁和社会改革思潮的兴起,近代戏曲改良运动应运而生,如《滇话报》第二号刊载《滇省戏曲改良纪事》一文,文中说:"要想改良社会,先要开通风气,然开通风气之事甚多,其中最有效力的便是改良戏曲。"

1. 四川的戏曲分布

咸丰年间,湖北汉剧进入四川,经万县、涪陵来到重庆府,演员有龚大举、姚敬文、韩文玉等。据黎和《汉剧在四川》中介绍,重庆陕西街八郎庙玄宫堂尚存这些汉剧演员的序文。汉剧的流入,与陕西汉中"汉二黄"的传入,促进了四川胡琴腔的发展。在川东、川西一带则有专唱丝弦的戏班,如"几部丝弦住老郎"("老郎庙"旧址即今锦江剧场)③。

四川各戏曲剧种,除在大城市逐渐衍变外,中小城市民俗节日的需求也加速了它的发展与合流。其中,尤以各地城隍庙会最为突出。城隍庙会,乾隆、嘉庆年间早已有之。伴之演戏者,尤以资阳县记述较详。咸丰

---

① 《新唐书》卷 222 下《南蛮传下》,中华书局,1975,第 6317 页。
② 丁淑梅:《清代禁毁戏曲史料编年》,四川大学出版社,2010,第 215 页。
③ 吴好山:《成都竹枝词》,杨燮编《成都竹枝词》卷 1,四川人民出版社,1982,第 64 页。

三年（1853），资阳知县范涞，请授命该县城隍庙首事张文林、李勋出面召集该县所属48个场镇会首，在五六月之交，城隍出驾的48天内，集资兴办戏曲演出活动。于是，远近四方戏班，闻风而来，竞相献艺。城隍庙会成了戏班交流演出、艺人切磋技艺的盛会。类似的活动，更加方便了艺人另搭戏班或闯荡江湖，从而带动了声腔的会合，促成了戏班技艺的兼收并蓄。而咸丰、同治年间，集政治、经济、文化于一体的中心城市日益发展，又为戏曲演出提供了良好的演出场地，促使许多戏班从农村流入大城市。为适应城市观众的观赏要求，也日益加速着各声腔的合流。

在各外来声腔合流过程中，囿于各自流入四川的不同路线，并经过各地戏班不断的切磋与改进，逐渐形成了各自流行的地域范围和各自的艺术特色。一般地说，弹戏流布在大、小川北地区；高腔流布于资阳、内江及川南；川昆、胡琴（皮黄）则散布四川各地，但以川西坝的丝弦较为"正宗"。所以四川戏曲界有一个顺口溜说："上坝丝弦中河腔，川北老几唱桄桄。"①又由于师承沿袭，以及各地民俗、方音和民间技艺等的影响，使之在声腔音乐、剧目类型、表演技艺等方面，出现各自有别的风格特色。于是形成了川西坝（上坝）、资阳河、川北河和下川东等四派，俗称"四条河道"。

光绪年间，随着四川求神拜佛，天旱雨涝求雨祈晴、打清醮、度亡灵及信奉地藏王菩萨、祭祀中元圣诞等民间习俗，目连戏在城乡广泛演出。光绪十年（1884）江津人何育斋将明郑之珍的《目连救母劝善戏文》略加删改，编成四川目连戏本，因经皇上御批，刻本封面烫金，故以敬古堂何育斋寿记刊印本《音注目连金本全传》（简称"金本目连"）在四川广泛演出。同时，民间又有不少抄本、条纲戏本在社会上流传。因为目连戏的演出，目连救母故事的深入人心，不少地方竟演变为民间传说。光绪二十八年（1848）在四川射洪县青堤古镇上，竟出现了一个"唐圣僧目连故里"和目连之母"刘氏青堤之墓"，当地有两块石碑，一块中书"唐圣僧目连故里"，上款为"大清光绪二十八年岁在壬寅仲春"，下款为"大清二十八年岁在壬寅仲春建"。因年久人名剥落，据介绍此碑为当时县令所建。镇的顶顶庙有"刘氏青堤狮犬神位"，上款为"唐圣僧目连之母"，下款为"□□敬献"。当地世代相传目连戏出于此地，认为外面的演出均是附会青

---

① 中国戏曲志编辑委员会编《中国戏曲志·四川戏曲志》，中国ISBN中心，1995，第13页。

堤镇傅刘两家故事①。可见目连故事家喻户晓,深入人心。

在光绪年间,不但有很多外来声腔剧种来川献艺,还有不少艺人应聘到川剧科班中任教,传授本剧种技艺。如陕班艺人查来喜(查师爷)、白兴贞、刘凤琼、李武凤、张雨健等到桂华科社任教;梁天福、杨九梨、李顺来等陕班艺人,则赴下川东搭班,主唱丝弦。当时重庆还出现了专唱丝弦的毕胜班、吉祥班等班社。至光绪年间,较为有名的声腔戏班和科班,有金堂瑞华班、成都瑞华班、陕班福盛班、太洪班、老庆华班、隆昌三字科班、自贡臣字科班等。

城市商业经济的发展,促成了文化娱乐场所的兴办。光绪二十九年(1903),吴碧澄在成都会府北街投资兴建了第一个品茗看戏的"可园"茶社,重金聘请燕和京剧班来川演出②。城市剧场的出现为戏班演出提供了广纳观众的公开场所,也促进了各戏班竞相争演的繁荣局面。

同时,流入城市的不少戏班,为适应时尚,"渐染欧风",竟日夜搬演淫戏、凶杀戏,引起社会舆论斥责。为整饬社会风气,改良戏曲,四川省劝业道周孝怀会同成都商务总会、提学使司、警察总局,于光绪三十一年(1905)向总督部堂立案,在成都成立"戏曲改良公会",戏曲改良公会旨在推动四川戏曲的改良与发展。邀请尹仲锡、赵熙等文人学士编写剧本;推广赵熙的剧本《情探》;并集资在原老郎庙修建"悦来茶馆"。它的活动,有效地推动了四川戏曲事业,尤其是川剧艺术的发展。

2. 贵州的演剧活动分布

同治前后,贵州花灯戏由"二小戏"发展为"三小戏",从而生、旦、丑角色初定,表演中唱、念、做、舞一应俱全,深为广大群众所喜闻乐见。花灯演出遍布全省各地。

光绪元年(1875),铜仁辰河戏"云龙班"班主李孝昆率班赴贵阳演出。同年,印江土家族聚居区接铜仁辰河戏班于河洲扎台演出,适逢梵净山山洪暴发,酿成百余人溺水丧命的惨案。

同年,贵阳新川会馆为曾文成公祠落成庆典,邀请川班演出。光绪十

---

① 中国戏曲志编辑委员会编《中国戏曲志·四川戏曲志》,中国 ISBN 中心,1995,第555页。

② 中国戏曲志编辑委员会编《中国戏曲志·四川戏曲志》,中国 ISBN 中心,1995,第73页。

年，四川川戏"泰和班"徐闷闷（净）、罗猴子（艺名，武生）到安顺演出《四望猴·捉猴》。光绪二十年四川川戏艺人文炳华、熊昆山等名角到贵阳、安顺演出，川戏迅速向各地传播。同年，湖南常德"春花班"到铜仁、镇远、锦屏、松桃、玉屏、天柱等地演出"湘剧"（今常德汉剧），从此湘剧扎根于铜仁。光绪二十一年，兴义士绅刘官礼邀请云南昆明滇戏戏班到兴义演出。嗣后，滇戏流布于滇黔边区。同年，广西土戏（今北路壮剧）艺人黄永贵带秧白戏班在册亨、八达、乃言、板坝演出，并与布衣艺人交流技艺。光绪二十四年川戏"聚兴班"、湘戏"春和班"同赴贵阳演出，争妍于贵阳戏曲舞台。光绪三十年，清盐务使岑毓琦邀请滇、黔、桂三省13个土戏班至广西纳劳演出，历时六昼夜，观众达数千人。贵州布衣戏参加了此次盛会。

宣统三年（1911），贵州响应孙中山倡导的辛亥革命，于十一月四日宣布脱离清廷，建立了贵州大汉军政府。仅十天后，贵州教育家黄齐生亲自编写了川剧《大埠桥》，在贵阳达德学校演出。王若飞也参加了此次演出活动，该剧取材于贵州人何腾蛟抗清的英雄故事。何腾蛟由川剧演员熊昆山主演，连场爆满。辛亥革命中贵州领导人之一张百麟称："观众逾数万人，心动神移，泪淋淋而下……影响于社会绝大。"[1] 在辛亥革命影响下，花灯出现了反映现实题材的新闻灯《光绪驾崩》《辛亥革命》等。

3. 云南的演剧活动分布

咸同年间，云南因清军与起义的杜文秀部交战，战事频繁，演戏活动受到影响。但在杜文秀起义部队中，却仍有戏剧演出。据同治时人张铭斋《咸同变乱经历记》中记述，一次在杜文秀帅府演出了《二进宫》《绝缨会》，他本人客串了《取高平》。这三出戏在滇剧中分属"胡琴""襄阳""丝弦"三个声腔。一台戏演出滇剧的三种声腔戏，说明滇剧声腔的成熟。光绪年间，云南局势渐趋稳定，经济逐渐恢复，戏曲活动又一度呈现繁荣之势。这一时期，川黔的戏班和艺人沿着历史上的三条道即东路、西路、古路进入云南，对滇剧的发展和成熟起到了重要作用。从贵州来的雷家班、科联班，从四川来的永庆班、钰泉班等班社，以及从这两省来的雷发

---

[1] 张百麟：《大埠桥序》，转引自黄齐生著《黄齐生诗文选》，谢孝思编，贵州人民出版社，1981，第170页。

春、李少白、李品金、唐二喜、翟海云、陈偏搭等艺人，纷纷改演滇剧，并带进了大量剧目和表演技巧。这一时期，不仅在昆明形成了泰洪班、福升班、福寿班、庆寿班四大滇班，在玉溪、通海、宜良、曲靖、楚雄、大理、弥勒、石屏、个旧、文山等地也形成了一些滇剧窝子，滇剧已进入了全面的成熟阶段。

花灯进一步戏剧化，同治时任元谋县令的王戬谷所作的三首《灯词》中，有"父子天伦本至亲，芦花演出倍情真"① 诗句，透露出花灯已能演出《芦花记》（即《闵子单衣》）这样的戏了。从内地到边疆的村寨，业余戏班组织在大量涌现。仅流传于迪庆藏族自治州维西县保和镇的大词戏，传说在咸丰年间即有"封神戏"的演出，先叫"大慈戏"，到光绪年间改为"大词戏"，演出开始趋于活跃。吹吹腔发展到了大理州的大理、洱源、剑川、鹤庆、云龙等县和邻区的丽江县，不仅白族人民演唱，彝族人民也演唱。傣剧由于土司的提倡和对滇剧艺术的借鉴，艺术上进一步有所提高；土司刀安仁于光绪三十一年去日本考察时，带五名青年女演员与同行进行艺术交流，开风气之先；光绪三十二年芒市土司调集12个寨子的傣剧班到土司衙门演出，传为佳话。云南壮剧的三个分支中，广南沙戏、文山乐西土戏均在这一时期形成，富宁土戏又新创了"哎的哎"腔调，更加丰富了云南壮剧。同治十二年（1873）黑旗军首领刘永福打败法军后回师驻防越南保胜（今老街），从广西宾阳请来一个广戏班，在河口演了一个星期，从光绪以后，广戏就经常到河口演出。

光绪二十七年滇剧演员郑文斋、李少白相约到京、沪，学了些京剧回到云南，这是京剧入滇之始。京剧班社及京剧演员入滇是在宣统二年（1910）二月滇越铁路通车之后。

三　从明代至清代西南戏曲分布的变迁

中国戏曲的成熟，在明代已经完成，虽然声腔上有几度变迁。北杂剧逐渐衰落的同时，南戏却得到了迅速的发展。起初是南戏各种声腔的并列竞争与交流发展，随后是昆山腔与弋阳诸腔的崛起盛行与流布演变。新兴的昆山腔和弋阳诸腔，继承了南戏的传统，又吸收了北杂剧的成果，在戏

---

① 云南省元谋县志编纂委员会编纂《元谋县志》，云南人民出版社，1993，第366页。

曲舞台上开创了以南戏为主的传奇时代，它们的成就，代表了这一历史时期我国戏曲艺术发展的高峰。明末清初，昆山腔的流布范围几乎遍及全国各大城市，弋阳诸腔在民间广泛流传。清代初期，昆山腔和弋阳诸腔虽然在艺术上都取得了较高的成就，但也开始了两极分化的现象。一方面是雅部昆曲逐渐走向衰落；另一方面是民间流传的昆山腔与弋阳诸腔，更加向地方化演变，梆子乱弹诸腔，逐渐在全国各地蓬勃发展起来，乾嘉之际出现了遍地开花的局面。清代可以说是我国戏曲艺术发展的一个新时期，即"乱弹"时期，"其主要标志是梆子、皮黄两大声腔剧种在戏曲舞台上取代了昆山腔所占据的主导地位，从而使戏曲艺术更加群众化，更加丰富多彩"①。西南戏曲就是在中国戏曲发展的大背景下展开了它的独特的历史画卷。

（一）清代外来戏曲的分布扩散与流变

中国戏曲之所以成为独立的文艺品种，是因为它虽然综合了中国古典文学、音乐、舞蹈、百戏、杂艺等艺术门类，但都一一剥离了原有这些文艺品种的某些属性，几乎都以表演这一中心的制约而有所强化或减弱，以致在发展过程中逐渐稳定形态，在内容和形式上，不但自有其属性，而且亦有其统一性。中国众多地方剧种的属性及其创作规律，完全受古典戏曲的制约影响，尤其是在声腔的流变上更为突出。可以说，是古典戏曲的声腔造就了西南地方戏曲。研究外来声腔在西南流播繁衍的规律，是研究地方剧种产生与发展的关键，也是研究区域戏曲时空流变的关键。在此，我们将对西南明代至清代外来戏曲声腔的时空流变作比较。

昆曲在明代嘉隆年间成熟完备，渐次流播大江南北，在清初传入西南，并逐渐地方化，据《锦城竹枝词》中的注文披露，专唱昆曲的"舒颐部"中有生角彭四，曾"随侍前任保制台至伊犁数年，还省后仍技痒度曲"②。乾隆年间，返回故里的李调元在自家的家班演唱昆曲，"先生实苏产，弟子尽川孩"③，说明昆曲传入本地人自己演唱了。他还自慰说："书

---

① 张庚、郭汉成：《中国戏曲通史》，中国戏剧出版社，2006，第751页。
② 六对山人：《锦城竹枝词》，杨燮编《成都竹枝词》卷1，四川人民出版社，1982，第48页。
③ 李调元：《童山诗集》卷25《乙巳·戏作》，《续修四库全书·集部·别集类》第1456册，上海古籍出版社，2002，第341页。

塾兼伶塾，英才育俊才。小中堪见大，此宜费栽培。"① 昆曲在乾隆朝有戏班及伶人进入贵州，不但有演出活动，而且产生了《鸳鸯镜传奇》《梅花缘》昆曲剧本，出现了傅玉书、任璇两位戏曲家。昆曲演出活动主要集中在成都、贵阳、昆明等大城市。

在明清两朝，弋阳腔是与昆山腔一样称盛的一大声腔剧种，但是，弋阳腔与昆山腔的发展有所不同，它广泛流布于民间，在劳动人民中保持着巨大影响。李调元在《剧话》中曾谈到"弋阳腔始弋阳，即今高腔"，不仅指四川有此腔，更指弋阳腔流变并已经成为分布较广的声腔体系。西南三省均有大量高腔，《拜月记》《拜月亭》就是川滇贵三省的共有剧目。显示了因为"向无曲谱，只沿土俗"的弋阳腔，繁衍流布四川后逐渐地方化了。特别是四川固有的文化传统以及民间技艺，更易为之吸收相融，较之同属外来声腔的昆曲，高腔的长足发展尤为显著。乾嘉年间，高腔戏已在农村流布盛行，并造就了敢于进入中心城市演出的名伶。杨燮在《锦城竹枝词》的注文中，曾写道擅长高腔的"苟连官在乡班中，每一进城，则挤墙塌壁，观者如云，其实貌亦中人，艺特超超耳"②。难怪有《竹枝词》生动描述"见说高腔有苟莲，万人攒看万家传"。

西皮、二黄的胡琴腔戏，原本并非同出一源，但因都用胡琴作伴奏乐器，因而先行合流为统一的胡琴腔戏，据现有材料考查，在乾嘉年间，因为谙熟声律的李调元认为出自襄阳的西皮归属"楚音"，在其后的发展过程中，吸收昆弋之长，沿袭改称作吹腔，其后所用伴奏乐器改笛为胡琴。李调元在他的《剧话》中，便将已变异的腔调叫作"胡琴腔"，又称作"二黄腔"。名震京华的魏长生曾寓居成都"东角"，"初在省城唱戏时，众以为异"。《燕兰小谱》描述为："其器不用笙笛，以胡琴为主，月琴副之，工尺咿唔如语。"③ 乾嘉时期，就有"张士贤在上升班扮净，唱胡秦腔，一气可作数十折"④。杨燮写作的时间是嘉庆八年（1803），因此四川境

---

① 李调元：《童山诗集》卷25《乙巳·戏作》，《续修四库全书·集部·别集类》第1456册，上海古籍出版社，2002，第341页。
② 六对山人：《锦城竹枝词》，杨燮编《成都竹枝词》卷1，四川人民出版社，1982，第48页。
③ 吴长元：《燕兰小谱》卷5，明文书局，1985，第90页。
④ 六对山人：《锦城竹枝词》，杨燮编《成都竹枝词》卷1，四川人民出版社，1982，第48页。

清史论丛

内的胡秦腔产生并地方化当在乾嘉时期。乾隆时，胡秦腔在云南出现，到道光时期才有关于演唱皮黄的文献记载。罗养儒在《滇戏琐谈》中说：

> 余幼时，喜学吹竹，乃向远亲中之帅姓长辈（即帅燮卿族祖），假得工尺谱一本，调约百余，其间即有襄阳、二簧（黄）、过板等……余阅其卷面，有"道光壬午年莘田氏手抄"数字，按道光壬午年，为道光二年，据此可知，嘉庆道光年间，滇中歌舞场上，即有皮簧（黄）调也。①

此时期，襄阳、胡秦声腔逐渐地方化。

梆子即秦腔在明末清初传入西南。梆子初入黔在明末清初。孙可望、李定国之兵南下，进入贵州，号"大西军"，军中以陕人为主力，故多喜秦梆子，李定国军中有女子乐团随军作乐。乾隆时，大臣郝硕绘在奏折中几次提到秦腔流传到贵州，且极"盛行"。秦蜀两地因毗邻接壤，清代初年随秦地移民入川。康熙年间的绵竹一带已是"一派秦声浑不断"②。乾隆年间，秦腔地方化的结果，就是川北"泰洪班"等班社的建立。嘉庆时期，梆子流布大中城市，演出盛况超前。"会馆虽多数陕西，秦腔梆子响高低。观众人多坐板凳，炮响酬神散一齐"③。

综上所述，外来声腔，在明朝时有弋阳进入西南，在清朝前期有昆曲、梆子、胡琴、弦索腔（襄阳腔）等腔流入，尽管传入的时间有先后，流播的路径及地域亦有不同，但都是在乾嘉年间，逐渐独立完善地方化的过程。这个过程是和中国戏曲发展进程一致的，是化雅之争中花部争胜，地方戏崛起勃兴的必然结果。

（二）地方戏曲区域的扩展

明代的西南民族民间戏曲有花灯戏、傩戏等小戏以及藏戏流布，而且

---

① 中国人民政治协商会议云南省委员会文史资料研究委员会《云南文史资料选辑》（第3辑），1963（内部印行），第111页。
② 陆箕永：《绵竹竹枝词》，林孔翼、沙铭璞编《四川竹枝词》，四川人民出版社，1989，第87页。
③ 六对山人：《成都竹枝词》，杨燮编《成都竹枝词》卷1，四川人民出版社，1982，第53页。

固守其民间乡土传统，流布于乡村和民族区域，尚未能流布于大中城市，大中城市里仅有弋阳腔等外来戏曲出现。清代初期以来，本地艺术家吸收了昆腔、弋阳腔、梆子腔、皮黄腔、弦索腔的艺术成就，融入本地艺术元素，对原有的戏曲形式进行了革新、创造，从而使外来戏曲地方化、大众化，地方戏分布地域从城市到乡村渐次扩展，从乾隆到道光时期是西南地方戏兴盛时期，产生了西南川昆、高腔、胡秦腔、乱弹、贵州梆子、滇剧等地方戏，不仅在大城市，在广大农村也有他们的足迹。

各少数民族的戏曲，到这个时期也有突出的发展，不仅白戏、傣戏、侗戏等民族戏曲都于此时纷纷兴起，就是早在明中叶形成的藏戏，也在这时有了蓬勃的发展。少数民族的戏剧也吸收了汉族戏剧的表演程式、声腔、舞美以及剧目等丰富和提升了少数民族戏剧的内涵，使西南少数民族戏曲既保持了自己的民族特色，又具有中国戏曲共有的中华民族特色。这些少数民族戏曲的兴起和发展，为西南地方戏更增添了绚丽的色彩。

民间的花灯戏，在明代是以歌舞为主，到清代，在各地农村成长壮大，逐渐受到大剧种的影响，进而发展成为剧种。它们更多的是以生活小戏或歌舞的形式流传于广大农村之中。

（三）西南清代多层次的剧种及其分布

清代是中国戏曲发展的一个重要时期，"乱弹"诸腔蓬勃兴起，民间戏曲兴盛，名伶辈出。清代的西南戏曲就是在这样的大背景之下展开了它辉煌的历史。清代西南戏曲大体上可分为外来剧种、地方戏曲、少数民族戏曲、民间小戏、傩戏五个层次和类型。

1. 外来剧种——中国古典戏曲的传播

随着清代西南地方经济的发展，区域内外经济、文化交流日益密切，为南北戏曲传入西南创造了有利条件，使得西南出现"多腔并存"的局面。

明代传入西南的有雅部的昆曲，花部的秦腔、弋阳腔，清代乾嘉时期传入的有襄阳腔（楚腔）、胡秦腔、弦索腔等，它们的流播路线和地域有两个特色：一是这些外来声腔戏种，基本局限在原形成地的移民之中；二是外来声腔的流布地，尚存大体分明的地域界限。如在四川省高腔流布川南叙泸河、资阳河等水上交通发达地区；秦腔流布与陕西接壤的川北、川陕通道的川西北最为明显；川西坝因有集政治、经济、文化于一体的成都为中心，先以昆曲为主，高腔、胡琴次之，其后以胡琴、高腔并重；下川东因地势之便，既得流入声腔之先，又有多声腔聚合四散。云南有昆腔、丝弦腔、襄阳腔、胡琴腔流布，丝弦腔属于梆子系统，近于秦声，明朝嘉靖年间传入云南，主要流布于昆明、曲靖城内，在永胜城县偶有自娱。襄阳腔在云南安丰井湖广移民中流行，胡秦腔在昆明城内。贵州境内有昆腔、弋阳腔、梆子腔传入，主要流布在大中城市，贵阳、遵义、镇远等地。

2. 汉族地方戏流布区域扩展

地方戏曲是指"流行于一定地区，具有地方特色的戏曲剧种的通称。……是同流行全国的剧种（如京剧）相对而言"[①]。笔者认为地方戏狭义上说不包含少数民族戏曲和傩戏。"地方戏"作为传统文化表现形式，凝结着某一地域的民风习俗，从而为那一地域的各族民众喜闻乐见的表现形式。在中原、江南及邻省文化艺术与西南本土文化进一步碰撞、融合中，各类外来声腔及众多的腔调经过长期流传、嬗变，滋养着地域辽阔、民族众多，民俗、方言各异的西南大地，形成了丰富多彩的地方戏，而且具有鲜明的地方特色和丰富的艺术表现力，成为地方音乐、舞蹈、美术、表演艺术的集大成者。

清朝时期西南主要大戏种有以下几种。

第一，西南最有影响力的地方戏当属川剧，它是由昆曲、高腔、胡琴、弹戏、灯调五种声腔组成，五种声腔外，除灯调源于本土外，其余声腔是在清代"湖广填四川"的移民高潮后传入的，在与四川方言、民间音乐、民风民俗结合中，逐渐衍变为具有四川特色的声腔，最后形成了五腔共和的四川地方剧种——川剧。其形成时间，众说纷纭，莫衷一是。笔者认为是在清末到民国初年经过川剧"改良运动"，使清前、中期五腔合流局面得到充分发展，形成今天我们熟悉的川剧。在外来声腔的合流进程中，因为各自流入四川的路径不同，并在一定时间逐渐形成一定的流布区域，历史上习称为川剧"四条河道"[②]。四条河道的影响是深远的，即使在

[①] 辞海编辑委员会：《辞海》，上海辞书出版社，1980，第520页。
[②] 温廷宽、王鲁豫：《古代艺术辞典》，中国国际广播出版社，1989，第687页。

五腔合流的川剧形成后，在不同地域的川剧演出，都有明显的地域性特征。资阳河道：流布于沱江中下游地区、岷江下游地区，具体来讲是以自贡、内江、资阳为中心，包括资中、隆昌、荣县、威远、泸州、宜宾、乐山、富顺等地区。其地域特色是擅长高腔。上河道（川西坝），流布于以成都平原为中心的地区，其地域特色是擅长胡琴、锣鼓较花。下川东：流布于以重庆为中心的川东地区，辐射到黔北和鄂西部分州县，其地域特色是擅长京汉调胡琴，以戏路广、新意多见长。川北河：主要流布于嘉陵江中上游及巴河、州河、渠江、涪江、遂宁河地区，以阆中和南充为中心，包括西充、广元、仪陇、渠县、达县、合川、通江、南江、巴中、广安、蓬溪等大片地区。其地域特色是以弹戏、花灯戏见长。① 极富艺术魅力的川剧形成后，随着四川商人到云贵经商者不断增多，川剧班也随之流入云南、贵州，流布于昆明、昭通、曲靖、贵阳、遵义、毕节、安顺等城市。

在湖南湖北进入渝东南的交通要道黔江濯水古镇在道光年间产生了后河戏，由昆腔、弋阳腔和川腔以及当地民间音乐舞蹈融合而成，并用地方语言演出，至今民间戏班仍在演出。

第二，滇剧在道光年间形成后，流布面从昆明逐渐遍及省内各地和黔西。道同年间玉溪、楚雄、保山、腾冲地区都有流布，光绪年间，云南大部分地区城乡都有滇剧组织，还流布到黔西兴义地区。

清代同治年间云南大词戏在维西县产生，仅流传于维西厅中心地带。音乐属于高腔系统，与弋阳腔有渊源关系。声腔高亢古朴，以维西汉族方言演唱。

第三，贵州梆子是在秦腔入黔后，黔中艺人在向外地艺人学习梆子和各种剧种的声腔和表演，结合贵州民间音乐和语言特点，创造了贵州梆子，并且在乾嘉之后，相继涌现了一批名伶。自乾隆至宣统约170年间，贵州梆子的戏班有隆庆班、豫升班、万和班等，主要分布在贵阳、安顺。到光绪年间，贵州梆子由于缺乏经济支撑，逐渐衰落。

贵州文琴戏，旧称唱扬琴、唱曲子、扬琴戏，光绪年间最盛。演唱形式为坐唱，一般为七八人，分生、旦、净、末、丑等角色，并分操乐器伴奏。唱腔清丽婉转，有清板、二板、三板、杨调、苦禀、二黄、二流等七

---

① 蓝勇：《西南历史文化地理》，西南师范大学出版社，1997，第244页。

种板式。扬琴为主奏乐器。传统曲本，称为弹词。曲词为7字句或10字句，讲究韵律，工稳典雅，多为文人所作。光绪年间，贵州琴书开始走向民间，扬琴社团和茶社主要分布在贵阳府、安顺府、大定府、遵义府、铜仁府等地的中心城市①。

3. 少数民族戏曲的发展

中国戏曲艺术是由汉族戏曲和少数民族戏曲共同构成的，中华民族在历史上经济文化交流和融合，促进了戏曲艺术的形成和发展。中国55个少数民族中有15个民族在自己民族传统文化的基础上创造了戏曲剧种，其中西南地区有10个。西南少数民族戏曲除了苗戏和彝剧是在民国以后诞生的以外，其余7个是在清朝时期产生，1个（藏戏）是在清朝时期传入四川的。除了中国戏曲自身发展的规律外，还因为西南地区清代政治相对稳定、经济发展、文化多元、民族众多、地理环境复杂等因素造就了众多风韵独特的少数民族戏曲，而且其地理分布和区域性特征明显。

侗戏大致在清嘉庆、道光年间在黔东南黎平形成后，流布于贵州黎平、榕江、从江一带，光绪年间流传到广西的三江和湖南的通道等侗族聚居地区后，流传更加广泛。布依戏在清代中叶形成，流布于贵州省黔南、黔西南布依族及盘江流域红水河布依族聚居地区。藏戏是一个非常庞大的剧种系统，在清初传入四川地区后，主要流布在四川西部和西北部的藏民区。四川土戏是土家族戏曲，产生在清康熙年间，流布在四川省石柱土家族的山乡村寨。傣剧是云南独具特色的少数民族戏曲剧种之一，清末，盈江干崖土司署组织了德宏历史上第一个傣戏班。不久，傣剧流传到德宏其他地区，德宏十个土司衙门先后建立傣戏班，建造戏楼。云南壮剧的形成大约在清代中叶，产生和流布在广南、富宁、文山一代。白剧是白族戏曲剧种，原名"吹吹腔"，萌生于雍乾时期，成熟于道咸同时期。产生于大理府和丽江府的白族地区，流布在广南、富宁、文山一代。佤族清戏是云南省腾冲县荷花乡甘蔗寨佤族村寨流传的一个古老的少数民族珍贵剧种，腾冲是通往缅甸的商业要道，甘蔗寨是较大的站口，明嘉靖以后甘蔗寨因生产宝石而得到开发，清康熙后，经过甘蔗寨往来的商人和军士有不少在

---

① 陈季君：《清代贵州戏曲的地理分布与地域文化的互动关系》，《遵义师范学院学报》2010年第6期。

此逗留或定居，甘蔗寨佤族接受汉族文化影响的程度较深，乾嘉时期佤族清戏十分活跃，但仅流行于云南腾越州佤族聚居的村寨（今腾冲县）。以上少数民族戏曲主要分布在青藏高原和云贵高原的少数民族聚居区[①]。

4. 民间小戏的嬗变与流布区域的扩展

清代西南民间小戏以花灯戏为主。历史渊源可追溯到唐宋时期，在明嘉靖之前发展成为有故事的"灯戏"，流播面不广，而且固守其民间传统，尚未流入大中城市，演出与乡村闹元宵民间习俗不可分离。乾隆年间花灯已遍及西南三省，分布十分广泛，并在很多少数民族地区演唱。嘉庆年间，花灯戏从元宵灯会的节日性演出，发展成为常年性的演出，即"有戏无灯"，成为一种独立的剧种。此时已流派纷呈，有四川花灯、贵州花灯、云南花灯。其中四川花灯又分为川北花灯、夹江花灯、秀山花灯、古蔺花灯等流派；云南花灯有曲靖花灯、楚雄花灯、乔家花灯、玉溪花灯、大理花灯、昆明花灯、红河花灯、宝山花灯等流派；贵州花灯戏有四路花灯调即铜仁东部花灯、安顺西路花灯、遵义北路花灯、独山南里路花灯。各地各路花灯都充满着浓郁的乡土气息和民族特色。

入清以来灯戏在四川广泛传播，开始流布城市。如李调元在绵州署衙观看过，观后写《癸丑·初六日莲州座上听灯曲戏赠》盛赞道："自是州衙乐事多，元宵未到早笙歌。春兰不用夸芬馥，遍体生香究让他。"[②] 在嘉庆年间刊印的《成都竹枝词》里，已有了《回门》《送妹》等灯戏传统剧目。直到嘉庆年间，曾寓居蜀地的浙江人范锴在《苕溪渔隐诗稿》中见到"川之东北郡村邑郭间"的梁山调"剧中实无灯也"。其后又有江西人黄勤业，道光年间入川，在《蜀游日记》中写道，在川西南井研县，"乡人作优戏，登场不多人，声容俱无足取。其班曰'灯班'，调曰'梁山调'，盖有梁山人上元灯事所作而遗留以致今也"。道光时期的灯戏已发展为成熟的戏剧形式，其演出盛况已达到"戏楼夜敞千人集，列炬林中鱼贯入"，舞台上则是"五光衬出氍毹，千队排来绣袍褶"[③]。剧目也有所增多，诸如

---

① 陈季君：《西南民族戏曲地理分布与地域性特征》，《贵州民族研究》2011年第6期。
② 李调元：《童山诗集》卷32《癸丑·初六日莲州座上听灯曲戏赠》，《续修四库全书·集部·别集类》第1456册，上海古籍出版社，2002，第394页。
③ 李传杰：《恬养室诗存·咏灯戏》，引自戴德源辑录《四川戏曲史料》成都川剧志编辑部1986，第79页。

《请长年》《打城隍》《山伯访友》等。清初，花灯亦已遍及云南和贵州两省，而且已流入少数民族地区。但总的来说，作为民间小戏，长期以业余或半专业的形式活动于广大农村，清代极少有专业的花灯戏班存在。

5. 清代西南傩戏地理分布的变迁

傩戏是由巫傩祭祀仪式发展而形成的一种带有宗教色彩的戏曲形式。西南偏远山区由于交通闭塞、经济文化落后，长期处于与外界隔绝的封闭状态，较多保留了原始的宗教文化和具有广泛群众基础、悠久传统文化的巫傩祭祀习俗。明末清初，特别是清初以来各地地方戏兴起，祭祀活动中的巫歌傩舞，吸取了戏曲形式，发展为民间傩戏。清代西南傩戏，具有不同的类型、层次和形态，民间傩（乡人傩）、军傩、寺院傩在西南诸省区均有分布。军傩和寺院傩是在明朝就存在，而民间傩戏大多数品种是在清代初期形成发展起来的，成为在西南地区覆盖面最广，品种繁多，遍及边远农村和少数民族地区的傩戏群落，还形成了不同流派和风格。如云南端公戏，主要流布于昭通地区，流布于保山地区的叫香通戏，流布于文山地区的叫梓潼戏，都属同类，但各有特色。

军傩分布的最主要特征是分布范围呈带状分布，基本上是沿着朱元璋南征军的行军路线及屯田驻军分布的，呈现出明显的扫帚状结构，其中心是贵州安顺，并一直延伸到云南澄江县阳宗区小屯一带。寺院傩主要分布在今川西川西北和滇西北三个藏民族区域。显然，寺院傩地理分布的特征与军傩相似，即分布区域范围小且相对集中。民间傩主要分布在四川盆地的外围地区，内部地区分布极少，同时，川东地区分布的傩戏种类明显高于川南、川北和川西等地区，清代四川地区傩戏的区域分布极不平衡。从贵州傩戏分布的区域看，黔北、黔东北、黔东和黔东南较为集中，其他区域则未有分布。从云南傩戏分布的区域看，滇东北、滇西、滇东南相对集中，滇东、滇南、滇西北、滇北等地区极少傩戏分布。所以，清代西南傩戏主要分布在云贵高原和四川盆地四周地区，中心地区就是贵州和川湘黔交界武陵山地带。

四 西南戏曲文化的统一性

清代西南戏曲产生、演变、发展与西南独特的地理环境和文化环境有着密不可分的联系。其历史渊源、文化传统，以及汉族文化和民族文化的交流交融都与清代西南地区的政治经济发展密不可分。

(一) 汉文化占主导地位的西南戏曲文化

从历史的角度来看一个地区的文化，都应是土著文化与外来文化融合后形成的一种综合文化。历史时期，外来文化的进入在很大程度上是通过移民来实现的。这样，移民来源的籍贯、移民来源的形式、移民来源的行业成分，便与当地文化特色的形成和发展关系密切。[1]

汉族移民对西南文化氛围的变化影响是巨大的。汉族移民浪潮从秦代开始，历经两汉、三国、两晋、南北朝、隋唐五代、两宋、元、明、清、民国到现在，在明清时期奠定了移民的基本格局。西南地区在明朝大量汉族移民通过屯田、经商、戍边等方式进入后，改变了以往西南"夷多汉少"的局面。清代贵州移民会馆分布表明，黔北以四川会馆占绝大多数，江西会馆和湖北会馆次之，有少量秦晋会馆和福建广东会馆；黔东是江西会馆占绝大多数，湖广会馆次之；黔西是江西、四川、湖广会馆几乎等同，黔南是江西会馆占绝大多数，湖广会馆次之。我们从乾隆《贵州通志》关于明代贵州留寓籍贯统计来看，明代贵州的官员主要是江浙籍、江西籍、四川籍、湖广籍，这种趋势在清代继续发展，移民结构发生了一定的变化，即较多的湖广移民在明末清初进入贵州，使清代贵州地区江浙人、江西人、湖广人、四川人共同成为贵州最主要移民，湖广移民和四川移民比例增大，如贵阳"江右、楚南之人为多"[2]。

明清外来移民的进入对贵州汉族文化的形成有决定性作用，也推动了贵州戏剧的产生与发展。从嘉靖《贵州通志》的记载来看，明代贵阳地区春节祈年、端午饮菖蒲酒、端午吃粽子、中秋赏月、重阳登高都已经成为重要的节庆，这也表明汉文化已占有重要地位，而且在这种文化中呈现出明显的江浙、江西氛围。清代初期移民从各省进入后纷纷建立了自己的会

---

[1] 蓝勇：《西南历史文化地理》，西南师范大学出版社，1997，第20页。
[2] 爱必达：《黔南职略》卷1《总叙》，乾隆十四年（1749）修刊本。

馆，会馆文化便呈现出五方杂处的文化氛围。各会馆普遍搭建戏台，唱着乡音乡曲，这样昆曲、秦腔、弋阳腔、川剧等汉族戏剧就随着会馆的舞台上外地艺人传入，并受到贵州人民的喜爱。外来戏剧也催生了贵州地方戏曲的产生和嬗变，如贵州梆子就是贵州艺人吸收了陕西梆子（秦腔）的声腔和其他声腔的优长而创造的。贵州琴书也是外来琴书说唱形式的演变。贵州花灯的传统剧目如《战金山》《龙凤呈祥》《盗仙草》等多数为江浙民间故事，在贵州的十一月采茶歌中多用江浙方言"侬"字。安顺府的"屯堡人"即明代征调的江南籍汉族移民，其在衣食住行方面仍有江浙遗风。特别是地方戏，明显来源于江浙民间戏剧。黔北一带流行川戏，这与清代遵义四川籍移民大量迁入有关。贵阳城中的四川会馆也常演川剧，这里成为官员们迎宾交友应酬的主要场所。

外来移民主要分布在交通干道和重要城镇地区，所以汉文化也主要分布在交通干道和重要城镇，与外来汉族戏剧分布区域基本重合。

（二）西南戏曲的交流与相融

川滇黔三省是疆域相连、边界交错，滇东北部分地区在明代曾属四川，滇黔二省在清代设云贵总督，在军政建制上为一体，经济贸易的交往密切，文化交流活动频繁。自明初以来，中原内地多次移民入境，汉族比重不断增长，彼此间风俗习惯略同，语言口音相近，尤其是云南与川黔交界地区的语言几乎难以分辨，这就为戏曲声腔的交融提供了极其有利的外部条件。而云南位居清代边疆，其西南与缅甸、老挝、越南等国接壤，中原内地与云南交往必须经过川黔，外地戏曲声腔入滇，也要先经川黔，后到云南，而云南在过去交通不便，外地声腔入滇，进来容易出去难。因而偏僻地区还保留着一些较为古老的声腔剧种和曲调，如新发现的大慈（词）戏、清戏、后河古戏、梓潼戏、端公戏和一些老花灯曲调。清代以来川黔戏班和大批艺人在滇安家落户，对滇剧做出了卓越的贡献。可见川滇黔三省戏曲声腔之间有着千丝万缕的联系。

由于三省在政治、经济、文化上有着密切的联系，因而在戏曲声腔上也有着彼此交融的自然趋势。三省的地方戏曲（主要是川剧、滇剧、贵州梆子等）溯其源流，肇端明，成于清。明人魏良辅在《南词引正》中论述昆山、弋阳诸腔时曾提到"永乐间，云贵二省皆作之，会唱者颇入耳"①。意即在云贵二省都有，那么在四川也就不成问题了。

三省地方戏曲的开始孕育，当在乾隆中期花部乱弹崛起之时，那时戏曲声腔的流动频繁。"昆腔之外，尚有石碑腔、秦腔、弋阳腔、楚腔等项、江、广、闽、浙、川、云、贵等省皆所盛行"②。这里又是川滇黔相提并论，足见诸腔杂奏的局面已在三省形成。诸腔过境，有的相沿至今，有的则被淘汰，不可能全部保留下来，但三省地方戏曲的腔源却没有超越出这个总的范畴。诸腔流变的结果，后来逐步形成了川剧、滇剧和贵州梆子等剧种。它们的声腔构成因素虽各有不同，但梆子声腔却是三省均有，如川剧的弹腔、滇剧的丝弦和贵州梆子；其次就是皮黄声腔，或多或少地都被继承，如川剧的胡琴腔，滇剧的胡琴腔和襄阳腔，贵州梆子也有皮黄的板名，如"西皮一板"、"二板"、"三板"、"二六板"和"二黄"、"阴二黄"等；川剧继承了昆腔、弋阳腔的精华，川剧之川昆和高腔乃其主要声腔。明清间昆腔在云贵二省是时有所闻，诗文杂著中不绝于书，虽然没有像川剧那样形成川昆，但在滇剧、贵州梆子的吹牌、曲牌中仍有保存；弋阳腔在清中叶云南很流行，虽然滇剧中没有弋阳腔，但在滇黔的一些傩戏和新近发现的古老剧种中仍有其遗风。明清间流行的时尚小曲与各地山歌小调相结合，逐渐形成了风格各异的三省花灯歌舞小戏；至于傩戏三省皆有，尤以贵州为多，只是名称各异。

乾隆中期不仅是花部乱弹诸腔并起之际，同时也是川滇黔名伶辈出，显露头角之时，在四大徽班进京之前的10年间，蜀伶魏长生等的秦腔班登上京师剧坛，他不但演技过人，且改进了旦角的化装，梳水头、踩跷便从他始，一时名动九城。京腔六大班黯然失色，代京腔而称霸北京剧坛。自魏长生走后，又出现了花部四大名旦，其中就有川伶陈银宫和滇伶刘二官，他们的戏路和演出风格基本上接近魏长生。此外还有黔伶杨宝儿、川伶彭万官、陈金官、于三元、王升官、杨四儿、杨五儿、张兰官、曹圭

---

① 魏良辅：《南词引正》，修海林编《中国古代音乐史料集》，世界图书出版公司西安公司，2000，第496页。
② 郝硕：《查办戏剧违碍字句案》，载故宫博物院编《史料旬刊》第22期，京华印书局，1931，第793页。

官、马九儿等旦色①。由此可见演出之盛，同时也反映出川滇黔三省内秦腔很为流行。若探索秦腔之入三省，这与张献忠及其大西军在明末清初之际进驻川黔滇有很大关系。大西军将领多为陕人，且军中设有戏班，常拉民间女子学戏。1694 年元宵曾在昆明"四门唱戏"②。况且陕西与四川相连，秦腔戏班入川极为方便，由川而黔再入滇，康乾间即已盛行三省，为后来的三省地方梆子声腔的形成作了孕育准备。

自光绪以来，川黔籍艺人相继入滇，改搭滇班演唱，丰富了滇剧剧目，提高了滇剧演技，这些川黔籍艺人都对滇剧的发展和提高做出了很大贡献。滇班和滇伶也曾到重庆、会理、西昌、贵阳、兴义等地做过多次演出，《五台会兄》等滇剧和《梅花板》等曲调曾为川剧所移植或吸收。三省间的戏曲交流是互相促进、共同提高的横向借鉴，对三省地方戏曲发展很有益处。

（三）民族文化多元性

西南地区自古以来就是我国少数民族重要的聚居之地，在历史上总称"西南夷"。四川省是一个多民族省份，除汉族外，有 52 个少数民族成分，其中世居少数民族有彝、藏、羌、苗、回、土家、傈僳、纳西、蒙古、满、布依、白、傣、壮 14 个。云南和贵州共有世居少数民族 41 个，其中云南有 24 个，贵州有 17 个。民族的多样性使西南呈现出丰富多彩的文化特征，也使西南民族戏剧呈现出一幅五彩斑斓的画卷。有清一代，西南地区戏剧十分丰富，种类齐备。汉族地区的戏剧大多数是从外地传入的，较早的有雅部的昆曲，花部的秦腔、弋阳腔、胡秦腔等，较晚的还有京剧、湘剧等。由于少数民族众多，语言复杂，风俗各异，所以西南少数民族戏曲品种丰富、体裁多样，有着独特的、不可替代的风格，这些风格特点共同构成了西南少数民族戏曲群落。西南民族民间艺人吸收各个剧种的板腔，结合民间音乐、语言特色，创造了多种地方戏。民间流行的有傩戏群，西南各族人民都有自己的傩戏，还有各路花灯戏，独具民族特色的侗

---

① 吴长元：《燕兰小谱》卷 2，明文书局，1985，第 29～43 页。
② 佚名：《明末滇南纪略》，（明）刘茝一等编《明末清初史料选刊》，浙江古籍出版社，1986，第 48 页。

戏、藏戏、布依戏等。在西南民族戏剧海洋里，许多传入的汉族戏剧都融入了少数民族的文化因素，少数民族的戏剧也吸收了汉族戏剧的表演程式和声腔以及剧目，丰富并提升了少数民族戏剧的内涵。所以，西南民族的多样性使戏曲呈现出独特的文化内涵和多彩的民族特征。

黑格尔指出："戏曲是一个已经开化的民族生活的产品。事实上它在本质上须假定正式史诗的原始时代以及抒情诗独立主体性都已过去了……而这只是在一个民族的历史发展的中期和晚期才有可能。"[①] 清代民族戏曲的出现和发展标志着西南民族历史文化进入了一个新的更高的阶段。

（作者单位：遵义师范学院）

[①] 黑格尔：《美学》（第三卷·下册），朱光潜译，商务印书馆，1981，第260页。

清代湖北佐杂要缺考论

张振国

摘　要：作为文官选任制度的重要内容，湖北省佐杂要缺制度的制定，是清代地方行政中的重要事件。其过程比较复杂，前后变化很大，阶段性特征显著：雍正七年，经世宗下旨，湖北省核查奏报，佐杂要缺制度在湖北省初步建立；雍正十年，经王士俊题请，吏部议准，制定巡检要缺制度，使佐杂要缺从佐贰官扩至杂职官，数额大增；乾隆十四年，经新柱奏请，规范选任权力，精简要缺数额，使要缺制度最终确立。这是清朝中央行政统治的需要，亦是湖北地方行政理念和客观形势变化的结果，对湖北省佐杂官员的选任、权力分配以及地方治理均造成较大影响。

关键词：清代　湖北　佐杂　要缺　选任

在清代，按照职掌分工、权力大小和地位高低，可将地方文职官员分为三类：第一类是高级官员，包括总督、巡抚、布政使、按察使等，统辖通省事务，位高权重，处于直省官僚体系之顶层。第二类是中级官员，包括道员、知府、直隶厅同知、通判、散厅同知、通判、直隶州知州、散州知州、知县及府属佐贰官同知、通判等，主管道、府、厅、州、县等辖区内事务，处于直省官僚体系之中层，起到连接上层与基层之作用。第三类是下级官员，包括从六品以下之首领官、佐贰官和杂职官，统称为佐杂官①。与中高级官员相比，佐杂官在清代官僚体系中职微言轻，地位低下，

---

① 嘉庆《大清会典》卷6《吏部》，《近代中国史料丛刊三编》第64辑，文海出版社，1991，第297页。据《会典》记载，佐杂官是指从六品以下官员，具体言之，佐贰官包括直隶州州同、州判，府属州同、州判，县丞、主簿等；首领官有布政司、按察司、府、厅等衙门经历、照磨、都事、知事、理问、检校，州吏目、县典史等；杂职官数额最多，范围最广，包括库官、仓官、税官、司狱、驿丞、巡检等。

向来被人所轻视。殊不知，这些地位底下的佐杂官却是实际政务的具体执行者，"负责具体政务的办理，且处于官僚的最基层，与百姓最为接近"①。更重要的是，很多佐杂进驻乡村，分划辖区，业已构成县之下一级行政区划，成为县辖政区的设置体系，在基层统治中发挥重要作用②。因此，他们的选任方式与素质高低，直接关涉上级政令在基层政区的执行效果及地方治理的好坏，与地方统治模式有密切关系。同时从理论层面，亦可为质疑传统"皇权不下县"理论③提供一个视角。

在佐杂官选任制度中，佐杂要缺因其特殊的选任方式和权力分配模式，理应引起学界的重视。该制度订立于雍正朝中期，是为纠正月选制度弊端而对文官选任制度进行的一次调整，决定着佐杂官的选任方式和选拔范围，进而影响佐杂官的行政素质和地方治理，重要性毋庸置疑。而在这一制度中，湖北省佐杂要缺的具体设置，比较有代表性，不仅前后变动较大，确立过程复杂，且具有典型的地方性特征。故此，梳理湖北佐杂要缺制度的制定过程，分析其特点和影响，不仅可以深化对清代佐杂要缺制度的研究，加深对清代湖北省基层官僚政治的了解，通过与其他省份相比，还可以窥探该制度与其他省份之间的差异，弄清湖北省佐杂要缺和人事管理制度的地方性特征。

一

清代制度规定，佐杂官均由月选，即遇有缺出，由吏部统计出缺类别和额数，统一选举，每月一次。月选的方式为掣签，先由吏部司员将官缺写在竹签上，封固后放入签筒内，每月二十五日在天安门外，吏部堂官代为抽掣，掣到何签，即补授何缺④。这种选任官员的方式，是沿袭明朝而

---

① 张振国：《清代地方佐杂官选任制度之变革》，《历史档案》2008年第3期，第64页。
② 胡恒：《"司"的设立与明清广东基层行政》，《清史研究》2015年第2期；《皇权不下县？——清代县辖政区与基层社会治理》，北京师范大学出版社，2015，第15~16页。
③ 关于"皇权不下县"理论的缘起、内容及学界对其之质疑，详见胡恒《清代佐杂的新动向与乡村治理的实际——质疑"皇权不下县"》，杨念群主编《新史学》第五卷《清史研究的新境》，中华书局，2011；《"司"的设立与明清广东基层行政》，《清史研究》2015年第2期；《皇权不下县？——清代县辖政区与基层社会治理》，第301~323页。
④ 有关清代月选掣签过程，参见张振国《清代文官选任制度研究》，南开大学博士论文，2010，第245~247页。

来的，能在一定程度上纠正选官过程中的请托之弊，较为公平。但其缺点是，只能为具有任官资格的待缺官员分配官缺，不能根据官缺的职掌、地理位置等情况，为官缺选择合适的人才，量才而授，故而违背了选才任官、人缺相宜的任官准则，造成人缺不宜、治理混乱等诸多弊端。为纠正这一弊端，锐意改革的雍正帝于雍正七年（1729）颁布上谕，旨令调整佐杂官员的选任制度：

> 各省佐贰微员，有地方职掌紧要者，亦有新设、新移正需料理者，必须于众员中简选才具稍优、熟练事务之人，方克胜任。着各省督抚将佐贰紧要之缺查明具奏，交与该部注册，遇有员缺，该督抚简选，题请调补。如本省乏人，或将别省所知见任之员题补，或请旨简发。永着为例。①

将各省佐贰微员即佐杂官分为两类，一类是职掌紧要和新设新移者，一类是一般者，并予以区别对待。职掌紧要之缺，简称为"要缺"；新设新移之缺，也正是由于该地职掌紧要，才需要新设或从其他事务较简之地移置而来，归根结底，亦为要缺。这样，佐杂官缺就被谕旨下令分为要缺和一般缺两个级别。级别不同，选任的办法迥异：一般缺，仍归月选，由吏部每月掣签补授；而要缺，则由各该督抚，于属员中拣选"才具稍优、熟练事务之人"，具题调补。这样一来，佐杂要缺就从月选体系中独立出来，成为一个新的选任群体，采用特殊的选任方式。如此两分，既能照顾在京候选人员的仕途，为候选官员分配官缺，又能根据官缺的重要性，为重要官缺选择有才能的官员，量才而授，相较先前悉归月选显然更为合理。这是清代佐杂官缺制度史上的一次重要变化，标志着佐杂官缺分等制度的出现；也是清代文官选任制度的一次重要变化，标志着佐杂官选任群体的两分。从此以后，督抚所能直接操控的官员从部分州县以上正印官扩展至基层佐杂官，选任权力逐渐深入到基层官僚。

谕旨下发后，由吏部咨达各省。接到世宗谕旨，各省督抚均认真对

---

① 乾隆《大清会典则例》卷8《吏部·文选清吏司·遴选二·佐贰要缺调补》，影印文渊阁《四库全书》第620册，台湾商务印书馆，1986，第198~199页。

待，逐级下达，并令布政使转饬各府、直隶州，札令厅、州、县，详细查明，再逐级上报，层层汇总，由厅、州、县到府、直隶州，呈详布政使，最后进呈督抚核查把关，题报皇帝，令吏部注册。湖北省也不例外，经过层层核查转详，最终确定 16 要缺，分别为：

州判 3 缺：沔阳州州判，归州州判，兴国州州判。

县丞 12 缺：江陵县县丞，江夏县县丞，钟祥县县丞，京山县县丞，天门县县丞，蒲圻县县丞，黄陂县县丞，黄梅县县丞，公安县县丞，石首县县丞，监利县县丞，襄阳县县丞。

主簿 1 缺：潜江县主簿。①

因资料所限，我们不能全面掌握这 16 缺被定为要缺的原因，但从部分官缺亦可约略概括出其大致缘由。除江夏县县丞"职司清军，并督修堤塍，且系省会首邑，事务纷繁，并有不时差遣委用"，江陵县县丞"职司荆江南北两岸堤塍，督修防护均费经营，且该县为满营驻扎重地，事务繁剧，实须佐理"，与正印官同城驻扎外，其余佐杂均与正印官分离，驻扎冲要之地，管理紧要事务，俨然为州县之下一级区划和政府。其中，沔阳州州判一缺，"因州属有仙桃镇为襄江马（码）头，南北两岸往来商贾络绎，人烟辐辏，奸良易混，是以将州判移驻其地，以为稽查"。归州州判一缺，"因州属有新滩地方为川江要路，商贾船只往来不绝，山崎水险，设有夫船二行，其船户、水手、背夫人等往往盘踞把持，商旅重以为累，是以将该州判移驻其地，以资弹压"。钟祥县县丞一缺，"因该县当汉水之冲，而石牌地方尤扼其要，近于请专水利等事案内，将该县丞移驻石牌，就近修防堤工，并管逃盗等事"。京山县县丞一缺，"因县属多实湾地方，堤工险要，且人烟辏集，商贩杂沓，将该县丞移驻其地，修筑巡视，均关紧要"。天门县县丞一缺，"因县属岳家口地方为汉水之顶冲，商贾繁多，奸良莫辨，亦于请专水利等事案内，将该县丞移驻其地，就近修防，并稽查地方"②。通过

---

① 《署理湖广总督新柱奏为调补佐杂等缺太繁请酌归部选事》（乾隆十四年二月二十八日），中国第一历史档案馆藏《朱批奏折》，档号：04－01－12－0064－067。

② 《署理湖广总督新柱奏为调补佐杂等缺太繁请酌归部选事》（乾隆十四年二月二十八日），中国第一历史档案馆藏《朱批奏折》，档号：04－01－12－0064－067。

定为要缺，提高紧要官员的行政素质，以加强对基层地方的控制和治理。

经核查无误后，湖广巡抚具题请旨，世宗旨令吏部注册。这样，佐杂要缺制度在湖北省初步建立起来。

二

从前文可以看出，雍正七年湖北省初定之佐杂要缺，均为州县佐贰官，或州判，或县丞，或主簿，没有涉及级别更低的杂职官尤其是与民最为亲近的巡检司巡检。巡检司，最初出现于五代时期，宋代沿袭，惟性质比较复杂，既有管辖多个府县者，也有设于县下者[1]。到元代，性质一统，均于县下设置，主要职司捕捉盗贼[2]。及至明代，不仅职司捕盗，其重点转为与里甲、老人相互配合，全面防控流动之人口[3]。迨至清代，巡检职掌更加固定，逐渐成为县之下一级地方行政区域，职司一地之治安与教化，"或设于州县关津险要之处，或设于市镇发达之区，或设于人口繁多之域"[4]，以村为单位，负责十数村或数十村的缉盗、捕贼、教化乃至河工、赈济之事，于地方治理颇为重要。湖北省亦不例外，设置66巡检司[5]，分布于各州、县[6]。但这些巡检均归吏部月选，不区分要简，不分别地方，经常出现人员和官缺不相适的现象。更有一些巡检司衙署，驻地不宜，亟须更改。诚如湖北巡抚王士俊于雍正十年（1732）九月题为饬行查

---

[1] 苗书梅：《宋代巡检初探》，《中国史研究》1989年第3期。
[2] 李治安：《元代巡检司考述》，南开大学地方文献研究室编《来新夏教授学术研讨会纪念集》，新疆人民出版社，2002。
[3] 王伟凯：《试论明代的巡检司》，《史学月刊》2006年第3期。
[4] 胡恒：《〈清史稿·地理志〉巡检司项校正》，《中国历史地理论丛》2009年第3期。
[5] 清代湖北巡检设置，是沿袭明代而来。有关明代湖北巡检的设置、变化与分布，参见王伟凯《明代湖北八府的巡检司设置与分布》，《湖北大学学报》（哲学社会科学版）2006年第3期。
[6] 分别为：江夏县3员，武昌县2员，嘉鱼县2员，兴国州2员，大冶县1员，汉阳县5员，汉川县1员，黄陂县1员，孝感县1员，黄冈县2员，蕲水县2员，罗田县1员，麻城县2员，黄安县2员，蕲州2员，广济县2员，黄梅县2员，沔阳州2员，天门县1员，荆门州3员，当阳县1员，应城县1员，随州4员，应山县1员，江陵县4员，监利县4员，松滋县1员，宜都县1员，襄阳县2员，南漳县1员，光化县1员，房县1员，归州直隶州1员，长阳县1员，兴山县1员，巴东县1员，恩施县1员。见（清）迈柱等监修《湖广通志》卷29《职官志·皇清文职官制》，影印文渊阁《四库全书》第532册，台湾商务印书馆，1986，第177~181页。

议一疏中所言：

> 臣看得湖北地方，江湖辽阔，州县鞭长莫及，巡检职司捕务，责任非轻。臣履任后，当即严饬州县力行保甲，并查巡检各员，或要缺未得其人，移驻尚须扼要。随行藩臬两司转饬各府、州、县确查妥议。①

改动的内容分为两方面：针对人缺不宜者，按照职掌之繁简，分出要缺和一般缺，区别对待；针对驻地不适者，量为改驻，以控扼要之地。

王士俊的话切中了当时湖北巡检选任的弊病，引发了后来的一系列变化。唯有一点需要指出，他之所以能够提出划分巡检等级的想法，一方面是基于当时湖北省巡检人缺不宜和驻扎不当的现实，这是客观方面的原因；另一方面，他在广东省的行政经验，亦不容忽视，此乃划分巡检等级的主观原因。

王士俊（1368～1750），字灼山，贵州平越（今福泉市）人。康熙六十年取中辛丑科进士，改庶吉士。雍正元年（1723）外任，授河南许州知州，三年升任广东琼州府知府，四年题授肇高罗廉道道员，六年署理广东布政使并实授。因受皇帝赏识，雍正九年特旨擢升为湖北巡抚②。在署理广东布政使期间，士俊鉴于粤省地处偏远，盗案繁多，题请将"盗贼最多"之神安司等33巡检定为要缺，"比照州县繁简准调之例，俟有神安等三十三巡检员缺，令该督抚于通省杂职内，选择才能强壮之员咨部调补"③。题上，经吏部议准，奉旨施行。这就是当时影响较大的33要缺巡检制度，使广东省巡检选任和地方治理颇有起色。这是士俊在广东布政使任上引以为自豪的行政贡献。其调任湖北后，随之也想把这一政策移植到湖北省。但是否可行及如何执行，需要府、州、县核查办理。故"随行藩臬两司转饬各府、州、县确查妥议"。

---

① 中国第一历史档案馆编《雍正朝内阁六科史书·吏科》，第70册，广西师范大学出版社，2002，第108页。
② 赵尔巽：《清史稿》卷294《王士俊传》，中华书局，1977，第10347页。
③ 张伟仁主编《明清档案》（中研院历史语言研究所藏明清内阁大库档案），联经出版事业公司，1986，第59册，第34053～34054页。

接到巡抚的文书后，布按二使针对其中的两点指示——划分巡检等级和调整巡检驻地，当即商量执行方案，并转饬各府、州、县核查上报。经过层层调查、转详，最终汇总上来。经过汇总，布按二使认为，江夏县鲇鱼口司巡检等35缺，"俱系要缺，须得干员"；应城县之长江埠、松滋县之磨盘洲、监利县之朱家河，"俱为扼要之地，急资弹压"，请将"应城县之长崎山巡检移驻长江埠，松滋县之红崖巡检移驻磨盘洲，监利县之瓦子湾巡检移驻朱家河"①。经过复查，王士俊认为可行，于雍正十年九月二十二日具题呈上，并请将此38要缺巡检，"照州县繁简准调之例，于通省杂职内选择才能强壮之员咨部调补，凡遇通省之公务，概免调委。如在任果能竭力巡缉，三年无盗案者，督抚保题，准其即升"②。

题上，奉旨令吏部议奏。当年十二月十七日，吏部将议复结果具题请旨。吏部认为，王士俊曾于广东布政使任内奏请将南海等县神安、三江巡检等缺在外调补，奉旨依议，钦遵在案。今又题称湖北江夏等州县所属鲇鱼口等巡检均关紧要，请照广东巡检准调之例选择调补，"应如所请，鲇鱼口等三十八巡检遇有缺出，俱令该督抚于通省杂职内，选择才能强壮之员咨部调补"。调补之后，"凡遇差遣公务，免其调委。在任果能竭力巡缉，三年并无盗案者，该督抚保题到部，准其即升"。若有调补之后不能称职者，"即行咨革"。至于驻地不适之巡检，亦应如该抚所请，"应城县崎山镇巡检准其移驻长江埠，松滋县红崖巡检准其移驻磨盘洲，监利县瓦子湾巡检准其移驻朱家河，所需衙署，俟俞允之后，应令该抚确估工料，咨报工部查核；应给印信，令该抚拟定字样到日，臣部移咨礼部换给"③。二十九日，奉旨依议④。38要缺巡检制度在湖北省正式确立。具体分布如下：

州属5司：兴国州之富池镇司，沔阳州之锅底湾司、沙镇司，荆门州之新城司、建阳镇司。

县属33司：江夏县之鲇鱼口司、八吉堡司，武昌县之白湖镇司，

---

① 中国第一历史档案馆编《雍正朝内阁六科史书·吏科》，第70册，第108~109页。
② 中国第一历史档案馆编《雍正朝内阁六科史书·吏科》，第70册，第109页。
③ 中国第一历史档案馆编《雍正朝内阁六科史书·吏科》，第70册，第494~496页。
④ 中国第一历史档案馆编《雍正朝内阁六科史书·吏科》，第70册，第496页。

嘉鱼县之簰洲司、石头口司，大冶县之道士洑司，汉阳县之礼智司、仁义司、蔡店司，汉川县之刘家隔司，孝感县之马溪河司、小河溪司，黄冈县之团风镇司、阳逻镇司，蕲水县之巴河镇司，广济县之武穴镇司，黄梅县之清江镇司，麻城县之虎头关司，罗田县之多云镇司，应山县之平靖冈司，江陵县之沙市司、龙湾市司、虎渡口司、郝穴司，监利县之白螺矶司、窑圻镇司、分盐镇司，宜都县之普通关司，巴东县之野三关司，恩施县之大田镇司，应城县之长江埠司，松滋县之磨盘洲司，监利县之朱家河司。①

巡检38要缺的确定，是湖北省官缺制度史上的重要内容，对佐杂选任制度的完善乃至文官制度的发展，具有不可忽视的作用。首先，深化了佐杂要缺制度。巡检38要缺的确立，不仅将佐杂要缺从佐贰官扩展至杂职官，还使得佐杂要缺制度实行的范围和额数大大增加，这是对佐杂要缺制度的进一步深化。其次，变更了官员的选任方式。制度未定之前，巡检均由吏部月选；而确定之后，选任方式发生变化，嗣后遇有缺出，"俱令该督抚于通省杂职内，选择才能强壮之员咨部调补"②。选任方式发生变化。最后，调整了官员的选任权。选任方式的变更，从根本上说就是官员选任权力的重新分配和调整。官员归月选补授时，选任权主要掌握在吏部手中。而转归地方督抚具题补授后，官员的选拔主要掌控在督抚手中，吏部仅是核查督抚提供的人选是否合例，予以准驳。这样，吏部就由原掌之选举权转为核查权，权力性质发生变化。从初定时的州县佐贰官，到此时更低层级的巡检，督抚于下级官员的选任权在进一步扩大和深化；与之相反，吏部的选任权则呈逐渐缩小之趋势。

不仅如此，巡检38要缺的订立，更进一步加强了湖北基层地方的控制与治理。与州判、县丞等定为要缺的原因类似，所定要缺之巡检均有管辖地方之重要职责。如鲇鱼口巡检一缺，"附近省会，分管之地周围广阔，稽查匪易，且濒临大江，船只往来如织，停泊滙口，防范尤难，而承办往

---

① 中国第一历史档案馆编《雍正朝内阁六科史书·吏科》，第70册，第108~109、494~496页。
② 中国第一历史档案馆编《雍正朝内阁六科史书·吏科》，第70册，第495页。

来差使亦多"。浒黄镇巡检一缺,"向驻青山,因八吉堡地方民惯为盗,将该员移驻其地弹压稽查,分管各里地方亦属广阔,巡缉维艰"。仁义司巡检和礼智司巡检二缺,"俱分驻汉口镇,管辖各坊地方。查汉镇为九省通衢,水陆交汇,商旅云集,奸匪易藏,巡缉宜严,且差使亦络绎不绝"。刘家隔巡检一缺,"分辖地方滨临府河,为冲繁要区,人烟辏集,最易藏奸,稽查匪易。兼郭家汉等处一十六垸堤塍均须督修办理"[①],等等。将这些官缺定为要缺,就近择人,无疑会加强地方治理。

三

要缺制度的确定,是为了给要缺选择有才能并且适宜的官员,即为缺择人,以达到人缺相宜、利于地方治理的目的。但在执行过程中,因督抚布按行政素质和行政才能的不同,各地执行的效果有一定的差异。尤其是有些督抚打着为要缺择人的旗号,私下滥用权力,调剂官位,为人择缺,违背了要缺制度制定的初衷,也在一定程度上造成地方选任制度的混乱。为了规范督抚的行为,限制其滥用私权,吏部确立了若干条例,予以约束。其中规定,调补佐杂要缺,所选人员必须具备三方面的条件:(1)廉洁能干、熟悉风土:于"现任官员内品级相当者,选择熟悉风土、廉能官员调补"[②];(2)任内无降革等处分案:各省调补官员,凡"降革留任例有展参,及督催分数钱粮、承追亏空、赃罚等项,概不准其调补"[③];(3)品级相当:"一切应行调补之员,令该督抚照例于属官内对品改调,不得滥行奏请升用"[④]。除此之外,乾隆十三年(1748)更是规定了官员久任例:

> 嗣后应题缺出,必本任内历俸五年以上,方准拣选题升;应调缺

---

① 《署理湖广总督新柱奏为调补佐杂等缺太繁请酌归部选事》(乾隆十四年二月二十八日),中国第一历史档案馆藏《朱批奏折》,档号:04-01-12-0064-067。
② 雍正《大清会典》卷14《吏部文选司·改调》,《近代中国史料丛刊三编》第762册,文海出版社,1995,第638~639页。
③ 《大学士兼吏部尚书张廷玉奏为公同详酌定议各省官员题升题调章程请旨交与律例馆载入铨选事》(乾隆四年正月二十二日),中国第一历史档案馆藏《朱批奏折》,档号:04-01-12-0013-037。
④ 乾隆《大清会典则例》卷8《吏部·文选清吏司·遴选二》,第195页。

出，亦必本任内历俸三年以上，方准拣选题调。①

如有违例调补者，具题之督抚及转详之司、道、府、州、县官员均予处分，或罚俸，或降级，甚至是降调，不一而足，视违例情节轻重而定。

众所周知，清代条例繁密，处罚类目繁多，除碌碌无为不胜繁缺者和历俸较短之新任人员外，符合调补规定的官员较少。而当时的湖北省，经过两次奏准，所定之佐杂要缺总数高达54缺：州判3缺、县丞12缺、主簿1缺、巡检38缺。而当时全省仅有州判5缺②、县丞17缺③、主簿1缺④、巡检66缺，还不足要缺的二倍。这样一来，数量众多的要缺就与规定严格的调补制度发生了矛盾，遇有缺出，拣选乏人的现象不时出现，不仅影响到官员的选任，也影响到地方的治理。对督抚们而言，权力是把双刃剑，通过行使和扩大手中的调补权，可以增加自身的利益和威望，但若使用不当，或者违例行使，则要受到皇帝和吏部的处罚，甚至降调，反而会成为一种负担。面临紧张的选任环境，调整策略不失为适宜的选择。

乾隆十四年（1749），署任湖广总督新柱针对湖北省佐杂要缺的现状，具奏曰：

> 佐杂等官，或专司一事，或分驻一隅，非州县正印之统理合邑刑名、钱谷可比。其地方阨要及兼管水利等项重务，必须拣选熟练之员调补者，原自无多，余即部选之员俱可胜任。今查湖北一省州判、县丞、主簿、巡检等员，在外调补者多于部选之数，似觉太繁，不特遇

---

① 《大学士暂管吏部事张廷玉奏为遵旨酌定守令久任之例以收吏治事》（乾隆十三年十二月二十六日），中国第一历史档案馆藏《朱批奏折》，档号：04-01-01-0156-008。
② 分别为：归州州判1员、兴国州州判1员、蕲州州判1员、沔阳州州判1员、夷陵州州判1员。见（清）迈柱等监修《湖广通志》卷29《职官志·皇清文职官制》，影印文渊阁《四库全书》第532册，第177~181页。
③ 分别为：江夏县县丞1员、武昌县县丞1员、蒲圻县县丞1员、大冶县县丞1员、黄陂县县丞1员、黄冈县县丞1员、蕲水县县丞1员、麻城县县丞1员、黄梅县县丞1员、钟祥县县丞1员、京山县县丞1员、天门县县丞1员、江陵县县丞1员、公安县县丞1员、石首县县丞1员、监利县县丞1员、襄阳县县丞1员。见（清）迈柱等监修《湖广通志》卷29《职官志·皇清文职官制》，影印文渊阁《四库全书》第532册，第177~181页。
④ 即潜江县主簿。见（清）迈柱等监修《湖广通志》卷29《职官志·皇清文职官制》，影印文渊阁《四库全书》第532册，第179页。

缺请调易启微员希冀、观望之念，且因一时不得合例可调之员，屡请借补、升补，亦非仰副我皇上澄叙官方至意。①

与王士俊的看法迥异，新柱认为，佐杂要缺制度在湖北省有存在的必要，但要缺额数不能过量，否则不仅调补乏人，屡请借补、升补，有悖于铨选之道，而且易启佐杂官员们奔竞之念。为此，立即檄令"湖北布政使严瑞龙，确查各该地方之繁简，详核从前请调之原卷，逐一分别，禀请酌改"。经过详察，严瑞龙等认为：

其一，兴国州州判、蒲圻县县丞、黄陂县县丞、黄梅县县丞、公安县县丞、石首县县丞、监利县县丞、襄阳县县丞等八缺，"或专司清查军屯，或专司督修堤塍，并无兼管事件，地方亦不甚繁"，应取消要缺字样，改为简缺，划归吏部月选。

其二，潜江县主簿一缺，"向虽经营堤务，修防颇艰，今已于该县高家场设立巡检，与该员分地管理，事务亦简"，亦应改为简缺，归吏部选任。

其三，白湖镇巡检、簰洲巡检、石头口巡检、富池镇巡检、道士洑巡检、蔡店巡检、小河溪巡检、马溪河巡检、团风镇巡检、阳逻巡检、巴河镇巡检、虎头关巡检、多云镇巡检、清江镇巡检、武穴镇巡检、高家场巡检（原为荆门州属之建阳镇巡检，今改为高家场巡检，归潜江县所属）、新城巡检、平靖冈巡检、虎渡口巡检、郝穴口巡检、龙湾市巡检、白螺矶巡检、窑圻镇巡检、分盐镇巡检、普通关巡检、野三关巡检、张家坪巡检（原为恩施县属之大田镇巡检，今改为张家坪巡检，归咸丰县所属）等27缺，"或专司巡缉，或专理堤工，或地虽冲而事简，或先系苗疆今成内地，或虽系新设而仅分管堤工，或附近已另设有州同等员，而该员驻扎之处难称陑要，或地方虽系水陆交冲，而劫窃鲜有，素称宁谧"，亦应改为简缺，统归吏部选任②。

新柱核查后认为可行，会同湖北巡抚彭树葵于二月二十八日具奏请

---

① 《署理湖广总督新柱奏为调补佐杂等缺太繁请酌归部选事》（乾隆十四年二月二十八日），中国第一历史档案馆藏《朱批奏折》，档号：04-01-12-0064-067。
② 《署理湖广总督新柱奏为调补佐杂等缺太繁请酌归部选事》（乾隆十四年二月二十八日），中国第一历史档案馆藏《朱批奏折》，档号：04-01-12-0064-067。

旨。奉旨，令吏部议奏①。经吏部议覆后，准行在案。这样，湖北省佐杂要缺额数大减，从原来的54缺减少至18缺，一次性缩减了2/3；其比例也从原来的61%减少为20%。如果说之前的要缺数额过多，督抚布按为要缺所累，那么缩减后的湖北佐杂要缺就较为适中，督抚布按在拣选人员的时候也能够得心应手。同时，减少的要缺均划归吏部铨选，实际上是增加了吏部选缺的数额，对于缓解和疏通在京候选人员的仕途具有一定的作用。由此也可看出，主政官员行政理念的不同，对地方政策的制定与维持有着重要影响。这是专制集权官僚体制下的典型特征。

之后，湖北省佐杂要缺之设置，随着时间推移、形势变化和官缺设置又有所调整，这从嘉庆和光绪两朝《大清会典》所载湖北省佐杂要缺的数额和名称上即可看出。两朝《大清会典》均记载湖北省佐杂要缺共有17缺，分别为：

> 沔阳州州同、州判，归州州判，江夏县县丞、汉阳县县丞、孝感县县丞、钟祥县县丞、京山县县丞、天门县县丞、江陵县县丞，潜江县主簿、江陵县主簿、监利县主簿，仁义司巡检、礼智司巡检、沙市司巡检、磨盘洲司巡检。②

与乾隆十四年相比，（1）佐杂要缺之总额从18缺缩至17缺，减少一缺；（2）具体分布有较大的变化，增加州同1缺、县丞2缺、主簿3缺，减少巡检7缺。但有一点不容怀疑，这些都是在乾隆十四年的基础上做出的。由此言之，湖北省佐杂要缺制度，经过乾隆十四年调整后，正式订立。

四

综上可见，湖北省佐杂要缺制度从出现到确定，经过了三个阶段，且前后变动很大：雍正七年，确定了16要缺，是要缺制度在湖北省的初定时

---

① 《署理湖广总督新柱奏为调补佐杂等缺太繁请酌归部选事》（乾隆十四年二月二十八日），中国第一历史档案馆藏《朱批奏折》，档号：04-01-12-0064-067。

② 嘉庆《大清会典》卷8《吏部》，第297~303页；光绪《大清会典》卷8《吏部》，中华书局，1991，第75~76页。

清史论丛

期；雍正十年，订立了38要缺巡检，是要缺制度的调整、深化时期；乾隆十四年，大幅度删减要缺数额，要缺制度在湖北省最终确定。相较其他省份，从未见变动有如此之大和迅速的，这是湖北省佐杂要缺制度的重要特征之一。

而且，湖北省佐杂要缺的分布特点，也与其他省份不同。以嘉庆《大清会典》所载佐杂要缺分布情况为例，列表如下：

清代湖北省佐杂要缺分布表

数额 官缺	要缺数 湖北	要缺数 全国	总额数 湖北	总额数 全国	要缺比例 湖北	要缺比例 全国
直州同	0	8	1	22	0.0%	36.4%
直州判	0	7	0	35	0.0%	20.0%
州同	1	10	2	32	50.0%	31.3%
州判	2	14	5	44	40.0%	31.8%
县丞	7	142	21	352	33.3%	40.3%
主簿	3	39	4	58	75.0%	67.2%
府经历	0	10	0	169	0.0%	5.9%
厅经历	0	7	0	10	0.0%	70.0%
府知事	0	3	0	9	0.0%	33.3%
厅知事	0	6	0	6	0.0%	100.0%
厅照磨	0	7	0	21	0.0%	33.3%
州吏目	0	16	8	219	0.0%	7.3%
县典史	0	50	60	1294	0.0%	3.9%
巡检	4	202	82	949	4.9%	21.3%
按司狱	0	2	1	18	0.0%	11.1%
府司狱	0	3	5	53	0.0%	5.7%
驿丞	0	4	0	68	0.0%	5.9%
其他	0	0	5	149	0.0%	0.0%
总计	17	530	194	3508	8.8%	15.1%

资料来源：嘉庆《大清会典》卷四、卷五、卷六《吏部》相关内容。

说明：①以上官缺仅为地方官系统，不包括学官、盐官、河官和土官。

②上表"其他"一目，包括布政司经历、理问、都事、照磨，按察司经历、知事、照磨，府照磨、检校，长官司吏目，布政司库大使，盐法道大使，盐茶道大使，道库大使，厅库大使，道关大使，府宣课司大使，税课大使，州县税课大使，厅司狱等官缺。

由上表可知，湖北省佐杂要缺分布具有三方面的特点。

其一，要缺较为集中。清代佐杂官缺种类众多，数目庞杂，近40种，3500余缺。其中，有要缺分布者有十数种，包括直隶州州同、州判，府属州同、州判、吏目、县丞、主簿、典史，府经历、知事、司狱，厅经历、知事、照磨，巡检、驿丞等。而湖北省佐杂要缺仅有州同、州判、县丞、主簿、巡检五类官缺，范围相对集中。

其二，所占比例较小。据嘉庆《大清会典》统计，除盐官、教官、土官、河员等不计外，全国佐杂要缺共530缺，占佐杂官缺总额3508缺的15.1%。而当时湖北省佐杂缺总额共194缺，其中要缺17缺，占总额的8.8%，小于全国平均数额。由原来的超过全国平均额，到仅为平均额的一半多，其间的变化很大。

其三，分布差异明显。五类官缺中，所占比例最大的为主簿，占其总额4缺的75.0%。其余依次为：州同，占其总额2缺的50.0%；州判，占其总额5缺的40.0%；县丞，占其总额21缺的33.3%。最小者为巡检，不足其总额82缺的5.0%。而当时全国这五类官缺，要缺所占其官缺总额的比例分别为：主簿，67.2%；州同，31.3%；州判，31.8%；县丞，40.3%；巡检，21.3%[①]。最大差别体现在巡检一缺上，兹亦为湖北省佐杂要缺制度特殊性的重要表现。

总之，湖北省佐杂要缺制度的订立，是清代佐杂要缺制度乃至整个官缺制度、文官选任制度的重要内容，改变了湖北省佐杂官员的选任方式和基层要缺人员的素质，进而影响到选任权力的分配和湖北地方之治理。从此以后，佐杂要缺均由地方督抚于属员中就近择才补授，选出的官员不仅较有能力，而且对地方事务较为熟悉，容易上手，利于基层控制和地方治理。从这一意义而言，湖北省佐杂要缺制度的确定，是清政府深化官员选任制度和人事管理制度改革的重要手段，也是进一步加强地方控制、改善地方治理的重要途径。

（作者单位：渤海大学历史系）

---

① 张振国：《清代文官选任制度研究》，第219页。

崇德初年内府机构成立的背景及其主要职能

李文益

摘　要： 天聪时期是由天命汗权走向崇德皇权的过渡时期，随着满族社会经济的发展和汗权的不断增强，在区分"汗库"与"国库"、管理汗室财产和包衣、内廷职能的国家化三个方面，都突显了内府机构设立的必要性；而天聪末年两黄旗包衣牛录的编立则为内府机构的设立提供了可能性。当崇德初年始建内府机构后，在首任"内府事务官"宁塔海的管领下，内府机构在掌管宫廷祭祀、管理皇室财物等方面发挥了应有的作用，为顺康时期内务府机构的发展完善奠定了基础。

关键词： 内府　包衣牛录　宁塔海

内务府是清代特有的皇室服务机构，其主要职能是"掌上三旗包衣之政令，与宫禁之治，凡府属吏、户、礼、兵、刑、工之事，皆掌焉"[①]。在所有的职能部门中，内务府与皇帝的联系最为密切，其僚属也最为庞大。长期以来，学界对内务府相关问题进行了深入研究，产生了大量的研究成果，但对入关前内务府的研究较为薄弱，其中关于内务府设立的具体时间仍是悬而待解的重要问题，或认为至迟在崇德元年就已存在，或认为设于崇德二年[②]，总之，学界一般认为崇德初年已设立了类似于内务府的皇室管理机构，只是当时尚称之为"内府"，其长官称为"内府事务官"。

实际上，内务府的本质是区分公与私、国与家的机构。学界多集中于

[①] 光绪《清会典》卷89，《内务府》，中华书局影印本，1991，第808页。
[②] 钟安西：《清朝内务府考略》，《文史》第34辑；祁美琴：《清代内务府》，辽宁民族出版社，2009，第39页；杜家骥：《清初内务府设立的时间问题》，《古今论衡》2011年第23期。

对内务府设立时间的讨论，而对其产生的历史背景关注不够。目前据笔者所见只有祁美琴先生在《清代内务府》一书中有所论述，她指出，满族早期社会经济结构、包衣阶层的形成、牛录固山制度的发展以及满族文化的开放性和包容性，都是促成内务府制度设立的主要背景。祁著主要从宏观视角对内务府设立的时代背景进行了分析。在此，笔者爬梳史料，拟从微观视角，通过考察天聪朝汗室财产和包衣的不断发展、内廷功能的扩大、两黄旗包衣牛录组织的形成，来探讨崇德初年内府机构设置的需要和可能，并借此对崇德年间内府机构设立后的具体职能做一分析。

一 汗室发展的需要：内府机构设置的必然性

天聪时期是后金汗权走向崇德皇权的过渡时期。在此期间，汗权呈现出不断强化的趋势。伴随于此的是，汗室财物得到了极大发展，"汗库"与"国库"的财产归属日益分明；包衣人数日渐庞大，对其有效的组织和管理迫在眉睫；内廷的功能逐渐外延，承担了越来越多的行政职能。这些都反映了"汗"之家向"国"之家的嬗变，也突显了内府管理机构设置的客观需要。

（一）区分国库、管理汗库的需要

"国库"与"汗库"的产生与社会经济发展以及对外掠夺战争的不断扩大息息相关。当剩余财产达到一定规模，需要设置专门的机构负责管理存储和出纳时，"库"便应运而生了。

1. "国库"财产的来源、管理及其使用

"国库"在史籍中常被称作"公库"或"官库"，其满文为"siden i ku"[①]，意为"公共的库"。实际上，早在八旗设立之前[②]就有公库存在，万历三十九年（1611）"太祖查本国寒苦旷夫千余，皆给配，中有未得者，

[①] 《满文老档·太祖朝（满文）》第 6 函第 44 册，天命八年正月至二月，辽宁民族出版社，2009，第 1986 页。《〈旧满洲档〉谕删秘要全译》，关孝廉译，见《满学研究》第一辑，吉林文史出版社，1992，第 392 页。

[②] 八旗建立于 1615 年，而 1611 年时可能已建立四旗。见杜家骥《八旗与清朝政治论稿》，人民出版社，2008，第 12 页。

发库财与之，令其自娶"①。可见，"库"在设立伊始便具有国有的属性，发挥着公用性的职能。在天聪朝，库始见于六年（1632），是年，为配给新官以妻室，汗特谕"拨八旗官库财帛，以给配妻室"②，即为国家官库。而天聪年间胡贡明曾上本说："养新人一节，不该八家分养，总出东西贮之库，听汗查贤愚可否，而厚薄养之。"③ 因八家不愿恩养新人，故他建议将八家财物总出后贮之于库，再由汗根据其贤愚来决定是否予以厚养。

关于国库财产的来源。除了官庄收入、抢掠以及朝鲜、蒙古等的贡赋外，还包括贸易及税收银两。天聪五年（1631），穆成格率人出使朝鲜贸易，"以官库银易取绸四百七十五匹、蟒缎二匹、青素缎七匹，存于官库"④，便是贸易所得。此外，税收收入亦是官库财物的重要来源，太宗继汗位之初就强调"通商为市，国家经费所出，应任其交易，漏税者罪之"⑤；天聪六年，"红旗桥上贩肉之税及蓝旗桥上购猪羊之税，共十二两五钱均未入官"，被镶蓝旗法笃与笔帖式侵吞，故被革职⑥；而天聪时期在盛京八门设立了"八门税务"，所得银两亦入官库⑦。可见，八旗皆有税银收入，且可资国用。

对于国库财产的管理，在天命年间曾依据财物属性，分为银库、缎库等，并有诸如"ku i da"⑧之类的"库长"来具体负责管理；天聪三年（1629）攻取固安县后"每旗遣库使一人，往收固安县城金银财帛"⑨，当时每旗公库都有专门的"库使"（ulin i niyalma）⑩来负责接收战争俘获物品。而天聪五年，又有"管库大臣"负责出纳事务⑪，这些"管库大臣"是否就是"库长""库使"还有待考究。

---

① 《清太祖武皇帝实录》卷2，见潘哲主编《清入关前史料选辑》第1辑，中国人民大学出版社，1984，第326页。
② 关孝廉：《〈旧满洲档〉谕删秘要全译》，第393页。
③ 《天聪朝臣工奏议》，辽宁大学历史系，1980，第43页。
④ 《天聪五年八旗值月档（三）》，关孝廉译，《历史档案》2001年第2期。
⑤ 《清太宗实录》卷1，天命十一年八月丙子。
⑥ 《满文老档·太宗朝（汉译）》第8函第50册，天聪六年二月，第621页。
⑦ 《天聪朝臣工奏议》，第19页、第83页。
⑧ 《满文老档·太祖朝（满文）》第4函第28册，天命六年十一月，第1241页。
⑨ 《满文老档·太宗朝（汉译）》第3函第20册，天聪三年十二月，第513页。
⑩ 《满文老档·太宗朝（满文）》第3函第20册，天聪三年十二月，第4618页。
⑪ 《天聪五年八旗值月档（二）》，关孝廉译，《历史档案》2001年第1期。

国库的职能在于管理国家共有财产的出纳和使用。具体来看，主要包括：其一，用作贫困诸申娶妻之资，如天聪二年太宗令"国中有贫苦无妻室者，可给资令其婚娶。遂拨库帑，散给无妻室之人"①；其二，赈济灾民，如天聪元年因"今岁国中粮食失收，民将饿死"，故"动用库银，散赈贫民"②；其三，为国家贸易提供本金，如天聪五年令"取官库财物"与高丽贸易③，天聪九年又以库银一千两往明国贸易④；其四，为大臣女作嫁妆，如天聪六年，岳托建议"诸贝勒之女，由诸贝勒出财帛给之；诸大臣之女，出公帑给之"⑤，"疏入，上嘉纳之"⑥；其五，赏赐、宴请来归部落，如天聪五年令"从官库领取阔卓赏赐新汉官"⑦，天聪九年"赐给云敦、特凌衮色棱二人公库之灰鼠皮里貂镶皮袄、貂皮短皮端罩……各一"⑧。此外，还有诸如天聪六年"以参将魏赫德、游击达海巴克什病故，各赐官库纸八百、羊一、烧酒二大瓶"⑨等之类的抚恤补贴。总之，国库财物主要为国家和各旗诸申服务，其中为加强与蒙古的关系，频繁赏赐与宴请是国库的重要开支。

2. "汗库"财产的来源及其使用

除"国库"外，汗也有自己的"私库"。

天命六年始见"汗仓""汗库""内库""内帑"之称，满文对应的是"han i dzang""han i ku"⑩。汗之内库的财产来源也较为广泛，除汗拥有大量的庄园、果园外，战争俘获时诸贝勒献银也是内库财产的重要来源。如天聪九年往掠大同等地后，"大贝勒、和硕贝勒萨哈廉献银一千三百两、银碟钟六个、足杯三个……汗纳大贝勒、和硕贝勒萨哈廉所献之物：蓝蟒

---

① 《满文老档·太宗朝（汉译）》第2函第10册，天聪二年三月至八月，第482页。
② 《满文老档·太宗朝（汉译）》第1函第6册，天聪元年五月至六月，第472页。
③ 《天聪五年八旗值月档（一）》，关孝廉译，《历史档案》2000年第4期。
④ 《天聪九年档》，关嘉录、佟永功、关照宏译编，天津古籍出版社，1989，第116页。
⑤ 《满文老档·太宗朝（汉译）》第8函第45册，天聪六年正月，第604页。
⑥ 《清太宗实录》卷11，天聪六年正月癸丑。
⑦ 《天聪五年八旗值月档（一）》。"阔卓"原注"不知何物，遍查无考"。
⑧ 《天聪九年档》，第4页。
⑨ 《满文老档·太宗朝（汉译）》第10函第57册，天聪六年七至八月，第654页。
⑩ 《满文老档·太祖朝（汉译）》第4函第29册，天命六年十一月，第96页；第4函第30册，天命六年十二月，第99页；《满文老档·太祖朝（满文）》第4函第29册，第1285页；第4函第30册，第1336页。

缎一匹，通山蟒缎一匹……余皆却之"。① 可见每次俘获都有数额不菲的金银锦缎献给汗室。此外，对外贸易所得也是丰储汗库的重要途径。如天聪五年，穆成格率八旗八人自沈阳赍朝鲜书至，奏曰："以八家银易取者，每家毛青各一千三百五十匹，绸各三十匹；又以官库银易取绸四百七十五匹、蟒缎二匹、青素缎七匹，存于官库。"② 从前后的对比关系来看，"以八家银易取"和"以官库银易取"显然属于一私一公，所易得的财物也分别入"私库"与"国库"，其中八家便包括皇太极作为旗主的正黄旗，所得财物理应入"汗库"。

与国库相比，汗库的特殊地位决定了它既有私库的属性，同时又兼具国库的部分职能，主要表现在其财物除保证汗室日常所需外，还多用作赏赐。如天聪八年，"命出内库缎帛，多制各色衣服、帽靴、甲胄、弓矢、撒袋、鞍辔等物，以备赏赉"③；天聪九年，"汗赐给土谢图济农貂皮皮端罩一……烟四十刀、海参四包。另赐以公库财帛：蟒衣一、缎九、毛青布五十"④。从"另赐公库财帛"来看，前面所赐之物皆出自汗之私库。

天聪九年六月，因蒙古、虎尔哈等处部众多来归附，"库仓之粮储不敷"，诸贝勒大臣等"俱捐粮谷"⑤，后又"令八家各出粮百石于市中发卖"⑥。"捐""卖"二字隐含着贝勒大臣对粮谷的所有权，体现出了明显的私有制特征。引人注意的是，即便如此饥馑之年，同年十二月，张存仁条奏时竟称"大内府库所储财帛已足上用"⑦，可见国库不敷，并不等于汗库不丰。

综上，国库与汗库财富都是在国家对外战争和贸易中逐渐积累起来的，两者财产的归属有着清晰的区分。随着汗库储物的日益丰盈，财物的用途日渐多元，负责接收、管理和出纳汗库财物的专门机构呼之欲出。

---

① 中国第一历史档案馆译编《清初内国史院满文档案译编》（上），光明日报出版社，1989，第99页。
② 《天聪五年八旗值月档（三）》。
③ 《清太宗实录》卷18，天聪八年五月丙申。
④ 《天聪九年档》，第5页。
⑤ 《天聪九年档》，第83页。
⑥ 《满文老档·太宗朝（汉译）》第15函第32册，崇德元年十月，第772页。
⑦ 《清太宗实录》卷26，天聪九年十二月丁酉。

(二) 管理"汗室"包衣的需要

1. 汗室奴仆数量庞大

天聪年间，随着对外掠夺战争的不断升级，后金政权中俘获的奴仆数量日益增多。其中部分奴仆被以八旗制度的建制模式组织起来，形成了一种新的牛录组织，即"包衣牛录"；而数量更多的奴仆则被拨隶于汗及诸王贝勒、诸申家中，形成了"家下奴仆"。

天聪八年（1634），据汉臣自称"上等之家不下千丁，下等之家不下二十余丁"①；次年，代善之子瓦克达"家下额定满洲阿哈一百五十八名、汉人阿哈一百八十六名、蒙古二十名"②，共计364人。可见，当时的大臣、贝勒等私家役使之员拥有数千之众是完全有可能的。

虽然天聪时期家下奴仆的人数无从查考，但是我们可以从顺治初年比丁时的人数对比推知一二。在顺治五年比丁时，八旗旗分牛录下共计丁约13万人；包衣牛录、家下奴仆合计丁近21.7万人③。再参考顺治元年左右包衣牛录丁数八旗共计1.3万余人的记载④，可知顺治初年家下奴仆应不少于20万人。由此可知，在清军入关初期，家下奴仆的人数远超八旗旗分牛录和包衣牛录丁口的总和，而这种对比悬殊的人口结构至少反映了天聪、崇德两朝家下奴仆人数急剧增加的状况。作为一国之主，皇太极所属的包衣数量在此期间亦获得了较大发展。

2. 对"家下奴仆"管理的迫切性

家下奴仆人数众多，他们组织起来将成为一支不可忽视的后备军事力量。我们发现，家下奴仆多以"跟役""厮卒"的身份随主远征，他们或被派去窥探敌情⑤，或被派"往明境捉生"⑥、追捕逃亡人口⑦、"携云梯、

---

① 《清太宗实录》卷17，天聪八年正月癸卯。
② 《天聪九年档》，第123页；《清初内国史院满文档案译编》（上），第202页。
③ 安双城：《清初编审八旗男丁满文档案选译》，《历史档案》1988年第4期。
④ 杜家骥：《八旗与清朝政治论稿》，第94页。
⑤ 《天聪五年八旗值月档（三）》。
⑥ 《天聪五年八旗值月档（二）》，《历史档案》2001年第1期；季永海、刘景宪译编《崇德三年满文档案译编》，辽沈书社，1988，第70页。
⑦ 《盛京满文逃人档》，见中国第一历史档案馆编《清代档案史料丛编》第14辑，中华书局，1990，第9页。

挨牌等物为后"① 等等。天聪五年，皇太极命"营内厮卒执旗帜，向锦州驰骋扬尘"，诱使锦州祖大寿出城迎战，从而大败明军②。

但是，对家下奴仆管理不善将对后金军队产生一定的反作用。因厮卒多为战争俘虏，因此最易发生"通敌叛国"的行为。天聪年间便曾查出有满洲大臣家奴"潜通明国，书信往来"③。此外，在战场上厮卒偷盗事件频发，甚至发生了"在败敌后，尽掠我诸申衣服"④的事件，皇太极虽谕令"不论开往何处，若甲兵二十人去，则二十甲兵下厮卒亦随之去，甲兵十人去，十甲兵下厮卒亦随之去"⑤，又令所带武备"俱以白布号带，书满洲字缀之"⑥，但战马、盔甲依然时有被窃。

因此，对汗家奴仆而言，一方面其数量越来越多，组织起来将是一支重要的后备军事力量；另一方面这些奴仆无纪律的肆意抢掠愈演愈烈，对后金军队又产生了一定的负面影响。而此时原有的包衣牛录组织已不能有效地对其进行约束，因此，加强对家下奴仆的管理对于汗室和整个后金统治阶层而言都势在必行。

（三）内廷功用扩大化的需要

内廷或称汗室，本是汗起居之所。随着后金政权的发展，天聪年间内廷逐渐具备了一定的政治功能。

1. 宫阙建筑基本竣工，宫内则例日益完善

盛京故宫始建于何时，学界尚有争论。据铁玉钦、王佩环等人研究，努尔哈赤在天命十年三月迁都沈阳后，便开始着手修建十王亭和大政殿；到天聪七年，已逐渐修建了包括大清门、崇政殿、凤凰楼和台上五宫在内的大内宫阙建筑。其中崇政殿是皇太极临朝听政之所，在其附近有便殿、内殿，为"随意处理事务和休息的地方"。天聪六年正月皇太极赐代善、

---

① 《清太宗实录》卷3，天聪元年五月甲戌。
② 《清太宗实录》卷9，天聪五年九月庚寅。
③ 《清太宗实录》卷17，天聪八年正月癸卯。
④ 《天聪五年八旗值月档（三）》。
⑤ 《天聪五年八旗值月档（三）》。
⑥ 《清太宗实录》卷15，天聪七年八月丁亥。

莽古尔泰衣帽，以及后来召见朝鲜礼部侍郎朴鲁皆在此便殿①。而北辰殿、凤凰楼、翔凤楼等等，甚至寝宫清宁宫等处也都曾处理过国家政务②。

同时，随着宫廷建制的逐步完善，宫内则例相继颁布实施。如天聪十年四月定侍卫值班之制，令"其内门、两翼门及大清门，设守门人役，命严加看守。稽察出入人等。内门止许守门人役当值，勿容闲人。值日官稽察之"③。同时又规定"各官及侍卫、护军，晨夕入朝，皆集于大清门，门内外或坐或立，不许对阙背阙，不许坐立御道中，唯于御道左右，相向坐立"④，等级愈发森严。

2. 内廷成为国家筵宴的重要场所

从天聪五年开始，史料中频繁记载了汗召蒙古诸王、明朝归降将领、满洲诸王贝勒等于内廷筵宴之事，如天聪五年"汗召扎赉特部三斋、拉玛斯喜及阿鲁部达赖楚虎尔之孙海色入内廷，治席二十桌，煮五狍、一鹿之肉，宴之"⑤。同年，"汗召集大凌河城归降十二副将于内廷，先赐馔，再宰羊一只，设六桌赐宴"⑥；天聪六年"汗集诸贝勒大臣于内廷筵宴，以戴青贝勒之女册为东宫福晋"⑦ 等等。筵宴之频繁、人数之众多，都已经突破了内廷作为汗室起居场所的原始功能，而逐渐成为对外笼络蒙古、对内凝聚诸王贝勒的重要场所。

总之，随着宫阙建筑和宫内则例的日渐完善，天聪朝内廷已逐步突破了原有的家庭职能而承担了部分国家职能。不管是在宫内议政、举行大典，还是接受降服、宴请王公，都使得宫廷事务日益繁重、宫廷警卫日趋重要，这些都是内府机构设立的背景之一。

二 两黄旗包衣牛录组织的形成：内府机构设置的可能性

内务府是在两黄旗包衣牛录组织的基础上设立的。两黄旗包衣牛录组

---

① 铁玉钦、王佩环：《关于沈阳清故宫早期建筑的考察》，载沈阳故宫博物馆编《沈阳故宫博物馆论文集》，1984，第1~30页。
② 武斌主编《清沈阳故宫研究》，辽宁大学出版社，2006，第174~193页。
③ 《清太宗实录》卷28，天聪十年四月丁亥。
④ 《清太宗实录》卷28，天聪十年四月丁亥。
⑤ 《满文老档·太宗朝（汉译）》第7函第44册，天聪五年十二月，第600页。
⑥ 《天聪五年八旗值月档（五）》。
⑦ 《满文老档·太宗朝（汉译）》第8函第49册，天聪六年二月，第618页。

织的形成，反映了天聪汗所掌握的包衣牛录力量的增强，这为内务府机构的设立提供了重要的前提和基础。

类似于包衣牛录的组织在旗制创立前既已存在，而"八旗制度的最终确立才意味着真正意义上的包衣牛录的出现"①。正式的包衣牛录初见于天聪元年，是年七月"萨哈廉台吉包衣牛录下尼哈里家诸申男丁一名，于三月逃入明境"②。这说明包衣牛录下人允许有自己的奴仆，甚至是满洲奴仆，这与旗分牛录下人十分相似。

要讨论入关前的两黄旗包衣牛录组织，首先要对皇太极继位后的两次改易旗帜作一说明。孟森先生在《八旗制度考实》中对此曾有论述③，在此基础上，白新良、杜家骥先生又作了详述。研究成果显示，努尔哈赤在晚年已对八旗分封作出了安排，其中正黄旗分与阿济格、多尔衮两人；镶黄旗分与多铎；皇太极领正白旗；豪格领镶白旗。而皇太极继汗位后不久，便以只改变旗帜而未动牛录下人的方式，与多尔衮兄弟的两黄旗交换了旗帜，由此变为皇太极领正黄旗、豪格领镶黄旗的格局④。因此，从天聪元年至天聪九年十二月期间，皇太极仅担任正黄旗旗主，正黄旗在八旗中的地位也最高。

天聪九年十二月，因已故正蓝旗旗主莽古尔泰、德格类被人告发生前有"谋逆"行为，皇太极借机将正蓝旗籍没后，"将此旗与自己原领的正黄旗混编，然后一分为二，组成新的正黄旗、镶黄旗两旗，从此领新的两黄旗"。而豪格所统领的镶黄旗被更名为正蓝旗，仍任旗主⑤。因此，从天聪九年十二月开始，皇太极才正式成为两黄旗旗主。同时，因其子豪格作为正蓝旗旗主，与皇太极有着一定程度的隶属关系，这样八旗中便有三旗为皇太极所控制。通过这次兼并，皇太极的实力大增，其国主地位亦随之巩固。

以上是学界对这两次改旗事件的研究成果。那么，在兼并正蓝旗、改

---

① 祁美琴：《清代内务府》，第30~31页。
② 《盛京满文逃人档》，第7页。
③ 孟森：《清史讲义》，中华书局，2014，第39~53页。
④ 白新良：《论皇太极继位初的一次改旗》，《南开史学》1981，第39页；杜家骥：《八旗与清朝政治论稿》，第12~28页。
⑤ 杜家骥：《八旗与清朝政治论稿》，第151~164页。

易两黄旗的事件中，包衣牛录作为旗分牛录的重要附属，是否也有过相应的变动？

首先，为便于分析，我们按照《八旗通志初集》的记载，将两黄旗入关前所编立的包衣牛录列表如下（见表1、表2）。

表1　入关前正黄旗包衣牛录

包衣参领	包衣佐领	包衣牛录章京
第一参领	第一满洲佐领	"系国初编立，始以额尔肯管理。额尔肯故，以宁他哈管理。"①
第二参领	第二满洲佐领	"初系安达礼管理。安达礼故，以瑚敏管理。瑚敏调隶镶黄旗，以安达礼之子赖达库管理。"②
第三参领	第四满洲佐领	"亦系国初编立，始以明柱管理。明柱出包衣籍，以图巴管理。图巴出包衣籍，以武赛管理。"③
第三参领	第五满洲佐领	"亦系国初编立，始以宁塔哈管理。宁塔哈故，以阿明阿管理。阿明阿故，以多毕管理。多毕故，以满毗管理。"④
第三参领	第二高丽佐领	"系国初编立，始以辛达礼管理。辛达礼故，以其弟尹达礼管理。尹达礼故，以辛达礼之子胡住管理。"⑤
第三参领	第一旗鼓佐领	"系国初编立，始令金秉世管理。金秉世故，以巴喀管理。巴喀出包衣籍，以多赖管理。"⑥
第五参领	第三旗鼓佐领	"亦系国初编立，始以张泰管理。张泰故，以汪三管理。"⑦
第五参领	第四旗鼓佐领	"亦系国初编立，始以董得贵管理。"⑧
第五参领	第五旗鼓佐领	"亦系国初编立，始以额尼叶图管理。额尼叶图故，以秦宗周管理。秦宗周故，以姚知义管理。"⑨

说明：①《八旗通志初集》卷4，《旗分志四：八旗佐领（正黄旗满洲佐领）》，第63页。
②同上书，第63页。
③同上书，第65页。
④同上书，第65页。
⑤同上书，第66页。
⑥同上书，第66~67页。
⑦同上书，第67页。
⑧同上书，第67页。
⑨同上书，第68页。

表2　入关前镶黄旗包衣牛录

包衣参领	包衣佐领	包衣牛录章京
第一参领	第一满洲佐领	"初系胡密孜管理。胡密孜故，以石图管理。"①
第二参领	第二满洲佐领	"初系投德管理。投德故，以杜尔海管理。"②
第三参领	第四满洲佐领	"初系阿哈硕色管理。阿哈硕色故，以费扬古管理。"③

续表

包衣参领	包衣佐领	包衣牛录章京
第四参领	第一旗鼓佐领	"初系杨名升管理。杨名升出包衣籍，以张嘉谟管理。"④
第五参领	第三旗鼓佐领	"初系马图朗管理。马图朗故，以三齐哈管理。"⑤
	第四旗鼓佐领	"初系刘自远管理。刘自远故，以刘自成管理。"⑥

说明：①《八旗通志初集》卷3，《旗分志三：八旗佐领（镶黄旗满洲佐领）》，第41页。
②同上书，第42页。
③同上书，第43页。
④同上书，第43～44页。
⑤同上书，第44页。
⑥同上书，第44页。

包衣牛录及其佐领的地位要逊于旗分牛录及其佐领，因此，关于包衣牛录佐领的记载要相对少得多。这为我们调查两黄旗包衣牛录佐领在天聪九年十二月之前和在此之后的旗籍情况造成了很多困难。即便如此，我们仍可探知天聪九年十二月兼并正蓝旗包衣的蛛丝马迹。

第一，正黄旗包衣佐领大多编立于"国初"，而镶黄旗包衣没有一例明确标示为"国初"编立。那么"国初"是一个什么时间概念呢？实际上，"国初"一词在清代官私方典籍中并不鲜见，但是并未有一个统一、明确的时间范畴。① 就《八旗通志初集》而言，据表中所示，高丽佐领"系国初编立，始以辛达礼管理"，而辛达礼是在"天聪元年率子弟来归"② 后，

---

① "国初"一词的时间范畴在各史籍中并不相同，如《满洲源流考》载"乌苏城，国初属叶赫国，太祖癸丑年（万历四十一年，1613）九月征叶赫，破乌苏等十九城"，此处"国初"则指太祖起兵之初（阿桂等撰，孙文良、陆玉华点校《满洲源流考》卷13，辽宁民族出版社，1988，第224页）；在《八旗满洲氏族通谱》中根据归附时间的早晚，将各姓氏分为"国初"、"天聪"、"崇德"、"顺治"和"康熙"五个时期，徐凯先生认为，所谓"国初"，"系指天命时期"（徐凯：《满洲认同"法典"与部族双重构建》，中国社会科学出版社，2015，第77页）；《啸亭杂录》在追述官制时指出"国初甫定辽、沈，官职悉沿明制"，"国初时，俘掠辽、沈之民，悉为满臣奴隶"，则笼统将"国初"界定为入关前的天命、天聪时期（昭梿撰、冬青校点《啸亭杂录 续录》，上海古籍出版社，2012，第28页）；而《吉林纪事诗》中有"国初设厂傍江沿，曾命章京代造船"之诗句，所指为顺治十五年（1658）在吉林临江门以西所设的船厂，可见，这里的"国初"是指顺治年间（康意春选注《清代吉林诗选》，吉林市史学会，1982，第33页）。总之，史籍中"国初"的时间范围可涵盖自努尔哈赤起兵之初直至顺治年间天下甫定这一段时期。
② 《八旗满洲氏族通谱》卷72，《附载满洲旗分内之高丽姓氏·金氏》，第790页。

"越二年，朝鲜归附人户益众"①，而编置佐领的，也即编立于天聪三年。因此，在《八旗通志初集》中涉及包衣牛录时所谓的"国初"应该是指天聪初年。

综上，正黄旗包衣牛录大多编立于天聪初年，而皇太极所掌的镶黄旗包衣牛录是在天聪九年十二月兼并正蓝旗后分立的，因此，镶黄旗包衣牛录成立的时间要晚于正黄旗包衣牛录，所以在《八旗通志初集》记录各旗编立的时间时，便不能再标记为"国初"所建了。

第二，阿哈硕色与瑚敏的旗籍调动。

镶黄旗第四满洲佐领为阿哈硕色。天聪八年八月，"上都城有废庙，为御前庖人及众虾下厮卒所毁。上见之，大怒"，因此将"宁他海牛录下庄奈，阿哈硕塞牛录下白尔泰、巴兔、俄库约各鞭一百，贯耳"②。笔者认为，此案中的阿哈硕塞即是我们所要讲到的镶黄旗满洲包衣佐领阿哈硕色，原因有三：其一，宁他海即宁塔海，或被译作宁塔哈，是正黄旗包衣佐领，此人后文有述。而阿哈硕塞牛录下人同样受罚，说明阿哈硕塞与宁塔海身份很有可能一样，同属包衣佐领；其二，从该案可以看出阿哈硕塞牛录下人中有任职"御前庖人"及"侍卫"者，符合包衣牛录下人的身份和职责；其三，查《八旗通志初集》及《八旗满洲氏族通谱》可知，在入关前并无"阿哈硕塞（色）"者任八旗旗分牛录章京。综上分析，"阿哈硕塞"与"阿哈硕色"实为一人，即镶黄旗包衣佐领。

值得注意的是，天聪八年八月，皇太极只统领正黄旗一旗，所以这时属下有"御前庖人"并与宁塔海一起服务汗室、担任包衣佐领的阿哈硕塞只能是正黄旗包衣牛录章京。而次年十二月组建了新的镶黄旗包衣牛录后，阿哈硕塞才被调任镶黄旗并任首位包衣牛录章京。

此外，正黄旗第二满洲佐领曾以瑚敏管理，后"瑚敏调隶镶黄旗"。"瑚敏"即"胡敏"，据通谱记载，胡敏为"镶黄旗包衣人"，"由正黄旗包衣改隶"③。这一记载与《八旗通志初集》中所载一致。崇德年间胡敏确

---

① 《雪屐寻碑录》卷12，《皇清诰赠光禄大夫佐领兼总理内务府三旗火器营事务金公神道碑》，见杨钟义辑《辽海丛书》第五册，辽海书社，1985，第3013页。
② 齐木德道尔吉编《清朝太祖太宗世祖朝实录蒙古史史料抄·乾隆本康熙本比较》，内蒙古大学出版社，2001，第300页。
③ 《八旗满洲氏族通谱》卷8，《董鄂氏》，第143页。

实以佐领的身份统领包衣牛录，如崇德时守护福陵者便有"包衣胡敏牛录下扎亲"①，而当崇德八年八月皇太极去世后，两黄旗大臣曾举行了一场盟誓效忠皇室的仪式，其中排名最后的便是"宁塔哈、尼雅汉、阿哈硕色、胡敏"②等人，他们都是以两黄旗包衣佐领的身份参与的，排名位列两黄旗旗分佐领之后。而镶黄旗包衣第一满洲佐领的"胡密孜"是否就是"瑚敏"，还有待再考。

总之，天聪九年十二月兼并正蓝旗、编立两黄旗的旗帜改易事件，也影响到了包衣牛录的分配。同时，将正黄旗下阿哈硕塞、胡敏等人调入镶黄旗继续充任包衣佐领，与皇太极安排谭泰和拜尹图担任新两黄旗的固山额真一样，也是出于对旧属旗人的警惕心理而做出的有意安排③。

天聪末年两黄旗包衣牛录的编立及相关的人事安排，意味着崇德初年内府事务机构设立的条件已经成熟。

三 内府事务机构的设立及其职能

学界一般认为内务府成立于崇德初年。目前史料所见最早与内务府相关的衙署为"内府"。在崇德元年（1636）五月有"管理内府事务官宁塔海"，满文为"dorgi baita icihiyara amban nintahai"④；而同年又出现有"内府值班人"，"内府"满文为"dorgi yamun"⑤ 意为"内衙门"。虽然从满文名称来看，这时的"内府"与后来内务府满文"dorgi baita be uheri kadalara yamun"还稍有不同，却表明已有实体机构在负责皇室内务的管理。

（一）宁塔海其人

由上，我们知道宁塔海曾担任"内府事务官"。以此为线索，我们发现了更多的关于宁塔海的事迹。

据上表可知，在"国初"，正黄旗下既已编立了四满洲、一高丽、四

---

① 《盛京吏户礼兵四部文》，见《清代档案史料丛编》第14辑，第107页。
② 《清世祖实录》卷1，崇德八年八月癸未。
③ 杜家骥：《八旗与清朝政治论稿》，第158页。
④ 《满文老档·崇德朝（满文）》，第12函第11册，崇德元年五月，第7057页。
⑤ 《满文老档·崇德朝（满文）》，第13函第13册，崇德元年五月，第7117页。

旗鼓，共计九个包衣牛录。

其中，正黄旗第一满洲佐领"始以额尔肯管理。额尔肯故，以宁他哈管理"①，据通谱载，满平阿为正黄旗包衣人，其兄额尔肯原任佐领②。可见，额尔肯为正黄旗包衣人；正黄旗第二满洲佐领的牛录章京为安达礼，"安达理，正黄旗包衣人"③；第四满洲佐领的首任包衣牛录章京为明柱，虽然没有关于他的详细资料，但从"明柱出包衣籍，以图巴管理。图巴出包衣籍，以武赛管理"④来看，明柱及其继任者图巴都为包衣出身；第五满洲佐领"始以宁塔哈管理"⑤，据《八旗通志初集》："宁塔哈，满洲正黄旗人。顺治元年，以包衣牛录章京，随睿亲王多尔衮入山海关击流寇"⑥。由此可知，宁塔海本人是正黄旗人，但他却担任正黄旗包衣牛录章京之职。这一错位的身份及其牛录领属关系，导致了档案中关于"正黄旗宁塔海牛录"⑦"皇上包衣宁塔海"⑧的不同记载。而高丽佐领新达理、旗鼓佐领巴喀、张泰、汪三、董得贵、朱国善等人皆为包衣出身⑨。

综上分析，我们可以得出以下两点认识。

第一，在入关前的九个正黄旗包衣牛录章京（佐领）中，只有宁塔海的身份是正黄旗人，其余皆为正黄旗下包衣人。

第二，宁塔海不仅以正黄旗人的身份兼管包衣牛录，而且在额尔肯故去后，兼任了两个满洲包衣牛录的佐领。因此，宁塔海的地位在正黄旗包衣牛录中便显得格外突出，这也是选任宁塔海担任首任"内府事务官"的

---

① 《八旗通志初集》卷4，《旗分志四：八旗佐领（正黄旗满洲佐领）》，第63页。
② 《八旗满洲氏族通谱》卷31，《兆佳氏》，第399页。
③ 《八旗满洲氏族通谱》卷32，《颜扎氏》，第410页。
④ 《八旗通志初集》卷4，《旗分志四：八旗佐领（正黄旗满洲佐领）》，第65页。
⑤ 《八旗通志初集》卷4，《旗分志四：八旗佐领（正黄旗满洲佐领）》，第65页。
⑥ 《八旗通志初集》卷203，《勋臣传三》，第4716页。
⑦ 《盛京刑部原档》，第33页。
⑧ 《清太宗实录》卷48，崇德四年九月乙丑。
⑨ 《八旗满洲氏族通谱》卷72，《附载满洲旗分内之高丽姓氏·金氏》，第790~791页；《八旗通志初集》卷4，《旗分志四：八旗佐领（正黄旗满洲佐领）》，第66~67页；《八旗满洲氏族通谱》卷74，《附载满洲旗分内之尼堪姓氏》，第804页；《八旗满洲氏族通谱》卷77，《附载满洲旗分内之尼堪姓氏》，第842~843页；《八旗满洲氏族通谱》卷74，《附载满洲旗分内之尼堪姓氏》，第806~807页；《清代京郊墓碑（续三）》，见《北京档案史料》，新华出版社，2006，第327页；中国人民政治协商会议河北省丰宁县委员会文史资料研究委员会编《丰宁文史资料》第1辑，《丰宁满族史料》，1986，第100页。

主要原因。

(二) 崇德年间"内府"的主要职责

改元崇德后,皇太极在两黄旗包衣牛录的基础上设置了一个统一协调和管理各包衣牛录、专门服务于皇室的"内府"机构,这便是顺康时期内务府的雏形,而担任首任"内府事务官"的宁塔海便充任了后世内务府总管大臣的角色。

关于后世总管内务府的职责,李鹏年先生曾总结为"办理宫内祭祀、朝贺礼仪,扈从后妃出入,总理皇子、公主家务,宫内筵宴设席,监视内阁用宝,宫内及圆明园值班,考察、任免、引见本府官员等"[①]。那么,崇德时期的"内府"有哪些职责呢?

第一,"办理宫内祭祀"事务。

崇德元年五月,有人将新樱桃献上,皇太极命范文程、罗硕等人与"管理内府事务官宁塔哈、礼部启心郎祁充格荐于太庙,仍命嗣后凡新进果品、五谷,先荐太庙,然后进御。著为令"[②]。由此可知,"办理宫内祭祀"事务是内府人员的主要职责之一,而这一职责也正是后来总管内务府的主要职责。也正因此,当崇德三年行军途中,正黄旗宁塔海牛录下满都虎从正白旗军营门寨出去,被守门人查问时,他谎称"我去取祭祀用猪"而得以通行[③]。

第二,管理皇家私产。

崇德三年六月,刑部审理了这样一个案件:"皇上家牧群一牛死于牧场,镶蓝旗托克托洛言称来年给一两岁牛,遂将死牛之肉取走食之。然取牛时,托克托洛竟不还牛。三年过后,宁塔海牛录下额尔吉图、科西图二人去时,托克托洛适不在家,遂将包衣阿玛里之牛抓来。本牛录下吴达海即将其一头三岁牛送去,欲了其事。吴达海反要了托克托洛包衣之两岁牛。托克托洛来涅罕处告称:'我的包衣中没有阿玛里其人,皇上包衣来

---

① 李鹏年:《清代中央国家机关概述》,黑龙江民族出版社,1988,第102页。
② 《清太宗实录》卷29,崇德元年五月癸丑。
③ 中国人民大学清史研究所编《盛京刑部原档》,中国第一历史档案馆译,群众出版社,1985,第33页。

后,携走我牛,又把牛私自换给吴达海后,留下了。'"① 在此案件中,皇上家牧群中的牛自然是皇帝私属财产,牛死后皮肉理应归皇家所有,在被人食用后,作为皇室财产的管理者宁塔海便派牛录下人前去索取。这说明管理皇室财产也是其职责之一。

第三,监督、接收战争俘获金银等财物。

天聪年间曾规定,出征往掠时,"凡珍珠、东珠、金银、花蟒缎、良缎等各色精美之物,应进献者,即送各固山额真,隐匿不送者罪之"②。后来,皇太极又再次强调:"我国定例,凡征战所获金银,除八家外,不得分取。"③ 然而,出征将士难以抵抗金银珠宝的巨大诱惑,偷匿私隐时有发生。如崇德四年,清军南下往掠山东等地时,"有一汉人,知济南府德王埋藏金珠处所,其人为觉罗喀蒙阿所获",后被送于正红旗固山额真杜雷,杜雷"即藏匿之,及皇上包衣宁塔海等出城,乃乘夜发窖"。事发,皇太极命"追开窖所获金银珠宝入内库"④。崇德八年七月,谭泰旗下甲喇章京囊古,在蓟州时,因"纵家人与宁塔海牛录下人争夺金帛"而被处罚⑤。可见,宁塔海牛录下人在战争中还负有为皇室监督俘获金银珠宝等财物免受抢掠的重任,且所追财物皆"入内库"源源不断地充盈着内帑,难怪皇太极自称因"两旗及包衣人等所获","岂虑不敷所用耶"⑥?

第四,代皇室经商贸易。

经商贸易是除战争俘获和抢掠之外的又一增添财富的途径。前文提到,在天聪年间便有为汗室经商贸易之人,只是这些人是否为包衣尚不清楚。至崇德年间,已有包衣以"皇商"的身份取内帑之财用作本金对外贸易,如崇德五年,甲喇章京希福率众前往归化城贸易时,发生了"乘便欲代皇上包衣交易之人,顺携货物""搜皇上包衣之人所置货物"的案件⑦。在这次贸易中,这些包衣身份虽然低微,却代表皇上对外贸易,所携银两

---

① 《盛京刑部原档》,第28页。
② 《满文老档·崇德朝(汉译)》,第15函第29册,崇德元年十月,第761页。
③ 《清初内国史院满文档案译编》(上),第513页。
④ 《清太宗实录》卷48,崇德四年九月乙丑;《盛京刑部原档》,第160页。
⑤ 《清太宗实录》卷65,崇德八年七月辛丑。
⑥ 《清太宗实录》卷65,崇德八年六月乙卯。
⑦ 《清太宗实录》卷53,崇德五年十二月乙亥。

及所置货物都是皇家财产。

第五，是两黄旗甲兵的后备力量。

随着明金战争的逐步升级，八旗甲兵兵力日渐不足，其中两黄旗包衣牛录便曾作为一支准军事力量广泛参与了后金时期的对外战争。他们不同于前述家下奴仆所充任的厮卒，而是在正面战场上冲锋陷阵。如崇德七年，皇太极"派包衣牛录章京胡敏、包衣牛录章京杜伦等，共章京二十二员，甲兵二百八十三名，前往蓟州城东围之"①；在攻打赵州、博野县时，又派胡敏率军参战②。胡敏也因"由委署章京定鼎燕京时著有劳绩，授为骑都尉。三遇恩诏，加至二等轻车都尉"③。而尼音塔哈（即宁塔海）也由"包衣佐领定鼎燕京，入山海关击败流寇"而得以叙功④。可见包衣牛录在明金战争中做出了一定的贡献。

综上，在"管理内府事务官"宁塔海等人的管领下，内府机构依靠两黄旗包衣人，或办理宫内祭祀事务，或以"御前庖人"掌管皇室饮食，或任"皇商"经营皇家私产，或代内库监督、收纳战争俘获金银，所司之事无一不在体现着作为皇属包衣牛录组织的本职职责。同时，对照李鹏年先生所总结的后世内务府的主要职责也可以看出后世内务府对内府机构的继承性。

四 结语

历经天聪一朝，随着满族社会经济的发展、掠夺战争的不断升级和对外贸易的持续进行，"汗库"与"国库"日益丰盈，其不同的归属决定了所储之物的使用和管理亦有分别。因此，设立专门区分和管理汗库财物的机构势在必行。在这一过程中，汗室奴仆数量日渐庞大，事实证明，他们组织起来将是一支不可忽视的战斗力量，而失于管理所造成的负面作用也

---

① 《崇德七年奏事档》，见中国第一历史档案馆编《清代档案史料丛编》第 11 辑，中华书局，1984，第 13 页。
② 《盛京满文清军战报》，见中国第一历史档案馆编《清代档案史料丛编》第 14 辑，中华书局，1990，第 50 页。
③ 《八旗满洲氏族通谱》卷 8，《董鄂氏》，第 143 页。
④ 《八旗满洲氏族通谱》卷 9，《赫舍里氏一》，第 153 页；《八旗通志初集》卷 203，《勋臣传三》，第 4716 页。

已显现。可见，加强对包衣的统领已是迫在眉睫。同时，随着宫内建筑的完善和宫廷制度的发展，内廷的功用逐渐突破了饮食起居的原始功能，而成为处理朝政、举行大典、集会筵宴、接受降服的重要场所，宫廷事务陡然增多，宫廷警卫日益严峻，都在呼唤着汗室服务机构的设立。

综上，内府机构的设立是天聪朝政治、经济发展的必然结果。而天聪九年十二月皇太极兼并正蓝旗编立两黄旗后，内府机构设立的条件已然成熟。当皇太极改元崇德后，根据现实需要再参酌中原历代的皇室服务机制，内府机构便由此诞生了。而从崇德年间内府机构的具体职掌来看，与后世内务府机构具有一定的传承性。

（作者单位：中国社会科学院）

清中期《仪礼》学研究旨趣及特色探析

邓声国

摘　要： 从乾隆二十年到道光初年，在乾嘉汉学之风的影响之下，在凌廷堪、胡承珙、褚寅亮、张惠言、程瑶田等人的实践推动下，《仪礼》学研究焕发出新的活力，展现出新的学术态势。礼经学家从各自不同的诠释策略出发，或继续兼采汉宋，或张扬朱氏学，或尊尚郑氏学，或进行汉学考据研究，或专事礼经校勘，体现出不同于清前期的"经世致用"观。从诠释学视角看，这一时期礼经学家选择适合自身诠释策略的文献著述体式和灵活多样的诠释方法著书立说，彰显出多样化的诠释风格。从地域视角来看，礼经学家的地域分布大都聚集在苏、浙、皖等地，形成一张独特的学术网络圈，他们之间相互交流问学，促进了《仪礼》学研究的蓬勃发展。

关键词： 清中期　《仪礼》学　治学旨趣

纵观清代中期将近80年的《仪礼》学发展状况，随着国家的统一，社会的安定，经济的繁荣发展，《仪礼》学研究逐渐步入一个新的学术趋势，由前期诸儒博综经世救国的学术价值观向倡导复兴汉唐考据学风转型，更注重于《仪礼》及其郑、贾《注疏》的考释、校订等诠释方面，学术取向也不如前期那么色彩斑斓、多元化。尽管如此，却也迈入了《仪礼》研究的繁盛阶段，并且出现了80多种《仪礼》学专门论著，彰显出新的诠释风格与学术态势。因而，本文将从思想史、礼经学、诠释学、地域学等多个层面进行全方位考察剖析，加深对这一时期《仪礼》学发展的认知。

一　思想史层面的《仪礼》研究考察

清代学者对儒家经典的诠释和再诠释过程，其实质就是中国传统思想文化演进与发展的过程，由此可显示儒家经学在中国思想史上占据相当重要的地位,意义非常特殊。考察清代礼学发展的历史,其实就是考察清代学者对《三礼》原典进行各级各类文献诠释的演进轨迹和发展历史。因而考察清代中期《仪礼》学的研究状况,首先应该围绕人的因素,从思想史层面进行考察,从礼经研究者参与现实社会礼制文化建设的视角,从考察研究者对于此前学术趣向的认知状况角度,进行综合发覆探讨。

(一) 从研究者身份差异看清中期礼学践履情况

不同学者所处社会身份的差异,必然会造成学术研究的诠释理念差异,对于参与民间社会礼制文化建构的认可度亦有千差万别的体悟。如果说清前期的礼经研究具有更多个性化色彩,参与民间礼制文化建构积极性更高的话,那么清中期的礼经研究在不同研究者之间尽管存在个性差异,但其共性色彩则表现得更为明显,特别是在《四库全书》纂修完毕,经学考据化地位确立以后更为突出,礼经研究参与社会礼制文化建设的力度明显减弱。为了进一步加深这一认识,我们从这一阶段礼经研究者的不同身份入手,剖析各个社会群体之间《仪礼》研究的共性与个性差异情况。

1. 从研究者是否参与"四库"馆工作的角度来看

乾隆中期,朝廷开设"四库"馆,组织一大批学者纂修《四库全书》,而在这批队伍之中,就有一些礼经学家参与文献的纂修、校勘等工作。据初步统计,清中期著述有《仪礼》学专门论著的学者主要有张羲年、戴震、凌廷堪、任大椿、韦协梦等人。其中,戴震、凌廷堪二人的研究情况,都属于汉学考据派的礼经研究,众所周知,此不赘述。张羲年(1733~1778),字淳初,号潜亭,浙江余姚人。早年曾就读于姚江书院,从学于沈虹舟,饱学而久困科场。直到乾隆三十年(1765),始以拔贡身份任职潜县教谕,后被推选入"四库"馆,赐国子监助教、充纂修,为协勘《总目》官之一。乾隆四十三年,被赏赐殿试,未与试卒。章学诚在谈到张氏的"四库"馆经历时称:"君于四库馆行走八年,校勘书籍不下数百种,大约史、集两门序录签档,多出君手。"① 虽然在"四库"馆从事的是"史、集两门序录签档",但平素治学乃主张以经学经世,于礼学亦颇

---

① 张羲年:《畎蔗全集》卷4,转引自司马朝军《〈四库全书总目〉编纂考》第一章,武汉大学出版社,2005,第39页。

有研究，留下了《周官随笔》《丧礼详考》等礼学著作。其中，《丧礼详考》一书"原书16卷，后残为2卷，有《丧礼仪节表》《丧礼仪节图》《丧礼言论》等八篇，分论《仪礼》中丧礼及宋元明礼制，多言古人未有之议论，有益于世者多"①。

任大椿（1738～1789），字幼植，又字子田，江苏兴化人。在任氏还是举人时，恰值皖学派巨擘戴震暂住扬州，他即执弟子礼前往求教，向戴震请益学问，并有书信往来。乾隆二十五年，戴震修书一封（即《戴东原文集》卷九所收《致任孝廉幼植书》），对任大椿请他指教的两篇论礼制的文章，极为赞赏。乾隆三十四年，大椿考中进士，得授礼部主事，充《四库全书》馆纂修官。后又历官员外郎、郎中，五十二岁时得迁陕西道监察御史，未莅任而病卒。大椿久官京师，不近权贵，唯闭门读书。任氏长于小学，治学"究心经义及六书之学"，特别是"淹通于礼，尤长名物。初欲荟萃全经，久之，知其浩博难罄，因即类以求"，著有《弁服释例》8卷、《深衣释例》1卷、《释缯》1卷等典章制度方面的礼学著作，又有《小学钩沉》之书，"皆博综群籍，衷以己意"②。任氏充《四库全书》馆纂修官期间，"经部礼类提要不出一手，皆大椿详定"③。从任氏的著述来看，与戴震一样，他的治学也是建立在从考据训诂、名物、典章制度入手的，也是汉学考据派中的一员。

韦协梦，生卒年不详，字云吉，安徽芜湖人。乾隆三十九年举人，历官知县、直隶通州运粮通判等职。"四库"馆开馆期间，韦协梦担任"缮签官"一职，也就是负责缮写"四库"各册、各匣封面书签的人员④。乾隆四十六年，韦协梦为所作《仪礼蠡测》一书自序称，该书成书跨时较长，先后一共经历了三个阶段：一是早期博采郑《注》、贾《疏》及朱熹、黄榦、杨复、敖继公诸说，勒成《仪礼集解》一书；二是嗣以征引太繁，恐初学者或至穷大失居，约为《仪礼章句》十七卷；三是在《仪礼章句》基础上又校勘参订，抄撮成编，名曰《仪礼蠡测》，凡17卷。从所作自序

---

① 王锷：《三礼研究论著提要》，甘肃教育出版社，2001，第189页。
② 徐世昌著、舒大刚等校点《东原学案》，《清儒学案》（第四分册）卷79，人民出版社，2010，第2068页。
③ 司马朝军：《〈四库全书总目〉编纂考》第一章，武汉大学出版社，2005，第38页。
④ 张升：《四库全书馆研究》，北京师范大学出版社，2012，第385页。

来看，至迟在乾隆四十六年，便已完成《仪礼蠡测》书稿定本写作，但要早于《四库全书》的编成时间。该书和其他同时代学者乃至清初学者的《仪礼》诠释颇为不类，不崇尚从各类经史子集著作中寻找诠释证据，而是强调"于其事同者则以本经他篇证之，于其节同者则以本篇上下章证之，经未显者必析言之，礼见于文外者必质言之"①，对于《周礼》和大小戴《礼记》，韦氏亦不求与之互通诠释。至于郑《注》、贾《疏》、敖继公《集说》等前贤成说，确凿无疑者采纳之，有疑误者否定之。在治学取向上，韦协梦虽然强调据《仪礼》本经诠释经文，但却不像凌廷堪那样注意发凡礼例，他在诠释当中所说的"经凡单言'房'者，皆左房也"②之类，并非是建立在礼经十七篇文例的周密性统计基础之上的，随意性更趋明显，表现出对于清初儒者治学方法的尊崇和延继。

从上述诸位四库馆臣的治学取向可以看出，戴震、凌廷堪、任大椿三人的汉学考据特点颇为鲜明，而张羲年、韦协梦二人的治学更多着眼于延继清初学者的治学方法，汉宋兼采的特点更为鲜明。

2. 从研究者是否参加科举考试的角度来看

随着科举取士制度的深入人心，乾嘉时期的士人大都接受过书院和私塾的教育，对于参与科举考试并不像清初那么抵斥，接受书院教育的熏陶和科举考试的洗礼，成为士人的一大重要履历。在已知的 79 名《仪礼》研究学者当中③，考取进士的有 22 人，包括龚元玠、孔继汾、唐仲冕、檀萃、孔广森、李调元、庄述祖、李惇、胡承珙、汪德钺、胡秉虔、秦蕙田、张惠言、孟起然、管幹珍、凌廷堪、任大椿、阮元、程际盛、翁方纲、卢文弨、王绍兰等，占比达到 27.85%；考中举人的有 20 人，包括尹嘉铨、龚锡纯、褚寅亮、江筠、戴震、段玉裁、张光谡、张校均、丁晏、杨丕复、汪喜孙、朱亦栋、宋世荦、严可均、程瑶田、宫为坊、刘台拱、韦协梦、崔述、黄丕烈等人，占比达到 25.32%；岁贡生、拔贡生则有 16 人，主要包括王廷桂、焦以恕、周骏岳、胡清煦、徐养原、张鉴、田浚、

---

① 翁方纲：《仪礼蠡测序》，载韦协梦《仪礼蠡测》卷首，《续修四库全书》（第 89 册），上海古籍出版社，2002，第 559 页。
② 韦协梦：《仪礼蠡测》卷 1，《续修四库全书》（第 89 册），上海古籍出版社，2002，第 562 页。
③ 参见本篇后文《清中期〈仪礼〉学家籍贯分布及著述简表》。

常增、曾家模、金鹰扬、洪颐煊、孔广林、王聘珍、胡匡衷、宋绵初、金曰追等人，占比达到 20.25%。统而言之，这三类科举出身的学者，占据当时《仪礼》学研究的主导地位，所占人员比例竟高达 73.42%。

若进一步从这些科场成功人士的职官角度来考察，这些《仪礼》研究者大部分或在京师朝廷任职，或在州、府担任要职，如孔继汾、尹嘉铨、褚寅亮、唐仲冕、江筠、孔广森、李调元、庄述祖、胡承珙、汪德钺、胡秉虔、汪喜孙、秦蕙田、洪颐煊、孔广林、张惠言、孟起然、管幹珍、凌廷堪、阮元、程际盛、翁方纲、韦协梦、卢文弨、沈廷芳、王绍兰，等等。同样，也有少数《仪礼》学者有在基层任职的经历，担任着知县、教谕、训导一类地位较低的职务，其中这一期间担任知县的《仪礼》学家有龚元玠、檀萃、段玉裁、李惇、宋世荦、崔述等人，担任教谕的有张鉴、金鹰扬、严可均、程瑶田等人，担任县学训导的有焦以恕、张校均、杨丕复、胡匡衷、宋绵初、刘台拱等人。这些人所占比例，几乎占到了总数的一半强。而真正终生不仕的学者也有一小部分，主要有龚锡纯、任兆麟、周骏岳、庄有可、焦廷琥、吴卓信、惠栋、曾家模、凌曙、王聘珍、崔应榴、江承之、黄丕烈、金曰追等十数人，尽管如此，在他们的生涯当中，也往往与学者型官员们有着这样那样的交往与联系。

值得正视的是，在清中期从事《仪礼》研究的学者当中，相当一部分受到了四库馆修书及《四库全书总目》纂修工作的影响。如前所述，在四库馆纂修官看来，"读古人之书，则当先通古人之字，庶明其文句，而义理可以渐求"[①]；《四库全书总目》所体现出的尊古崇学、广稽博考、贵求专深的《仪礼》学著目纂修思想，也得到礼学家们的高度认同。因而，这一时期的《仪礼》诠释与研究更多注重彰显汉唐诸儒的汉学传统，礼经学者颇多从事于《仪礼》文献的字词校勘、礼经文本的释疑解纷类训诂以及礼制名物度数的考证，礼学文本自身的考索性质更为突出，礼学教化色彩和礼制文化重构性能较之有清前期趋于淡薄。就治学旨趣而言，这一时期虽然仍有学者致力于张扬朱子学派和淹通汉宋派的治学风尚，但汉学考据的学术理趣得到进一步彰显，郑玄、贾公彦的《仪礼注疏》得到更为广泛

---

① 永瑢等：《钦定四库全书总目》（整理本）卷33，《九经古义》条，中华书局，1997，第436条。

的普及和传播，随着衍生出汉学考据派、尊尚郑学派、专事校勘派三大研究流派，并且占据了《仪礼》学研究的主要地位。

3. 从研究者有无书院讲学经历的角度来看

"清代书院不仅担负着国民教育的重任，同时也将国家、士大夫们的社会教化理想付诸实施，以教学、讲学和祭祀等为主要手段培养了大批中下层士人，并通过这些士人进一步对社会产生影响"①。在这已知的79名礼学研究者当中，真正拥有书院讲学经历的学者，已知的主要有十来位，各自讲学及著述情况大致如下：浙江仁和（今杭州）学者沈廷芳（1702~1771），晚年曾主讲粤秀、敬敷等书院，著有《十三经注疏正字》；江苏长洲（今苏州）学者褚寅亮（1715~1790），乾隆四十年至四十八年（1775~1783）主讲于常州龙城书院，著有《仪礼管见》；浙江仁和（今杭州）学者卢文弨（1717~1795），曾先后主讲江浙钟山、崇文、紫阳、龙城等书院，著有《仪礼注疏详校》；安徽望江（安庆）学者檀萃（1725~1801），历掌云南五华、成材两书院，著有《仪礼韵言》；江苏高邮学者李惇（1734~1784），治经博洽通敏，曾主讲暨阳书院，著有《大功章烂简文》一书（今已亡佚不存）；安徽歙县学者凌廷堪（1755~1809），曾一度主讲敬亭、紫阳等书院，著有《礼经释例》；浙江德清学者徐养原（1758~1825），阮元抚浙之时，与其弟养灏一起被阮元选为高才生，讲肄诂经精舍中，并被委以校勘《尚书》《仪礼》之事；江苏甘泉（今扬州）学者江藩（1761~1831），阮元督漕淮安时，被其聘为丽正书院山长，著有《仪礼补释》（未刊之书，今存佚不详）；江苏仪征学者阮元（1764~1849），曾先后创办诂经精舍和学海堂两书院，并著有《十三经注疏校勘记》《仪礼石经校刊记》；浙江乌程（今湖州）学者张鉴（1768~1850），曾以博通经史而为阮元延聘讲学杭州诂经精舍，所著礼学著作有《丧服古注辑存》（今存佚不详）；江苏山阳（今淮安）学者丁晏（1794~1875），曾先后主讲于阜宁观海书院，盐城表海书院、淮安淮关、文津、丽正书院，著有《仪礼释注》。

上述有书院讲学经历的学者，基本上都是来源于江、浙、皖等省的学者，他们的《仪礼》文本诠释，也大都立足于文献考据的功夫，如褚寅

---

① 于祥成：《清代书院的儒学传播研究》，湖南大学博士学位论文，2012，第13~14页。

清史论丛

亮、凌廷堪、徐养原、张鉴、李惇、江藩等皆其类；而沈廷芳、阮元、卢文弨三人则以专事《仪礼》义献校勘为主，包括对《仪礼》经、《注》《疏》；丁晏则是清中期第一位株守郑玄《仪礼注》诠释的学者，为后来张锡恭、郑珍的研究开启了先导，从本质上属于汉学考据的范畴；而只有檀萃一人，主要从事于《仪礼》普及类工作，所著《仪礼韵言》学术含量不高。对于这些具有书院讲学经历的《仪礼》研究者来说，他们从事礼经研究，所倡导的不再是寻求济世的良方经学研究原本的经世致用之风更多让位于"以词通道"，甚至于某些学者趋向于"为学问而学问"、"为考证而考证，为经学而治经学"①，著述当中大多专注于穷经考礼，充溢着注重校勘、字词考释等朴学考据色彩，礼经文献朴学考索之功极其突出鲜明。这些书院学者通过教学、讲学等方式，必然会对当时的中下层士人们的礼经研读与治学产生较大影响。

（二）从著述者的治学取向看宋元明学术的延继情况

清代中期将近80年的《仪礼》学发展状况，不仅与当时社会的思想状况、文化政策走向紧密相连，同时也与礼经著述者自身对于宋代以来，特别是对于宋、元、明诸朝诸儒相关礼经学术诠释的认知观密切相关，因为这在一定程度上决定了诠释者的著述风格、诠释视角和诠释重点，决定了礼经研究者的经世致用观。因此，考察清代中期学者们有关宋元明诸朝学术的延继情况，考察他们对有关汉宋学术之争的认知观，就有必要从他们著述的具体诠释话语当中，抽绎出著述者各自的治学旨趣和治学风格特征，抽绎出一个个鲜活的学术群落。

1. 就礼经学者对于有关汉、宋学术之争的认知观情况来看

"乾隆之初……汉学犹不显于世。及四库馆开，而治汉学者踵相接"②。清代中期，特别是在乾隆中、后期以来，学界有关于宋学与汉学之间的门户之见、互相贬抑现象开始出现，一些研治礼经的学者也纷纷倡导《仪礼》研究的汉学考据之风尚，这与《仪礼》研究崇尚实证的治学传统可谓

---

① 梁启超：《清代学术概论》，上海古籍出版社，1998，第5页。
② 刘师培：《清儒得失论》，载章太炎、刘师培著《中国近三百年学术史论》，上海古籍出版社，2006，第158页。

一脉相承。例如，著有《仪礼古义》一书的惠栋首倡汉学研究之风，他治学往往从古文字入手，重视古音训诂，以为"凡古必真，凡汉必好"，成为清代专采汉注说经第一家，开启了清代《仪礼》学汉学考据派研究风格的先河，虽然也招致"株守汉学""嗜博泥古"之讥，但对《仪礼》中的文字依古训加以注释，做出了很大贡献。稍晚，休宁学者戴震提出寓义理于考证的问学主张，一方面说"为学须先读《礼》，读《礼》要知得圣人礼意"①，同时又体现出尊崇汉学的学术取向，在四库馆担任纂修期间，他对所接触到的许多古书条别参证，辨明真伪，进行过《仪礼》文献的校订与勘误工作，比勘各版本异文，定其中之是非，发掘《仪礼》经、《注》衍、脱、讹文情况之具体根源，并为《仪礼识误》《仪礼集释》《仪礼释宫》等礼经文献逐一撰写提要，显现出求真务实的汉学考据之风。安徽歙县学者凌廷堪曾从钱大昕、阮元等人受学，受惠栋、戴震学术思想的影响也很深，诚如钱穆所云："次仲论学，极尊东原。"② 其所著《礼经释例》强调对礼经进行"发凡立例"，通过归纳《礼经》行文通例，以例治经，为研治礼经学开辟了一条新的汉学考据路径。安徽泾县学者胡承珙申言，治经之法本"无训诂、义理之分，惟求其是者而已；为学亦无汉、宋之分，惟取其是之多者而已"③，表面上倡为调和汉、宋之学，但在他的著述《仪礼今古文疏义》当中，力主实现《仪礼》古今异文的互贯融通，其中既有文字、音韵、训诂等小学层面的介入，同时亦继承了《礼》经治学的传统，强调审本句文辞、审本篇上下文、审他篇礼文的综合考辨，毫无义理因素的阐发推衍。其他如焦以恕、韦协梦、胡匡衷、褚寅亮、张惠言、丁晏、沈廷芳、金曰追、卢文弨、阮元等人，审察他们的礼经学著作，研究颇能钩贯《仪礼》全经，辨订俱有根据，也都回归到汉学的"实证"式治学理路上来。

2. 就礼经学者对于宋代学者朱熹治学的认知观情况来看

到清代中期，仍有一小部分学者延继了清初姜兆锡、盛世佐、任启运、梁万方、应㧑谦、胡抡等人的治学方式，大力推倡朱熹《仪礼经传通解》、黄榦《仪礼经传通解续》二书的治学方法，以图跳出传统礼经研究

---

① 段玉裁：《戴东原先生年谱》，《戴震集》，上海古籍出版社，1980，第488页。
② 钱穆：《中国近三百年学术史》，商务印书馆，1997，第542页。
③ 胡承珙：《四书管窥序》，《求是堂文集》卷四，《续修四库全书》（第1500册），上海古籍出版社，2002，第273页。

的窠臼，会通事类，分别章目，实现礼经与各类先秦两汉典籍的互贯融通，进而构建起一套合乎著述者眼中理想的儒家礼制文化体系，其中尤以杨丕复、尹嘉铨、秦蕙田等人最具代表性。湖南武陵学者杨丕复重新纂修《仪礼经传通解》一书，大致依仿朱子《通解》、黄勉斋《续通解》体例，以《仪礼》十七篇为本，而别取《周礼》、大小戴《礼记》及诸经、史、杂书所载有关于礼者，附于诸篇之下，"补其所未备者，规模齐整，条目疏通，洵读礼者所必考矣"①。常州府金匮学者秦蕙田有感于"今观（朱子）所著《经传通解》，继以黄勉斋、杨信斋两先生修述，究未足为完书"，"乃于礼经之文，如郊祀、明堂、宗庙、禘尝、飨宴、朝会、冠昏、宾祭、宫室、衣服、器用等，先之以经文之互见错出足相印证者，继之以《注疏》、诸儒之牴牾訾议者，又益以唐宋以来专门名家之考论发明者，每一事一义，辄集百氏之说而谛审之"②，"遍采纪传，参校志书，分次时代，详加考核。凡诸议礼之文，务使异同并载，曲直具存，庶几后之考者得以详其本末"，又"五礼各门经文之后，二十二史纪、志、列传搜择颇广。今附《通解》王朝礼各类，经则照'五礼'条目详加考证，史则第载沿革大端，以备参考，全文概从摘略"③，进一步发展了朱熹礼学的"会通"治学思想，打破了经史分离、经俗对立的界限。正如王鸣盛所云："大司寇梁溪秦公味经先生之治经也，研究义理而辅以考索之学，盖守朱子之家法也。"④ 不过，相较于清中期整个《仪礼》学研究的状况考察来看，这一治学理路的学者研究礼经，并不占据主导地位，等到道光初年之后，便彻底退出了礼经学研究的历史舞台。

3. 就礼经学者对于元人敖继公、明人郝敬《仪礼》研究的认知观情况来看

由于汉学考据之风的极大盛行，清代中期的许多学者（尤其是尊尚郑

---

① 杨丕复：《仪礼经传通解》（第1册）卷首《序说》，光绪十九年博约堂刊本，第17~18页。
② 秦蕙田：《五礼通考自序》，载《五礼通考》卷首，《景印文渊阁四库全书》（第135册），台湾商务印书馆，1983，第60~61页。
③ 秦蕙田：《五礼通考·凡例》，《景印文渊阁四库全书》（第135册），台湾商务印书馆，1983，第64页。
④ 王鸣盛：《五礼通考序》，载《西庄始存稿》卷55，《续修四库全书》（第1434册），上海古籍出版社，2002，第318页。

学派学者）对敖继公《仪礼集说》、郝敬《仪礼节解》大都持牴牾批驳的态度。例如，江苏长洲学者褚寅亮著《仪礼管见》、江苏江都学者凌曙著《礼说》《礼论略钞》，他们从维护、宗守郑玄《仪礼注》说出发，强调驳斥敖说之非。在褚氏看来，敖继公著述《仪礼集说》，认定郑《注》"其间疵多而醇少"，因而"删其不合于经者，而存其不谬者，意义有未足则取疏记或先儒之说以补之，又未足则附之以一得之见焉"①。敖氏这种改窜经文的做法，为寅亮所深恶痛绝："又其甚者，于说有不通处，则改窜经文以迁就其辞，毋乃近于无忌惮乎？"在褚氏看来，敖氏改窜经文，只不过是一种削足适履的做法，其根本目的不在于解经，而是要背离以郑《注》为代表的旧有经训，故寅亮治礼多力斥其非，批评其解《仪礼》"穿凿支离，破碎灭裂，实弥近似而大乱真"②。凌曙亦与褚寅亮所持见解大致相当："唐人作《礼疏》，亦专宗郑说，然唐代典礼多违古义。延及宋、元，臆说谈经如敖氏、郝氏，破道甚矣。近儒知崇汉学，然尚不免改郑君之旧辙，助敖、郝之狂澜。故辩正诸儒之说，而受裁于郑氏云。"③ 特别是对元人敖继公《仪礼集说》颇有微词："敖于全经之中或疑《传》《注》之明文，或破先儒之旧说，无所发明。"④ 对于敖继公主张《丧服传》"作《传》者又在于作《记》者之后"的说法，以为"此真妄诞不经之谈"，因而《礼说》《礼论略钞》的诠释中往往据此加以批驳。

当然，也有少数学者如江苏金山学者焦以恕、安徽芜湖学者韦协梦等淹通汉宋派学者，并无全盘否定的态度，而是持一种客观态度，依据自己的理解对敖继公《集说》或臧或否，大致和《义疏》编纂者所持观点趋于一致。例如，焦以恕《仪礼汇说》书中不乏引述肯定敖继公《集说》、郝

---

① 敖继公：《仪礼集说·自序》卷首，《景印文渊阁四库全书》（册105），台湾商务印书馆，1983，第36页。客观而言，从经学史自身发展的角度来讲，敖继公的改经行为并不是一味追求与郑《注》的对立，这诚如林翠玫先生《〈仪礼·郑注〉的护卫——〈仪礼管见〉》一文所言："宋人疑经是因为尊经，疑此经，所以尊他经，改经自当如是，若不是认为此书为圣贤之智慧结晶，有益于千秋万世，怎会费尽心思去审查、删改？"（载《孔孟月刊》第三十四卷第10期，1996）
② 褚寅亮：《仪礼管见·自序》卷首，《丛书集成初编》据《粤雅堂丛书》排印本，上海商务印书馆民国年间版，第3页。
③ 凌曙：《礼论略钞序》，载凌曙《礼论略钞》卷首，道光六年越缦堂藏萤云阁《凌氏丛书》刻本。
④ 凌曙：《礼说》卷2，《续修四库全书》（第110册），上海古籍出版社，2002，第520页。

敬《节解》的例子，但对于敖继公训解《仪礼》仪节常持所谓"变礼"之说，却是极力加以反对。韦协梦《仪礼蠡测》则或肯定郑《注》而否定敖氏说，或否定郑《注》而肯定敖氏说，或糅合折衷二者之说而解经，或从贾氏《疏》而否定他说，等等，并未完全否定敖继公《集说》的不同训释见解。

二 礼经学层面的《仪礼》研究考察

考察有清中期的《仪礼》文献不难发现，清代的《仪礼》学研究的经学研究性质更为鲜明，大都隶属于礼经学的研究层面，较少隶属于礼仪学、礼论、泛礼学的范畴，较量此类著作多与礼仪学、礼论、泛礼学等学问相互连贯。兹从《仪礼》本经认知和《仪礼》诠释实践两个层面，讨论和观照清代中期的《仪礼》文本整理和研究情况。

（一）《仪礼》本经认知层面的关注

《仪礼》本经认知层面的关注，是指从宏观层面出发，对这一时期礼经学史上有关于《仪礼》与"五礼"的关系问题，《仪礼》十七篇的序次先后及适用对象问题，《仪礼》与《周礼》《礼记》的关系问题等方面情况，加以细致的检讨和剖析。较之有清前期礼经研究情况而言，这一阶段礼经研究者对此类问题的关注明显渐趋弱化，并非提升到研究者关注和认知的焦点话题，而且也并非出现什么创新性的发现。从清中期《仪礼》文献的研读情况来看，这一阶段研究者围绕《仪礼》本经的认知焦点，主要集中在如下诸方面。

1. 就礼经学者对于《仪礼》经文撰者的认知情况来看

在有关《仪礼》撰者问题的认知上，清代中期绝大多数礼经研究学者尤其是古文经学家们崇守传统之见，主张为周公所作说。例如，惠栋《吕坤尊朱子而驳周公》一文说："《仪礼》为周公所定，夫人而知之。《经典叙录》曰：'周公居摄，曲为之制，故曰经礼三百，威仪三千。'经礼谓《周官》也，威仪谓《仪礼》也。"[①] 这一认知，与惠栋尊汉黜宋、主张恢

---

① 惠栋：《吕坤尊朱子而驳周公》，《九曜斋笔记》卷2，《丛书集成续编》（第92册），第513页下。

复经的本义的治学取向是一致的。凌廷堪也说：《仪礼》"信非大圣人不能作也"①，"非周公制礼，则后世将无人伦"②。其他学者尽管在他们的《仪礼》学著作中没有言及于此，可见并无异议。这一时期明确在自己的礼经学著作中提出异说的，则仅有知名辨伪学家、直隶大名府魏县学者崔述一人而已。崔述不同意古文经学家出自周公之手的说法，乃力辩《仪礼》非周初周公所作之书，认为当初周公制《礼》只是制定了一个大纲，"盖凡传记所称周公制礼之者，亦出制其大纲而已"，"至于润泽，则亦随其国之俗"；至于目前所见之《仪礼》，则是春秋战国间学者所记，两者不能完全等同视之。为此，崔述在《丰镐考信录》当中，从目前所见《仪礼》的繁文缛节、费用之奢、礼节之乱与史实记载不尽相符等几个方面，逐一加以论证说明③。崔氏的这一主张，大致是站在今文经学家的立场所发之言，为有清后期的今文经学派《仪礼》研究首开了先河。

2. 就礼经学者关于《仪礼》中《记》文的性质认知情况来看

现存《仪礼》十二篇《记》文的作者是谁，成书年代当在何时，《记》文与《仪礼》本经之间在内容上有何关联性等之类问题，清中期学者基本上没有人关注于此，唯有焦以恕和韦协梦二人在他们的著述当中有过片言只语的讨论。焦以恕认为，"经后之《记》，所以补经文之不见者，盖并时而作，无先后也"④，与大多数先儒的观点颇不相类，也未得到过与之同时代的礼经学者之响应。至于韦协梦，一方面他认可传统的说法，以为礼经中的"《记》者，记经文之未备，及经义之未明者也"；另一方面，又指出其中某些《记》文其实属于《记》之变体，如他认为《士冠礼》篇"记冠义"之下《记》文"专释经义，与《郊特牲》略同，盖又《记》之变体也"⑤，认为《乡射礼》篇末《记》文"盖此篇所记有通《燕射》

---

① 凌廷堪：《礼经释例序》，《校礼堂文集》卷26，中华书局，1998，第241~242页。
② 凌廷堪：《拜周公言》，《校礼堂文集》卷5，第40页。
③ 崔述：《丰镐考信录》卷5，顾颉刚编订《崔东壁遗书》，上海古籍出版社，1983，第214~216页。
④ 焦以恕：《仪礼汇说》卷11，《续修四库全书》（第89册），上海古籍出版社，2002，第96页。
⑤ 韦协梦：《仪礼蠡测》卷1，《续修四库全书》（第89册），上海古籍出版社，2002，第565页。

《大射》而言者，非独为《乡射》而记也"①，等等。而在其他清中期学者的著述当中，则基本上没有专门讨论这一类问题。

3. 就礼经学者关于《丧服》篇之《传》文的性质认知情况来看

清中期以前，绝大多数学者一般认为系春秋时子夏所作，清中期的礼经研究者在论著中基本上没有什么异议，只有焦以恕在他的《仪礼汇说》中提出了不同看法。焦氏认为："《传》之作后于经，经为周公、孔子所定，则《传》出七十子之手，固宜有之，而敖氏以为又在作《记》者之后，则臆说，未足凭矣。"又言："《周易十翼》《春秋左传》皆不与经文相杂，而后世儒者移而置之经文之间，则《仪礼》之《传》亦同斯例可知也。敖氏谓康成为之者，未知果否也。"② 可见，焦氏以为《丧服传》之作晚于《仪礼》经文，且其初原与《丧服》经文不相杂，今所以相杂者，系出于后世儒者移置的结果。至于《传》文作者是谁，焦氏虽未明言，似不赞成子夏所作之说，可能主张出自孔子弟子中的"七十子"之手。

4. 就礼经学者关于《仪礼》十七篇序次及各篇适用对象等问题的认知情况来看

与清前期吴廷华、盛世佐、王士让等众多学者著述中重视讨论《仪礼》十七篇序次问题，纠缠于戴德、戴圣二人所传与刘向《别录》本之间序次的论争不同的是，清中期学者几乎无人对此进行专题讨论。即便是《仪礼》十七篇各篇适用对象的问题，除淹通汉宋派学者韦协梦《仪礼蠡测》一书外，也少有学者和相关礼经文献论及。韦氏关于《仪礼》十七篇各篇适用对象的认知，有一些说解与前贤相同之例，如其论《乡射礼》篇适用对象云"乡射之礼，主于州长。《周礼·乡大夫职》云：'退而以乡射之礼五物询众庶'，即谓以州长乡射之礼也"③，便与郑氏《目录》的说法相同，但韦氏亦时常有不同于郑玄、贾公彦《仪礼注疏》的见解。至于《仪礼》各篇"五礼"所属情况，清中期学者在各自著述当中也几乎不再讨论，就其实质而言，亦表明学者们对传统分类情况的高度认同而已。

以上种种情况足以说明，清中期学者在朴实穷经、"扬汉抑宋"学术

---

① 韦协梦：《仪礼蠡测》卷5，《续修四库全书》（第89册），第585页。
② 焦以恕：《仪礼汇说》卷11，《续修四库全书》（第89册），第96页。
③ 韦协梦：《仪礼蠡测》卷5，《续修四库全书》（第89册），第576页。

风潮的驱动下,重视将关注礼经的文本考索和郑玄、贾公彦等前贤的注释成果考辨结合起来,重视对《仪礼》原典和郑《注》、贾《疏》等的文献校勘工作,考辨郑玄、贾公彦等前贤成说之是是非非,研究者关注的焦点问题更多集中在具体礼制条文和字词的校勘与考释方面,至于有关《仪礼》经文的宏观全局性问题,诸如《仪礼》一书的真伪、经《记》文有无互混、十七篇序次及适用对象之类问题,不再成为共识性的讨论焦点,这种研究旨趣对于当时礼经学文本的深入研究和重新审视前贤的学术成就,都是十分有益的。

(二) 对《仪礼》诠释实践层面的关注

对《仪礼》诠释实践层面的关注,是指从宏观层面出发,对历代礼经诠释实践中出现的诠释现象、诠释问题进行讨论和分析。考察有清中期礼经学者在进行《仪礼》诠释实践层面的关注情况,大致可以从如下方面进行审视。

1. 从《仪礼》文本诠释角度看清初学者如何看待"三礼互证"的诠释观情况

通过考察《周礼》《礼记》二书有关礼制记载来申解、阐发《仪礼》经文仪节及相关涵义,是自汉代郑玄《仪礼注》以来众多前贤诠释礼经的一个基本方法。考察有清中期众多的《仪礼》文献,亦大体延继了这一治学手段,如胡匡衷著述《仪礼释官》就延续了历代礼学大家"三礼互证"的诠释理路,《清史稿·儒林传》称"其《释官》则以《周礼》、《礼记》、《左传》、《国语》与《仪礼》相参证,论据精确,足补《注》、《疏》所未及";褚寅亮著述《仪礼管见》、尹嘉铨著述《仪礼探本》,也都重视运用《仪礼》本经互证和《三礼》互证来推阐训释礼经仪节,彰显三礼之学的互贯融通。但清中期也有一部分学者著述礼经学时,很少借助《周礼》《礼记》记载的礼制内容来申解、阐发《仪礼》本经,例如焦以恕著述《仪礼汇说》时,主张"凡经所不载而以例起之者,互见于别处经文,或《记》中具之也。若都无所见,则初无是礼而无事纷纭,乃所以确守经文矣"[1],极少援据《周礼》《礼记》及其他先秦儒家典籍解释礼经礼制;韦

---

[1] 焦以恕:《仪礼汇说》卷5,《续修四库全书》(第89册),第31页。

协梦著述《仪礼蠡测》时同样不尚引证，更强调从《仪礼》经文文本的推求和解读入手，"于其事同者则以本经他篇证之，于其节同者则以本篇上下章证之，经未显者必析言之，礼见于文外者必质言之"①，在礼经行文空隙处推求礼制内涵。张惠言著述《读仪礼记》，或从礼经文本上下文及其礼经凡例入手发覆礼制情况，或从郑《注》仪节诠释语入手，推导发覆礼经礼制情况，同样不借助《周礼》《礼记》二书有关礼制记载进行礼经仪文节制的诠释。而安徽歙县学者凌廷堪在实际礼制考索过程中提出，"三《礼》互证"更多是一种理想状态，三者之间并非没有牴牾的礼制现象存在；因而他在著述《礼经释例》一书时，当《周礼》《礼记》礼制记载与《仪礼》存在分歧，以为《礼记》一类"《传》、《记》之文，有与经合者，有与经违者"②，强调"当据经以正《传》、《记》，未可强经以就《传》、《记》也"③，大都取从《仪礼》之说，甚至发出"郑氏注《礼记》，偶未引《聘礼》证之，后人遂有据《檀弓》为夺情解者。嗟乎！读《传》、《记》而不读经，其弊乃至于此"④ 的感慨。

2. 从《仪礼》文本校勘角度看清初学者诠释礼经的客观性评判情况

"乾嘉时期，校勘学已经成为考据学中的一门显学"⑤。校勘《仪礼》本经与郑《注》、贾《疏》，是清中期学者进行礼经学研究的一个基础性工作，很多学者都非常重视这一文献整理工作。这一时期的《仪礼》文献校勘主要有如下特点：一是关注礼经校勘成为学者的普遍共识，并且出现了一批专门从事礼经文献校勘的名家（如沈廷芳、金曰追、卢文弨、顾广圻、阮元等）和著作（如《仪礼注疏正字》《仪礼经注疏正讹》《仪礼注疏详校》《仪礼注疏校勘记》等）。二是在校勘对象的选择上，清中期校勘学家对《仪礼》文献的校勘，不再像清前期学者那样单纯以《仪礼》本经文字词句的校雠为主，同时还加强了对郑玄《注》、贾公彦《疏》文字词

---

① 翁方纲：《仪礼蠡测序》，载《仪礼蠡测》卷首，《续修四库全书》（第89册），上海古籍出版社，2002，第559页。
② 凌廷堪：《礼经释例》卷1《通例（上）》，《续修四库全书》（第90册），上海古籍出版社，2002，第29页。
③ 凌廷堪：《礼经释例》卷1，第29页。
④ 凌廷堪：《礼经释例》卷6，第129页。
⑤ 李慧玲：《试论阮元〈十三经注疏校勘记〉得以问世的客观条件》，《东南学术》2013年第1期。

句的讹误、衍脱情况校勘,并且吸引了校勘者的主要目光。甚至有少数以字词诠释为主的礼经学著作,其中也包括少量对郑《注》、贾《疏》的考释与校勘情况,如丁晏的《仪礼释注》就强调从维护郑玄《仪礼注》出发,对世传俗本郑《注》中的文字舛错现象加以认真的校勘,纠正其间存在的错误。三是在校勘方法的选择上,运用对校法校勘礼经及其郑《注》、贾《疏》成为最为重要的方法,较之清前期,校勘家据以校勘的版本更趋宏富,尤其强调搜罗宋、元精刻精校椠本进行对校;本校法、他校法运用也较为广泛,但其使用频率要略低于对校法;校勘家虽然也有使用理校法,但其使用频率远远不如清前期学者那么高,也不轻易校订文字讹误衍脱之是非,更加重视理校依据的说明,结论更趋可信,避免了轻易妄改经文诠释礼经之阙失。四是在校勘态度上,更趋科学合理,反对闭门造车,注意吸纳前贤时哲的校勘成说,批判性地吸收已有校勘成果,在继承之中务求有所创新,力争达到"是其是而非其非"的校勘效果。

3. 从前贤成果的相关引述及所持态度角度看清中期学者礼经诠释实践

一如清前期学者那样,这一阶段礼经研究者大都延继了历代的朴实治礼传统,重视对前贤诠释成说的引用、传承,从汉学考据功夫入手对其进行发展、扬弃。这可以从如下几方面得到印证:一是举凡他人著述有可取以证成己说者征引之,有不足取信者或是尚待存疑之例亦援引入内,考据学家或考古字、古音、古训,或考器物、典章、制度,加以发覆否定之。清中期学者往往强调言须有据,取义须有所本,即便是众人所仰慕的汉代大学问家郑玄,对于他的研究见解,也不一味妄从、盲从,而是从文献史料的提炼和考据出发,对于不同见解加以区别对待。二是在尊尚郑学派和专事校勘派学者的礼经著述当中,围绕与文字的古音、古义密切相关的小学文献方面的征引呈现出一种普遍性、广泛性的趋势,并且崇尚简约,力求避免出现所谓"取后世之臆说而驳先儒之传说"的诠释弊端。在文献征引的方式上,存在全引、摘引、改引等几种形式,或全录整段原文不加改易,或截取原文,重加编排,或据行文需要对原文进行改写或缩写,使得引文更趋于简洁化,有其值得肯定之处。其中,尤以胡承珙的《仪礼今古文疏义》最具代表性。另外,这一时期也有少数学者较少重视征引前贤时哲的各类《仪礼》学著述,如张惠言的《读仪礼记》一书就很少引述此前的各类《仪礼》文献著述,仅偶尔引及敖继公《集说》、张尔岐《句读》、沈肜《小疏》、金榜《礼笺》几家的说法，次数极少，且大都属于张氏礼制诠释辩驳树立的标靶，并非站在正面称引的立场证成己见；凌曙的《仪礼礼服通释》一书，对于其成书之前的清人"五服"研究成果，除援引顾炎武等极少数学者的成说外，凌氏几乎不予吸纳。凡此之类，与清前期礼经学家著述时的广征各家诠释成说迥然不同。

4. 在这一阶段汉儒与宋儒礼经研究的学术价值观评判方面传承汉唐治学

与清前期形成的带有普遍性的"汉、宋兼采"治学趣向不同的是，这一时期虽然还存在焦以恕、韦协梦、胡匡衷等极少数几位淹通汉宋派《仪礼》学者，但总体上看，礼经学史上的宋学治学理路已经基本上让位于汉学考据之风，无论是汉学考据派学者，还是尊尚郑学派、专事校勘派学者，从惠栋、戴震、凌廷堪等人开始，以及《四库全书总目》提要的撰修，他们的著述当中就传承着汉唐儒者的治学理路，汲汲于《仪礼》本经的训诂、校勘和名物度数的考证，关注着阐发郑氏《仪礼注》的释语，反对妄改经文为说和随意破注为说的陋习。

三 诠释学层面的《仪礼》研究考察

在儒家经学史上，对于儒家"十三经"文献的诠释与解读，大都是通过一部部经典著作的训诂语料体现出来的，清代中期《仪礼》文本的诠释情况亦是如此。对于清代中期的《仪礼》学史进行诠释学视角的断代考察，同样涉及多个不同的方面，例如，这一时期的礼学家们是如何确定礼经诠释策略的，又如何根据确定的诠释策略选择文献的诠释与整理体式，如何选择合适的诠释方式与诠释方法，等等。可见，从诠释学层面考察清代中期的《仪礼》研究状况，与从礼经学层面的考索关注视角并不相同，与其他儒家典籍的诠释具有更多的相似之处，而后者更多属于礼学自身的范畴。

（一）文献诠释与整理体式概况

细致研读清代中期的各类《仪礼》文献，不难发现，这一时期《仪礼》学家的研究重点，更多集中在对《仪礼》原典的具体校释和一级、二级文献的细致校勘上。由于训诂家校勘与校释的目的、理念不同，校释的焦点也往往存在一定的差异，所擅长的诠释方法也因人而异，因而在具体文献整理体式的选择上，多是从各自的诠释目的、诠释理念入手进行综合考量，选用更为允当的文献整理体式，以期达成良好的诠释效果，追求最高的诠释质量。纵观这一阶段的《仪礼》文献体例，大致不外随文注释体、考证体、总论体、释例体、图解体几个大类。为便于详细了解该时期学者的文献诠释与整理著述风尚，更准确地揭示清代《仪礼》学研究发展演化的规律，兹将这一时期各种《仪礼》文献注释与整理体式情况，汇总如表1：

表1　清中期《仪礼》学著述体式情况

著述	整理体式	著述	整理体式
《仪礼义疏酌要》	删改体	《仪礼丧服经传分释图表》	专门图解体
《仪礼探本》	通释体	《读仪礼条记》	考辨体
《仪礼私测》	补注体	《仪礼约文》	删改体
《仪礼大要》	义体	《礼经酌古》	说体
《畏斋仪礼客难》	考证体	《仪礼学》	学体
《劻仪纠缪集》	考证体	《仪礼札记》	考辨体
《丧服表》	专门图解体	《仪礼臆测》	补注体
《丧礼详考》	考证体	《仪礼士冠礼笺》	笺体
《仪礼汇说》	集解体	《仪礼释官》	专题考证体
《仪礼管见》	考辨体	《仪礼古今文疏证》	补注体
《仪礼图》	专门图解体	《礼经释例》	释例体
《仪礼经注疏正字》	校勘体	《仪礼蒙求》	删改体
《仪礼经注疏正讹》	校勘体	《问礼一隅》	考证体
《仪礼注疏详校》	校勘体	《丧礼辑要》	辑佚体
《仪礼石经校勘记》	校勘体	《读仪礼记》	考辨体
《仪礼注疏校勘记》	校勘体	《仪礼节贯》	删改体
《严本仪礼郑氏注校录》	校勘体	《仪礼古今文异同说》	补注体
《仪礼释注》	疏注体	《仪礼古今文疏义》	补注体
《五服异同汇考》	通释体	《礼经偶记》	记体
《仪礼蠡测》	通释体	《礼经辨误》	考辨体
《仪礼蠡测签注》	校勘体	《仪礼小识》	考辨体
《仪礼韵言》	删改体	《仪礼古今文异同》	补注体
《读仪礼私记》	考辨体	《丧服古注辑存》	纂集体

续表

著述	整理体式	著述	整理体式
《仪礼器制改释》	专题考证体	《丧礼考要》	考证体
《仪礼正误》	考辨体	《仪礼补释》	广补体
《仪礼汉读考》	补注体	《丧服子夏传》	传体
《仪礼古今考》	补注体	《参补礼经精要》	广补体
《弁服释例》	释例体	《仪礼讲习录》	读本体
《丧服文足征记》	杂糅体	《冕服考》	专题考证体
《仪礼经注疑直辑本》	校注体	《礼经宫室答问》	专题考证体
《仪礼传注》	注体	《作室解》	《尔雅》体
《仪礼精义》	附载总论体	《仪礼礼服通释》	专题考证体
《仪礼古文今文考》	补注体	《礼论略抄》	考辨体
《仪礼节录》	删改体	《仪礼一览》	读本体
《释服》	专题考证体	《丧礼经传约》	删改体
《特牲馈食礼节记》	记体	《丧服答问纪实》	专题考证体
《仪礼说心》	说体	《仪礼先易》	读本体
《仪礼正讹》	考辨体	《仪礼聚考》	考辨体
《仪礼图说》	专门图解体	《仪礼注疏温》	删改体
《仪礼或问》	专题考证体	《读礼纂言》	纂集体
《大功章烂简文》	校勘体	《仪礼要义》	总论体
《礼笺驳正》	考辨体	《仪礼琐辨》	考辨体
《仪礼经传通解》	通释体		

由表1所示85种文献的体式选择情况分析来看，清代中期礼学家在诠释《仪礼》选择体式方面，具有不同于清代前期礼学家们的体式选择取向，更与这一阶段的整体治学思潮相互贴合。关于这一点，可以从如下几方面得到印证。

其一，就文献体式的比重而言，考辨体和考证体这两类体式著作计26种，在上述85种文献当中所占比例达到了30.58%强，占据着主导的地位。

其二，随着校勘学成为乾嘉时期的一门显学，校勘体、校注体两种体式成为考据学家选择的主要体式。85种文献当中，就有9种文献属于此类体式著作，占上述文献总量的10.58%。

其三，补注体和广补体两种训诂体式在所有随文注释体著作也占据相当大的比重，充分彰显出清代中期《仪礼》学研究的一大亮点。据表1统计，其中补注体著作有《仪礼私测》《仪礼臆测》《仪礼汉读考》《仪礼古今考》等9种文献，广补体著作有《参补礼经精要》《仪礼补释》2种文献，合计达11种之多，占上述文献总量的12.94%。

其四，较之清代前期，《仪礼》文化的普及开始受到一定程度的关注，读本体、删改体两类体式著作数量有了一定的突破。在上述85种文献当中，读本体《仪礼》著作有《仪礼讲习录》《仪礼先易》《仪礼一览》等3种，删改体著作有《仪礼义疏酌要》《仪礼约文》《仪礼韵言》《仪礼节录》《仪礼注疏温》《仪礼节贯》《仪礼蒙求》《丧礼经传约》等8种，所占比例达到了12.94%强。

其五，较之清代前期，专门图解体著作仍然保持较小的比例，只有《仪礼图》《仪礼丧服经传分释图表》《仪礼图说》《丧服表》等仅有的5种，占上述文献总量的5.88%。其中《仪礼图》有两种同名之作，一是张惠言所著，一是王绍兰所著。

另外，作为清代前期占据较大比重的纂集体、通释体两种体式，到了清中期，不再成为学者们青睐和选择的首选对象，而是退居到二线地位。在上述85种文献当中，纂集体著作仅有《丧服古注辑存》《读礼纂言》2种，通释体著作略多一些，有4种之多，二者加起来约占7.05%，和清前期约占19%的比例相比，可谓大幅度缩减了。另外，对于"通释体"这一体式而言，不同诠释者所关注的诠释着眼点也各有差异，其中便存在两种不同的类别：一类是重新编次所解原文加以集传集解，崔述的《五服异同汇考》、尹嘉铨的《仪礼探本》、杨丕复的《仪礼经传通解》等书便属于此类著作。众所周知，历代专论《丧服》篇的许多训诂著作往往以服制分章列目，崔述的《汇考》之书则"以人分之，亲属同者则为一篇"，卷一为至亲之服、同堂之服、同族之服、外姻之服；卷二为女子为其私亲之服、妇为夫党之服、臣为君及君党之服、妾为君及君党之服；卷三分为人后者之服、母出母嫁之服；后附《礼经大夫公子降附考》《礼经殇服考》《五服余论》。每一条下，详列古今五服之制、沿革之异，于唐《开元礼》、朱子《家礼》、明《孝慈录》及萧嵩、魏仁浦之议等，皆详著之。崔氏在《凡例》中指出，"凡传、记有与经文互相发明或补经文未备及与经异同者，咸列于后"，"凡后世一时所立之制，非以后通行者及贤哲懿行可励浇风者，史传所记甚多"，崔氏就所得者录之，以备参考。而尹氏《仪礼探本》一书则主要依仿朱熹《仪礼经传通解》、黄榦《仪礼经传通解续》之例，经、《记》厘析分章，《记》文附于相应经文章节大义之下。此外，尹氏又对《仪礼》经文稍有变更，如《探本》卷五《士丧礼上》篇，本于《仪礼·士丧礼》篇经文，《记》文原在经后，尹氏依黄氏《续通解》"厘析其事目，析本《记》文，并取《小戴记》诸篇分载各目礼节之下"，而"其重出杂引者亦为删去，以省繁文"；又《士丧礼下》即本《仪礼·既夕礼》经文，亦"厘其事目，析本《记》文，并取《小戴》诸篇之言葬礼者及他书一二条，分载各目下"。一类是贯通文意，简明洞达，韦协梦《仪礼蠡测》一书即属于此类著作。在通释《仪礼》经文之时，韦氏注意博采此前众家诠释所长，加以融会贯通，行文力求"简明洞达，跟纂集体的浩博繁缛形成显明的对比"①。为了达到简明洞达的诠释效果，韦协梦特别强调"于其事同者则以本经他篇证之，于其节同者则以本篇上下章证之，经未显者必析言之，礼见于文外者必质言之"②，极具鲜明特色。

通过上述分析可知，由于清代中期考据之风的迅速崛起，学者们的研究旨趣与清代前期相比已经发生了很大变化，追求新意也不再成为学者治学的第一要务，更多关注的是务实而准确、科学的礼制和字词考据，力求取得对《仪礼》原典的真实还原。可以说，绝大多数学者在著述体式的选择上，与其自身、学术视野、研究方法等基本保持一致，是十分成功的，为完满而有效地实现自身的诠释任务，奠定了坚实基础。

（二）礼经诠释策略

礼经诠释策略，是从传统诠释学角度考察清代中期《仪礼》研究的一个重要视角。诠释者出于各自的诠释目的，选择特定的礼经诠释内容和与之相应的诠释方法，就有可能形成各具特色的诠释策略。反过来看，今人透过各自不同的诠释策略，很有可能观察到历代礼经诠释者对于《仪礼》

---

① 冯浩菲：《中国古籍整理体式研究》，高等教育出版社，2003，第169页。
② 翁方纲：《仪礼蠡测序》，载韦协梦《仪礼蠡测》卷首，《续修四库全书》（第89册），第559页。

与其他儒家经典、传记文献的关系认知。与清代前期的礼经学研究相比[1]，清代中期学者对于《仪礼》文本及其礼制的诠释策略有同有异，概而言之，主要有如下几种情况。

1. 纂集重构——以结构为基础的诠释策略

亦即"从结构入手，通过调整全书的篇章结构次序，以达到建构礼学思想体系的目的"[2]的诠释策略。在礼经学史上，"以《仪礼》为经，而取《礼记》及诸经史杂书所载有及于礼者，皆以附于本经之下，具列注疏诸儒之说"[3]的朱熹《仪礼经传通解》、黄榦《仪礼经传通解续》二书，就是典型的纂集重构策略之作。朱、黄二人试图将历代儒家典籍中有关礼制文化的篇章，按照一种以类相从的原则，进行重新编次，尽管并非专门针对诠释《仪礼》本经，但其书通过对《仪礼》经文进行分节，对礼经诠释确实起到了很好的效果，称得上是一种特殊的礼经学著述。受朱、黄二人著述诠释结构特征的影响，和有清前期学者姜兆锡、盛世佐、梁万方、应撝谦、胡抡等人一样，清中期张扬朱氏学派学者杨丕复、尹嘉铨、秦蕙田等人，进一步延续和发展了这一著述的诠释策略，通过他们各自对大量的文献材料进行一次新的纂辑与重构实践，达成一种对礼经的新诠释。

第一，从结构全书的礼文类目布局设置方面来看，这一阶段此类著作全书的结构基本上较少延继朱熹、黄榦《通解》《通解续》六大类划分法，而是延继通释体的文献整理体式重新谋篇布局，结构全书。例如：杨丕复的同名之作《仪礼经传通解》，除了延续朱子《通解》家礼、乡礼、邦国礼、王朝礼、丧礼、祭礼六大类目外，在此基础上又增加了"学礼"一目，放置在"邦国礼"之前。而秦蕙田著述《五礼通考》时，则效法清前期学者姜兆锡《仪礼经传内编》一书的举措，采用"五礼"——吉礼、嘉礼、宾礼、军礼、凶礼的纂集重构分布结构，与姜兆锡《内编》嘉礼、军礼、宾礼、凶礼、吉礼的"五礼"序次完全不同，创设出一套符合自己礼学思想的新的结构体系。

---

[1] 关于清前期礼经学诠释策略的相关情况，请参看拙文《清代前期〈礼记〉学研究旨趣与特色探析》，《经学文献研究集刊》第十二辑，上海书店出版社，2014，第 220~247 页。
[2] 曾军：《义理与考据——清中期〈礼记〉诠释的两种策略》，岳麓书社，2009，第 13 页。
[3] 朱熹：《乞修〈三礼〉札子》，刘永翔、朱幼文校点《晦庵先生朱文公文集》卷 14，《朱子全书》（第 20 册），上海古籍出版社、安徽教育出版社，2002，第 687~688 页。

第二，从礼经篇目文本的编排处置方式来看，这一阶段张扬朱学派学者同样深受朱熹《通解》、黄榦《通解续》的影响，无论是对《仪礼》本经的行文，还是对新编订成文的礼经篇目行文，杨丕复、秦蕙田等人都为之"分节"并概括节旨，有助于发覆礼经行文仪文节制的逻辑层次和礼节要旨。具体到《仪礼》经文的"分节"情况看，杨氏《仪礼经传通解》、秦蕙田《五礼通考》二书较之朱熹及清初张尔岐、盛世佐等人的分节，礼文节数显得更加细密，概括更趋精审。

第三，从礼经文本"记"文的纂集安排方式情况来看，不同礼经纂辑者采取了不同的处置方式：秦蕙田著述《五礼通考》时，并未将《仪礼》经文与《记》文加以割裂，而是仍旧置于经文之后，并且同样加以"分节"。杨丕复著述《通解》时，由于体例不同，处置《记》文的做法也有差异，他将所载《仪礼》诸篇《记》文随附于各章之后，而并非置于经文末尾；至于《仪礼》未备而取他经记补为篇者，亦仿此法，同样分经、《记》两大块，大致"以言其纲者为经，以言其细目者为《记》"，《记》文随附于各章之后。

第四，从礼经文本注释语的源流情况来看，一如此前各种通释体著作的做法，主要通过征引前贤已有的权威注释语纂辑而成。如杨丕复《通解》举凡三《礼》之注皆出于郑玄《注》语，亦有转引历代先贤训诂之文；即便是纂辑罗列之他经注解，亦多称引历朝代表性注家之见，皆著其姓氏，"在诸儒之说，既各别以姓字，其有遵用朱子、黄氏之说，今亦以'朱子曰'及'黄氏曰'别之"。又如，尹嘉铨《仪礼探本》举凡《仪礼》之经、《记》原文的训诂，大体上乃剪裁陆德明《释文》、郑《注》、贾《疏》、朱子《通解》、敖继公《集说》及方苞《析疑》诸注，偶尔亦兼采其他学者研究成果汇纂而成。

2. 礼学知识的考古——以考据为基础的诠释策略

如前所述，这种诠释策略类著作着眼于从礼学知识的考古入手，包括对《仪礼》文本语词的诠释，名物的考订和仪度数制的具象化、图像化阐释，借此探讨礼制文化的物质层面与礼经礼义、礼意之间的独特关系所在。和清代前期学者一样，清中期学者研治礼经同样以仪文节制、名物的考订和词句训诂为诠释重点，对于历代诠释者纷纭的诠释成说进行深层次梳理，从《仪礼》本经的系统全面爬梳和文字、音韵、训诂的考据入手，以释疑解纷为治学要旨，进行礼经文本的诠释，形成了各类特色各异、重点鲜明的礼学著述。从训释的外在形式上看，清中期《仪礼》类著述对于礼经文本礼学知识的考据，大致可分为如下几类。

一是精择众注集解类。这是一种强调从汉代以来的大量注疏成果和前贤时哲诠释成说中，通过一定的编排义例精择众注集结起来，逐一表明是非优劣，或通过加注方式附以己意，从而实现一种新的诠释方式。这类著作，清代前期主要有官修之作《钦定仪礼义疏》和盛世佐的《仪礼集编》，而清代中期则当以焦以恕《仪礼汇说》一书为代表。焦以恕对《钦定仪礼义疏》认同度极高，以为是书"宏纲细目，莫不条分缕析，直如日月经天，江河行地"，但同时又有感于此书"卷帙繁重，自非颖敏之士罕能遍观而尽识"，基于这一认识，他征引前儒之说，集为是书，不全列经文，惟于有汇说者，引经据典，给以疏证，"其于正义、辨（辩）正之解疏通证明者例如疏家之释注，其或有旁参一得而可以并存者时亦采于集中，若不揣梼昧间陈己见者以'愚按'别之"①。《汇说》虽然源自《义疏》，但著述极其简明扼要，体例极其严谨，特色鲜明，避免了《义疏》原本"卷帙繁重"的阙失。也正源于此，该书赢得了焦氏好友叶承拜的高度评价："君学博而识高，深味乎经文而有会心，《注疏》之中同者融之，异者参之，同而异异而同者平以融之，婉以通之，或并存之，或进辟之，且引他书以会之，要不失乎经旨而有以服古人之心而启后人之心。"②

二是图解礼制类。图解体著作早在西汉时期就已出现了，以后各代相继出现续作，从宋朝以下有许多学儒多采用此式著书立说，如杨复《仪礼图》便是较有影响的一部礼经学著作。有清一代礼学研究论著当中，也都特别注意强调图解对《仪礼》学研究的重要性，并且出现了附载图解体和专门图解体两类礼经学图解体著作。从礼图的内容性质归属来看，按照黄以周《礼书通故》的说法，可以分为礼节图表、礼节图、名物图三大类。以张惠言《仪礼图》一书为例，该书的名物图包括"宫室图"与"衣服图"、"器物图"三大类，礼节图类则涉及《仪礼》各篇经文的仪节图，随事逐篇绘制礼图；而礼节图表则有《丧服》篇服制表解图，如《丧服斩

---

① 焦以恕：《仪礼汇说·跋》，《续修四库全书》（第89册），第3页。
② 叶承拜：《仪礼汇说·序》，《续修四库全书》（第89册），第1页。

衰正义服图》《齐衰三年降正服图》《齐衰杖期降正服图》《齐衰不杖期降正义服图》《亲亲上杀下杀表》《丧服表》《衰服变除表》之类，皆其例；各大类图分散在全书六卷当中，颇具条理而不紊乱。除张惠言《仪礼图》外，庄有可《仪礼丧服经传分释图表》、张校均《仪礼图说》、孔继汾《丧服表》、王绍兰《仪礼图》等书，也是此类图解礼制类的诠释策略之作。

三是订误质疑类。一些清中期学者的礼经学研究，主要着眼于匡正汉唐注疏乃至前贤时哲之遗漏错误，特别是汉郑玄《仪礼注》、唐《仪礼疏》、元敖继公《仪礼集说》、明郝敬《仪礼节解》等礼学文献的错误诠释说法，从而进一步廓清长期聚讼之疑义。他们往往从求真务实、实事求是的治学理念出发，不立门户之见，以准确还原礼经真貌为学术要务。以褚寅亮《仪礼管见》为例，在褚氏看来，敖氏《仪礼集说》训解《仪礼》多"穿凿支离，破碎灭裂，实弥近似而大乱真"，为此，他著述《管见》之时，乃"摭敖说之故与郑违而实背经训者，一一订而正之，其指摘偶有一二条可采者，亦间附焉"①，对其间妄改经文为说和随意破注为说之例逐一加以匡正。

四是申解《注》意类。这一时期，一些礼经学研究者将目光透视到郑玄《仪礼注》的身上，他们主张"文字宜宗许叔重，经义宜宗郑康成"②，推崇郑氏之《仪礼注》"简而赅，约而达，精微而广大，礼家莫出其范围"③，对于元、明以来许多学者妄议妄改郑《注》的做法极不认同。为此，他们从卫护郑氏《仪礼注》的著述宗旨出发，"考训诂，捃秘逸，发疑正读"，"阐发郑旨以相贾《疏》之所未及"④。就其诠释方面，或申明郑《注》语词训释之源，或论证郑《注》仪节之解释，或考辨《仪礼》古今异文语义关系，或校勘今所见俗本《仪礼注》之文字舛错，一切以发明郑《注》训释要旨、祛其凝滞为要旨。丁晏《仪礼释注》、张惠言《读

---

① 褚寅亮：《仪礼管见·自序》卷首，《丛书集成初编》据《粤雅堂丛书》排印本，上海商务印书馆民国间版，第3页。
② 王鸣盛：《仪礼管见序》，载褚寅亮《仪礼管见》卷首，第1页。
③ 褚寅亮：《仪礼管见·自序》卷首，第3页。
④ 丁晏：《周礼释注叙》，载《周礼释注》卷首，《续修四库全书》（第81册），上海古籍出版社，2002，第583页。

仪礼记》、凌曙《礼说》等，皆是这方面的代表之作。另外，围绕郑玄《仪礼注》中的大量古今异文校勘材料，一些礼经学家进行了疏证式研究，借此实现古今异文的互贯融通，留下了许多这方面的《仪礼》文献专著，目前所知的主要有李调元《仪礼古今考》、程际盛《仪礼古文今文考》、徐养原《仪礼古今文异同》、宋世荦《仪礼古今文疏证》、严可均《仪礼古今文异同说》、胡承珙《仪礼今古文疏义》等几种，着实有助于进一步礼经文本的发覆。

五是发凡立例类。自郑玄给《仪礼》作注以来，很多礼经学者都强调对礼经文例的总结，并认为："不会通其例一以贯之，只厌其胶葛重复而已耳，乌睹所谓经纬涂径者哉？"① 力求从《仪礼》本经的融通互贯入手，进一步疏通和发掘《仪礼》本身存在的潜在隐性"礼例"内容。这一阶段，有安徽歙县学者凌廷堪仿效杜预《春秋释例》著述方式，主张从《仪礼》经文及其郑《注》中寻绎"礼例"，按照通例、饮食之例、宾客之例、射例、变例、祭例、器服之例、杂例八类，依次进行总结疏证，其中经文仪节叙述详明者录之，经文略而不具或语焉不详之例举而阐释之，务求使得每一条礼经"凡例"的考证都能达到精善的地步。另外，安徽绩溪学者胡匡衷所著《仪礼释官》亦是同类之作，它"刺取十七篇中所陈各官条举件系，一准《周礼》为差次，明其所以分职联事之意，成书六卷"，"又取《左传》《国语》《戴记》诸官名为《仪礼》所未有而有合于《周礼》者，别辑为《侯国官制考》二卷、《侯国职官表》一卷"②，对于研究周代侯国官制颇有裨益。

倘若将清中期礼经学家在礼经诠释策略上的选择情况与清前期进行对比，不难发现，随着当时礼经学家对于汉学考据之风的高度体认，清前期学者颇为关注的"意义空间的时代转换——以义理为基础的诠释策略"，不再成为这一阶段礼经学家的宠儿，一些学者倡导的"穷经文所以云之意，而以义理折中矣"③ 学术喜好退出了礼学家们的关注焦点，对"礼时为大"精神的体认逐渐让位于文字、音韵、训诂等汉学考据手段，"称情

---

① 凌廷堪：《礼经释例序》，《校礼堂文集》卷26，第241~242页。
② 胡承珙：《仪礼释官序》，载胡匡衷《仪礼释官》卷首，《续修四库全书》（第89册），上海古籍出版社，2002，第302页。
③ 方苞：《与吕宗华书》，《方望溪全集》，中国书店，1991，第78~79页。

立文""缘情制节""依人性作仪"等先王制礼的原则,也不再反复出现于礼经文献的诠释话语中,学者们对于礼意与礼义的分析,更多需要读者从礼经词句的训诂和仪文节制的考订中细细品味。即便是崔述的《五服异同汇考》和程瑶田的《丧服文足征记》偶有"圣人制礼精义"的探讨,然究其治学要旨,也强调玩索礼经之文本,从《丧服》经传中,从服制条文上下文中,去寻找行文文例、"义例"、"凡例",发覆经文丧服条文之间的联系,进而稽考前贤错误成说。

(三) 礼经诠释的方式方法

就诠释的方式方法角度考察而言,清代中期的《仪礼》学研究,既有与清初礼经研究的相通之处,又着实存在有别于清初学者的诠释情况。这一时期的大多数研究者们,较少掺杂和重构自身的礼学思想,也不崇尚礼经的逐字逐句式全面通解,而是更强调从"实事求是"的汉学思维出发,以"释难解纷"为治学创新追求,力求尽可能地还原礼经文本本身,为礼经的客观诠释提供更为可信的文本依据,借以彰显汉学考据的治学独特魅力。为彰显这一阶段研究的独特性,兹分别就诠释方式与诠释方法分别说解如下。

1. 就诠释方式而言

陈澧《东塾读书记·仪礼篇》总结历代《仪礼》诠释的方式说:"《仪礼》难读,昔人读法,略有数端:曰分节,曰绘图,曰释例。"[①] 关于绘图的诠释方式,清中期主要有张惠言《仪礼图》、庄有可《仪礼丧服经传分释图表》、孔继汾《丧服表》、王绍兰《仪礼图》、张校均《仪礼图说》等几种礼图著作,以专门图解体著述方式研究《仪礼》的仪文节制、礼器和丧服规制等内容,其中尤以张惠言的研究影响最大,诠释最为完备。关于分节的诠释方式,主要出现在杨丕复《仪礼经传通解》、秦蕙田《五礼通考》等少数通释体著作当中,并非这一阶段礼学研究的主流方式。关于释例的诠释方式,如前所述,主要以凌廷堪《礼经释例》为代表,是对江永所著《仪礼释例》的继承和扬弃。由此可见,分节、绘图、释例这三种诠释方式的著作,在清中期的《仪礼》著述当中所占比例,只是一小

---

① 陈澧著、杨志刚校点《东塾读书记》,中西书局,2012,第138页。

部分,并非学者们所选择的主要诠释方式。事实上,最受清中期学者关注和重视的诠释方式,更多是《仪礼》及《注疏》类文献的校勘,以及对郑、贾《注疏》等文献诠释的随文疏证,其中既涉及具体词句的考辨,也涉及具体繁文缛节的诠释。

2. 就诠释方法而言

清中期学者研治礼经,无论是对于《仪礼》经文具体仪节的诠释,或者是具体语词的考据疏证,都着实彰显出丰富独特的诠释方法。就经文仪节具体诠释情况来说,清初学者普遍使用的"以经解经法""博征类比法""以意逆志法",在清中期继续得以使用,但"礼俗互证法"则极少受到重视和使用,真正意义上得到清中期学者重视的,主要是"凡例诠释法"。综合言之,其中这一时期使用普遍、影响最大者,主要有如下数种。

一是凡例诠释法。这是此前学者乃至汉代学者郑玄便已曾经使用过的一种方法,更多强调借助《仪礼》经文的总体抽绎,寻找其中存在的叙述体例、行文规律和仪文节制的凡例,实现《仪礼》本经仪文节制和名物内容的诠释。如果说清前期主要以江永的《仪礼释例》为代表,那么清中期则主要有凌廷堪的《礼经释例》和胡匡衷的《仪礼释官》等礼经文献普遍使用这一诠释方法。以凌氏《释例》为例,该书力求从《仪礼》本经的融通互贯入手,从通例、饮食之例、宾客之例、射例、变例、祭例、器服之例、杂例八个方面入手进行考察,站在礼制互证的对等性原则立场上,通过穷尽式的罗列和排比每一种礼例的文献例证,归纳和总结礼经中的常例与正例,以及具体仪节的正变之别和盛杀差异,第一次全面而系统地疏通和发掘了《仪礼》本身存在的潜在的隐性"礼例"情况。从礼例条文的内容而言,凌氏概括的这些文例,兼有释词与解释仪节双重功能,对当时的《仪礼》研究产生了重大影响。

二是据文推证法。主要指诠释者通过《仪礼》经文用辞的考察,或通过全篇文法、结构的考察,或通过上下文语言叙述体例加以推导,甚至于考察《仪礼》本经他篇相关仪制的记载情况,或求其同,或存其异,所谓"礼同则互备,《少牢》、《特牲》是也;相类则参见,《乡饮》与《大射》

是也"①，推求和阐发训释有关隐性的仪制情况，借以实现仪文训诂的目的。与凡例诠释法不同的是，运用此法并不强调对《仪礼》本经的穷尽式的罗列排比，较为突出的是考察经文礼制的具体语境。与凡例诠释法一样，此法亦是前贤普遍使用过的诠释方法，但在清中期学者手上使用更趋频繁。例如，江苏金山县学者焦以恕所撰《仪礼汇说》中便广泛运用此法，并申言"凡经所不载而以例起之者，互见于别处经文，或《记》中具之也。若都无所见，则初无是礼而无事纷纭，乃所以确守经文矣"②。又如，安徽芜湖学者韦协梦著述《仪礼蠡测》一书，其所用的诠释方法，一如翁方纲所评述的那样："今韦君之书于其事同者则以本经他篇证之，于其节同者则以本篇上下章证之，经未显者必析言之，礼见于文外者必质言之。"③ 这些皆属于据文推证法的典范之作。

三是以经解经法。和清前期对比，此法运用的频率清中期要低得多，主要集中在张扬朱学派和淹通汉宋派学者的研究当中。例如，安徽绩溪学者胡匡衷著述《仪礼释官》一书，诚如《清代学人列传》中所称说的那样，"以《周礼》、《礼记》、《左传》、《国语》与《仪礼》相参证，论据精确，足补《注》、《疏》所未及"。《仪礼》中的许多职官，大都属于侯国官制，胡氏在对侯国官制进行诠释时，一方面根据《仪礼》经文所叙述的情况确定其职责情况，同时又依据《周礼》进行合理推论，并结合《三礼》注疏类语料进行充分佐证，初步建构起了一套侯国职官的大致框架。至于杨丕复、尹嘉铨、秦蕙田等张扬朱学派学者的《仪礼》学著述，更是通过辑录大量经史文献语料，借以实现礼经仪文礼制的诠释目的。

四是推注诠经法。这是指诠释者根据本经郑《注》的仪制训诂话语来推阐揭示本句经文仪节情况的一种方法④。"《传》、《注》所以与经相表里者，以能足成其义耳。经不具，故待《传》、《注》以补之也。若经所不

---

① 方苞：《仪礼析疑》卷15，《景印文渊阁四库全书》（第109册），台湾商务印书馆，1983，第245页。
② 焦以恕：《仪礼汇说》卷5，《续修四库全书》（第89册），第31页。
③ 翁方纲：《仪礼蠡测序》，载《仪礼蠡测》卷首，《续修四库全书》（第89册），第559页。
④ 邓声国：《清代〈仪礼〉文献研究》第七章第二节，上海古籍出版社，2006，第324页。

言,《传》亦不言,尚何需于《传》、《注》耶?"[1] 注家所取郑《注》释语,主要来源于《仪礼注》,基于《三礼注》通贯了郑氏的礼学体系,有时亦兼采《周礼注》和《礼记注》的相关释语。就清中期礼经文献研读情况来看,张惠言的《读仪礼记》称得上是最具代表性的一部著作,往往从考索礼经郑《注》仪节释语入手,推导发覆礼经隐性的仪文节制内容,极有助于发覆礼经郑《注》的整体价值。

通观清中期学者的《仪礼》学著述可以发现,与前一阶段对比,这一时期学者从汉学考据的需求出发,礼经诠释方法的选择更趋专门化,不同学术流派学者在方法的选择上也更趋个性化,如张扬朱学派学者多喜好使用历代经史文献补正法,汉学考据派学者则颇多青睐于博征类比法,专事校勘派学者则最为推崇对校法,尊尚郑学派学者则广泛地使用推注诠经法和据文推证法等等。这种新的治学趣向,也恰好迎合了当时学者追求汉学治学风尚的多面性诠释格局。

若是就具体语词的诠释来说,清中期学者为求得《仪礼》本经字词训释的准确性,破除文字词义的古今变异及文字通假等现象给语词训释带来的诠释障碍,亦曾广泛地使用各种训释方法,如古注互推法、审文例推证法、因声求义法、据形索义法、语法推证法、博征类比法、据境索义法,等等[2]。这一时期的礼经文本字词训诂,大都属于一种"论证的训诂",学者们借助于诸如此类方法的运用,特别是因声求义法、古注互推法、审文例推证法的运用,从破除文字音、形、义之间的关系入手,彰显出礼经文本的考据性诠释由知其然到知其所以然的全过程。

四 地域学层面的《仪礼》研究考察

从汉代开始,经学研究的地域性特征就已经形成,并且在南北朝时期南、北之间的地域因素导致经学研究的差异非常明显,此后一直为经学史研究者所注目。考察清代中期的《仪礼》学研究状况,不难发现,南北之间不同省份出身的学者对《仪礼》的关注度差异颇大,一些省份甚至根本

---

[1] 凌曙:《礼说》卷2,《续修四库全书》(第110册),上海古籍出版社,2002,第518页。
[2] 关于这一方面具体训释方法及释例情况,请参考拙著《清代〈仪礼〉文献研究》第七章第一节,第300~312页。

没有出现专门的礼学论著。而不同地域不同学者之间研究《仪礼》所关注的研究焦点、研究视阈、诠释风格、诠释特征，也颇有差异，总体上呈现出一种鲜明而特殊的不平衡的研究发展态势。这种地域学层面的治学现象，对于《仪礼》学研究的发展而言是颇为健康的，并不能视之为一种畸形的发展现状。审视乾隆二十年（1755）以迄道光十年（1830）长达七十多年的《仪礼》研究者群体地域因素特征，与清代前期、后期相比，这一时期《仪礼》学家们的籍贯情况呈现出一定的独特个性差异，各省学者的治学风格、治学风气也反映出一定的分布差异，呈现出一种独特的文化现象，从而与当时的政治文化风气变化相适应。为进一步显示这一方面特点，现将这一时期众多《仪礼》学家的籍贯分布及其对应的著述情况列表汇总如表2：

表2 清中期《仪礼》学家籍贯分布及著述情况

礼学家	籍贯	著述名	成书时间
王廷桂（1736年前后在世）	浙江秀水	《仪礼义疏酌要》	乾隆中期
尹嘉铨（1711~1782）	直隶博陵	《仪礼探本》	乾隆中后期
龚锡纯（1741年举人）	江苏武进	《仪礼私测》	乾隆中后期
任兆麟（1781前后在世）	江苏吴江	《仪礼大要》	乾隆四十五年
龚元玠（1782年前后在世）	江西南昌	《畏斋仪礼客难》	乾隆中期
孔继汾（1725~1786）	山东曲阜	《勷仪纠缪集》	乾隆三十四年之前
		《丧服表》	乾隆中期
张羲年（1737~1778）	浙江余姚	《丧礼详考》	乾隆中期
焦以恕（1698~1773）	江苏金山	《仪礼汇说》	乾隆三十七年
褚寅亮（1715~1790）	江苏长洲	《仪礼管见》	乾隆四十八年
唐仲冕（1753~1827）	湖南善化	《仪礼蒙求》	乾隆五十七年
王绍兰（1760~1835）	浙江萧山	《仪礼图》	嘉庆年间
沈廷芳（1702~1772）	浙江仁和	《仪礼经注疏正字》	乾隆三十七年之前
金曰追（1737~1781）	江苏嘉定	《仪礼经注疏正讹》	乾隆四十二年
卢文弨（1717~1795）	浙江仁和	《仪礼注疏详校》	乾隆六十年
黄丕烈（1763~1825）	江苏长洲	《严本仪礼郑氏注校录》	嘉庆二十年
崔述（1740~1816）	直隶大名	《五服异同汇考》	乾隆四十六年
韦协梦（乾、道间在世）	安徽芜湖	《仪礼蠡测》	乾隆四十六年
翁方纲（1733~1818）	顺天大兴	《仪礼蠡测签注》	乾隆中后期

续表

礼学家	籍贯	著述名	成书时间
檀萃（1725～1801）	安徽望江	《仪礼韵言》	乾隆四十二年
江筠（乾隆间在世）	江苏长洲	《读仪礼私记》	乾隆中后期
孔广森（1752～1786）	山东曲阜	《仪礼器制改释》	乾隆中后期
戴震（1724～1777）	安徽休宁	《仪礼正误》	乾隆三十九年
段玉裁（1735～1815）	江苏金坛	《仪礼汉读考》	嘉庆十九年
李调元（1734～1803）	四川绵州	《仪礼古今考》	乾隆中后期
任大椿（1738～1789）	江苏兴化	《弁服释例》	乾隆中后期
程瑶田（1725～1814）	安徽歙县	《丧服文足征记》	嘉庆七年
		《仪礼经注疑直辑本》	嘉庆十九年
刘台拱（1751～1805）	江苏宝应	《仪礼传注》	乾隆嘉庆间
程际盛（1780年进士）	江苏长洲	《仪礼古文今文考》	乾隆五十六年？
黄淦（？）	浙江钱塘	《仪礼精义》	嘉庆八年之前
宫为坊（1732～1798）	江苏泰州	《仪礼节录》	乾隆五十五年之前
宋绵初（1777年拔贡生）	江苏高邮	《释服》	嘉庆二十三年前
阮元（1764～1849）	江苏仪征	《仪礼石经校刊记》	乾隆五十七年
		《仪礼注疏校勘记》	嘉庆十三年
庄述祖（1750～1816）	江苏武进	《特牲馈食礼节记》	乾隆嘉庆间
周骏岳（1784年贡生）	江苏武进	《仪礼说心》	乾隆后期
张光諲（1792年举人）	浙江海宁	《仪礼正讹》	乾隆嘉庆间
张校均（1795年举人）	浙江镇海	《仪礼图说》	嘉庆间
潘谷（？）	浙江德清	《仪礼或问》	乾隆嘉庆间
李惇（1734～1784）	江苏高邮	《大功章烂简文》	乾隆嘉庆间
庄有可（？）	江苏武进	《礼笺驳正》	乾隆道光间
		《仪礼丧服经传分释图表》	
江承之（乾隆间人）	安徽歙县	《读仪礼条记》	乾隆后期
崔应榴（1754～1815）	浙江海盐	《仪礼约文》	嘉庆间
李灏（？）	江西南丰	《礼经酌古》	乾隆中后期
王聘珍（乾嘉道间人）	江西南城	《仪礼学》	嘉庆道光间
朱亦栋（乾隆间举人）	浙江上虞	《仪礼札记》	嘉庆间
孔广林（1746～1814）	山东曲阜	《仪礼臆测》	嘉庆间
		《仪礼士冠礼笺》	嘉庆间

续表

礼学家	籍贯	著述名	成书时间
胡匡衷（1728~1801）	安徽绩溪	《仪礼释官》	嘉庆六年
宋世荦（1765~1831）	浙江临海	《仪礼古今文疏证》	道光初年
凌廷堪（1755~1809）	安徽歙县	《礼经释例》	乾隆五十七年
管幹珍（1734~1798）	江苏阳湖	《问礼一隅》	乾隆中后期
孟起然（乾隆间进士）	福建闽县	《丧礼辑要》	乾隆五十九年之前
张惠言（1761~1802）	江苏武进	《仪礼图》	嘉庆三年
		《读仪礼记》	嘉庆间
朱璠（?）	江西南城	《仪礼节贯》	嘉庆道光间
严可均（1762~1843）	浙江乌程	《仪礼古今文异同说》	嘉庆道光间
胡承珙（1776~1832）	安徽泾县	《仪礼古今文疏义》	道光五年
汪德钺（1748~1808）	安徽怀宁	《礼经偶记》	嘉庆间
胡清煦（乾隆间岁贡生）	安徽绩溪	《礼经辨误》	嘉庆间
胡秉虔（1770~1840）	安徽绩溪	《仪礼小识》	嘉庆道光间
徐养原（1758~1825）	浙江德清	《仪礼古今文异同》	嘉庆道光间
张鉴（1768~1850）	浙江吴兴	《丧服古注辑存》	嘉庆道光间
田浚（嘉庆增贡生）	安徽宿松	《丧礼考要》	嘉庆道光间
江藩（1761~1831）	江苏甘泉	《仪礼补释》	嘉庆道光间
王述曾（?）	不详	《丧服子夏传》	嘉庆间
庄中伟（?）	不详	《参补礼经精要》	嘉庆间
焦廷琥（1782~1821）	江苏甘泉	《仪礼讲习录》	嘉庆间
		《冕服考》	嘉庆十九年
洪颐煊（1765~1833）	浙江临海	《礼经宫室答问》	嘉庆十七年
金鹰扬（乾隆时恩贡）	浙江黄岩	《作室解》（仿《尔雅》体为之疏证）	乾隆嘉庆间
凌曙（1775~1829）	江苏江都	《仪礼礼服通释》	道光元年
		《礼论略抄》	道光二年
魏云珰（?）	湖北黄州	《仪礼一览》	嘉庆十二年之前
刘逢禄（1776~1829）	江苏武进	《仪礼决狱》	嘉庆道光间
袁履洁（1813年举人）	江苏武进	《仪礼节解》	嘉庆道光间
曾家模（嘉庆八年岁贡）	湖南武冈	《仪礼先易》	嘉庆道光间
杨筠（?）	江苏海陵	《仪礼聚考》	嘉庆元年之前
章平（?）	安徽绩溪	《仪礼注疏温》	道光二年之前

续表

礼学家	籍贯	著述名	成书时间
吴挹桂（？）	安徽桐城	《读礼纂言》	乾隆嘉庆间
		《仪礼要义》	
常增（1825年拔贡）	江苏泰州	《仪礼琐辨》	道光七年之前
丁晏（1794～1875）	江苏山阳	《仪礼释注》	道光三年
杨丕复（1780？～1829？）	湖南武陵	《仪礼经传通解》	嘉庆三年
汪喜孙（1786～1847）	江苏江都	《丧服答问纪实》	道光十三年
吴卓信（1754～1823）	江苏常熟	《丧礼经传约》	乾隆四十五年

从表2可以发现，这一时期《仪礼》研究者的籍贯考察，呈现出鲜明的地域学特征。概而言之，大致表现为如下几个方面。

第一，就经学家地域分布而言，和清前期一样，这一时期的礼经学家仍然大多数出自江苏、浙江、安徽三省。由表2可以看出，乾隆二十年以迄道光十年的这一时期内，这三个省份有专门论著的《仪礼》研究经学家数量较多，其中江苏籍30人，浙江籍17人，安徽籍14人，占总人数的77.22%，这些区域内的经学家继续占据着《仪礼》诠释的话语主导地位。之所以礼经学家大多集中在江苏、浙江、安徽三个省份，究其因由，与前期的地域学考察情况基本一致，如前章所述，三地扎实的经济基础、普及的书院教育、众多的文化世家和深厚的文化底蕴、具有众多有影响力的经学名家等因素，使得其地的学者们耳濡目染间接受到了家乡深厚地域文化思想的浸润和熏陶。

至于其他省份，据统计，南北两方都有相应的士人从事于《仪礼》的诠释、研究，其中南部地区其他省份有10人，依次为江西籍4人，湖南籍3人，四川籍1人，湖北籍1人，福建籍1人，约占总人数的12.66%；北方地区仅有6人，依次为山东籍3人，直隶籍2人，顺天籍1人，仅占总人数的7.59%。这后面八个省份出身学者加起来，也仅占总人数的20.25%，处于绝对弱势的地位。和清代前期对比后可以发现：一是这些次要省份学者的籍贯分布发生了一定的变化，所涉省份更多，增加了江西、四川、湖北、直隶、顺天等地的学者。二是即便是排除了江苏、浙江、安徽三省之后，中南部地区学者从事《仪礼》诠释与研究的人数仍然占据一定的优势，例如江西和湖南二省籍贯出身的《仪礼》学者各有数位人选，其中江西籍的学者分别是龚元玠、李灏、王聘珍、朱瑶四位,湖南籍的学者分别是唐仲冕、曾家模、杨丕复三人。

若单单就北方《仪礼》学者研究情况而言,虽然其间学者人数并不算多,仅仅只有6人但并不乏有影响的经学大家,其中尤以山东人数居多,有3人,依次为:著有《勘仪纠缪集》《丧服表》的孔继汾,著有《仪礼器制改释》的孔广森,著有《仪礼臆测》《仪礼士冠礼笺》的孔广林。三人皆系曲阜籍孔氏家族人氏,由此亦可见出文化世家文化传承的影响力。河北省亦有2人,分别是著有《仪礼探本》的博陵籍学者尹嘉铨和著有《五服异同汇考》的大名籍学者崔述。另外1人,则系顺天大兴籍学者翁方纲,著有《仪礼蠡测签注》一书。这6位学者往往与江南籍出身的学者学术往来密切,以其厚重的人格魅力和扎实深厚的学术素养,赢得了学界的高度认同。

第二,就经学家的渊源情况而言,"清代经学往往以家族、姻亲、书院学堂为中心形成某一地域的学术圈,他们相互影响,又往往会有地域认同,容易形成共同的学术旨趣与学术方法;而经学的传承又往往会以世家、师友相承的方式实现,其学术往往会首先在某一地域传播,某一地域的经学家大多会接受与继承乡贤学派家法,容易形成以地域为范围的学派"①。与有清前期一样,这一时期的经学家有时往往存在着一定的关系,如父子关系、甥舅关系、翁婿关系、学友关系、师生关系,等等。在日常的生活交往与治学过程中,互相学习,互相影响,促进了《仪礼》学研究的兴盛与发展。

以学友关系、师生关系为例,惠栋、戴震、翁方纲、阮元、凌廷堪等人之间的往来事迹,便是极好的例证。乾隆年间,江苏元和学者惠栋与著有《仪礼小疏》的礼学名家吴江人氏沈彤素有深交,在治学上强调延续顾炎武的治学理路,从古文字入手,重视古音训诂,主张"凡古必真,凡汉必好",后来成为清代中期汉学考据的主要发起者。乾隆二十二年,惠栋与当时客居扬州的戴震结识,二人之间论学往复,"交相推重",引为知己,自此戴震治学方式及思想观念发生了很大的改变,主张在对儒家经典的训诂中去寻求义理之学。担任四库馆纂修官期间,戴震向以倡导朴学而

---

① 罗福惠:《江南经学家的学派家法与地缘》,《鄂州大学学报》2006年第5期,第41页。

著称，通过日常的学术交往和具体修书实践，影响了当时很多纂修官员的学术理念。出身于江苏海州的凌廷堪，"次仲论学，极尊东原"[①]，因"慕其乡江永、戴震之学"[②]而渐好治经，常自称为戴震的私淑弟子。凌氏也曾参与过《四库全书》的编纂工作，他尝从翁方纲、钱大昕、阮元学，他遵循戴震实事求是、以词通其道的治学方法，从文字训诂到名物考证，无不博涉旁通，而且重在典章制度，于经史皆有宏深造诣。由于生活困顿，凌氏曾一度主讲敬亭、紫阳二书院，后来又因受阮元聘请，担任阮常生之学业恩师。清廷开设四库全书馆期间，翁方纲也被任命为《四库全书》纂修官，又曾担任过编修一职，与戴震、凌廷堪等亦有交往。凡此种种，不一而足。

（作者单位：井冈山大学人文学院）

[①] 钱穆：《中国近三百年学术史》，商务印书馆，1997，第542页。
[②] 《清史稿》卷481《儒林二》，中华书局，1977，第43册，第13228页。

江南"三织造"与清宫盔甲制作

毛宪民

摘　要：江南"三织造"是贡奉朝廷所需绸缎匹料的主要产地，与清宫内务府关系密切，负责清帝御用盔甲和八旗盔甲的制作，并分期分批将其运送紫禁城皇宫收贮，以便备操阅兵使用。本文旨在探讨御用盔甲和八旗盔甲制作目的，及其制作、改造过程。

关键词：三织造　御用甲　南边绣作　钦定绵胄制

一　"三织造"与清宫内府关系紧密

江宁（南京）、苏州、杭州三地所设之织造局，称江南"三织造"，这里是清代著名的丝织业中心城市，是贡奉朝廷所需绸缎匹料的主要产地。"三织造"与清宫内务府有着密不可分的联系，早在顺治二年（1645），"杭州织造太监卢九德，具疏进御用袍服"[1]；三年"升工部启心郎陈有明为本部侍郎（注：户部），督理苏杭织造事务"[2]。同年，户部奏言："江南提督织造太监车天祥呈称：自崇祯二年，在江南织造历十有五载，顺治二年又蒙豫王委令，照旧织造。今老病不能料理，乞代题辞任。查织造袍服，必资熟练之人，天祥久司织务，仍令照旧管理可也，命车天祥着以原官管理江宁织造，铸给印信。"[3] 顺治八年谕户部："各处织造，所以供朝廷服御赏赉之用，势不可废。但江宁、苏州、杭州三处织造，已有专设官员管理，又差满洲官并乌林人役催督，不但往来縻费钱粮，抑且骚扰驿

---

① 《清世祖实录》卷 22，顺治二年十二月甲申。
② 《清世祖实录》卷 26，顺治三年五月庚午。
③ 《清世祖实录》卷 27，顺治三年八月辛巳。

递,朕心深为不忍。嗣后着停止差催,止令专管官员照发去式样,敬谨织造,解京应用。"①康熙时,江宁、苏州、杭州织造,工部拣选内务府官各一员,久任监造②。"上用缎匹,皆系宽机织造,请增设机房四十二间。得旨:宽大缎匹"③。"著杭州织造,会同地方官,确估工价,动支织造,历年节省钱粮尽心料理,称朕尊崇前代圣王之意"④。乾隆四十一年,谕军机大臣等,"乾隆戊戌年,新疆各处,应需贸易备赏绸缎,开明各项色样、数目,请饬江宁、苏州织造……如式妥协制办"⑤。乾隆五十九年,因永庆等处虽遇雨灾而未成灾,故谕:"永庆安澜,至三处神像,并应照内廷款样,制造龙袍,着该督等量准尺寸,就近交苏州织造,如式绣办送往,以副朕崇德报功,卫民祈佑至意。"⑥

从以上可窥知,自顺治朝始,御用袍服制作已由苏杭织造,内府太监负责监造,由户部侍郎督理织造事务,对宫廷所用的缎匹织机改造,内府"官员照发去式样敬谨织造",其所用匠役亦多为明时旧人,"织务仍令照旧管理"。同时,为了制作清宫廷使用的盔甲,即御用盔甲和八旗盔甲,朝廷不惜直拨经费给予"三织造",如雍正七年,特许将两淮盐商所赠银两,"解京交与内务府,为修理道路及各项工程之用。至次年噶尔泰与运使张坦麟援照前例,复将银十二万两奏请解部,比时适因预备军需。因令交与江南织造,为制办绵甲等项之用"⑦。这里所谈及的绵甲即是制作朝廷所需盔甲之用,下面分别加以述及。

二 "三织造"与清帝御用盔甲的制作

通过对太祖努尔哈赤、太宗皇太极、顺治、康熙、雍正、乾隆等诸帝身穿的御用盔甲进行综合比较,可分析出清帝御用盔甲在制作上的特点。

努尔哈赤御用甲,制作的是长袍式样,这明显沿袭的是明朝制甲的风

---

① 《清世祖实录》卷52,顺治八年正月戊午。
② 《清圣祖实录》卷8,康熙二年二月庚子朔。
③ 《清圣祖实录》卷114,康熙二十三年三月丁亥。
④ 《清圣祖实录》卷210,康熙四十一年十一月壬申。
⑤ 《清高宗实录》卷1017,乾隆四十一年九月壬辰。
⑥ 《清高宗实录》卷1466,乾隆五十九年十二月甲子。
⑦ 《清世宗实录》卷89,雍正七年十二月癸卯。

格；而后世皇太极始所制作身穿的御用甲却都是上衣下裳式，这样更便于骑射之需，驰骋战场时有利于活动自如地与敌方展开近战拼杀。努尔哈赤和皇太极的御用盔甲适用于战争需要，均采取细长宽窄钢片，层叠排列连接，整身整套外用布包裹（称之"暗甲"）的做法，两袖采用以细长钢片连缀接成"明甲"（无布包裹）的做法，穿在身上显得势如破竹，令人胆寒。笔者用手托举，非常沉重，大约有数十斤，穿在身上转身活动虽不舒服，但又无疑地有效阻挡外来打击，其层叠钢片会使敌方虽刀锋刃锐却刺杀无果。

相比较而言，从顺治朝始，其御用盔甲在制作上逐步弃除"明甲"和"暗甲"的做法。顺治帝身穿甲仅下裳幅蓝地人字纹锦排钢叶6道；左右衣袖亦排上、下钢叶1道；康熙帝身穿甲下裳用金线采用钉金针法，黄缎地上绣行龙16条，在每两条行龙间以丝线固定排列整齐共5道代替钢叶；乾隆帝身穿甲下裳面以金叶片、金帽钉、彩绣龙戏珠纹相间排列。由于顺治、康熙、乾隆等帝御用甲采用无钢片制作，分量明显减轻，加入钢叶式样亦多以装饰为主，已无抵御之功，完全是为大阅演兵观瞻而穿用。

笔者注意到，对于制作御用盔甲弃除钢片之"明甲""暗甲"，改造最为彻底的是乾隆帝。早在乾隆四年（1739）十月十四日，总管内务府造办处在制作御用盔甲时，内大臣海望将绣金龙黄缎面盔甲请皇上亲行披试，奉上谕："着将此甲枚勤围上铁叶甲再去些，另行改造，钦此。"同月二十四日，内大臣海望、郎中色勒将改造的枚勤围铁叶并合牌样一件，时进交奏事处王常贵、张玉柱等呈览。奉旨："将枚勤围上铁叶再去些，钦此。"[①] 乾隆帝本打算以"银线做石青面甲上花头，用其金线做月白面甲上明叶用，再甲上所用靠色之金线着伊本地添做"[②]；后又干脆采用"绣金裙条、袖条样"[③] 来减轻甲之分量。从档案可窥视御用盔甲多次被皇帝改造，要求铁叶安装的越少越好，所谓甲上的"枚勤围"，既是现存御用甲裳面以金叶、金帽钉、彩绣龙戏珠纹相间排列共5道，除了丝缎面上的精美针线绣活外，穿着舒适美观，毫无原钢片装饰，更无重量可言。

---

① 中国第一历史档案馆（以下简称一史馆）藏：清乾隆朝《内务府造办处各作成作活计清档》四年十月，鞍甲作。
② 一史馆藏：清乾隆朝《内务府造办处各作成作活计清档》十三年九月，鞍甲作。
③ 一史馆藏：清乾隆朝《内务府造办处各作成作活计清档》八年十月，鞍甲作。

江南"三织造"与清宫盔甲制作

　　乾隆帝认为现今铁盔、铁甲不实用,其"不过于参演时偶一穿戴"[①]而已,并称,"铁盔、铁甲系坚实经久之物,不过于各省查阅营伍时,偶一穿戴,并不常用"[②]。所以,乾隆帝不但对御用甲进行改造,御用盔亦弃除钢铁,改造成牛皮胎髹黑漆式样,要求"皮盔胎再做轻些"[③]。当首领太监将皮盔胎持进呈览时,乾隆批示:"此盔胎重了,另着南边照样做轻些,盔皮胎漆漆不过八九两重,钦此。"[④] 为了突出盔的精致灵秀,采用"嵌珠子,银镀金累丝,貂皮条所托贺顶一件,上嵌大扁珠一颗,小珠子十八颗","银嵌上用漆盔,讨用未至三等东珠五十七颗,大正珠一颗"[⑤],来嵌饰豪华的御用头盔。乾隆帝为了配月白绵子甲上添皮盔一顶,要求内大臣海望"将皮盔着粤海关成做"[⑥],并命制作"皮盔缨顶子"上选择珍珠宝石来镶嵌,这样由造办处七品首领萨木哈"将挑选得嵌东珠盔上东珠六十九颗,大珍珠一颗;嵌宝石东珠盔上东珠二十三颗,红宝石三十二块,蓝宝石八块,碧牙西(碧玺)三块,小果子四块,大黄宝石一块,大果子一块,此二块内或用黄宝石或用大果子,持进交太监胡世杰呈览",奉旨:"准用东珠珍珠嵌在月白缎面绵子甲,补做皮盔上,钦此。"[⑦] 这种摒弃太祖、太宗的制作铁盔的做法,应该说在康熙朝时已实施,其结果清帝头盔戴之后既轻松舒适,又不失美观威仪。另外可知,制作御用皮盔亦镶嵌各等珍珠、宝石,是由粤海关来成造。

　　努尔哈赤和皇太极的御用盔甲,在制作功能上实用、质料素朴,其御用甲所绣图案较为简单,特别甲里为古铜色粗布制成,甲外布银钉装饰。但从顺治帝始至后世皇帝的御用盔甲,用料大为考究,甲外布金钉装饰,而且胸前、胸后还佩有护心镜;质料丝缎绣工细密,绣有各种位置的龙形样式,以及平水、寿山、海珠、杂宝、珊瑚、各色如意云纹等纹饰,按乾隆旨意御用盔甲要"将盔上耳镜准做金累丝的,其甲上绣面并裙条、袖条

[①] 《钦定军器则例》《原奏》,清嘉庆二十一年官刻本。
[②] 光绪《钦定大清会典事例》卷893,《工部·军器·直省兵丁军器》。
[③] 一史馆藏:清乾隆朝《内务府造办处各作成作活计清档》八年十月,鞍甲作。
[④] 一史馆藏:清乾隆朝《内务府造办处各作成作活计清档》八年十一月,鞍甲作。
[⑤] 一史馆藏:清乾隆朝《内务府造办处各作成作活计清档》十六年闰五月,鞍甲作。
[⑥] 一史馆藏:清乾隆朝《内务府造办处各作成作活计清档》八年十一月,鞍甲作。
[⑦] 一史馆藏:清乾隆朝《内务府造办处各作成作活计清档》八年十一月,鞍甲作。

着内大臣海望派懂得做法的人,将金线持去南边指示着绣作"①,"挑好手匠役绣做",其"金银面绵子甲亦交南边绣做,二色金的其绣的金,按朝衣上金的身份绣做"②。档案特指的"南边绣做",其"南边"究竟指哪里?经查阅档案御用盔甲制作实指"苏州织造"③。据乾隆八年(1743)为做皇帝绣黄缎面甲,"于十二月十八日,七品首领萨木哈为往苏州织造处指示绣甲面裙条、袖条,拟派得领催养柱于十二月二十日起身,今为讨用元金锦带去折片一件,持进交太监胡世杰呈览",奉旨:"给元金线三十六两,着带去挑好的用,剩下回残带来,钦此。"④另外,乾隆三十四年正月十九日,库掌四德、五德来说太监胡世杰传旨:"照先做过石青缎绣二色金绵子盔甲,按样式成造一副,其绣活仍交苏州绣做,先将旧样送进呈览,赶七月以前出外要得,钦此。"⑤看来顺治朝以后诸帝的御用盔甲绣工活计,是专由苏州织造承办完成,由清宫内务府造办处派人指导,并带去制衣的式样材料,完活后再由苏州织造派专人护送进京。

乾隆御用盔甲在清宫中保存最多,不但样式繁多,品种多样,绣工活计上乘,而且在制作御用盔甲时要先画出"盔甲纸样",供皇帝呈览批准,方可制作实施。甚至对于"金丝纱一块,计二十一尺",亦传旨:"做甲袖子用,先做样呈览,准时再做,钦此。"⑥据档案记载,在制作御用盔甲时,乾隆帝要求"将现画石青缎绵甲样呈览,准时交萨载带去绣做,再将赏大学士傅恒之甲要来着萨载看样"。其后,笔帖式富呢呀汉"将画得盔甲纸样一分,并挑得金线四十仔,共重二十二两九钱,银线二十仔,共重十一两七钱五分持进,交太监胡世杰呈览"。奉旨:"照样准用金银线绣做。"⑦同样清宫在制作御用月白面绵子甲时,也是由太监首领"将画得月

---

① 一史馆藏:清乾隆朝《内务府造办处各作成作活计清档》八年十月,鞍甲作。
② 一史馆藏:清乾隆朝《内务府造办处各作成作活计清档》十三年九月,鞍甲作。
③ 一史馆藏:清乾隆朝《内务府造办处各作成作活计清档》十四年三月,鞍甲作。据档案记载:"于十四年三月二十八日司库白世秀、达子七品首领萨木哈,将苏州织造图拉送到绣金银线月白缎甲面一副、绣金银线石青缎甲面一副,并剩下头尖等银线十八两四钱,持进交太监胡世杰呈览,奉旨:'将银线留下,其甲面二副着持出成做,钦此'。"
④ 一史馆藏:清乾隆朝《内务府造办处各作成作活计清档》八年十二月,鞍甲作。
⑤ 一史馆藏:清乾隆朝《内务府造办处各作成作活计清档》三十四年正月,鞍甲作。
⑥ 一史馆藏:清乾隆朝《内务府造办处各作成作活计清档》十三年十月,鞍甲作。
⑦ 一史馆藏:清乾隆朝《内务府造办处各作成作活计清档》三十四年正月,鞍甲作。

白面绵子甲纸样一张持进"交乾隆呈览，然后"奉旨照样准做，俱要做龙的掐边线，俟交出金时发去成做。交先传做金银面绵子甲，先画样呈览准时一并发去，着养住监造"①。可见，乾隆对于御用盔甲的制作，要求精益求精，画样准时准确，一丝不苟，对金银线的绣活运用的十分讲究。

综上所述，通过对清诸帝御用盔甲制作对比，不难看出乾隆朝制作御用盔甲在质地、材料、绣工各个方面都达到了顶峰，而且这些也是清宫中制作保存最多、最完好的。御用盔甲的制作是由江南"三织造"特别是苏州织造来完成，乾隆朝对御用盔甲的制作改造，是社会政治、经济发展的必然结果，时值社会稳定经济繁荣，"军机大臣等议覆：前因铁甲不能适用，酌议各省驻防及绿营兵丁一体改造绵甲，交各织造，分年制办"②。铁甲穿在身上已不实用，更不适用大阅时的队伍整齐、好看，这也是乾隆朝对御用盔甲和八旗盔甲改造的一个方面。

三 "三织造"与八旗盔甲的制作

1601年努尔哈赤把女真人行师出猎十人领催制改编为牛录制。每三百人立一牛录额真管理。初建时仅有四个牛录，各以黄、白、红、蓝四种颜色的旗相区别。到了1615年，也就是正式建国前一年，已扩大编制成了八旗。除已有的四正色以外，又增加了四镶色的旗，就是黄、白、蓝旗各镶红边，红旗镶白边，合起来就是正黄、正白、正红、正蓝、镶黄、镶白、镶红、镶蓝八旗。其编制人数与组织领导，如清朝文献记载："上既削平诸国，每三百人设一牛录额真，五牛录设一甲喇额真，五甲喇设一固山额真。每固山额真左右设两梅勒额真。初设有四旗，旗以纯色为别：曰黄、曰红、曰蓝、曰白。至是添设四旗，参用其色镶之，共为八旗。"③ 八旗是努尔哈赤创建的军政合一的组织，"我国出则为兵，入则为民。耕战二事，未尝偏废"④。"以旗统人，即以旗统兵"⑤。八旗制度的建立为努尔哈赤创建后金国家奠定了坚实的基础。

---

① 一史馆藏：清乾隆朝《内务府造办处各作成作活计清档》十三年十月，鞍甲作。
② 《清高宗实录》卷960，乾隆三十九年六月甲申。
③ 《清太祖实录》卷4，万历四十三年十一月癸酉朔。
④ 《清太宗实录》卷7，天聪四年六月壬寅。
⑤ 《清朝通典》卷68，兵1。

为了检验八旗军队的训练情况，提高官兵将士的军事素质，清初规定，八旗每年春秋两季举行春操和秋操，包括马兵、步兵及火器的实战演练。清代大阅始于入关前的皇太极时期。顺治时规定，大阅每三年举行一次，地点在南苑围场。康熙以后，大阅地点不固定，或在南苑，或在卢沟桥，或在玉泉山，或在口外的多伦，也不一定以三年为限。据文献记载，康熙、乾隆等皇帝为督促八旗官兵训练骑射武功，增强战斗力，身先士卒，多次身穿盔甲检阅八旗将士。当时八旗官兵列阵身着红、黄、蓝、白式盔甲，军官则身着白、蓝、青缎校尉式盔甲，其场面气势磅礴，威武雄壮。

乾隆二十一年钦定绵胄制规定："八旗额设铁盔铁甲，将三分之一改造绵甲二万件，收贮备用。另造不用铁叶，绸面金钉盔甲一万八千余副，以备大阅合操之用。"① 同年，管理旗务王大臣等奏："大阅时，只应挑派兵一万八千八十三名，所需绵甲酌造三分之一，计二万副已足敷用。请分交三处织造，于三年内陆续制成，解交内务府、工部各贮一万副。至旧例兵丁之甲，俱用铁叶、布面绣花应改为绸面加钉制造，铁叶、绣花概行裁去。造成时，交各该管，同诸项军器分贮，仍不时查阅，毋庸另派王大臣点验，其宗人府王公及大臣官员等之军器，向例三年奏请点视一次，今均改为五年。"得旨："所需绵甲交织造等先行制成，其新式衣甲，着内务府总管定拟式样呈览后，再交织造。俟造成，一并交内务府总管衙门收贮。"② 同年十月内务府奏请，先由内务府组织设计，将八旗盔甲画出式样，再由三织造先作盔甲式样十一副（除承做八套八旗盔甲外，还承做三套校尉盔甲），验视后再行成造。奉旨："交内务府大臣定拟式样、呈览，交三处织造。俟造成绵甲后即行成造。"③ 内务府遵旨，"将应造绵甲令其照依旧式成造外，其锭钉盔甲绘画纸样发三处织造"④。三织造按画样先制作十一副锭钉盔甲式样解送到京，由内务府将其盔甲式样呈乾隆御览，俟钦定拨交三织造按限办造。是年十一月，经军机大臣同阅兵王大臣等议奏："阅兵应派兵丁一万八千七十三名成造绸面锭钉盔甲交三处织造"；十

---

① 光绪《钦定大清会典事例》卷710，《兵部·军器·盔甲之制》。
② 《清高宗实录》卷526，乾隆二十一年十一月戊申。
③ 《钦定总管内务府现行则例》卷2，《武备院》，清咸丰内府抄本。
④ 《钦定总管内务府现行则例》卷4，《广储司·贮库绵甲》。

二月又将在工部成造的八旗护军校、骁骑校等盔甲二千副停止，均转入绵甲处由三织造处成造；其按兵丁绵甲式样呈做，稍为变通各成造二千副收存①。所谓盔甲式样"稍为变通各成造二千副"，即以故宫博物院藏清代八旗校尉白缎、青缎、青绸盔甲与八旗兵丁盔甲比较，在制作规格上，其所用材料要高于八旗兵丁盔甲，而且比八旗兵丁盔要多制作两袖。从清代八旗盔甲制作规格上，凸显八旗官兵在军服穿戴上之封建等级差别。

据档案文献记载，总管内务府组织江宁、苏州和杭州三织造处，制作成造大批八旗盔甲，其实际用途是提高八旗军事训练素质和备操阅兵观瞻之效果。总管内务府为备出操接受皇帝阅兵，"查给兵丁置做绵甲、八旗应验军器兵共六万一千余名，请按三分之一核计制造二万件，其制造此二万件绵甲分派三处织造官员作为三年陆续如数造成"，而且原定交工部成造的一万件盔甲也统交三织造成造②。乾隆二十三年奏准："大阅官兵所用盔甲一万七千五百二十八副，存储东华门城楼，交武备院经管。"③ 同年十二月，武备院收到三处织造解交锭钉盔甲数目如下：护军校盔甲一千二百四十副、骁骑校盔甲一千副、八旗前锋护军盔甲八百八十八副、八旗护军盔甲四千九百三十六副、八旗骁兵盔甲八千五百五十八副、八旗鹿角兵炮手盔甲九百七十六副，以上共收锭钉盔甲一万七千五百二十八副④。作为皇朝大阅之用，"应行出操八旗满洲火器营二千八百六十四名、八旗汉军火器营兵五千五百十二名、前锋营兵八百八十二名、护军官兵五千二百九十五名、八旗骁骑满洲蒙古兵三千五百三十名，共应派除兵一万八千八十三名"；根据乾隆二十一年十一月军机大臣会同阅兵王大臣等议覆内称"阅兵应用兵丁一万八千七十三名"⑤，即表明，为大阅需要此项成造绵甲在一万八千余件左右。

为什么乾隆朝在制作供大阅的八旗盔甲时摒弃用铁叶和刺绣，不再修造铁盔铁甲，而是采用将八旗盔甲改造为纺绸面制造，特别是将其改制成

---

① 《钦定总管内务府现行则例》卷2，《武备院》，清咸丰内府抄本。
② 《钦定总管内务府现行则例》卷4，《广储司·贮库绵甲》。
③ 光绪《钦定大清会典事例》卷1024，《内务府·武备·制造兵仗》。
④ 《钦定总管内务府现行则例》卷2，《武备院》，清咸丰内府抄本（实数则为17598副）。
⑤ 《钦定总管内务府现行则例》卷4，《广储司·贮库绵甲》。

穿戴轻巧实用的绵甲。究其原因是乾隆帝认为"铁盔铁甲系坚实经久之物，亦不过于督抚、提镇查阅营伍时偶一穿带，即调派出兵若穿铁盔铁甲，打仗必致难于转动，此历来出兵打仗之人所深知"①。

乾隆帝意欲改造盔甲，一是"为慎重营伍，体恤兵丁"②。因为在顺治、康熙朝时这些"甲衣用铁叶一百三十六，每叶长二寸五分，广二寸；甲裳用铁叶一百一十六，护肩、甲袖、护腋、遮裆、左裆均用小铁叶"；铁盔"以铁二片制如帽形，上锐下平，合而成之曰：盔即兜鍪。……护项用铁叶九，护耳二用铁叶各六，护颈同甲制"③。乾隆帝认为"非惟苦累兵丁且铁叶甲亦仅军容而已，至于临阵不甚裨益，莫若绵甲尚属有用，理宜通融办理，不致苦累兵丁"④。所以，"乾隆二十一年钦定绵胄制，盔以革髹漆，顶植铜叶，护项、护耳、护颈均敷绵。甲亦敷绵，所不同的是官绮表绸里，外布黄铜钉镂金；兵绸表布里，外布白铜钉镂银"⑤。这样，乾隆朝八旗铁盔铁甲有三分之一改造成绵甲，不仅如此，还将"热河盔甲照京城之例，改造绵甲三分之一，以资实济。各省盔甲划一办理"⑥。

二是为核实办理应修军械等项，以防"营伍开销浮冒之渐，其虎衣、虎帽等项，尤为虚设无用，又何必定限修整，以此内推其中似此者谅亦不少，各省修造军械银两亦应酌定数目，岂可听其任意开销"⑦。

三是因为乾隆时有一批战争时所用盔甲回库房，虽然有些旧污，但清洗干净更换后仍易于大阅所用。据乾隆十七年（1752）四月，经大学士等并军机处奏准："金川凯旋所有三省兵丁与八旗前锋兵丁及演云梯兵丁等，带往绵甲五千二百六十九件令其交回贮库，除遗失四件赏给公策楞鞔锦绵甲一件，军营做箭挡用过二件外，陆续收过绵甲共五千二百六十二件，内

---

① 《钦定军器则例》《原奏》，清嘉庆二十一年官刻本。
② 《钦定军器则例》《原奏》，清嘉庆二十一年官刻本。
③ 光绪《钦定大清会典事例》卷710，《兵部·军器·盔甲之制》。
④ 《钦定总管内务府现行则例》卷4，《广储司·贮库绵甲》。
⑤ 光绪《钦定大清会典事例》卷710，《兵部·军器·盔甲之制》。
⑥ 光绪《钦定大清会典事例》卷710，《兵部·军器·盔甲之制》。
⑦ 《钦定军器则例》《原奏》，清嘉庆二十一年官刻本。另据光绪《钦定大清会典事例》卷710，《兵部·军器·给发军器》记载："铁盔、铁甲系坚实经久之物，不过于督抚、提镇查阅营伍时偶一穿带，并不常用，不必定以备制年限。其虎衣、虎帽等项，尤为虚设无用，不必定限备整。"

有堪用绵甲二千七百三十六件，毋庸粘补即行收贮外，其余甚油污不堪用，应换里面绵甲五百五十五件，里面油渍变色微破绵甲七百九十四件，大油污绵甲一千一百七十七件……以上堪用绵甲共五千二百六十二件贮库收存"。对油污变色的破烂不堪的一千一百余件盔甲"需换面石青花纺丝，换里月白杭细俱由缎库转行织造外，办运送应用其添补换里，用本库现存零星春绸纺丝"①，对这批盔甲进行了三分之一的改造，以迎合朝廷大阅合操之用。

目前，故宫博物院所珍藏的清宫遗留下来的八旗盔甲是十一副（套），数目即藏八旗兵丁盔甲八副和八旗护军校、骁骑校和前锋护军的盔甲三副，均由清代江宁、苏州、杭州三织造制作。从目前不完全统计，所见故宫藏镶黄旗甲上衣里所盖墨印迹："乾隆二十九年制第一次杭州织造监制"；正白旗甲上衣里所盖墨印迹："乾隆三十一年制第三次杭州织造监制"。清代八旗校尉白缎、青缎、青绸盔甲，均由苏州织造局制作。这批制作的八旗盔甲从年份时间上能与上述史料文献吻合，基本上是分三次运送清宫完成收贮的。清宫库存绵甲由总管内务府武备院负责库贮收存。现今这批八旗盔甲仍以原样采用粗蓝四方布包裹。笔者依据原始账统计：正红旗盔甲 800 件、镶红旗盔甲 731 件、正黄旗盔甲 730 件、镶黄旗盔甲 712 件、正白旗盔甲 743 件、镶白旗盔甲 724 件、正蓝旗盔甲 744 件、镶蓝旗盔甲 722 件、白缎盔甲 1038 件、青缎盔甲 818 件、青绸盔甲 1741 件，总计：9503 件。此数字与文献记载，即大阅所需一万八千余副盔甲，"请分交三处织造，于三年内陆续制成，解交内务府、工部各贮一万副"②，基本相符。

四 "三织造"制作盔甲与宫廷存贮

故宫博物院珍藏武备兵器之一的防护装具——清帝御用盔甲，主要是清宫保存下来的遗产，其藏有太祖努尔哈赤红闪缎面铁叶盔甲、太宗皇太极蓝缎面绣龙铁叶盔甲、顺治帝锁子锦盔甲、康熙帝明黄缎绣平金龙云纹大阅盔甲、雍正帝月白缎绣金龙绵盔甲、乾隆帝织金缎万字铜钉绵盔甲、

---

① 《钦定总管内务府现行则例》卷 4，《广储司·贮库绵甲》。
② 《清高宗实录》卷 526，乾隆二十一年十一月戊申。

金银珠云龙纹盔甲、咸丰帝织金地几何纹铁叶盔甲等帝王穿戴的十数套御用盔甲。这些御用盔甲在包装上相当讲究、保存上各具特色。"武备院收贮上用盔甲"①，对御用盔甲在保存管理上则称之为"恭贮"。对御用甲均采用黄布绸缎包裹，每套分八至十二片，每片亦用黄绸缎铺垫丝绵，以免甲与甲之间因镶铁、铜鎏金片等饰物而相互磨擦、碰撞、硬扯而损坏；有的御用甲还存放在长77厘米、宽62.5厘米、高22厘米的楠木箱内，箱内铺一层薄绵黄绸缎垫，箱外面髹黄漆，每侧面均描金两行龙，龙首中描饰一火珠和布如意云纹，箱周边框饰回纹。御用盔采用楠木饰漆做成帽形样，漆木盒内铺一层薄绵黄绸缎垫，将其放入其中能有效地防止碰撞；有的御用盔还放在木圆盒内，盒面描金行龙、凤彩、云纹等纹饰。此盔平日不戴，待皇帝大阅时穿戴。从乾隆朝档案看，盔甲箱一般由楠木或杉木成作②，均保存在位于太和殿院落东侧的体仁阁楼上。乾隆朝明确规定了"抖晾陈设盔甲"的具体事宜。乾隆二十四年十一月颁旨："体仁阁楼上供奉盔甲，着武备院卿员会同内务府大臣，一年一次查验抖晾。"武备院奉旨，"嗣于每届三年由内务府委派司员查库，随时将逐件敬谨查看、抖晾"③。总管内务府和武备院所采取的一系列保管措施，的确为保护御用盔甲起到了很好实际效果，有力地防止虫害的发生和霉变，防止御用盔甲饰件的脱落、尘染及损坏。

乾隆二十三年奏准："大阅官兵所用盔甲一万七千五百二十八副，存储东华门城楼，交武备院经管。"④总管内务府针对三处织造成造的一万七千余件盔甲的存放地点进行议奏："今看得东华门、西华门二处城楼上甚属洁净，宽阔亦无潮湿之气。现今解到绵甲即在此二座门楼之上收存，其余尚未造成得（的）绵甲并锭钉盔甲，俟陆续解到时亦在此二座门楼上收存，如收足不能容放，在北面二角楼分收。"⑤另据《钦定军器则例》记载："至绵甲、号帽收贮东华门楼内，腰刀、箭枝、撒袋收贮端门楼内，

---

① 一史馆藏：清乾隆朝《内务府造办处各作成作活计清档》十年五月，鞍甲作。
② 一史馆藏：清乾隆朝《内务府造办处各作成作活计清档》十四年三月，鞍甲作。
③ 《钦定总管内务府现行则例》卷2，《武备院》，清咸丰内府抄本。
④ 《钦定大清会典事例》卷710，《兵部·军器·盔甲之制》。
⑤ 《钦定总管内务府现行则例》卷2，《武备院》，清咸丰内府抄本。另见《钦定总管内务府现行则例》卷4《广储司·贮库绵甲》。

仍派包衣、官员于每年四季留心晾晒，毋致浥锈，至需用时领用。每过奏请查验八旗等盔甲时，派出王大臣就近赴各门楼一体查验，稍有应行修理者，动支官项修理。"① 所修理的盔和绵甲均"三十年制，十五年修"。这说明乾隆时期，武备院收到三处织造成造的绸面锭钉盔甲、锭钉绵甲，即主要收存在东华门、西华门和北角楼，是为收存盔甲、绵甲（亦称之"阅兵绵甲"）之库。

乾隆四十七年五月，副都统范建忠奏请："将八旗汉军藤牌营绵甲八百件号帽、八百项，交武备院随阅兵绵甲一同在东华门楼收存"，奉旨："每年四季著武备院转传八旗汉军、章京、兵丁等抖晾。"② 紫禁城内东华门、西华门、角楼等处存放万余件盔甲，清宫为防止盔甲潮湿、尘垢污秽，特意安设木架，酌于每个木架之上各做蓝布垂门帘苫盖，每逢抖晾逐副下架查看，必须黑毡铺地，所需黑毡向毡库暂行领用，事毕仍照数交回。乾隆五十三年五月呈准：阅兵绵甲盔缨分收十箱，每年行用潮脑十斤熏御。五十六年四月呈准，东华门楼收存阅兵绵甲，隔一年抖晾一次，派领催十二名、匠役八十名，各行给口分，限五十日完结。是年六月呈准：东华门楼并角楼收存阅兵绵甲之木隔，四面俱锭挂布帘幔未能严密，不无尘垢之虞。请将此项木隔改为三面木板用松木成锭，前面成做柜门，木隔上原抹饰灰片，一并咨行营造司派员赴东华门楼踏勘成做并抹饰灰片③。从上述我们看到乾隆朝对盔甲保管有佳，不仅对库房严加修整，为防盔甲潮湿，采用各种可行方法，如熏潮去虫，抖晾防霉等。这一系列的保管盔甲措施，亦使我们能够看到现今保存的八旗盔甲依然色彩如新。

嘉庆朝继承沿袭了乾隆朝保管盔甲的做法，八旗盔甲依然为皇帝阅兵之用。嘉庆十三年（1808）十月奏准："衣库现存绵甲九千三百五十件，作为库存。嗣后遇有奉旨应用之处，始准动用给发。如各省驻防及绿营兵丁有应行请领者，即令各该处就近官为制造，勿庸远赴京城请领。"④ 嘉庆十七年五月奏准："本年阅兵，各旗营领用过库存锭铜钉盔甲一万六千四百六副，今由各旗营照数全行交回，并无缺欠。逐件详细查看，各旗营均

---

① 《钦定军器则例》卷1《条例》，清嘉庆二十一年官刻本。
② 《钦定总管内务府现行则例》卷2，《武备院》，清咸丰内府抄本。
③ 《钦定总管内务府现行则例》卷2，《武备院》，清咸丰内府抄本。
④ 《钦定总管内务府现行则例》卷4，《广储司·贮库绵甲》。

有微渍磨破,失去钉、绦者一二成不等,查上次阅兵用毕交回时亦有此等情形,曾经声明修理在案。查此项盔甲仅为大阅使用之项,虽有渍脏等项情形尚堪备差,未便拘泥前案办理,此次似可毋庸行修。"① 在嘉庆时,这万余件盔甲仍在东华门、西华门和角楼上存贮,根据清代户部库藏缎匹等项之保管经验,采用"按架排列字号,分储各项,并箱篓物件,一并照具清册。于支放时按册出陈留新,并楼存布匹丝绒等到项,亦俱分别新陈,依次收贮,按册查对支放"②。查验贮存物品时,由兵部组织文武大臣、官员定期点验。届时兵部定准日期,知会武备院转传八旗汉军官员备好接受查验。督查点验盔甲有制度约束,检查御用盔甲由总管内务府大臣和武备院官员亲临现场;检查八旗盔甲则由王公大臣带领兵部、武备院等文武官员到实地勘查,而且定期对盔甲进行抖晾。这期间各部门之间相互协调配合,各司其责,使其保存的各类盔甲都能达到防虫、防潮、防尘、防害之目的,亦使我们今天仍能目睹其整洁、鲜亮的清代皇帝御用盔甲和八旗盔甲。

最后需指出,江南"三织造"在为朝廷制作所需盔甲方面,具有着非常重要的作用。乾隆二十二年,军机大臣等奏:"各省驻防兵数,原视各该地方情形,今应制绵甲一项,若统计兵数造办,似属纷繁。查盛京、吉林、黑龙江、绥远城、右卫、西安、庄浪、凉州、宁夏、成都等十处,俱系沿边,应计兵数三分之一,豫(预)备绵甲。请分敕三处织造与京城兵绵甲,一体制办,解内务府转,行各该处委员领取。其制造经费,于各该处兵丁钱粮,照例坐扣。"乾隆谕批:"依议。"③ 这说明,"三织造"不仅仅是为清宫制作大阅御用盔甲和八旗盔甲,它还负责各地方的军需盔甲的制作任务,亦由此看出江南"三织造"不愧是清代著名的丝织业中心城市,是贡奉朝廷所需绸缎匹料的主要产地,有着重要的作用和地位。

(作者单位:故宫博物院)

---

① 《钦定总管内务府现行则例》卷2,《武备院》,清咸丰内府抄本。
② 《钦定大清会典事例》卷182,《户部·库藏·缎匹库》。
③ 《清高宗实录》卷530,乾隆二十二年正月辛丑。

从乾隆帝宝玺观其艺术品位

恽丽梅

摘　要：乾隆皇帝号"长春居士""信天主人",老年自称"十全老人"。从乾隆时期的文物中不难看出乾隆皇帝的艺术品位是造型与美感的统一,在造型、纹饰、画法、题诗、诗文字体、款识、工艺等方面追求十全十美和华丽之美,特别是他的题诗与印章,在一些器物和书画上所题诗文及所钤印章内容极为丰富。乾隆时期篆刻宝玺1800余方,本文根据历史文献、档案与印章实物进行了分析,对乾隆帝的印章进行考释,文章分为宫殿与园林印、鉴赏印及使用、宝玺特点、宝玺艺术四个方面进行论述,解读乾隆皇帝的艺术品位。

关键词：乾隆帝　宝玺　宫殿印　鉴赏印　品位

在古代、近现代书画艺术品鉴赏、辨伪方面,印章发挥着无法替代的重要作用。古代皇帝的"御玺",既是珍贵的历史文物,更是集章料、篆刻艺术和其自身特有的文化内涵于一身的珍宝。乾隆帝自幼博览群书,对汉文化的兴趣尤其浓厚,虽政务繁忙,仍不忘读书吟诗,这在他的宝玺中有充分的体现。乾隆帝处处效仿其祖父,即位后镌刻了大量的宝玺,还下令把他特别喜欢的印文,制造了不同形状和不同质地多方,印藏于不同的宫殿或用于书画典籍等。乾隆时期篆刻宝玺1800余方,本文根据历史文献、档案及印章实物进行分析,对乾隆帝的印章进行考释,并从宫殿与园林印、鉴赏印及钤用、宝玺特点、艺术品位四个方面进行论述,解读乾隆皇帝的艺术品位。

一　宫殿与园林印

故宫现藏宫殿宝玺约500方,除清初的武英殿等少量几方宝玺及清晚时慈禧制造了一些宫殿鉴赏印外，多为乾隆时期的宫殿、馆院玺。故宫现收藏的宫殿印有三种形式：一是大印玺；二是同一宫殿的印玺及玉册；三是宫殿组合玺。乾隆朝造办处活计档案也记录了一些印章的制造情况，特别是完成后交何处、摆在那个宫殿都有记载。从中我们得知在乾隆制作收藏众多的宝玺，一般收藏于他认为比较重要的宫殿。

乾隆时期宫殿与园林印多为玉质，钮式为交龙钮、阳文。故宫现存实物宫殿与园林大印（指印面在10厘米左右的，一般在9~13厘米之间）有文华殿宝、御书房宝、文渊阁宝、文溯阁宝、乾清宫宝、养心殿宝、三希堂、懋勤殿宝、弘德殿宝、重华宫宝、皇极殿宝、宁寿宫宝、养性殿宝、五福五代堂宝、符望阁宝、延春阁宝、乐寿堂宝、知过堂宝、抑斋、诚肃殿宝、南海子南行宫宝、学诗堂、山近轩宝、水芳岩秀、古香斋、文园狮子林、避暑山庄、避暑山庄五福五代堂宝、戒得堂宝、继德堂宝、纪恩堂宝、四知书屋、秀起堂宝、烟雨楼宝、同乐园宝、快雪堂、承光殿宝、清舒山馆之宝、圆明园宝（经火）等。一些印台四周还镌刻御制诗文，一般存于所建的宫殿与园林中。故宫现藏有1件青金石蟠螭纽"养心殿铭"，长10.4厘米，宽10.4厘米，通高10厘米。青金石印蓝色通体金星，顶雕大螭二，小螭七，伏于覆斗瓦纽之上，底镌阴文楷书养心殿铭文，上有乾隆御制款。此印为乾隆御制文初集养心殿铭全文，为乾隆二十八年（1763）前所作，质料珍贵，附嵌玉云龙点翠铜匣及锦袱，做工精致，具有时代特点，为一级品乙。根据《乾隆宝薮》统计，乾隆大印玺共约240方。

宫殿宝既有印、又有册，这是乾隆时期一种特殊的现象。乾隆时期大修土木建筑宫殿，再加上有了新疆和阗玉充足的玉源，乾隆帝遂令工匠把许多殿名都镌刻成宝玺，并亲自撰写宫殿记文，论述该殿建造、命名源起，再将他的得意之作制作成玉册。乾隆帝六下江南，并且仿照其美景建造了一些园囿，比如热河的避暑山庄，故宫现藏的乾隆避暑山庄宫殿印比较丰富。皇帝每年要在避暑山庄居住半年，所以避暑山庄是清代第二个政治中心，它以著名的七十二景和外八庙等风景区而著称于世。乾隆帝常使用的宫殿宝玺有重华宫、养心殿、乐寿堂、烟雨楼、避暑山庄五福五代堂、文渊阁等。乾隆时期凡园亭行馆有可静憩观书者，率以"抑斋"为名。紫禁城有抑斋、圆明园有两个抑斋。乾隆帝的印玺同一印文有多方，故宫现存"戒得堂"5方,"重华宫""避暑山庄"各4方;另有以上三阁御制诗玉册2件,"戒得堂"8册,"宁寿宫""四知书屋""五福五代堂"各7册,"重华宫"4册,我们可以看出乾隆皇帝对这些宫殿的重视程度。

宫殿组合玺一般2~3方一组,极少数也有4方者。一组内的质地、钮制相同,其中一方为宫殿玺,另两方则为诗句成语玺。根据《乾隆宝薮》统计,乾隆成套收藏印有奉三无私、惟精惟弌、乾隆宸翰,德日新、所宝惟贤、乾隆御笔,三希堂、古稀天子、犹日孜孜,德日新、信天主人、所其无逸,三希堂、致中含和、政在养民,三希堂、惟精惟弌、乾隆御笔,三希堂、画禅室、乾隆(两字为一印),征观、德充符、会心不远,石渠宝笈、自强不息、与物皆春,乾隆御玩、内府图书、长春书屋御制,乾清宫鉴藏宝、养心殿鉴藏宝、重华宫鉴藏宝、御书房鉴藏宝,淳化轩、信天主人、乾隆宸翰,烟雨楼、古稀天子之宝、犹日孜孜,戒得堂、古稀天子之宝、犹日孜孜,如如水镜、得象外意、乾隆宸翰,芝田、敛福宜民、敬用五事,含和、情赏为美、圭璋文府,智仁山水德、所乐在人和、与和气游,鉴古、学古有获、学耨礼耕、☰(乾卦)、古稀天子之宝,泉香亭、乾隆宸翰、落花自有文章趣,信天主人、古稀天子,石渠定鉴、宝笈重编、古稀天子之宝、犹日孜孜,乾、隆、古稀堂,寿、古稀天子之宝、石渠宝笈所藏、秘殿珠林藏、秘殿新编、珠林重定等[①]。以上这些组印的印文以顿号隔开,逗号内为一组,一组印多盛放在一紫檀印匣中,匣上有描金字印文。虽然现在有的印故宫已不存,但从《乾隆宝薮》中,我们能够看到它们的组合情况。

乾隆朝是清代建筑宫殿园林的高峰期,在北京著名的建筑和设施上几乎都留下了他的印迹。故宫藏宫殿宝大多是乾隆时期制造的宝玺,如重华宫原为乾西五所之西二所,为乾隆当皇太子时的寝宫,也是兆祥之所;乾隆即位后把西二所升为宫,重华宫的乐善堂作为乾隆所著的诗文集的名称。重华宫宝和宁寿宫宝,乾隆令人镌刻多方。乾隆在位期间多次下旨,特别是在改建乾西五所之西二所为重华宫和修建宁寿宫后,他就不断地把喜爱之物收藏于此。

---

① 恽丽梅:《紫禁城室名宝玺综论》,《沈阳故宫博物院院刊》第八辑,中华书局,2010。

二 鉴赏印及钤用

故宫藏《乾隆宝薮》印玺有1000余方，但故宫博物院现存实物中有720方成套印未入《乾隆宝薮》中。乾隆帝经常使用的印章有500余方[1]，这些印玺均收录于《乾隆宝薮》中。乾隆皇帝在书画经常使用的印玺，《中国书画家印鉴款识》收录172方[2]。宫殿印后来发展为宫殿鉴赏印，三希堂精鉴玺、宜子孙、御书房鉴藏宝、石渠宝笈所藏、毓庆宫书画记、宁寿宫续入石渠宝笈、五福五代堂古希天子宝等成为乾隆皇帝的收藏常用玺。

1. 书籍

清代内府典藏、编纂书籍数量宏大，由于品种不同，藏书地点也不同，皇家藏书处有数百处，分布于紫禁城内外的宫殿、皇家园林、盛京皇宫及各地行宫，而在其收藏地均有宫殿宝。故宫现藏古籍善本书中钤有"天绿继鉴""宁寿宫宝""静寄山庄"等收藏印记。如乾隆九年（1744）建乾清宫之东昭仁殿书库，依汉代宫中藏天禄阁故事之意，乾隆皇帝亲书匾额"天禄琳琅"，将内府藏书中的宋、元、明善本进呈御览，选入"天禄琳琅"者，装帧、玺印划一[3]。乾隆时遍访藏书，辑为《四库全书》于大内文渊阁，复于圆明园建文源阁，热河文津阁，盛京文溯阁，各贮全书一部。又以江浙人文渊薮，缮写三份，在江浙分别建三阁而贮，但以紫禁城内文渊阁所藏为最精。乾隆皇帝组织纂修的《四库全书》，34000余种，36000余册的大书，藏于历时17年建造的"北四阁"和"南三阁"中。其中"北四阁"藏书不对外开放，"南三阁"藏书面向广大士子开放，可到其阅览抄写，从七阁藏书不同用印中我们可以看出其区别。文津阁钤"文津阁宝""避暑山庄""太上皇帝之宝"印；文源阁钤"文源阁宝""古稀天子""圆明园宝""信天主人"印；文渊阁钤"文渊阁宝""乾隆御览之宝"印；文溯阁钤"文溯阁宝""乾隆御览之宝"印；而文宗阁、文汇阁、文澜阁三阁藏书首页只钤"古稀天子之宝"，尾页钤"乾隆御览

---

[1] 天秀：《乾隆的图章》，《紫禁城》1992年第5期。
[2] 上海博物馆编《中国书画家印鉴款识》上册，文物出版社，1987，第242页。
[3] 朱赛红：《清代盛期皇家藏书：规模、类型及其职能》，《清史论丛》，中国社会科学院历史研究所清史研究室编，中国广播电视出版社，2001。

之宝"印。乾隆还将《四库全书》中的精华缮为《四库全书荟要》，专供大内检读，存于御花园摛藻堂，另一部副本贮于圆明园味腴书室。《四库全书荟要》首页钤葫芦形"摛藻堂"印，末页钤方形"八徵耄念之宝"，乾隆帝还将重要的书籍收藏乾清宫、皇史宬、盛京等处。

故宫现仅存四阁中的2宝，白玉交龙纽"文溯阁宝"，印文方12.8厘米，通高7厘米，纽高4厘米。青玉交龙纽"文渊阁宝"，印文12.7厘米，通高9.5厘米，纽高4.9厘米。"文津阁宝"于1971年拨承德避暑山庄，而圆明园文源阁印丢失，四宝均为阳文篆书。故宫现还藏有青玉"文津阁"印，印文长4.4厘米，宽2.9厘米，通高2.9厘米，纽高2.9厘米。此印为云龙纽长方形，篆书。"文津阁"位于热河避暑山庄内，建于乾隆三十九年。"文津阁宝"与"古稀天子之宝""犹日孜孜"为一组印，同贮于木匣。此套印应是乾隆四十五年乾隆帝七十圣寿之时制作。"古稀天子之宝""犹日孜孜"印是乾隆晚年经常使用的宝玺，乾隆帝下令制造了几十方"古稀天子之宝""犹日孜孜"宝玺，与不同的宫殿组合成组印，这只是其中的一组。

在天禄琳琅《通鉴总类》等书上钤有"五福五代堂古稀天子宝""八徵耄念之宝""太上皇帝之宝"玺，也钤于他晚年鉴赏的书画上。

2. 书画

《石渠宝笈》所载存贮书画地点按乾清宫、养心殿、重华宫、御书房、三希堂、学诗堂等贮藏之所序列，每一藏处又按书、画、上下等的序列为目；所收录书画著录内容，上等书画详明，次等书画简要；所收录书画加钤诸御玺。在该书基本完成之后，又按照乾隆帝的特别喜好，增添了一些书画，并分贮于三希堂、学诗堂、画禅室等处。另列"漱芳斋"一处，附于《石渠宝笈》之后。乾隆和嘉庆时期编纂《石渠宝笈》初编、续编、三编后，凡经著录的古代书画都要钤盖印玺。

乾隆帝有多方"乾隆御览之宝"，书画上经常钤用的有两方椭圆形"乾隆御览之宝"及一方正方形"乾隆御览之宝"。椭圆形"乾隆御览之宝"，一方为长4.1厘米，宽3.4厘米，为寿山石；在邹一桂《山水卷》钤用此印。另外一方为长4.2厘米，宽3.5厘米；在文伯仁《金陵十八景册》中钤用此印。两方镌刻略有不同：在乾字的"乙"、御字、览字的"臣"、之字等多处镌法不同。经常钤用的还有汉玉"乾隆鉴赏"圆形印，阴文；长方形汉玉"寿"字，阴文。乾隆皇帝即位后镌刻的第一方印玺就是"乾隆御览之宝"，是一方铜印，在《乾隆宝薮》中著录。清宫档案之乾隆元年正月初四日档案记载：

> 司库刘山久来说，太监毛团、胡世杰交出铜宝一方，传旨：著刻"乾隆御览之宝"，钦此。于正月初十日篆得阴文、阳文字样二张，司库刘山久持进交太监毛团呈览。奉旨：著准阴文，钦此。于二月二十日司库刘山久、催总理白世杰将刻完字铜宝一方交太监胡世杰、高玉呈进讫。①

遗憾的是以上"乾隆御览之宝"今故宫不存。

宫殿鉴藏玺：长方形"乾清宫鉴藏宝"、长方形"养心殿鉴藏宝"、长方形"重华宫鉴藏宝"、椭圆形"御书房鉴藏宝"，均为碧玉、阳文，四方印为一匣。乾隆皇帝书画常用两方"石渠宝笈"，分别为长方印2.7×2厘米，椭圆印2.4×1.2厘米；"秘殿珠林"2×1.3厘米，印为洞石，"秘殿珠林所藏"，长方印1.9×2厘米，阳文；"秘殿新编"，方印2厘米，阳文；"珠林重定"，方印2厘米，阴文；均为青汉玉。圆印"石渠定鉴"，直径2.6厘米，阳文；方印"宝笈重编"2.3厘米，阴文；为青玉。

故宫现存有两套"三希堂精鉴玺""宜子孙"印玺。三希堂在紫禁城内养心殿东暖阁，因藏有王羲之《快雪时晴帖》、王献之《中秋帖》、王珣《伯远帖》的稀世珍宝而得名，三希堂成为艺术品的典藏之地。乾隆和嘉庆时期编纂《石渠宝笈》初编、续编、三编后，凡经著录的古代书画都要钤盖此印。一套为乾隆青玉螭纽"三希堂精鉴玺"（长4厘米，宽2.2厘米），阳文；汉玉瓦纽"宜子孙"玺（方2.4厘米），阴文；与"乾隆鉴赏"一起在《石渠宝笈》《秘殿珠林》初、续编上钤用。一套为嘉庆白玉兽纽"三希堂精鉴玺"（长4.4厘米，宽2.3厘米）和青玉蟠螭纽"宜子孙"（方2.9厘米）玺，与"嘉庆鉴赏"一起在《石渠宝笈》《秘殿珠林》三编上钤用。嘉庆这套印是仿乾隆印，尺寸稍大，镌刻略有不同。乾隆晚

---

① 中国第一历史档案、香港中文大学文物馆编《清宫内务府造办处档案总汇》第7册，人民出版社，2005。

期制作了"宁寿宫续入石渠宝笈"玺，故宫现存为青玉交龙钮，方3.35厘米，通高6.1厘米，钮8.7厘米。乾隆鉴赏玺的使用在书画上可经常看到，如现存最早的山水画是隋代展子虔的《游春图卷》，有宁寿宫续入《石渠宝笈》、三希堂精鉴玺、宜子孙。燕肃《春山图卷》有养心殿精鉴玺、三希堂精鉴玺、宜子孙。佚名《云山墨戏图卷》有养心殿精鉴玺、三希堂精鉴玺、宜子孙[1]等。北宋王冼《行书自书诗词卷》有淳化轩、三希堂精鉴玺、宜子孙等印玺[2]。马远《水图卷》有御书房精鉴玺、三希堂精鉴玺、宜子孙[3]。赵芾《江山万里图卷》有三希堂精鉴玺、宜子孙、御书房精鉴玺[4]，我们可以根据印文尺寸及印文镌刻等综合情况判断其真伪。

三 宝玺特点

在《乾隆宝薮》中印玺有大、中、小、方、圆不同篆法及各种质地20余种，有白玉、青玉、碧玉、寿山石、昌化石、青田石、竹、牙、铜、宝石等材质。

1. 质地多种

玉印：在乾隆时期一般政务及宫殿印多为玉质，以显等威，乾隆对清玉的要求可概括为"精、细、秀、雅"四字。以乾隆二十五年为界，将乾隆时代的宫廷玉器分为前、后两个时期。乾隆时期平定了准噶尔贵族的叛乱和大小和卓的叛乱，统一了新疆。乾隆二十四年，将西域归入版图，从此新疆和阗玉料来源充足，再加之乾隆帝爱玉成癖，宫廷玉器体现出皇权思想，达到了最高阶段。乾隆四十五年至六十年，甚至在他退位的三年多，大量的制造玉器，宫廷收藏的玉器相当可观，宫殿内不仅有大件玉器陈列，多有玉器收入"百什件"的记载，同时还镌刻了一些玉宝。

最有代表性的有奉三无私、惟精惟弌、乾隆宸翰，有9套；为白玉、

---

[1] 《故宫博物院藏文物珍品全集》，《晋唐两宋绘画·山水楼阁》，商务印书馆（香港）有限公司，2004，第125页。
[2] 故宫博物院、上海博物馆编《中国古代书画藏品集》，2006。
[3] 《故宫博物院藏文物珍品全集》，《晋唐两宋绘画·山水楼阁》，商务印书馆（香港）有限公司，2004，第152页。
[4] 《故宫博物院藏文物珍品全集》，《晋唐两宋绘画·山水楼阁》，商务印书馆（香港）有限公司，2004，第186页。

汉玉等不同质地。德日新、所宝惟贤、乾隆御笔，4套；如是观、用笔在心、落纸云烟、笔花春雨、妙高堂、生秋庭、得大自在、陶冶赖诗篇、来青轩、寓意于物、天地为师、心清闻妙香、写心、万有同春、即事多所欣、欢喜园，均为白玉，共16件一套。

寿山石：在乾隆帝闲章中以寿山石章居多。中国有四大名石，分别为寿山石、青田石、昌化石、巴林石。寿山矿以叶蜡石为主，又以田黄石为之最，因冻化程度好，生成后的水环境好而成为印石之王。乾隆"感召元和"方印、"尊迎庆瑞"方印为对章；3件为一套的有"乾隆宸翰"方印，兽纽"奉三无私"椭圆形印，"惟精惟弌"方印；"长春书屋"方印，"信天主人"长方印，"古香斋"方印；虎纽"乾隆御笔"印，兽纽"所宝惟贤"印，"德日新"等印，为乾隆的代表印。乾隆皇帝的田黄石三连印曾经被末代皇帝溥仪带出宫，其印文为"乾隆宸翰""惟精惟弌"和"乐天"，1950年新中国成立后归还，现在故宫博物院珍宝馆陈列。

青田石印：青田石是中国四大名石之一，产于浙江青田县。故宫现藏青田石印有1000余方，乾隆帝青田石印占一半。乾隆时期的青田石印有黄青田螭纽"乾隆敕命之宝"[①]，还有阳文"养心殿精鉴玺"。另外乾隆时期有二套"宝典福书"和"元音寿牒"印。乾隆皇帝八十寿辰时，大学士和珅所进的青田石套印"宝典福书"120方、"元音寿牒"120方，印文均摘自乾隆皇帝诗文中的吉语。后清宫又进贡了一套"宝典福书"和"元音寿牒"印，共4匣，各60方。《乾隆印谱》中还有亲王时期的"随安室""宝亲王宝""勤学好问"，但现无存。

昌化石：昌化石随形雕鸳鸯荷花方形"乾隆宸翰"印，阳文篆书，钤于御笔书画上。此印通体青黄色，中有血斑，随形雕鸳鸯荷花。乾隆"惟精惟弌"此印为雕山石、河流、树木、花卉随形方形玺，阴文篆书。出自《尚书·大禹谟》："人心惟危，道心惟微，惟精惟弌，允执厥中。"乾隆以此言为君治民之法。他认为：为人君者，应"精弌"兼执，修行己身。此印巧妙利用昌化石的颜色，随石色彩安排画面，雕刻线条有力，做工细巧，此印与"乾隆宸翰"印一起用于御笔书画上。这两方昌化石印在昌化石印中体积较大，镌刻最精。乾隆皇帝非常喜欢，并经常在书画中使用。

---

① 故宫博物院编《明清帝后宝玺》，紫禁城出版社，1996年。

竹印：在《乾隆宝薮》中还有"烟雨楼""古稀天子之宝""犹日孜孜"和"戒得堂""古稀天子之宝""犹日孜孜"两套印章，是乾隆皇帝七十大寿时镌刻的，均为阳文，现无实物，但从印文内容我们能够判断出它的制作年代和历史背景。乾隆皇帝有一方碧玉螭纽"爱竹学心虚"印，为弘历即位之前所制，表现了乾隆皇帝在年轻的时候即对竹有所偏爱。

在乾隆退位的宁寿宫内不仅有三友轩，在很多殿室都用松竹梅进行装饰，仅用竹装饰的就有香雪室水晶后面的装饰画、毓庆宫通景画，还有香雪室窗外的翠竹。他在位时期制造的很多书画、器物、家具等多以竹为材料或图案，他在准备退位居住的宁寿宫区花园中有三友轩和倦勤斋用竹为背景的建筑装饰，同时还在庭院中种植了竹子。

象牙印：《乾隆宝薮》中有"乾隆御览""几暇怡情""内府图书""永宝用之""得佳趣""清玩""席上珍""比德""朗润""含辉""古香""大璞"，此套象牙印体积较小，便于携带，乾隆在书画上经常使用，故宫现无存。另外有两面刻印："徵观""徵观"，"德充符""德充符"，"会心不远""会心不远"，均为象牙。

宝石印：乾隆皇帝在即位前为亲王时有一套宝石印，乾隆宝石闲章套印，16方共装一木匣。盒长14厘米，宽9.5厘米，高7.5厘米，每方印仅在1~2厘米之间。分别为碧玉虎纽连珠文"宝亲王宝""长春居士"印，碧玉螭纽"爱竹学心虚"，白玉螭纽"掬水月在手"长方印，紫晶椭圆螭纽"乐善堂"印，青玉兽纽"千潭月印"长方印，粉玛瑙龟纽"抑斋"长方印，白玉螭纽"追逐其章"长方印，玛瑙兽纽"齐物"长方印，红玛瑙螭纽"菑畲经训"方印，青金石螭纽"大块假我以文章"方印，青金石螭纽"月明满地相思"方印，青玉螭纽"众花胜处松千尺"长方印，白玉螭纽"如如"方印，白玉螭纽"落花满地皆文章"长方印，红玛瑙螭纽"半榻琴书"方印，白红玛瑙螭纽"随安室"长方印。雍正十一年（1733）二月封弘历宝亲王，印应在此后制造。乾隆即位后仍继续使用，说明乾隆皇帝对这套印章非常喜欢。

乾隆还制造了一套质地多种的19件组合印："钦文之玺"（汉玉）、"研露"（白玉）、"慎修思永"（玛瑙）、"用厥中"（洞石）、"礼园书圃"、"以人为鉴"（白玉两方为连珠印）、"成性存存"（紫英）、"浴德"（玛瑙）、"涵虚朗鉴"（紫英）、"烟云书卷"（白玉）、"中和"（玛瑙）、"履信思顺"（玛瑙）、"庄敬日强"（玛瑙）、"乐天"（碧玉）、"丛云"（玛瑙）、"典学勤政"（银晶）、"日监在兹"（银晶）、"絜矩"（白玉）、"修学立诚"（碧霞洗）、"漱芳润"（绿英）。

虽然以上印玺有的已经不存，但我们从《乾隆宝薮》中能够看到乾隆印玺的重要信息。在原印谱中有不同质地、尺寸、几方为一匣的记载，有的还在重要的印谱旁作了注释。从而我们看到乾隆闲章很少用金和木质印，这些为今人鉴定古代书画提供了重要依据。

2. 篆刻多样

乾隆帝经常使用的印章纽式有交龙、盘龙、蹲龙、螭、凤、龟、麒麟、狮、牛、羊、马、象、虎、鹤、鸳鸯、松、竹、梅、菊、桃、荷花、葡萄、石榴等，另外，还有乾卦、回纹、万字纹，图画类的松亭、楼阁等，并在玉宝的印台四周镌刻御制诗文。

以"乾隆"名款印为例，根据《乾隆宝薮》统计，共有15套，多为一圆一方，有的为二连印，"乾"字多为"☰"卦符号。"☰"卦名，音乾。《周易·乾传》："乾，元亨利贞。""☰"卦在《易经》代表天，这正好符合乾隆"天子"的地位，所以乾隆特别喜欢用"☰"来表现"乾"字，就连盛放其印的印匣也用"☰"卦符号装饰。北京故宫现存"乾隆"名款印2套，台北故宫存1套。

青玉螭纽"☰"卦圆印，通高2.2厘米，纽高1.1厘米，印文直径5.6厘米。印模圆形，阳文。"☰"卦左右各螭龙一条，三螭纽，三条爬行螭互相追逐，三螭均为两眼圆瞪，双耳轮凸起，脊背一道沟，腿部有云纹。与之为一组的印为青玉螭纽"古稀天子之宝"，通高3.2厘米，纽高1.2厘米，印厚2厘米。印模正方形，阴文篆字，三行各二字，印身下窄上宽，蟠螭纽，镂雕大小螭各一，作回旋状，大螭身细长，尾长上有拧纹，脊一道沟，小螭夹于大螭头尾翅间，四腿平伸，作匍匐状，头架在尾上。青玉螭纽"☰"卦圆玺，在乾隆御笔的书画上经常使用。此玺在乾隆早期与"隆"字方玺组成"乾隆"连珠年号玺，乾隆四十六年以后与"古稀天子之宝"一起使用，以表明其于乾之四德。

青玉三螭纽"乾隆"连珠印，通高3.4厘米，纽高1.5厘米，"乾"直径3.4厘米，"隆"4厘米。印模篆字，圆形"乾"和正方形"隆"相连，字周围有两龙纹，三螭纽，螭头扁平，方口，有耳，一头上有特角，四足三爪，脊背有一凹道，腿上有细毛文，尾一条稍卷，大螭趴在圆印上，后足踩方印，二小螭前后尾随趴于方印上。此印在《乾隆宝薮》与"摛藻堂"印为一组。"摛藻堂"位于故宫御花园东北部，是乾隆贮藏《四库全书荟要》的地方。青白玉螭纽"摛藻堂"，印为椭圆形，通高3.4厘米，纽高2厘米，印文长4.2×2.9×1.2厘米。阳文篆字。螭纽，一条卧螭，螭头向前，眼鼻额平，张嘴露齿，头上有一特角，身上披两条飘带，脊背一道沟，尾分两叉，四足。需要说明的是原《乾隆宝薮》标注将此组印写为"三方一匣"，实际为二方一匣。因为"乾隆"两字为二连印，实际是一方印，从此印文看"乾隆"2字是分开的，所以注释有误。

现台北故宫藏白玉异兽纽"乾隆"印①，二连印为16.7×11.5×6.5厘米；《乾隆宝薮》上著为汉玉，印文长为15.4×8厘米，从质地看应该是汉玉。尺寸为何不一样，笔者进行了查对，原来台北故宫藏的印是以实际印钮最长和最宽为依据，而我们从《乾隆宝薮》看的只是印文尺寸。一般印钮小于印面，这件印钮却很特别，异兽纽大于印文，这是根据玉材本身的特点制作的，只是台北故宫图录中又根据版面的需要将印文放大了。而此印旁还有另外1方，"乾隆"印，为玉椭圆形印，3×2.6×5.4厘米（图录中将印文缩小了一些），印中上方有一穿孔，印身有乾隆御制诗，此印在《乾隆宝薮》中无记录。

乾隆宝玺四周镌刻御制诗文者，《乾隆宝薮》记载仅有：白玉"敬天勤民"宝，四周镌"敬天勤民四言诗有序"；青玉"古稀天子之宝"，镌"古稀说"。而故宫实物有：青玉"养心殿宝"，镌"养心殿铭"；碧玉"避暑山庄"宝，四周俱镌"避暑山庄百韵诗并序"；青玉"纪恩堂"，镌"避暑山庄纪恩堂记"；碧玉"十全老人之宝"，镌"十全老人之宝说"；碧玉"武功十全之宝"，镌"十全老人之宝说"；"太上皇帝之宝"（满汉文），镌"自题太上皇帝之宝说"；"古稀天子之宝"，镌"古稀说"；"八徵耄念之宝"，镌"八徵耄念之宝记"等。另外，"古稀天子之宝"和"八徵耄念之宝"两件一匣，宝及宝匣分别镌刻御制诗文，故宫现藏有白玉和碧玉2套，台北故宫还藏有1套。这些印四周诗文均为阴刻，字多描金。

---

① 台北故宫博物院：《印象深刻》——院藏玺印展图录，2007，第77页。

3. 内容丰富

鉴赏印印文多出自《四书》《五经》等，根据《乾隆宝薮》统计，除前面提到的乾隆宫殿特大印玺约240方外，乾隆时期大、中、小印玺数量为850余方，这里仅以乾隆常用玺举例如下①。

比德、朗润、会心不远、德充符、得佳趣、内府珍玩、几暇怡情、含辉、席上珍、古稀天子、乾隆宸翰、惟精惟弌、澄观、几暇临池、写生、抑斋、取益在广求、掬水月在手、齐物、追逐其章、中和、中心止水静、丛云、大块假我以文章、秀色入窗虚、涵虚朗鉴、笔端造化、寓意于物、半榻琴书、内府书画之宝、万有同春、乾、隆、古稀天子之宝、毓庆宫书画记、用笔在心、稽古右文之玺、和光积中、忘机心宇旷、絜矩、赐本、泼墨、爱竹学心虚、秘殿新编、根柢（柢）一诚、赐本（圆形）、三希堂、御赏、秘殿珠林、犹日孜孜、得大自在、八徵耄念之宝、乐意寓静观、自强不息、务时敏、墨云、写心、浴德、如水如镜、宸翰、绘月有色水有声、几暇鉴赏之玺、得象外意、漱芳斋、烟云舒贤、懋勤殿鉴定章、乾隆宸翰、乾隆宸翰、珠林复位、天根月堀、吟咏春风裏、携笔流云藻、含英咀华、妙意写清快、即事多所欣、观天地生物气象、笔花春雨、心清闻妙香、德日新、天府珍藏、乐万人之所乐、圭璋文府、内府图书、石渠继鉴、云霞思、乾隆御玩、乾隆御笔、乾隆宸翰、乾隆御览之宝、研露、垂露、乾隆鉴赏、石渠定鉴、宝笈重编、有孚惠也、会心不远、落纸云烟、见天心、欢喜圆、水月两澄明、几席有余香、赐本、清心抒妙理、意在笔先、学静千古、宜子孙、含经味道、镜清砥平、松竹弌庭道心、摘藻为春、太上皇帝、天地为师、生秋庭、一瓯香乳听调琴、万国农桑寤中、如是观、孔颜乐处谁寻得、烟云无尽藏、犹日孜孜、古希天子、鉴古、观书为乐、入眼秋光尽是诗、乾、隆、乾、隆八徵耄念之宝、宁寿宫续入石渠宝笈、太上皇帝、所藏、契理亦忘言、天恩八旬、研精固得趣、乾隆宸翰、乾隆宸翰、乾隆宸翰、游六艺圃、重华宫鉴藏宝、淳化轩、信天主人、淳化轩图书珍秘宝、含豪邈然、静中观造化、道宁斋、惟精惟弌、乾隆御览之宝、养心殿精鉴宝、深心托豪素、三希堂精鉴玺、卞永誉书画汇考同、寿、古稀天子、御书房鉴藏宝、乾隆御笔、八徵耄念之宝、乐寿堂

---

① 上海博物馆编《中国书画家印鉴款识》上册，文物出版社，1987，第242页。

鉴藏宝、乾隆御笔、八徵耄念之宝、八徵耄念之宝、画禅室、五福五代堂宝、惟精惟弌、乾隆宸翰、乾隆御笔、太上皇帝、太上皇帝之宝、乾清宫宝、五福五代堂古稀天子宝、八徵耄念之宝、春耦斋、八徵耄念之宝，以上共172方。

乾隆皇帝有的同一印文若干方，但尺寸篆法不一，或阳文或阴文。

4. 印文重复

故宫博物院现藏乾隆皇帝"乾隆宸翰"9方，"惟精惟弌"4方。"乾隆宸翰"与"惟精惟弌"在一起使用有两种：一种是"乾隆宸翰"印阳文篆书在上边，"惟精惟弌"阴文古篆书在下边；第二种是"惟精惟弌"印阴文粗道篆书在上边，"乾隆宸翰"印阳文篆书在下边。另外，在元代钱选《孤山图卷》（元人仿）有"乾隆宸翰"印文。乾隆皇帝印玺有很多是几件为一套或同储一印匣、质地多样、镌刻字体多变。同一内容的印文有多方，如"八徵耄念"及"八徵耄念之宝"有63方，"自强不息"45方，"古稀天子"及"古稀天子之宝"42方，"犹日孜孜"24方，其他多少不一。仅"古稀天子"（或者古稀天子之宝）、"犹日孜孜"两印与不同的宫殿组合的印有多套，如德日新、烟雨楼、徵观、快雪堂、颐和轩、乐寿堂、符望阁、五福五代堂、文津阁等，存于不同宫殿；"八徵耄念之宝""自强不息"两印与不同的宫殿组合的印有多套，如懋勤殿、弘德殿、五经萃室、翠赏楼、景祺阁、墨云室、重华宫、翠云馆、漱芳斋、静怡轩、延春阁、敬胜斋、凝晖堂等，说明乾隆帝对这两方印的喜爱。乾隆帝70岁时镌"古稀天子之宝""犹日孜孜"与不同的宫殿制造19套印；80岁时以"八徵耄念之宝""自强不息"与不同的宫殿制造28套印[①]；"向用五福"与"八徵耄念""自强不息"共镌刻14套之多。有些印并不使用，没有使用痕迹，仅为陈设于不同宫殿中。

从乾隆皇帝在书画上使用印玺的规律看，乾隆70岁以前钤有"乾"、"隆"名章，70岁以后钤用"古稀天子之宝"和"犹日孜孜"；80岁后用"八徵耄念之宝"和"自强不息"；嘉庆元年以后用"太上皇帝"，次年用"归政仍训政"等印。乾隆晚年在书画上常用的闲章："五福五代堂古稀天子之宝""古稀天子之宝""八徵耄念之宝""太上皇帝之宝""太上皇帝"

[①] 恽丽梅：《"犹日孜孜""自强不息"宝与乾隆帝晚年精神世界探析》，《文化学刊》2011年第5期。

和"古希天子"等。乾隆皇帝有多方"五福五代堂古稀天子宝",其含义是:颂祝乾隆皇帝八十圣寿,享受五代同堂的天伦之乐。乾隆四十一年,重修宁寿宫之景福宫,制《五福颂》书屏。四十九年,乾隆帝喜得玄孙,一堂五代,因即景福宫增书"五福五代堂"之匾,为文以记,并镌"五福五代堂古稀天子宝",以志亘古稀有之事。故宫现藏3方"五福五代堂古稀天子宝",其中青玉交龙纽"五福五代堂古稀天子宝"为最常用,通高6.1厘米、纽高3.4厘米、长8.1厘米、宽8.2厘米,阳文。"古稀天子"在封建社会天子就是指皇帝,他享有至高无上的统治权利。

四 宝玺艺术

北京故宫博物院收藏的历代书画,上起西晋,下至晚清,跨越17个世纪,是中国古代书画珍品的大本营。一代代的皇帝在这些书画上钤下自己的鉴赏印迹,以此表明自己的占有权。宫廷藏画上的皇帝印玺不断叠加,最多的达到几十方。皇帝们留在书画上的鉴赏符号,具有很强的"到此一游"的性质[1]。郭成康先生在《乾隆大帝》一书中指出:"对这样一位几乎与世纪同龄的政治巨人的是非功罪实在难作出简单的评断。"[2] 那么,对于乾隆皇帝的艺术品位也很难用一些词句表现,有学者认为清代皇帝中雍正皇帝的艺术品位最高,但有局限性。雍正皇帝在玉器和玉印方面的文物很少,而乾隆在玉器和玉印方面大大超过其他皇帝,这和乾隆即位时间和酷爱玉等有直接关系。在此仅从乾隆宝玺总结以下几点,从而解读其艺术品位。

1. 学古追古

乾隆皇帝学古追古的现象在清宫的很多文物中都有所体现。乾隆皇帝有一方青田石印螭纽"乾隆敕命之宝",原来认为是黄寿山石[3],实际应是黄青田,此印为螭纽方形玺,四周仿刻商周青铜器纹饰。还有青田石阳文"光风霁月"印,印一侧面刻有:嘉靖乙卯年茂苑,文彭;匣上刻有和珅、梁国治、董诰的题字;这件是乾隆皇帝当年收藏的宝贝,但应该是清人制作。故宫现藏还有两件"光风霁月"章,1件为寿山石,另1件为青田石

---

[1] 祝勇:《故宫的"风花雪月"》,《人民日报》2013年10月21日。
[2] 郭成康:《乾隆大帝》,中国华侨出版社,2003,前言第1页。
[3] 故宫博物院编《明清帝后宝玺》,紫禁城出版社,1996。

章,均为清宫旧藏,定为清代。虽然乾隆皇帝写了几首御制诗文,赞扬文彭印,并记录了他收藏文彭印的情况,但这不能代表乾隆皇帝当年收藏的文彭印为真品,当年乾隆皇帝收藏及和珅、梁国治、董诰的题字,应该是一种追风和谄媚现象。这里要特别说明"古希天子"圆印,在书画中经常钤用。因为乾隆"古稀天子"印有多方,笔者根据此印钤在书画上的尺寸和镌字大小,与《乾隆宝薮》对照,此印为直径4.5厘米,汉玉。印谱文下有这样一段文字:"古玉轴头,长二寸,围一寸有分寸五,截为二。一则琢觯,一则就围圆刻宝,宝文曰:'古希天子',用以抑埴书画。可觯则饮之,觉太粗,中规削半留半,取削者玉质乃全呈留者缛华,原作玉或者用之,日以长受汗气,仍珍璘吐,既思臂病,用不数刻咏何为意,徵忕。乾隆壬寅秋御题(下镌乾隆连珠小玺)。"① 乾隆壬寅年为乾隆四十七年(1782)。从文中我们看到在书画中经常钤用"古希天子"圆印,原来是古玉轴头改制而成,一半制成印,一半制成扳指,为乾隆四十七年镌刻。此印为鉴定书画的一个重要依据。乾隆印中有一些为汉玉或者为仿旧玉,从印质材到印文的篆刻,表现出乾隆学古追古的心态。

2. 诗情画意

乾隆印文及印纽的雕刻充满了诗情画意。如昌化石随形雕鸳鸯荷花"乾隆宸翰"印,此印通体青黄色,中有血斑,随形雕鸳鸯荷花,印面四周阴刻诗文三首:王之崎题七律诗《满地娇》、卫芳题五言诗、周敦颐《爱莲说》,这三首诗文均为赞赏荷花,在同一方印中篆三首诗文还是不多见的。鸳鸯、荷花随形雕于昌化石上,三首诗文排于荷花空白之间,使整个印章四面非常紧凑。篆刻刀工圆润、流畅,是一件很好的工艺品,深得乾隆皇帝的喜爱。另外,乾隆时期还篆有御制诗语或圆明园四十景题额,质地为寿山石,有阴文、阳文,文字镌刻时有变化。新中国成立后新收乾隆时期青田石二十四孝二十四节气章,印一面为印文释文和二十四孝,一面为节气,从印文内容使我们从节气想到了人们在不同季节的生活情况,二十四孝与二十四节气的结合更加让我们感到古人对其之重视。乾隆御制诗文多、内容丰富,有关玉的诗文800余首;乾隆时期还将他的一些御制诗文制成玉册,这是乾隆时期独有的,是清宫的一种特殊文化现象。

---

① 故宫藏《乾隆宝薮》,线114185~114186。

3. 祈福长寿

乾隆一生写诗文四万余首，并将许多诗文名句镌刻入印。故宫现藏有3套"宝典福书"与"元音寿牒"套印，是从乾隆御制诗文中选出带福字和带寿字的诗文辑成，并且镌刻成印。故宫现藏乾隆的3份"宝典福书"与"元音寿牒"计720方，均未集入《乾隆宝薮》中。这3份印分别为和珅进献、金简进献、清宫制造各1套，印文内容均摘自乾隆皇帝御制诗文中的吉语，根据内容及字多少镌刻成方、圆、椭圆、葫芦形等不同形状。这些印尺寸均在2~5厘米之间，用铜镀金、青田石、寿山石不同质地制造。

最能反映乾隆帝晚年精神世界的两方印玺是"犹日孜孜"与"自强不息"，"犹日孜孜"是"古稀天子之宝"的副章，乾隆七十寿辰镌刻；"自强不息"是乾隆"八徵耄念之宝"的副章，乾隆八十寿辰镌刻。有关乾隆帝的研究中，以往侧重在其治国理政方面，即便对其日常生活的研究，也多集中在书法、诗文、园林等"个人旨趣"等方面，且多荟萃其盛年。乾隆四十五年八月十八日，年已七十高寿的乾隆帝在承德避暑山庄的淡泊敬诚殿，接受大臣官员的庆贺。江苏学政彭元瑞因贺皇上七旬万寿，镌刻"古稀天子之宝"，撰进颂册。乾隆帝把自己比喻成千古之中唯一年登古稀的英明君主，为此他特撰写《古稀说》曰："余以今年登七帙，因用杜甫句刻'古稀天子之宝'，其次章即继之曰'犹日孜孜'，盖予宿志有年，至八旬有六即归政而颐志于宁寿宫，其未归政以前，不敢弛乾惕。犹日孜孜，所以答天庥而励己躬也。""古稀天子"，在封建社会中，天子就是指皇帝，他享有至高无上的统治权力。乾隆帝在《古稀说》曰："古稀之六帝，元明二祖为创业之君……其余四帝予所不足为法"，乾隆帝借此夸耀自己是古稀老人。根据《乾隆宝薮》整理，乾隆时期刻制了"古稀天子"和"古稀天子之宝"，计42方，"犹日孜孜"印24方，与两印组成的宫殿成套印有19套，其中有的同一宫殿名有多套。这些宫殿大多是乾隆时期修建或命名的。与"犹日孜孜"相配的宫殿印"三希堂"5套，"烟雨楼"4套，"德日新"2套，其他各1套，而宁寿宫区就占4套，即宁寿宫、颐和轩、乐寿堂、符望阁，这些宫殿套印共11处，说明乾隆帝对这些宫殿是情有独钟。

乾隆五十五年，乾隆帝八十圣寿之时，特撰写《八徵耄念之宝记》曰："予年七十时，用杜甫句镌'古稀天子之宝'，而即继之曰'犹日孜孜'不敢息于政也。蒙天倦佑，幸无大陨，越于兹又浃旬矣，思有所以副八旬开袤之庆,镌为宝,以殿诸御笔,盖莫若《洪范》八徵之念。"乾隆帝在《八徵耄念之宝记》中说明了镌刻"八徵耄念之宝"的原因,同时又镌刻"自强不息"宝作为"八徵耄念之宝"的副章,进一步表明了他的用意。根据《乾隆宝薮》整理,乾隆帝"八徵耄念"及"八徵耄念之宝"有 63 方,"自强不息"45 方,与两印组成的宫殿成套印有 28 套,其中 3 个同一宫殿名有 2 套。以上共计 25 处,其中戒得堂与"犹日孜孜"印组合后,在"自强不息"印中又出现了组合;奉三无私、戒得堂、勤政殿各 2 套,说明了乾隆对这些宫殿的亲密程度。

乾隆帝 80～89 岁"自强不息"印比 70～79 岁"犹日孜孜"与宫殿印组合多 9 套。故宫博物院现存"犹日孜孜"与宫殿组合印有:乐寿堂、颐和轩、符望阁、烟雨楼(2 套)、文津阁,共 6 套;"自强不息"与宫殿组合印有:五经萃室、翠赏楼、景祺阁、重华宫、敬胜斋、翠云馆、凝晖堂、含青斋、戒得堂(2 套),共 10 套;圆明园宫殿组合印均缺,而紫禁城和避暑山庄内宫殿名印除个别佚失外,大部分保留了下来。另外,乾隆晚年"向用五福"印与"八徵耄念"和"自强不息"印镌刻 11 套,表明乾隆对"向用五福"的心态。

结语

乾隆帝经常有感而发,撰文写跋,并钤印。在一些器物和书画上的题诗一般为乾隆皇帝御制诗,并钤代表皇帝身份的印记,如"乾隆""乾隆宸翰""惟精惟一"等。乾隆皇帝的《盘山图》,其上有乾隆帝 34 处题跋,诗后均有乾隆印。这些题跋和印迹记录了乾隆皇帝从 35 岁到 83 岁近 50 年的历程[①]。在乾隆十二年这一年,乾隆皇帝 12 次作诗题跋,十七年 3 次作诗题跋,三十五年 2 次作诗或题跋,题跋后均钤不同的印文。虽然,有的书画乾隆钤印较多,甚至破坏了书画整体美,却说明了乾隆皇帝对这些艺术品的喜爱程度,也表现出一个皇帝的艺术追求和品位。

(作者单位:故宫博物院)

---

① 邵彦:《时空转换中的行宫图像——对几件〈盘山图〉的研究》,《故宫博物院院刊》2008 年第 1 期。

文献研究

新教的再现：浦察思对利玛窦《基督教远征中国记》的翻译与改写

〔美〕康士林 著　李华川 译

摘　要：1615年，金尼阁（1577~1628）以拉丁文出版了利玛窦的一种意大利文著作，名为《基督教借助耶稣会远征中国记》。此书在欧洲大受欢迎，很快就被翻译成除英语之外的主要欧洲语言。之所以没有英译本，可能是因为当时英国是一个坚决反耶稣会的新教国家。但是，在1625年，萨缪尔·浦察思（1575~1626）最终还是出版了《基督教远征记》（下称《远征记》）的英文改写本，收入他的多卷本旅行记《哈克鲁特遗稿，浦察思朝圣记：包括英国或他国航海及陆地旅行的世界史》中。浦察思在他的著作中收录耶稣会士的作品，或许可以反映当时英国对于有关中国的信息有多么需求。在本文中，我考察了浦察思为英国读者对利氏《远征记》中的描述所做的改写，并分析他是以何种方式利用《远征记》作为主要来源、介绍中国及其文化的。理解一个17世纪的英国读者对于利氏描述的反应，并非易事，但是透过浦察思译本的研究，我们至少能洞悉一个坚定的英国新教徒是如何阅读原来的拉丁文版本的。浦察思几乎保留了原文献中的所有信息，包括旁注，但他的方法是翻译一部分段落，而概述其他部分。我将特别关注浦察思如何选择、翻译和编辑《远征记》中有关中国地理和幅员、中国人的学问和学术系统以及修行的宗教等材料。这些材料被收录在浦察思《朝圣记》的第一、二、五篇中。

关键词：利玛窦　《基督教远征中国记》　萨缪尔·浦察思　17世纪英语翻译

在许多方面，明朝都是比当时的西方国家更高级的文明，但它对外国人是封闭的，尤其是在14、15世纪。日本人就告诉耶稣会士芳济各·沙勿略（Francis Xavier，1506～1552），他们所有的智慧都来自中国。沙勿略在试图进入中国时，死在中国海岸边的一个小岛上。直到1583年，一位耶稣会士才最终能进入并定居在这个国度。这就是意大利人利玛窦（1552～1610），他一直待在中国，直到在北京去世①。利玛窦在罗马接受过最好的文艺复兴式教育，他曾向诸如数学家克拉维乌斯（C. Clavius，1538～1612）这样的著名学者学习过。在中国，他取的中文名是利玛窦，并最终穿上受人敬重的儒士的服装，还成为许多文人的朋友。他流畅的中文、对中国典籍的认识以及对中国精英文化的理解，使之作为一个欧洲人，却可以与中国文人进行以往无人可以做到的知识交流。当他进一步增加了儒家学识之后，他开始向中国人传授西方数学和地理学的概况。他逐渐意识到，只有当基督教教义表现得可与儒教相互包容时，中国人才可能接受它。他认为关键在儒家要承认天主的存在，并能支持基督教中的许多类似伦理说教。利玛窦有关基督教的调适观念，也为准许祖先祭拜和尊孔礼仪留下了空间。对于他来说，这些礼仪并非宗教性的，而是一种文化传统的践行②。

尽管利玛窦在他27年的日记中保存了他的经验，并且积累不少材料，但是他没能等到自己任何关于中国作品的出版就去世了，是他在中国传教的耶稣会同事金尼阁（Nicolas Trigault，1577～1628），在准备出版利玛窦原来用意大利文写的著作，1615年，利氏著作以拉丁文出版，题目是《基督教借助耶稣会远征中国记》（下文简称《基督教远征中国记》或《远征

---

① 对于明清时期耶稣会士工作的经典记述是 George H. Dunne 的《巨人的时代：明末数十年耶稣会士的故事》（*Generation of Giants*: *The Story of the Jesuits in the Last Decades of the Ming Dynasty*, South Bend: Notre Dame University Press, 1962）。近年来的研究有 Liam Matthew Brockey 的《东方之行：耶稣会士来华的使命，1579-1724》（*Journey to the East*: *The Jesuit Mission to China*, *1579-1724*, Cambridge: Harvard University Press, 2007）。其他重要著作还有 Jonathan D. Spence 的《利玛窦的记忆之宫》（*The Memory Palace of Matteo Ricci*, New York: Viking, 1984）和 R. Po-chia Hsia 的《宫禁中的耶稣会士：利玛窦，1552-1610》（*A Jesuit in the Forbidden City*: *Matteo Ricci*, *1552-1610*, Oxford: Oxford University Press, 2010）。

② 利玛窦去世后，耶稣会士对于中国礼仪的立场在教会内部引起了激烈争论，这场争论演变成著名的"礼仪之争"。参见 David Mungello 的《奇妙的国度》（*Curious Land*, Honolulu: University of Hawaii Press, 1985, pp. 55-73.）。

新教的再现：浦察思对利玛窦《基督教远征中国记》的翻译与改写

记》——译者）①。以利玛窦描述为内容编辑的著作风靡欧洲，读者可以从中看到一个在中国实际生活了很长时期的人所记录的内容。很快，此书就被翻译成了除英语之外的欧洲主要语言②。

17世纪初，英国成了一个新教国家，英国的耶稣会士被追查和处决。特别是1605年发生了"火药阴谋"，这场阴谋试图炸毁国会和炸死国王詹姆斯一世（James I，1566~1625），以便将一个天主教徒推上王位，不过这次尝试失败了，耶稣会士被认为参与了阴谋。因此，耶稣会士的著作无法出版也就不足为怪了。但是1625年，萨缪尔·浦察思（Samuel Purchas，1575~1626）在其多卷本游记集《哈克鲁特遗稿，或浦察思朝圣记：包括英国或他国航海及陆地旅行的世界史》一书中，出版了《基督教远征中国记》的英文改写本。浦察思决定在其著作中包含耶稣会的作品，可以反映出英国关于中国信息的需求有多么强烈。

在本文中，我要考察浦察思为了英国读者的需要，而对利玛窦《基督教远征记》所做的改写，分析浦察思以何种方式利用《基督教远征记》第一卷作为他的主要资料，来介绍中国及其文化。了解17世纪早期的一个英国读者对于利玛窦札记的反应，并非易事，但是，透过对浦察思版本的研究，我们至少能深入了解作为一个英国坚定的新教徒，是如何阅读最初的拉丁文译本的。但在讨论浦察思版本时，我想先简要回顾一下在《基督教远征记》之前，英国有关中国的文献。

浦察思《远征记》改写本问世之前的文献

16世纪是葡萄牙和西班牙试图与中国建立关系的时代。这个世纪末，

---

① E. J Van Kley 和 T. N. Foss 提出浦察思只利用了1615年版的《基督教远征中国记》（"The Far East," In *The Purchas Handbook: Studies of the Life, Times and Writings of Samuel Purchas 1577-1626*, ed. L. E. Pennington, vol. 1 [London: Haklyut Society, 1997] 277）。对此我很好奇，想看一看浦察思所使用的拉丁文版本是否有文献证据，我发现只有1615年版中包含"sucusina"一词，这是浦察思加入他的版本中的。（381）因此，我引用的所有《远征记》文本均来自 Nicholas Trigault 的1615年版。所有翻译来自 Louis J. Gallagher 的《16世纪的中国：利玛窦日记，1583-1610》（*China in the 16th Century: The Journals of Matthew Ricci: 1583-1610*, New York: Random House, 1953）。有些情况下，我会注明我对 Gallagher 的翻译所做的改动。如果译文没注明出处，那就是我自己的翻译。

② 参见 Donald Lach: *Asia in the Making of Europe*, 3 vols., vol. 2.2, Chicago: University of Chicago Press, 1965-1998, pp. 512-513.

英国也开始对这块遥远的土地发生兴趣。在葡萄牙和西班牙人对中国的记述中，会提到商人们从较低的层次在中国所做的记录①。但是贸易和商业在16世纪的英国是被尊重的职业，正是从这个角度，英国人第一次接触到中国的统治者。大约在1521年，沃尔希（Cardinal Wolsey, c. 1473~1530）枢机主教曾建议从西北方向航海到契丹（中国北部的中世纪称呼）②。1583年，伊丽莎白女王致信中国皇帝，为她的臣民要求贸易特权。她告诉中国皇帝双方可以建立互利的商业往来，甚至说："我们确信会彼此需要……我们应该互相帮助……"③ 伊丽莎白女王的信从未到达中国。但是，这样一封信在那个时代的中国皇帝听起来会觉得十分奇怪，他不仅傲视商人，而且被自己的帝国高于其他国家的观念所左右。1596年，女王又发出了第二封信，再一次表达了对贸易特权的关注。与第一封信相比，这封信显现出对中国的理解更深入了。此信不是致中国国王，而是致"亚洲地区最显赫的皇帝"。此外，现在这封信变成了讨好的语气："您治理谨慎的强大王国在全世界声名远扬。"④ 不幸的是，这封信也未能抵达目的地⑤。

从对葡萄牙和西班牙有关中国著作的英文翻译来看，16世纪后期，英国对中国的兴趣进一步增强。理查德·威利斯（Richard Willis）翻译了葡萄牙人加洛特·佩雷拉（Galeote Pereira）1549年在中国关押期间的见闻，

---

① 有关欧洲与中国的贸易信息，参见 Chang T'ien - tse, *Sino - Portuguese Trade from 1514 - 1644 : A Synthesis of Portuguese and Chinese Sources* (Leiden: E. J. Brill, 1934); Charles R. Boxer, "Introduction," in *South China in the Sixteenth Century : Being the Narratives of Galeote Pereira, Fr. Caspar da Cruz, O. P., Fr. Martin de Rada, O. E. S. A.* (1550 – 1575) (London: Hakluyt Society, 1953); Boxer, *Four Centuries of Portuguese Expansion. 1415 – 1825 : A Succinct Survey* (Berkeley: University of California Press, 1969); Earl H. Pritchard, *Anglo - Chinese Relations during the 17th and 18th Centuries* (Urbana: University of Illinois Press, 1930); and Anthony Farrington, *Trading Places : The East India Company and Asia, 1600 – 1834* (London: British Library, 2002).
② Lach, 2.2: 367.
③ Richard Hakluyt, *The Principal Navigations : The Second Volvme of the Principal Navigations, Voyages, Traffiques and Discoueries of the English Nation* [...] (London: George Bishop, 1599) 245.
④ Richard Hakluyt, *The Principal Navigations : The Third Volvme of the Principal Navigations, Voyages, Traffiques and Discoueries of the English Nation* [...] (London: George Bishop, 1600) 853.
⑤ 参见 Marguerite Eyer Wilbur, *The East India Company* (Stanford: Stanford University Press, 1945) 318 – 321.

新教的再现：浦察思对利玛窦《基督教远征中国记》的翻译与改写

当时他想与中国人贸易①。1577 年，此书作为描述亚洲某书的一部分，以《中国行省的准确报告》为题出版。1579 年，约翰·弗兰敦（John Frampton）翻译了贝纳迪诺·德·埃斯加兰特（Bernardino de Escalante）的《论葡萄牙人在世界的东方王国和行省进行的航海活动》（1577）。1588 年，罗伯特·帕克（Robert Parke）出版了《广大而强盛的中华帝国史》，译自门多萨的《中华帝国全志》（1585）②。16 世纪欧洲对中国的想象主要来自此书，它被译成了主要的欧洲语言。但是，门多萨（González de Mendoza，1535~1591）从未去过中国，他只是利用了当时的各种旅行记。

17 世纪前夕，理查德·哈克鲁特（Richard Hakluyt, c. 1552~1616）出版了不朽之作《英语国家所做的主要航海、旅行、贸易和发现记》（1598~1600）。除了埃斯加兰特和门多萨的作品之外，大多数中世纪和 16 世纪关于中国的著作，都被放在这个选本中，它们包括一份耶稣会士在澳门用拉丁文写的简短行记，题目是《论中华王国》，此文哈克鲁特准备译成英文。哈克鲁特死后，浦察思买下了他搜集的文献。这些文献是为《主要航海记》的一个新版准备的，浦察思想为他的《朝圣记》编选、合并其中的一些内容③。

浦察思经手的《基督教远征中国记》

浦察思的《朝圣记》是一部巨著。此书包括四巨册，总共超过 4200 页。每册分成卷和篇。每卷又分为章，每章又依次分成节。浦察思节选的《基督教远征中国记》出现在《朝圣记》第三册第二卷（4~8 章）。浦察思的文本是以第一人称出现的，就像《远征记》一样。有时候，"我"（利玛窦的语气）在浦察思的文本中是不一致的，因为浦察思加进了自己的评论，而且将原著改成了第三人称叙述。这个版本的读者必须经常要小心，以便区分何者是利玛窦的语气、何者是浦察思的腔调。

---

① 参见 A. J. R Russell-Wood: *The Portuguese Empire, 1415-1808: A World on the Move* (Baltimore: John Hopkins University Press, 1998) 96-97。

② 现在这部西班牙语著作的标题是 *History of the Most Notable Rites and Customs of the Great Kingdom of China*。

③ C. R. Steele, "From Hakluyt to Purchas," *Richard Hakluyt and His Successors*, ed. Edward Lynam (London: Hakluyt Society, 1946) 78, 84-96.

在某些给读者看的注释中，浦察思解释了他为本书选择、翻译和改编材料的基本方法。尽管在宗教问题上持有反耶稣会的观点，他还是认可耶稣会传教士记载的价值。对浦察思来说，耶稣会士至少比西班牙方济会和道明会修士们的记载更可靠。"我闻到了谎言的气味"，他在一处表示了对托钵修会的不信任（127）。于是他选择只依赖耶稣会士的史料："我赶紧回到我们的耶稣会士们更准确的记载上来。"（308）同时，显然他又在修改和删节那些与其宗教观相反的耶稣会士的段落。浦察思将此种或其他类型的改变归因于他的翻译方法，这一点，他在介绍《马可波罗行纪》前言的注释中，已明确而简要地加以说明。他告诉读者："我并不像精确的译者那样逐字逐句翻译，但所有意思都跟原文一样。"（107）在另一处加在佩雷拉行记译文结尾的注释中，浦察思觉得有必要表明，他之所以决定删节某些部分，是为了让忙碌的读者"不感到枯燥"（198）。

在《基督教远征记》改写本中，浦察思所做的第一个大改变是没有依照原书的次序编排。浦察思选择耶稣会士鄂本笃（Benedict Goes，1562~1607）的行记作为有关中国章节的开始，鄂本笃曾通过自己的来华旅行证明中世纪著名的"契丹"就是中国。在原书中，鄂本笃的行记被放在结尾。在中间部分，浦察思插入了一篇节选自利玛窦札记的关于中国和日本历史的文章，还加入一篇来源不同的文章，即北京的庞迪我（Diego de Pantoja）1602年的书信。浦察思将对中国及其文化的展示，推迟到译文的最后（第7章）。而原文正相反，这类信息被放在前面。浦察思对原书结构的调整遵循着一种有趣的逻辑。借助将鄂本笃的中国旅行记放在开头，他告诉一般读者，他的主题中国就是马可波罗笔下的契丹。进而，最近鄂本笃关于居住在中国的耶稣会士的行记，是为了接下来的中国行记做准备的。理由是，一旦读者可能赞美他的时代欧洲人的经验，他将更想得到来自中国本身的严肃信息。

第七章将中国介绍给读者，这一章题目是"论中华王国，出自利玛窦和金尼阁之手，包括国家、人民、政府、宗教、礼仪、派系、特性、学问、艺术、法令及一幅中国地图"。尽管浦察思说明书的来源是金尼阁所译的利玛窦札记，但他没有说明作者和编者都是耶稣会士，也许他在消除该书是奉修会之命而作的印象。浦察思还将该书分成不同的部分。《远征

新教的再现：浦察思对利玛窦《基督教远征中国记》的翻译与改写

记》的第一卷有 11 章，浦察思缩减为 6 章①。他几乎保留了所有重要信息，包括旁注，但是他的方法是翻译全书中的某些段落，而概述其他段落。我特别关注浦察思如何选择、翻译和编辑《远征记》中有关中国地理及重要性、中国人的学问、学术系统、修行的宗教等材料。这些主题被收录在浦察思《朝圣记》的第一、二、五篇中。

关于中国的名称、方位和面积

关于中国的第一篇是"有关名称、方位和面积：藩属、商品、艺术、书写、印章、墨汁、毛笔、扇子"②。在早期关于中国的文献中，不包括利玛窦的札记，有些认为中国是亚洲最好的国家，另一些认为是世界最好的国家③。浦察思属于前者。他用这几个词开头："东方最强大的帝国"，在利玛窦的札记（380）中并没有这样的描述。在一个旁注中，他还用"国王的头衔"（380）取代了利玛窦的解释，即中华帝国被认为是全世界的统治者，"这个王国的首领被称作天下共主"④。浦察思以中国国王的头衔取代"天下共主"，表现了他的不安。从这些变化中，可以看出尽管浦察思被一个强大中国的概念所吸引，但他还是无法想象会有一个超过欧洲最强国家的帝国存在。

进而，跟利玛窦一样，在这一篇的开头，浦察思向读者说明中国就是中世纪称为契丹（Cathay）的那个国度，而在古代被称为赛里斯（Serica）。浦察思于是觉得需要为此加一个旁注。他观察到，中国人自己并不知道 China、Sina、Cathay 这些称呼。对于中国人来说，他们的国土当然就是"中央王国"，而且我认为他们对于欧洲人怎么想象他们毫无兴趣。正是在这里，浦察思暴露出他是如何预想他的读者的。在他肯定中国就是古代称之为"赛里斯地区"后，他将"赛里斯"译成"丝人（Silken）"（380）。这说明浦察思认为一般英国读者不熟悉拉丁文⑤。

---

① 第 7 章的基础是《远征记》的 2~4 章。
② "关于中国的名称、方位和面积"来自第 2 章的拉丁文标题，"De nomine, situ, & magnitudine Regni Sinarum"、"Tributaires, Commoditie"来自《远征记》第 3 章。
③ 参见拙著 The Best and Fairest Land (Taipei: Bookman Books, 1999) 198–199。
④ Ricci 5.
⑤ 需要注意的是，《朝圣记》的有些篇目，例如曼德维尔爵士（Sir John Mandeville）的游记，就全是拉丁文的。因此，浦察思在心中对于他的选本一定有一个宽泛的读者群。

中世纪和16世纪关于中国的文献，都介绍这片遥远的土地幅员广阔，布满了城市，人口众多。中国巨大的人口规模在14世纪马可波罗和鄂多立克（Odoric of Pordenone）的著作中已有记录。利玛窦的记录提供了关于中国人口统计的更具体信息，而这归功于耶稣会士得到的1579年的统计。浦察思忠实复制了利玛窦书中的人口数据，他承认这一信息来自中国人。浦察思一定想到了当英国读者读到中国有5800万成年男人后的震惊，尤其是当时英国人口只有大约600万。他还报告了其他惊人的数据，比如中国的15个省被分成158个府，247个州，1052个县（380）。

关于中国人的学问

浦察思关于中国译文的第二篇是"关于他们的文字、书写、学问、伦理、占星术、自然科学、权威作家，以及如何获得哲学和医学学位"。此篇十分忠实地复制了利玛窦的第五章，"关于文学、科学及在中国人中学位的作用"，仅有几处增加和改动[①]。跟利玛窦类似，浦察思也为读者提供了一个有关中文、中国人研究的题目、儒家的科举制度及所提供的学位的简要介绍。跟上篇一样，他用另一个原文中没有的醒目句子开头："现在，对于他们的文学和文学学位，这个王国不同于其他所有国家：在这里，他们的读书人掌握主要权力"（384）。如果以前浦察思指出过中国是"亚洲最大的帝国"，现在他指出了中国在哪个方面有别于世界的其他国度。浦察思来自一个知识阶层并不掌握权力的国家，他也许发现了地球上有一个"知识阶层掌握主要权力"的王国，这一惊人事实，相信他的读者也会发现。

浦察思翻译的有关中国语言的描写是当时英语中最为准确的，尽管他的重点在口语。他对利玛窦的唯一改变是增加了一个旁注，说明中国词汇是单音节的。旁注写道："单音节语言，与我们的英文很类似"（384）。余下的介绍没有偏离利玛窦的札记。"词汇，音节和文字是相同的"，浦察思译道（384）。他还说几个字就能表达英语长句的意义。还有，一个词的含义既由发音决定，也由它的声调（有五个声调）决定。中国人的书写方式有别于欧洲人，在中文里，人们是在一张纸的右上方开始写的，然后从上往下写。这里他还指出中国人重视书法远胜于修辞，因为他们"尊重写出

[①] 关于中国的其他信息都节取自利氏《远征记》的不同部分。

新教的再现：浦察思对利玛窦《基督教远征中国记》的翻译与改写

来的，而不是说出来的"（384）。他还说汉语是一种实用语言，因为周边日本、朝鲜、交趾支那的人民都能理解（384）。

浦察思在强调中国语言的复杂性时，高度重复利玛窦的札记。认识全部七八万汉字是不可能的。认识一万字就可以到达专业的程度了。中国语言被认为是"在世界上，外国人最难以理解和言说的，但我们付出的努力还不够"（384）。浦察思在此处不提耶稣会士已经掌握了中文，显然，他试图尽可能地删除有关耶稣会士的内容。在他翻译利玛窦讨论中文的内容时，还有一处明显的省略。他完全舍弃了标注出书面语和口语差别的部分，这可能是由于他对于这一主题潜在的误解。对于中国人的学术研究，浦察思保留了利氏的说法，利氏认为中国的道德哲学缺少西方的逻辑基础。另外，他还保留了利氏对孔子的描述和赞美："他们最伟大的哲学家是孔子……例如令人激动的道德箴言，都是这位圣人写下的。如果我们注意他的言行，我们得承认只有几位伦理学家在他之前，许多伦理学家是在他之后的。"（384）同样，浦察思也介绍了中国文人的观点，即孔子是个智者，而不是一个神①。正是在这一部分，第一次有人用英语尝试解释儒家的基本著作。在中文里，这些书被称为"五经"和"四书"。"五经"包括《易经》、《书经》、《礼记》、《诗经》和《春秋》，而"四书"是《大学》、《中庸》、《论语》、《孟子》。浦察思首次将"五经"简要介绍给英国读者。他用"道德和政治规则"、"先人的榜样"、"各类诗歌"来对应《易经》和《书经》，"礼仪和祭祀"对应《礼记》和《诗经》。浦察思译本近似利玛窦的著作，他写道："孔子编订了先贤的四种著作，自己撰写了第五种，这五种书被称作经，其中包含道德和政治规则、先人的榜样、礼仪和祭祀及各类诗歌等内容。"（385）②

与对《五经》的介绍相比，《四书》的介绍是对利玛窦札记的改写。

---

① 利氏原文是："Nec litterati viri solum, sed ipsi quoque Reges eum [...] mortalium tamen, non etiam numinis alicuius ritu venerantur"（29）[不仅文人敬畏死者，但并不将死者当作神，统治者也是如此]。（trans. Gallagher, modified 30）.

② 利氏原文是："quatuor antiquorum Philosophorum volumina concinnavit, ipseque quintum suo marte conscripsit, hos libros quinque doctrinas appellavit. In his Ethica bene Vivendi & Reipublicae gerendae praecepta, veterumque exempla, ritus, ac sacrificia, quin & varia veterum poëmata, aliaque huiusmodi continentur"[他编订了四种更为久远的哲人的书，自己撰写了第五种。这五种书被称为"经"，其中包括正确生活的伦理法则，指导政治生活和风俗的箴言，古人的榜样，他们的礼仪和祭祀，他们的诗歌及其他文学主题的范本]。

浦察思译本写道：："除了《五经》之外，还有一书出自孔子及其弟子之手，各种有关伦理、家庭和政治的格言、譬喻、警句任意排列，组成一书，这部由四部分组成的书被称为《四书》。"（385）我们可以将之与利玛窦对《四书》的描述对比：

> 除了这五部书之外，还有一部书由这位伟大哲人及其弟子的箴言所组成，这些箴言是任意排列的。它们主要用于指导恰当的道德行为，从个人、家庭和国家的角度来看是正直的行为，充满了人类理智之光。这部书是从上面提到的四部书中摘录出来的，被称为《四书》。①

我们看到，两个文本从"Similes"一词开始就有了显著的差别。利玛窦的原文是"praecepta, similia"。两个词之间的逗号是一个排版错误，这个错误在1617年的版本中被修改过来。如果没有这个逗号，"similia"就是一个修饰"praecepta"的形容词，意思是"相似的箴言"。浦察思只用了1615年的版本，并在标点错误的情况下对此句尽可能做出翻译，即加入了譬喻的概念，而利氏札记中并无此意。此外，接下来的题目"有关伦理、家庭、政治的警句：这部包含四部分的书被称为《四书》"，并未传达出利氏版本所传达的《四书》的基本道德目标（此书将个人、家庭和国家导向道德之路）。浦察思对利氏版本的修改，可能表示他对于德行在中国文化各层面的意义缺乏了解。

第二篇的最后部分涉及中国的学位和考试制度。在哈克鲁特的《航海记》中，耶稣会士的著作《论中国》一文，涉及了中国文化的这个方面，但是很简略。浦察思对利玛窦的翻译，第一次为英国读者提供了有关中国学位和考试细节的解释。浦察思保留了中国学位的罗马拼音名称：第一级是秀才，第二级是举人，最高的第三级是进士（386）。然后，按照自己的意思，浦察思为前两个学位在旁注中加了欧洲的称呼。第一级是"业士学位，或者文学硕士"，第二级相当于"学士或业士"。对于第三级学位，旁注翻译了《远征记》中的说法，即"博士"（386）。浦察思加的注释表明他在提醒读者，并且以某种他们能接受的方式努力介绍利玛窦笔下的中国

---

① Ricci 32.

新教的再现：浦察思对利玛窦《基督教远征中国记》的翻译与改写

形象。大学学位从 12 世纪以来就是欧洲文化的一部分，但其功能主要是赋予获得者一种教书的权力。在中国获得高级学位，则意味着获得者可以得到一份政府职位。

浦察思逐字翻译了利氏对科举过程的描述。他追随利氏，提供了科举考试的地位、考生人数、录取人数、考试进程及录取者的功名等细节描写。这些考试据说靠的是应试者对中国经典的知识。应试者数量巨大。第一级在地方的考试据说有四五千人参加。录取者只有成绩最好的二三十人。第二级省试每三年举行一次，有四千人参加，每人都在考房应试，取中者也许只有一百五十人。最后，整个帝国遴选三百候选人参加第三级考试。每一场都持续三天（385）。他还提到所有帝国政府官员都通过这场考试遴选。浦察思遗漏了利玛窦的一段话。利玛窦有一段话赞美政府的功能："中国政府的全部特性都与这些特殊的代表密切相关"①，这句话对于理解中国社会中学问的重要性很有必要，浦察思却没有翻译利氏的这一评论。可能是因为浦察思自己并不赞赏通过考试从众人中选择统治者的体制。

关于中国的宗教

浦察思对于利玛窦有关宗教论述的翻译是"关于他们的迷信、残暴、对官员的恐惧、藩王、外国人和士兵，他们的神祇和三教，司铎、修女、修道院、传说、谎言"（395）。他撰写了前半部分标题，从利氏著作第十章的题目中选取了后一部分："他们的神祇和三教，司铎、修女、修道院、传说、谎言。"浦察思对词语的选择可能反映了他试图将中国的宗教，尤其是佛教与天主教结合起来的想法。首先，他用"sect"而非利玛窦的"religionis"。在"sect"之后，他马上又用天主教的术语"priests, nuns, monasteries"来指称佛教组织和居所。浦察思的版本甚至比利玛窦札记更为明晰，我们在后者的行记中看到，佛教僧人没有用"priest"，而是用拉丁文的"sacrificuli"和中文和尚们（Osciami）②；尼姑没有用"nuns"，而

---

① Ricci 25.
② Ricci 112a. Lach 认为"Osciami"是中文"和尚们"的音译（3.4：1655）。

用拉丁文的"foeminae"和中文的尼姑①。至于佛教僧侣的居所，利玛窦用了"coenobia"一词②，这常被用来指基督教的修道院，但在浦察思这里，修道院具有更否定性的内涵，因为这个词被放在"司铎、修女"和"传说、谎言"之间。最后，"谎言"（lies）一词可能提醒读者注意先前有关天主教修士的用语"修士"（Friars）（127）。

浦察思对中国宗教的介绍追随利玛窦，但在内容上进行了压缩。他这样介绍中国的一神教："至于中国的教派，我在他们的经典中读到，中国人最开始崇拜一个神，他们称之为皇天，或者天地。"（396）如果我们将这一描述与原文对比，会发现很明显，浦察思删去了利玛窦对于中国一神教的正面评论。利氏的说法是：

> 在欧洲人所知的异教之中，据我所知没有哪个人群在他们的远古比中国人犯的错误更少了。在他们历史的早期，有记载说他们承认和崇拜唯一最高存在，他们称之为皇天，或者其他名称，其统治超越天地。③

浦察思改写了这一部分，以便在介绍有关中国宗教的信息时，是作为一个"事实"。这是一个他使用的策略，为的是避免翻译利玛窦的观点，利氏认为中国的宗教信仰与基督教是可以相容的，就像他在原文中写的那样。在他的版本中，利玛窦暗示唯一最高存在在概念上可以是基督教的上帝，尽管他们可能不知道。这个观点具有深奥的神学暗示，即非基督教的中国人可能在没有明确接受基督教的情况下，获得拯救。

浦察思以一种深思熟虑的方式达成了改变，当他在自己的版本中加上了对利玛窦非基督徒皈信的批评时，就更加明显了："由此，耶稣会士希望生活在自然法中的中国人获得拯救。"（396）进而，浦察思尖锐地指责中国的耶稣会士对非基督徒的中国人比对路德和加尔文教徒还要宽容："中国的神祇。路德和加尔文派教徒多么值得同情，他们不通过教宗就无

---

① Ricci 112b.
② Ricci 111b.
③ 译自 Gallagher 93。

新教的再现：浦察思对利玛窦《基督教远征中国记》的翻译与改写

法获得拯救，而这些偶像崇拜者，既没有上帝也没有基督，仅只是崇拜非上帝的自然，也能得到拯救"（396）。

有关儒、释、道三教特征的章节，浦察思非常忠实于利玛窦。在17世纪，英文中还没有儒、释、道三个词。上文已经指出，在利玛窦书中，这些修行被称为"教派"。浦察思恰当地译为"宗派"。他还追随利氏，称儒教为"学者之教"（396）①，佛教为"释迦教"或"偶像教"②，道教为老子教③。

浦察思的翻译也保留了原文中对于儒教的正面形象："读书人非常适合中国，古人和当代读书人在他们学习过程中都知道这一点……儒教没有偶像，只崇拜一个神，他们相信一切都在天意的掌握中。"（397）④ 对于儒教主要特征的描绘没有什么差别。还提到对于死者表达敬意的礼仪，以及对孔子的祭拜（并不要求什么）。又提到读书人相信善有善报，恶有恶报，一个人或者应该为了"和平和共同利益，为了家庭中的每个人，他们的箴言赞同自然和基督教"。儒家关系的基础可以这样排列："父子，夫妻，主仆，长幼，友朋。"（397）浦察思仅仅省略了利玛窦的一段记述，这段话中，利氏认为儒教能够从基督教教义中获益。这可能是浦察思的一个策略，即通过省略耶稣会士在中国的工作而转移读者的注意力。

浦察思对于佛教的翻译非常接近原文。但是，也有几处若不仔细看便会被忽略的改动。有关佛教的基本原理没做任何改动。有一个对于公元65年佛教在中国传播历史的解释。佛教和基督教之间的相似之处被列表明示，包括三位一体和天堂地狱，出家修行的男女不能结婚。还有一个列表是关于据称佛教从西方哲人处借鉴的东西："四谛，大千世界，灵魂轮回

---

① "Literatorum"（Ricci 105）.
② "Sciequia"的辞源如下：佛教的创始人乔达摩·悉达多王子，变成了释迦牟尼佛。在佛教进入中国之后，Shakyamuni 被直译为释迦牟尼，又被缩写为释迦。"Sciequia"是耶稣会士对中文"释迦"一词的拉丁化翻译。
③ "Idolorum secta"（Ricci 206）.
④ Literatorum secta Sinarum est propria, & in hoc regno antiquissima [...] Legem huius sectae non eligunt Sinae; sed una cum literarum studiis imbibunt [...] Haec porro secta Idola non colit, sed nec habet. Unum Numen veneratur, ideo quod ab eo conservari gubernatrique haec inferiora omina arbitretur (105).［文人之教适合当今的中国，多数时候也适合这个王国的古代……中国人并未选择这一派的教义，但是用作学习的工具……这一派不崇拜偶像，也没有偶像。他们相信一个造物保护和统治地上的一切。］（trans. Gallagher, modified 94）.

及其他。"于是，按照这一说法，浦察思对于利玛窦的有关猜测，做出了一个判断。他说："这一教派的作者从我们的哲人那里汲取了一些东西"（397），而利氏的话是："这一教派的作家似乎吸收了我们西方哲人一些学说。"① 利玛窦句子中的"似乎"，被浦察思省略了。

另外，在一个关于佛教礼仪的注释中，有一个微妙的改变。利玛窦的札记中写道："这一教派的异教礼仪与我们教会的仪式非常相似"，但在浦察思笔下变成了："这一异教的礼仪，与我们（Romish）教会的礼仪非常类似。"（397）借助将佛教礼仪跟罗马教会认为是错误的新教礼仪相关联，浦察思似乎给了佛教一个更否定性的描绘。在两个版本中，佛教与罗马教会的相似性包括格里高利风格的唱经、图像的运用及典礼时所穿的长袍。浦察思接着译道："在他们的宗教仪式中，他们经常朗诵 Tolome 的名字，他们自己也不知道含义。"（398）原文本说，Tolome 可能与到印度传播基督教的使徒巴多罗买（Bartholomew）有关。但是浦察思删掉了这句，表明他不喜欢将佛教与原始基督教联系起来，而原始基督教对于新教改革者来说是神圣的。

有关道教的篇章忠实于利玛窦，但也有一些改动，反映了浦察思反天主教的倾向。在介绍事实时，没有什么改动。书中写这一宗教的创始人名叫老子，意思是"老哲人"。老子有许多信徒，在他死后，他的追随者准备写关于其教义的书。他们的生活方式在这些文献中有解释。据说他们敬拜"天主（Lord of Heaven），他们还将其想象为有形的，并且受了许多苦"②。道教的领导者，还有他们现在的门徒，被描写得低级而无耻。他们散布谎言，例如许诺身体和灵魂长生不老，还骗人说能驱鬼。

有关浦察思的改动，他在介绍道教时加上了一种个人的观察。他提到现在的天王"Ciam"，取代了另一个神"Leu"的位置。浦察思感到有必要解释，"财"可以与希腊的神朱庇特相比，后者也推翻了父亲在天上的宝座。他还对道教的仪仗加上了自己的评论。他注意到这些仪仗很奢华，暗示新教徒反对宗教礼仪。在浦察思的省略中，我们发现他删去了利玛窦谴责道书"胡说"的句子，并且反对将道教的三位一体归咎于"谎言的始

---

① Ricci 120 - 121.
② Ricci 111a; trans. Gallagher 99.

祖"魔鬼的做法。他也省略了用"胡言乱语"形容道教对肉体天堂的寻求。

总之,浦察思保留并强化了耶稣会士反感道教徒的倾向。在第五篇结尾,利玛窦解释了为何许多中国人可能会尝试三种宗教,浦察思做了一个缩写:"他们不想相互毁灭。"(399)原文是这样写的:"原因在于,没有哪个教派被容许摧毁另一教派。"① 生活在一些天主教徒和新教徒决定"彼此毁灭"的时代,浦察思也许想描述中国人的宗教宽容观念。

结　语

作为译者和编者,浦察思的能力所得到的评价颇有差异。一些批评者认为他的方法很"随意"②,"喜欢编排主题"③,并且"拆解"他的原文献④。另外一些人,比如冯克雷(Van Kley)和佛斯(Foss)赞扬作为有关中国文献的编者,浦察思的工作"令人钦佩",还评价他对《基督教远征记》的翻译"篇幅特别巨大且内容丰富"⑤。通过分析《基督教远征记》浦察思译本的翻译和改写,笔者认为至少从这个版本来看,浦察思的方法是谨慎而深思熟虑的。首先,也是最重要的,他尝试不以耶稣会士的叙事角度来介绍关于中国的文献。他的策略是省略和缩减利玛窦札记中专注于传教的部分,这就意味着浦察思删去了许多原文本中利玛窦作为叙述者的个人观察。浦察思还强调那些在他看来有关中国的没有争议的事实,并从他自己的兴趣出发,特别关注一些主题,比如中国历史、文化、地理。在有关宗教行为的译文中,对于利玛窦认为非基督徒的中国人只敬拜一个神,并且以与基督徒的道德准则一样的方式生活就可以得到救赎,浦察思加入了评论,暗中加以贬抑。最后,浦察思好像被东方这个大国的观念所

---

① Ricci 115; trans. Gallagher 104.
② William Foster, "Samuel Purchas," *Richard Hakluyt and His Successors*, ed. Edward Lynam (London: Hakluyt Society, 1946) 55.
③ Philip L. Barbour, "Samuel Purchas: The Indefatigable Encyclopedist Who Lacked Good Judgment," *Essays in Early Virginia Literature*, ed. J. A. Leo Lemay (New York: Burt Franklin, 1977) 38.
④ Robert Markley, *The Far East and the English Imagination: 1600 – 1730* (Cambridge: Cambridge University Press, 2006) 3.
⑤ Van Kley and Foss 275.

清史论丛

吸引，尽管他无法想象中国会超过欧洲的大国。浦察思是17世纪英国社会中最早敢于出版有关中国的耶稣会著作的人之一。也许，这是因为他对耶稣会士的批评让他通过了审查。无论如何，原因还在于当时英国对于中国的信息需求非常迫切，以至于他们忽略了这些材料出自不受欢迎的耶稣会士之手①。

（译者单位：北京大学）

---

① 在浦察思之后，有更多的耶稣会文献被译成英文并在英国出版，但是，之后的译者并没有浦察思的宗教倾向。17世纪50年代，在克伦威尔统治时期，有两本耶稣会士的著作被翻译成英文，即：*Bellum Tartaricum, or the Conquest of the Great and Most Renowned Empire of China, by the invasion of the Tartars* […] （1654; Latin original 1654）by Martino Maritini (1614 – 1661) 和 *The History of that Great and Renowned Monarch of China* […] （1655; Spanish original 1641）by Alvaro Semedo (1586 – 1658)。在詹姆斯二世（James Ⅱ, 1633 – 1701, reign 1685 – 1688）时期，又出现 Gabriel De Magaillans (1610 – 1677) 的 *A New History of China, Containing A Description Of The Most Considerable Particulars Of That Empire* (1688; French original 1688) 一书，该书对于中国的各个方面都做了通俗的介绍。

复明运动海外秘密联络网管窥
——《丁未传信录》所见的口述南明史

杨海英

摘 要：域外史料对明清史研究的意义不言而喻。出自明、清以外第三方的朝鲜《漂海录》材料构成的《丁未传信录》，对探讨南明史的内涵外延及各研究专题的进展，尤其是印证复明运动海外联络网的存在及运行，是不可或缺的重要材料，结合过去二三十年来的相关研究成果也证明了这一点。

关键词：朝鲜 《漂海录》 《丁未传信录》 郑氏武装 口述南明史

一

域外史料对明清史研究的意义不言而喻，至若学界有视朝鲜史料之于明清史研究的重要性不下于19世纪末敦煌文献的发现①。《丁未传信录》为朝鲜正祖时代著名学者成海应②所编，其核心成分是宣祖朝朝鲜济州岛地方官李塾所记录的《漂人问答》，经李书九（姜山尚书）加工成《丁未传信录》，再由成海应将黄功所著问答及"南中人士以笔谈相酬者及散见他书籍者，补为二编"③，前缀《序》及《咨文》，后补《诗文》及跋收尾

---

① 参见台湾立报2009年12月2日讯《韩国古典翻译院赠书中山大学》http://www.lihpao.com/?action - viewnews - itemid - 13192；另参台湾中山大学网页：http://www.nsysu.edu.tw/files/14 - 1000 - 13683，r263 - 1.php？Lang = zh - tw。
② 朝鲜学者成海应（1758～1818），曾任奎章阁检书官，参加过诸多图书的编摩校雠，是18、19世纪时朝鲜著述丰盛、颇为严谨的学者，著名的《皇遗民传》《尊周汇编》《风泉录》等即出其手，另有《全集》61卷、《外集》70卷、《续集》17册。
③ 〔朝鲜〕成海应：《研经斋全集·外集》卷31，《风泉录》一，《丁未传信录序》，载《韩国文集丛刊》第274册，第185页。

而成完璧。而李书九的《惕斋集》中并未著录与丁未漂流人相关的内容，可见成海应的工作很有意义①。

《丁未传信录》记载的是康熙六年（1667）六月，台湾郑氏武装派往日本长崎贸易的4艘商贸船队，在入港时遭遇飓风，其中的一条船，顺风漂到朝鲜济州岛大静县浦口东的崎头，随船货物几尽沉水、损失，但船载95位漂流人得以幸存，其中包括郑氏官商林寅观、陈得、曾胜、客商郑喜等在内。这些郑氏治下的福建沿海商民，在济州岛停留百余日后，被朝鲜当局移交给郑氏武装所对抗的清朝，据说最后都被残杀。此事在朝鲜引起了强烈反响，冲击波甚至影响到朝鲜思想界及外交政策，对中朝宗藩关系也产生不小影响。

首先，《丁未传信录》与南明史内涵外延的界定有重要关系。著名南明史家顾诚有种意见，他认为郑成功死后，郑经虽然打着永历帝的旗号，但其"功业显然不适合纳入南明史范围"②。对此，学界持保留看法者不在少数。如秦晖指出以"张献忠余部带来的体制及郑氏海商体制的影响"为代表的南明典章制度方面的欠缺，是顾诚所著《南明史》的一个"遗憾"③，要弥补这种遗憾，就势必要扩大顾著《南明史》的内涵与外延。何龄修也指出，顾著缺少"经济史、文化史篇章"及"地下复明运动"的内容，要补充这些内容，自然不能不延伸到郑氏海外倔强60年的历史；而南炳文的《南明史》在谈及对外关系时，就包括"乞师日本、遗民东渡、郑氏海外贸易、南明与西方传教士的关系等内容"，更何况"实际上，遗民南渡去越南、菲律宾、印尼等，皆不可忽视"④。要补足这些内容，就自然不能不延续到后郑成功时代的郑经、郑克塽时期。

钱海岳著《南明史》，即开宗明义指出"先子及诸老"对他的昭示是"明自南渡后，安宗、绍宗、昭宗、监国鲁王、下暨台湾赐姓之亡，疆土万余里，首尾四十年，其间兴亡治乱、战守攻取、得失乘除之迹，礼乐征伐，刑赏黜陟之政，忠臣义士杖节死绥、殊功韪德非常之行，庸人偾国、骄将悍卒、梼杌嵬琐凶慝之状，斟鄩斟灌之遗，板荡蜀离之际，宜有专史

---

① 〔朝鲜〕李书九：《惕斋集》，见载《韩国文集丛刊》初编，第270册。
② 参见顾诚《南明史》，中国青年出版社，1997，第1059页。
③ 秦晖：《南明史研究与顾诚的〈南明史〉》，载《北京日报》1997年11月16日第4版。
④ 参见何龄修《五库斋清史丛稿·读顾诚〈南明史〉》，学苑出版社，2004；南炳文：《南明史》，南开大学出版社，1992。

缀述其事"。他提到的诸老就包括更早的南明史学者朱希祖、柳亚子等人，谢国桢《晚明史籍考》也持南明四十年之说。钱海岳发奋四十年整理的《南明史》特别强调"永历十六年黄屋蒙尘，已无寸土而犹书者，援《春秋》'公在干侯'之例也；台湾沿其正朔而犹书者，援《春秋》终'获麟'、《左传》'悼之四年'例也"。故其著《列传》部分有郑氏三代传记，《食货》志记载"郑成功开台湾"、"郑成功在海上"诸事至三十余年，郑经开铸日本也赫然在列①。而《丁未传信录》记载的漂海事件，正是发生在顾氏所谓"不适合纳入南明史范围"的后郑成功时代，但它对完善并深入研究南明史的意义，却不可低估。

二

《丁未传信录》记载康熙六年九月二十六日，朝鲜呈报清朝礼部《咨文》，较为详细地记载了以林寅观为首的福建漂流人的姓名、年岁、原籍及前往日本长崎贸易所载的货品名称、数量及所携书信等宝贵的信息②；结合《漂人问答》所载的史料，还可资分析郑氏海船的组织方式、海外贸易航线与经贸制度等若干重要问题。

漂流人的身份和面貌。从地里籍贯来看，95位漂流人中，属泉州府者71人，漳州府者24人。泉州府下同安籍9人、晋江籍8人、南安籍1人；漳州府下龙溪籍1人，长泰县1人。可见这是以漳、泉二府为主的商船。

从宗族姓氏言，林姓（25人）、陈姓（21人）占据一半。其他姓氏中，蔡（5）、郑（4）、曾（4）、郭（3）较多，其他杨、张、宋、吕、高、王、欧、吴、许、方、易、洪、施、潘、戴、李、黄、汤等姓氏也各有其人。值得注意的是，这些船员均为成年男子。其中，50岁（含）以上2位，年龄最长者伙长郭完59岁；40岁（含）以上者15位；30岁（含）以上者39位；20岁（含）以上者33位，18岁2位，可见船员主要以二三十岁的青壮年担纲；且伴有少量女性，分别来自晋江、泉州、漳州，年龄在18~32岁间的吕妹、胜姐、引姐、蔡妹，与伙长郭完家中的"郭娘"

---

① 参见钱海岳《南明史》，中华书局，2006，《义例》第1页；《出版说明》第6页。
② 〔朝鲜〕成海应：《研经斋全集·外集》卷33，《尊攘类·丁未传信录》，载《韩国文集丛刊》第277册，民族文化推进会，2001，第3~41页。以下未指明出处的《丁未传信录》材料均出自该书，不再一一出注。

很可能为船上仅有的、性质或异的女性，这对分析郑氏海船的具体组织及实际运行状况或有帮助。

郑氏海船的组织方式。官商林寅观和总管林瑞均为林姓，财副和艄目则由陈姓担任，另有管船官曾胜，而伙长郭完像是倾家入股（郭娘当为郭氏女眷），此外尚有郑姓客商，提示这些打着郑氏官商旗号的贸易船，或许是以合伙出资（包括以船入股）的方式参与经营，而郑氏直接从事海外贸易活动人员之间的等级观念、具有人身依附关系的"家丁""家人"等都在"漂人问答"中有所印证。此外，郑氏从事海外贸易人数，以林寅观一船近百人的基数推测，合计"数十船"或有数千乃至万人的规模（当含一人重复往返者），税收有每船3000两银子，或大船2100两，小船500两等不同标准，年贸易额则不少于数十万至上百万两，这与木宫泰彦所述曾经谋反的郑泰在日本长崎存银达71万两的规模也可互相印证。

对郑氏武装海外贸易航路的研究，自20世纪80年代以来就已展开。比如一是从菲律宾、印尼等南亚诸国经台湾到日本的航路；二是从大陆、台湾到日本的航线，就是最早被发现的[1]。而明末清初海上私人贸易的情况，舍郑氏以外更无重量级主体[2]；而据该漂流船所剩余财物及漂人口述，

---

[1] 陈柯云：《从朝鲜李朝文献看郑氏集团的海外贸易》[载《安徽师范大学学报（哲学社会科学版）》1985年第1期，第92~100页转116页]。按：该文以《漂人问答》结合《朝鲜王朝实录》等文献进行分析颇有贡献，唯第一部分所举《朝鲜实录》肃宗元年（康熙十四年）第5条史料中的"唐船""汉船"并不属于郑氏集团，而是崇祯年间隶属明朝登莱水师的船只，具体研究可参见杨海英《关系明清易代的朝明军事合作计划及其执行者研究》，载《中国社会科学院历史研究所学刊》第五辑，商务印书馆，2008。

[2] 参见林仁川《明末清初的私人海上贸易》中"与朝鲜的通商贸易"部分，华东师范大学出版社，1987；刘强《海商帝国：郑氏集团的官商关系及其起源：1625-1683》，南开大学2012年博士论文等。后者结论包括郑氏集团建立了一整套包括税收、组织和金融制度来管理和支持商人；面对不断变化的外部环境灵活使用不同的贸易策略以保护和争取商业利益；其强大水师为这一切的实施提供了有力的保障，并在一定程度上直接参与商业利益的争取和保护。正是这一切造就了郑氏集团在远东水域的贸易主导权和制海权，并使一直锐不可当的西方国家在全球范围内的扩张遭遇重大挫折。参见谈谭《论台湾与大陆发展经贸关系的必然性——从17世纪郑氏海商集团到〈两岸经济合作框架协议〉》，载洪本地主编《郑成功研究文集》，厦门大学出版社，2012，第189~203页；陈尚胜则从中朝外交史、政策史角度揭示该事件意义，参见氏著《礼义观与现实冲突——李朝政府对于清初漂流海商政策波动的研究》，载北京大学韩国学研究所编《韩国学论文集》第四辑，北京大学出版社，1995，第259~266页。高志超：《汉人漂流民与中朝、日朝间交涉（1641-1689）》，载《东北史地》2014年第5期，第32~38页。

分析郑经据台时期的具体经济状况和结构、物流交通、海外贸易或更大范围的中日朝关系的成果也日见增加①。

值得特别注意的是，推行海上通行证或贸易许可证，是郑氏武装拥有海上航路绝对控制权的表现，即使在日本长崎等海外贸易点也不例外。《丁未传信录》所载蔡政致李凤书云："兄台勇略□才，暂屈商旅，亦观时而进止，浮海非所愿也。"李凤的身份是"崇祯都督""外国营生"，且有"召集贤者"的力量，因此蔡政除揽之"来宁"，除为"国士"的政治期待外，还冀请其帮忙发牌："特奉藩令，遣记室同家人前来长岐，给换客岁令谕炤牌，倘有相爱亲友，不妨援引颁给。想御命者，自能体悉藩主德意，可不烦其虚费毫厘耶？客岁有给牌者，弟回即启藩主，通行各镇，水途可保无虞。"这种周年一换的"牌饷银"制度，正是郑氏武装经贸制度的特殊运行方式。

蔡政致林环官书亦云："别来裘葛已更，未审兄翁宝舟，今年又获厚利否？想吉人自有天相，毋庸私祝耳。客冬所给令谕炤牌，弟回覆藩主，深嘉向义。时即通行各镇，遵守获送，量水途可保无虞。近缘清朝遣使求和，弟又有民牧之寄，未得来岐。特奉藩令，遣敝记室得官及家丁杨郎前来换想御命者，自能奉命，兄翁等应费分厘耶？"林环官也是一位拥有政治抱负、极有机变的"起义之人，今亦以商旅生贩，以资国课，以待进止，而外国无人不钦敬也"。这位林环官有可能即指寓居长崎的崇福寺四大檀越之一林守壂，这些客寓日本的海商换得令谕牌照后，"水途可保无虞"。如果不是郑氏完全控制海上贸易线路的话，收取这种费用是不可想象的。故郑氏集团被认为是一个活跃于17世纪的海上帝国，虽然没有"国家"的地理边界，却能"以其毋庸置疑的权威与欧洲列强抗衡"②，建立了从日本到中国台湾、东部沿海和东南亚的强大海域霸权。

蔡政、钱海岳《南明史》中有传："字拱极，金门人"，曾任思明知州，成功卒，请经嗣位改审理所正，巡南北二路。永历十七年，转刑官协理，命使日本，取郑泰存银回之思明。擢礼官，二十二年卒③。漂流人所

---

① 参见〔意大利〕白蒂（Patrizia Carioti）《17世纪郑氏海商集团在东亚的国际角色》一文，载北京大学《明清论丛》第12辑，第221～246页。
② 白蒂：《17世纪郑氏海商集团在东亚的国际角色》，载《明清论丛》第12辑，第221页。
③ 钱海岳：《南明史》卷76，第10册，第3601～3602页。

携蔡政致友人李凤、林环官二信,对南明政治史、经济史研究的贡献,在于不仅回答了史学界所关心的郑氏武装贸易经营方式的疑问①,还可为南明史事及《艺文志》《食货志》提供重要的补充材料。

通过《丁未传信录》,我们还可以看到有关南明政治史领域的一条重要线索,这就是有关复明运动海外秘密联络网的存在和运行。这在以前,或者是不被承认,或者是苦于没有确凿证据,导致复明运动是否存在海外联络网遭到质疑。比如,隐元东渡是否肩负反清复明的政治使命存在争议就是一例②。隐元是福建福清县黄檗山万福寺的高僧,顺治十一年由郑成功拨船护送至日,由此开创了日本临济黄檗宗。而隐元、既非、化林这一脉僧人,在南明史上拥有特殊地位的确凿证据,则是由丁未漂流人所提供的,这对因文献遗失而造成的"有一分材料说一分话"的认识论来说,也是很值得关注并重视的一则重要材料。

漂流人陈得,是"天朝府笔吏"、礼部主事蔡政的记室,他所携带的几封信件,确切地证明了复明运动存在着海外秘密联络网。蔡政第三书致林六使,展现的就是郑氏在日本以长崎为中心的一个联络网:"特以台兄大略转启藩主,专仗化林禅师敦请台兄与顾、魏二翁来宁,共图恢复,未卜贵意何如?"清楚地显示郑氏希望通过林六使与"化林禅师"之间的联系,联结林氏、顾氏、魏氏等人到东宁(即台湾)共商反清复明"恢复"大计。

这位"化林禅师"是何许人也?化林原名性合、性偘(1597~1667),是福建福州府福清县三山人,本从医执业,"戊子丁国变,隐于支提。壬辰(顺治九年)秋,礼予于雪峰。见其行履周详、机锋迅发,为之剃染。及予东渡,乃相从远。历名山大川,于本分事,有所默契"。这是日本黄檗宗开山祖师隐元的弟子既非如一为化林所作的诗偈,化林在此被称为

---

① 何龄修曾以隐元信件中没有留下郑氏"任何贸易制度、货物品种、规模、资金等方面的记录"为憾(参氏著《隐元信件的史料价值》,载《旅日高僧隐元中土来往书信集》,第597页)。而以《丁未传信录》为代表的朝鲜《飘人领来誊录》、日本《华夷变态》及唐船风说书等域外材料则可弥补这些缺憾。

② 如有种意见认为隐元东渡只为弘扬佛法,并无为郑成功请兵的秘密使命,也没有为反清复明做出什么贡献。参见胡沧泽《郑成功与隐元禅师》,载《郑成功研究文集》,厦门大学出版社,2012,第84~89页;另台湾徐尧辉似亦持相似说法,参见徐尧辉《明太子、福王亡命在日本——化名张振甫、张寿山》,台北中华书局,1984。

"三山英士"①，三山正是化林俗家原籍所在。

顺治十六年，化林与徒鹤搏从福州东渡日本，既非有《喜化林徒、鹤搏孙至自福严》诗：

> 万里寻师切，飘然过海东。
> 一双无柄锹，待子种春风②。

顺治十八年冬（1661，日本宽文元年），隐元七十寿辰。既非"特遣化林徒前诣座下，代不肖投五百拜，殷勤致敬"③，化林遂承担起前往京都祝贺师祖诞辰之任。康熙二年（1663）八月，"癸卯秋，山僧省觐黄檗老人，吾徒随侍上京，暂将院事交化林子掌管"④，化林遂代既非监守日本长崎崇福寺，次年再继千呆法席，成为崇福寺的第五代住持，在日本传授中医术，还擅长书画、诗文。康熙六年六月初三日，化林"发背痈大如升"力疾而逝，终年71岁⑤。但在日本一些有关佛教黄檗宗的论著中，不仅漏载曾监守崇福寺的黄檗僧化林其人，更不用说窥见其中的奥秘了⑥。但通过丁未漂流人陈得转交蔡政致化林禅师的信件，不仅使化林的政治面目清晰起来，更使这南明地下复明运动中难得一见的海外秘密联络网掀开了神秘面纱，露出了冰山的一角。虽然蔡政的这些书信无法到达化林禅师之手，而化林本人也在康熙六年辞世，没能发挥更大的作用，但日本临济黄檗宗门作为郑氏武装海外联络站的地位，应当没有疑义了。

但对持隐元东渡无政治使命论者而言，或许疑问依旧：即史料显示所

---

① 《嘉兴藏·续藏》B425-38，《即非禅师全录》卷21，《诗偈》，《示化林上座（有序）》。网址 http://www.nanputuo.com/nptlib/dir.asp? mid=6044。按新版佛教大藏经《嘉兴藏》已于2012年5月在珠海市图书馆面世，全藏380函、2246种、共12000卷，民族出版社。
② 《嘉兴藏·续藏·即非禅师全录》卷19，《诗偈》，《喜化林徒、鹤搏孙至自福严》。
③ 《嘉兴藏·续藏·即非禅师全录》卷14，《书问》，《上黄檗老和尚》。
④ 《嘉兴藏·续藏·即非禅师全录》卷4，《法语》，《示昙瑞俊上座最后语》。
⑤ 《嘉兴藏·续藏·即非禅师全录》卷22，《悼化林徒子（有序）》。
⑥ 按：日本学者整理崇福寺住持传承为隐元—木庵—慧林（独智）—独湛—高泉—千呆—悦山—悦峰—灵源—旭如—独文—杲堂—竺庵—龙统〔日〕—大鹏—百痴—祖眼—大鹏—伯珣—大成—格宗，其中除独智、龙统为日人外，其他19代均为中国僧人。参能仁晃道《隐元禅师年谱》，东京禅文化研究所，1999；平久保章编《新纂校订隐元全集》，东京开明书院，1979；竹贯元胜编《近世黄檗宗末寺账集成》，东京雄山阁，1990。

有之事，是否必然为真？换句话说，漂流人陈得转交的蔡政致化林禅师之信能否得到落实，即使化林未曾辞世？还有蔡政会不会是出于死马当成活马医的考虑，才致书化林呢？是否有了这封信的存在，就能确证隐元、化林这些僧人，东渡日本除弘扬宗教的目的外，还有意反清复明？且化林辞世于康熙六年，即使有意于反清复明，也未曾起过作用。对于这种涉及动机论和历史本体的认识论上的差异，似已无辩论必要。且不论蔡政致书化林的前因后果及两人的关系史和亲密度，就东渡的隐元与郑成功所具有的"共同"的反清复明的思想基础，已足使其兼具"遗民僧"与"郑成功的一名亲善使者"① 这双重身份而不矛盾，故将"振兴禅门与反清复明"② 联系起来考虑，是有其内在思想基础和必然历史联系的。更何况视日本长崎的黄檗宗门，为南明复明运动的海外秘密联络站，不是空口无凭的臆造，而是有着确切证据的事实。

  复明运动的地下活动，如果不是因为意外而被破获或招致失败，一般很难留下痕迹，研究起来难度极大，这或许就是隐元东渡与反清复明无关论者的出发点，也是反清复明活动易遭质疑和否定的根本原因。而陈寅恪先生通过《柳如是别传》揭示的钱谦益、柳如是主持参与的复明运动这个大题目，何龄修先生通过清廷一些刑部题本、官员密揭、个人诗文集等细碎材料，研究、揭示了一系列地下复明运动的大案、要案③，都如羚羊挂角般的清唱，绝难踪迹，和者稀少，除了史料受限这样的纯技术问题外，更主要的原因恐怕还是见识高下导致的历史认识差异。而像丁未漂流人这样遭受海难而幸存下来的人，又因政治斗争的残酷无情而被牺牲，在生命即将走向终点之时，才不得已将无法抵达的信件交与未卜的前途。这样挂万漏一的概率，已经难得地展现了郑氏治下礼部主事蔡政及郑氏高层的布局，他希望化林招揽"共图恢复"的林、顾、魏等人（顾、魏据情理分

---

① 参见陈智超编《旅日高僧隐元中土来往书信集》，中华全国图书馆文献缩微复制中心，1995，第16、21页。
② 韦祖辉：《隐元与日本黄檗宗》，载《旅日高僧隐元中土来往书信集》，第579页。
③ 如何龄修《五库斋清史丛稿》（学苑出版社，2004）已收录的有关李之椿案、平一统贺王胜案、杨鹓空敕案、魏耕案、黄毓祺案、湖南复明运动与陶汝鼐案、虞胤韩昭宣起义、吴祖锡的复明活动等文章及未收录的有关崇祯太子案的研究等（参氏著《太子慈烺和北南两太子案》载《中国史研究》2008年第1期；《再谈明清之际北南两太子案》，载《清史论丛》2009年号，均是如此。

析,当即为寓居日本的"东京舶主"如魏之琰、魏尔潜、顾肇基、顾长卿诸人),他们一直是长崎唐三寺(万福寺、兴福寺、崇福寺)的重要施主和支助者,通过他们形成一种郑氏武装的海外支持力量。即使"日本也很清楚华商和长崎华人团体的作用和意义,而郑成功在其中的影响是牢不可破的"[1]。不管此事有没有成功,这些僧人和他们所在的寺庙,作为联络站的存在当无可否定。当然,最理想的莫过于发现寓居长崎的魏、顾诸人的行事记载,但这种环形证据链的形成和取得,更需要借助一种运气,实际上多半可遇而不可求,故在历史流传过程中出现可能性"佚失"与本应有的"题中之意"被疏远化和简单化,这不能不说是研究者所孜孜追求的历史成就的实在损失。

此外,《漂人问答》还证实了日本德川幕府在顺治十七年夏初,曾"大举兵,随汉人之客于日本者以向北京"的事实,且因遇飓风致其"出兵损失",这个事实,或与后来日本拒绝南明张光启、周芝鹤等请兵等系列乞援活动有关。而南明与日本通商三阶段的划分及东渡日本明遗民的活动,也可入列南明政治、经济史研究的新成果[2]。实际上,在 1645~1686 年间,不只郑氏向日本乞师,其他明朝拥护者也是如此,据已有的研究成果看,这样的乞师活动达 20 次之多[3]。

三

《丁未传信录》除具有史料来源作用外,对其"历史本身"[4] 的探讨,也是一个看点多多、饶有兴味的课题。通过它,我们还可得到一种流行海外的口述南明史,可考察当时南明治下普通民众的外貌装饰、处事方式、

---

[1] 〔意大利〕白蒂(Patrizia Carioti)《17 世纪郑氏海商集团在东亚的国际角色》一文即认为日本以其远见卓识,娴熟地施展起平衡政策,拒绝干预中国大陆的军事斗争。明确支持或反对明朝,都将破坏同时出现于长崎的华人与荷兰人之间的微妙平衡。载北京大学《明清论丛》第 12 辑,第 221~246 页。
[2] 韦祖辉:《明清社会变动和明遗民东渡日本》,载《清史论丛》,辽宁古籍出版社 1996。
[3] 参见〔日〕石原道博《明末清初日本乞师研究》(《明末清初日本乞师の研究》),东京富山房,1945;《通航一览》第 212 卷,第 8~16 页;
[4] 许雪姬:《台湾口述史的回顾与展望:兼谈个人的访谈经验》云:"口述历史既是一种参考资料,也是历史本身。"载定宜庄、汪润主编《口述史读本》,北京大学出版社,2011,第 97~104 页。

心理状态和精神世界。

这群漂海者的领导当是"官商"林寅观,福建泉州府人,44岁,生于"甲子"明天启四年(1624)十月二十一日,应即黄功第三眼看到的那位"包头露网、身着军衣,年亦四十余"的南人,在与黄功交谈时,声音和态度都很坚定:"重声言曰:'我是清白百姓,又非盗贼,何故送于清国而死?能死于此地,窵不西行。'"得知朝鲜要把他们送往清朝时,他领导所有漂流人进行了步调一致的绝食抗议:"昨日至今,茶饭不吃,那有西去之事乎?"使得明末清初易代之际东渡朝鲜、被请来作为说客的黄功感到很为难。

黄功判断"此中之首"者是42岁的客商、"善相者"郑喜。这位"身穿道袍、平帽,年近四十、言语过人"者,显然长相比实际年龄年轻,这与他"相者"的身份、职业也相符合。黄功还见到一位"青衣道袍,头带平帽,年近二十余外"的南人,心直口快,直言"不是国王救命,乃是国王送命",这位小伙子就是蔡政的记室陈得。而另一位"青衣大袖、头带平巾、年近四十的南人",出言"'我今已来此国,无处诉情,惟是饿死为上'",或即37岁的曾胜①。

丁未漂流人,这群九死一生的海难幸存者,不得不再次面对羊入虎口的绝境。他们的直觉反应,真实得令人不忍直视:"不食不言,惟哭而已。"看到说客黄功前来,"纷纷哭泪相迎",表示"不意经商,海上遭风,打破船只,已死无生。多感国王相救,送我回乡。今只到此,又送清国,不知何意?说罢底(低)头而哭"。在这里,我们不仅看到了这群漂流人的相貌,也听到了他们的声音。一律以黑布包头的"九十五人,皆以玄巾头"(因行船之人多受风霜,故以玄巾头)②,从最初"原著网巾、帽子及衣装诸项,俱被风波飘溺无存,是以不肃"的难民,经朝鲜济州地方官适当照顾后,渐有复原,"一样包头小帽,半节青衣。任凭译员说破嘴唇,全不理讲",拒绝被遣送至敌对的清国,要求回到南方故国家乡,或折请朝鲜当局许之修船航海,经日本回到故乡福建。

他们也曾提出过折衷方案:"虽贵国畏清之强,见明之弱,亦念昔以

---

① 《研经斋全集·外集》卷34,《韩国文集丛刊》第277册,第28~38页。
② 《研经斋全集·外集》卷34,《韩国文集丛刊》第277册,第24页。

及今，爱国以及人。中倘有不便释我还归者，则当暂留于此地，编入民籍，使以农业。一则可无负大明世代亲谊；二则无患清朝后末之见咎；三则体天地好生之德；四则亦足以报国中之民望。纵使清朝而闻知，则回之以营生之人，漂风到此，编入民籍，使以农务，则清朝亦何怪哉！"希望朝鲜能够不畏清朝的强权，顾念明朝往昔的情谊和天地好生之德，将他们留在朝鲜作为编户齐民。并表态"寅然寅等亦岂偷生之士、惜死之人？乃念双亲日暮，儿女稚年，人事有所未尽，故不得不泣陈苦情"。最后还一针见血地指出："今寅等束手前来以求生，陷百众于死地，则不知贵国有何荣，大明有何辱，清朝更有何益？然百人残喘，何足轻重？而国王高义，关于千古！"他们这个小群体的个体生命固然可贵、可恋，但国家关系、人情世故更是必须关照的大道正理。在生死关头，他们仍勉力争取生存机会，至以明与朝鲜两国的外交关系直言利害："意其我国与贵国情同兄弟，痛关心腹，义当护送本朝，复睹天日。而有此举（指入送清朝），则正所谓亲人戮亲人也。念昔贵国有乱，我朝救之，父子兄弟同死于战者几人哉？"[①] 在他们的心目中，明朝尚存，家国一体，而清朝则是"死地"，他们的信心在于两广、四川、福建等南方四省与郑藩辅佐永历国君，勤王奉主，会聚兵马，志可恢复"中国"——"昔西伯百里以王天下，我永历君恢广大度，中兴指日可待"。他们认同的"故先藩"是郑成功，"今藩郑经系长子"，只是"永历君讳不得知之"。

尤其需要关注的是，在他们的心目中，清朝才是不期而遇的尾随者，是彻头彻尾的"割据"势力。"福建地方乃永历皇帝封延平王据守也，而沿海广东、浙江皆属版图耳，而延藩乃先藩国姓郑成功子也"。面对朝鲜人的疑问"崇祯皇帝何故致此颠覆"？他们的回答是："崇祯皇帝因举子李闯有所不满而作流贼，陷北京城也。吴三桂乃总兵职也，探知京城已陷，遂借兵虏庭救援，剿杀李闯，而清兵随同入关而来。更不知清夷狄狼心席卷，以养马为由，镇北京，而分发军兵，各处直入无忌，遂被其据。今我永历皇帝不得不避川内，以待恢复耳。"

他们对国家、国君、国土的观念和认识是："今永历皇帝现都四川，即今年号二十一年；大明现据四省，而名将名相则丁国公，孙可荣等存

---

① 《研经斋全集·外集》卷34，《韩国文集丛刊》第277册，第27页。

焉;四省名号四川、桂州、广西、福建;如广东、贵州、浙江等省,亦有州郡为其割据";福建与四川的道路往来,"各有沿海,皆大明地方中有清朝割据,陆路有阻,俱以舟行,就陆来往也"。他们还大声呐喊:"仆等生于中国",希望朝鲜当局能够体察民情,"泽及中国人民",或将他们拨船送往日本界,或准破船材料整造小船,乘回本国。

在他们的故国记忆里,既有"今年四月末,清朝差使孔姓名孟章共文武四位,欲与我藩议和,而我藩即欲启闻国君"这样的细节;也有点面皆全的全国形势图谱:"名将及秉国政者孙可荣、丁国公数人,出将入相矣。孙可荣即孙可望,丁国公即丁魁楚……全发者奉永历正朔,只有四省之人不曾削发耶,削发者则奉康熙正朔。至于山东等地亦有义士,然未见其成事耳。"他们还知道这样的处事章法:"中朝以外,夷国尚三十六,天下之经商者,丕有飘到其国即必护送还归后已。今贵国乃文物之名区,而衣冠制仪,实汉之旧度。得等初败舡登陆入州以来,适逢大上官之推恩罔极。窃以自喜得还本国之日不远,兹不想朝廷之持难若是,殊信乎命之穷也。"① 尤其是最后一段"天朝府笔吏"陈得八月二十二日书示李墳的话,显示出他们尽人事知天命的悲怆和无奈、家园虽在却不得归去的至痛,而"亲人戮亲人"的断语,更实质性地反映了他们的泣血抗争。

对于政治立场和家国的关系,黄功有段记载典型地展示了这群漂流人的心理转圜过程:

> 南人曰:"清国到于北京,民心如何肯伏?"厶曰:"此事尔亦当知,何须用问?流寇破京,官里一腔,六街九陌,尽遭流寇残伤。北京无主,军民失望,吴家去清辽兵。清国发兵追赶,直出境外放回。此时百姓,放能归业,自从清朝矣。来盗息民安,而用文官治世安天下,武将持兵定太平。黄榜招贤,红门撰士。老者衣帛食肉,黎民不饥不寒。赏罚公私明白,投顺之人,计粮加禄,能商者,放本资生。无能者,冒粮静食。城中鼓乐欢天,民歌纷纷载道。遥闻江南亦有投顺,听说西辽尽隶于清。吴家镇守齐地,丁将去按西京。你今前去享

---

① 《研经斋全集·外集》卷34,《尊攘类·丁未传信录·诗文·漂人在弘济院投书》,丁未十月,《韩国文集丛刊》第277册,第39页。

安宁，莫待清朝究问。"南人听说这片言语，人人嘻笑，介介欢颜。南人曰："果若如此，我当去之。"厶曰："尔今此去，正是归路。"南人之中，二人改颜加怒而出。[①]

以上记载中的"厶"是黄功自称，作为一个易代之际东渡朝鲜的明朝遗民，他所描绘的这幅清朝治下的美好图景，是己所未见的信口雌黄和理想远景的吹拉弹唱。如果能把这群漂流人平平稳稳、顺顺利利地送出朝鲜国境，他就算完成使命，即使没有功劳奖赏或升迁愿景，最起码也可使他在朝鲜已经拥有的一切保持稳定，不遭颠覆和损伤。曾被称为"九义士"之一的黄功，在处理此事时的"违心之举"[②]已有学者讨论，这关乎抗清遗民的复杂心态。所以，他的态度和做派不以为奇。

值得关注的恰恰是，南人在听了黄功的描述后，大多数人都表示出了愿去（清朝）之意，只有少数的"二人改颜加怒而出"，显然是不相信黄功的洗脑和灌输，这"二人"应该就是这个群体的领袖林寅观、陈得等。在此，忠于南明的群体领袖和普通群氓的不同反应，更直观地体现了不同个体对生命和理想、生存和奋斗的不同抉择。群体领袖的态度比较坚决，对于他们的政治使命，林、陈等也一直守口如瓶，"牢讳不出"。直到经过数度争取失败，得知朝鲜"朝廷上惟洪执政与若干清流，尚秉尊周之义，力主送还之论"，遭到否定而无能为力，才最后选择尊明亲明兼有"亲厚"感情基础的济州地方官李禛，交出蔡政寄达"通家眷"的三封书札，惟"藩王与日本国王书"漂海失去，而他们自己则选择悬梁自尽，终因被发现而未能成仁。从中亦见他们坚定的政治立场、决绝的处事方式与宁为玉碎、不愿瓦全的精神状态。

或许，对照具体史实，可知这些漂流人对南明政局的真实变动情况了解不多，涉入不深，如不知永历帝已死及持有永历二十一年历书这些细节，都曾遭到朝鲜人的怀疑。但重要的是这 95 位漂流人的到来，使朝鲜朝野"首次觉得南明原来如此之近"、对"朝鲜君臣长期奉行的尊周思明理念是一种极大的鼓舞"；而被送到清朝后遭处决的 95 条生命，又使朝鲜朝野郁结了百

---

① 《研经斋全集·外集》卷 34，《尊攘类·丁未传信录·问答下·黄陈问答》，《韩国文集丛刊》第 277 册，第 28 页。
② 张玉兴：《明末清初"九义士"述论》载《明清之际的探索·张玉兴文集》，社会科学文献出版社，2012，第 121~143 页。

余年，最终是通过正祖时设坛祭奠之举得以解脱。这为我们了解表面融洽的清韩宗藩关系中的"内在文化心态"①打开了另一个适合的窗口。可见，《丁未传信录》的文献价值及历史意义远远不止于南明史的研究领域②。

事实上，清廷对漂流人的处置，根据政治形势的变化，有一个从严到松、再紧又弛的过程。

立国之初，清廷以严刑峻法确立统治威权，故对漂流人的处置是一律"解送"。如乾隆《大清会典则例》在《礼部·主客清吏司·朝贡下》的两条禁令："崇德二年定：凡内地人口，逃往朝鲜者，行令该国王解送。"一是有关拯救的规定："崇德二年定：凡内地民人，驾船被风漂至朝鲜境内者，令该国解送。"这说明入关之前，朝鲜方面获得的漂流人口都必须解送清国。这些规定在光绪朝的《钦定大清会典事例》中也得到了体现。

入关后，尤其是顺治帝亲政后，解送政策改为发回原籍。如顺治九年九月户部奏言：

> 有商人二十八名往日本国贸易，回时遇飓风飘至朝鲜，被朝鲜国人执之，并货物俱解送前来。细讯商人，皆言明末前往贸易，非本朝私行飘海者，请旨定夺。得旨曰："朝鲜送来二十八人，皆系朕之赤子。漂流外国，殊可悯念。著发回原籍，其原货俱著本人领去。"③

这是顺治帝亲政次年所行的一项惠政，同意将漂流人发回原籍，甚至连财货也物归原主，显得极有人情味。

到康熙初年的四大臣辅政时期，清廷各项政策又趋严厉。如户部事例《禁卖赎叛逆人犯》条：

> 康熙三年题准：已拨给山海关外叛逆人犯妻子家仆，有私行偷卖

---

① 参见孙卫国《义理与现实的冲突：从丁未漂流人事件看朝鲜王朝对明、清两朝的文化心态》（载台湾《汉学研究》第25卷第2期，2007，第187~210页）。该文通过分析朝鲜处理林寅观等95个漂流人事件的过程中的矛盾心态及事件背后深刻的历史与文化根源，透视了朝鲜尊明贬清的两种完全不同的文化心态，颇具启发意义。
② 如前所引陈尚胜、刘强、高志超等论文的出发点和立论角度均不相同。
③ 《清世祖实录》卷68，顺治九年壬辰九月甲申条，中华书局，1985，第537页。

及赎去者,事发,系官,革职;系民人,杖一百、流三千里;系旗人,枷两月,鞭一百;专管各官,降二级调用。七年覆准:私赎叛逆家属,照例治罪,人口、身价均入官。①

礼部事例康熙五年定例:"凡外国奏疏,不得交遣往使臣带来,令专差官交该督抚转奏。"既然奏疏都不可随带,那么漂来人口处置当更为严格。对照这些规定,再看朝鲜史料所记康熙六年丁未漂流人的悲惨结局,大致可以互相印证。

直到平定台湾之后,清廷政策才又开始松动。康熙二十三年议准:"朝鲜国解送漂海内地人口,赏差官银三十两,小通事八两,从人各四两,于户部移取。嗣后,外国有解到漂失人口者,均照此例赏给。其彼处收养漂失人口之人,行令该国王奖赏。"② 在这奖赏朝鲜办事官员的办法中,并没有提到解到人口作何处置,但也说明"朝鲜国解送漂海内地人口"是一直存在、无可抹杀的事实。至于处置方式,或可从其他相关禁令中寻出端倪。

康熙二十四年,有关人口政策改变明显。该年覆准条例有:"内地人口,有流落外国,愿附船回籍者,听其归还,具报该地方官查明,准回原籍。"③ 这是台湾平定后的从容举措,不再对流落外国的内地人口严行处置,故刑部事例有这样的规定:"凡沿海船只,在朝鲜国境界渔采、及私行越江者,被朝鲜国人捕送,为首发边远充军,从犯减一等。该地方官员交部察议(谨案:此条雍正五年定,原文捕送下有'严行治罪'四字,无为首至减一等十二字)。"④ 至少性命无忧。

清廷的有关贸易政策,顺治年间,尚可准许单桅小船出海,两桅以上的大船则受限制⑤。康熙十一年,开始实行禁海令:"居住海岛民人,概令

---

① 光绪朝《大清会典事例》卷156,《户部·户口·禁卖赎叛逆人犯》,第13页B。
② 张廷玉等纂修《大清会典则例》卷94,《礼部·主客清吏司·朝贡下》,清文渊阁《四库全书》本。
③ 光绪朝《大清会典事例》卷511,《礼部·朝贡·禁令一》,第2页B。
④ 光绪朝《大清会典事例》卷775,《刑部·兵律·关津·私出外境及违禁下海》,第8页A。
⑤ 顺治十二年题准:海船除给有执照,许令出洋外,若官民人等,擅造两桅以上大船,将违禁货物,出洋贩往番国并潜通海贼、同谋结案及为向导劫掠良民;或造成大船,图利卖与番国;或将大船赁与出洋之人,分取番人货物者,皆交刑部分别治罪。至单桅小船,准民人领给执照,于沿海近处捕鱼取薪,营汛官兵不许扰累。参见光绪朝《大清会典事例》卷629,《兵部·绿营处分例·海禁一》,第1页AB。

迁移内地，以防藏聚、接济奸匪之弊。仍有在此等海岛筑室居住耕种者，照违禁货物出洋例治罪。汛守官弁，照例分别议处。"所有居民均不许出海。到康熙二十三年后，才实行开海政策，并制定了具体的惩罚条例：

> 二十三年题准：山东、江南、浙江、广东各海口，除夹带违禁货物、照例治罪外，商民人等有欲出洋贸易者，呈明地方官，登记姓名，取具保结，给发执照，将船身烙号刊名，令守口官弁查验，准其出入贸易。又覆准：焰硝、硫磺、军器、樟板等物，违禁私载出洋接济奸匪者，照例治罪；该管汛口文武官弁，盘查不实者，革职；知情贿纵者，革职提问；兼辖官，降四级调用；统辖官，降二级留任；提督，降一级留任。①

总之，以清初漂流人为中心，从政策层面看，清廷的各项举措，显示出呈 M 型变化的曲线：从入关前厉行执送到顺治年间弛禁，这是一紧一松的变化；再从康熙初年的严刑峻法经三藩之乱到平定台湾后放松神经，经历第二次从紧到松的变化，这无论是从礼部、户部、刑部还是兵部的各项政策看，凡与外交、人口、贸易等相关的领域，基本一致。而《丁未传信录》所反映的史实，正发生在清廷第二个严刑峻法的高峰期，丁未漂流人的历史命运也就可想而知了。但以《丁未传信录》为代表的域外朝鲜史料，作为明、清双方以外的第三种历史叙述，引发的多角度、多方位的探讨研究，无论是对南明史还是清史研究来说，都是不可或缺的宝贵材料，不仅可使我们对这段历史的了解更趋丰富立体，也可朝着妥帖定位的境界又前进一步。

（作者单位：中国社会科学院）

---

① 按：康熙二十三年的开海令前半段在乾隆朝的《会典则例》吏部、兵部也都有体现，唯具体罚禁条例"又覆准：焰硝、硫磺、军器、樟板等物"这后半段的内容，在光绪朝会典事例中才加入。

《李安德日记》节译之三

李安德 著　李华川 译

摘　要：本文节译自1748年3月6日至5月10日的《日记》。这两个多月中，正值大金川战事紧急，清军的挫败在日记中多有记录，李安德对战事的结局持悲观态度，且倾向于同情金川番人，他的立场与1746年官府迫害天主教紧密相关。此时，四川全省只有李安德一名神父维持教务，教会内部的纠纷让他颇为焦虑。此次中译以杜埃（Colette Douet）女士的法译本为基础，参考了拉丁文原文。

关键词：教难　金川　番人　岳钟琪

1748年

3月6日（二月初八）

汉州会长朱伯多禄第二次派陈提多（Titum）来，极力邀请我去他那里，我被他们说服，离开成都前往汉州。

3月12日（二月十四）

我现在住在会长朱伯多禄家中，他的两个女婿刘多默和王安德从双檬子来，给我讲了去年的一些事情：文焕卖了下四乡教堂三分之二的田产；当着教民的面，属于这个教堂的三分之二的山里土地，签约卖了五十两银子；树木卖给了双檬子山的村长钱伊纳爵。从此以后，依靠教堂发财的文焕，这个受器重的官吏和公认的赌徒，将会让当地的所有教民都感到害怕。他还用拳头打了老会长刘方济，就像我在别处说过的，因为后者反对让一个名声不好的异教徒住在教堂里；文焕还威胁说如果他胆敢报怨，就把他告到衙门去。他也这样对待这个教堂的另一个会长杨巴多罗买。

对此,我可以引用先知的话:"原是奴隶的人们,竟然统治我们。"① 我像天主一样悲叹:"我的殿宇,应称为祈祷之所,你们却把它做成了贼窝。"② 有人说苏先生来信让文焕寄钱给他,他现在非常需要钱;文焕称这不是真的;他要用这笔出卖和抵押教堂田地和财产的钱,为自己捐一个功名。

我当场询问了此地教民在上次教难时表现如何,我发现除了一两家之外,所有教徒都被差役押解到衙门,审讯有关他们宗教的事情。最后,当被问到将来他们是否还想信仰这种教的时候,他们都回答自己"没有承认任何邪教"。知县要求他们的左邻右舍立下字据,然后才遣送他们回家,这么做是为了避免他们跑到更远的地方。在字据中,乡邻担保教民要放弃信仰,而他们自己根本不了解这些信仰。上一次,会长朱伯多禄因为其他缘故受审,他在知县面前讲了许多天主教的道理;他还送给衙门里的官吏一些了解天主教的书,这些人随后又把书退还给他。在第二次提审他的时候,他们也把黄雅克叫来,黄已被关了20天。实际上,黄雅克要为这次的拘捕负责:当一名公差奉知县之命传唤他的时候,这个鲁莽的年轻人几次拒绝传唤,甚至辱骂公差,说他们如果迫害教徒,很快就会丢掉差事。最后,被激怒的敌人们控告他因为信教,不敬祖先;他被掌嘴五十下,和朱伯多禄一起投入牢里。在他们被监禁期间,知县准备了一份背教具结;这是书吏和一个名叫彭类思的新入教者共同草拟的,但是好像是出自两个犯人之手,其实二人毫不知情;直到二人出狱,才知道怎么回事。鉴于上述情况,我决定没有必要像宽恕叛教者那样赦免他们,而是对他们免于惩罚,因为必须对新信徒表示宽容。

我发现这里的教民跟别处一样,有时候还在家中存有异教牌位,以备教难发生时使用。但是按照我的建议,他们马上扔掉了异教牌位,而代之以被允许的牌位。在过去两年,他们中的大部分人都完全没有遵守四旬斋期间的食肉小斋,他们怕给异教乡邻机会,揭发他们是"吃菜信徒"。但是,他们保存了一种观念,即中国教民在四旬斋的礼拜五应该不吃肉,也

---

① 哀歌5,8。
② 玛窦福音21,13。

要在礼拜天守小斋。我明确告诉他们这是错的，可是我不能证明他们准备在生活中遵循我的有益忠告。

我在汉州待了 15 天，期间 33 人做了告解，20 人领了圣体，登记了三名新慕道者，三个慕道者领了圣油，七个孩子和两个大人（一男一女）领了洗。

3 月 12 日（二月十四)[①]

我以前提到几次的落瀼沟教民，被官府命令押送到了叙府；如果没有对他们不利的事情，知县在审问之后，将会释放他们。

3 月 15 日（二月十七）

文焕来找我，想知道有关苏鸿孝和方多默的消息，可是我没在家。据他说，苏鸿孝还在被金堂知县追查之中；王雅克告诉他苏鸿孝"很窘迫"，并且"等着文焕寄钱给他"，（文焕没有理解这些话）因为这位先生在离开前嘱托了文焕和王雅克。文焕付了四文钱，带走两份瞻礼单。

3 月 17 日（二月十九）

戏班子的班主万安东死在戏剧演员朋友中间，他是被一场持续了七天的重病夺去的性命；他被葬在东门外异教外乡人的坟地里。

3 月 20 日（二月二十二）

为了让我回城，王雅克从成都带来曾本笃的马匹；晚上，刘雅克从双檬子来请我，但我拒绝了他，因为不久前就有传言，说苏鸿孝又遭到金堂知县的缉捕；大家都看到，文焕想要在这里躲过酝酿已久的来自教民的攻击。

3 月 21 日（二月二十三）

离开高坪铺，回到成都家中，我发现曾本笃忙于在我们田地后面种甘蔗；去年底他就请求我的许可，我答应他了，因为比起让土地像现在这样

---

① 此处日期重复，原文如此。

毫无用处地荒着，不如开出一片好田。

如果我没搞错的话，十天前兵部尚书①被皇上派到这里，他带来双节铜炮；几天后，他以将军的头衔，独自主持针对番人的战事（如果可能取胜的话），奔赴前线。

3月26日（二月二十八）

本省纪巡抚②昨天带了六百贵州和陕西士兵前去与番人作战。由于严重缺乏粮食，那边的很多人跑来我们这里逃难。

3月28日（二月三十）

据说，紧急从湖广征调的军队在半路上又停下来，他们要往回走，为的是援助福建军队，与台湾反对中国人的造反者作战。对我来说，毫无疑问，此时所有降临的灾祸，都预示了对那些迫害教会之人的惩罚。除了那些被番人杀死和因饥饿而死的士兵之外，还有些人摔下绝壁，许多士兵回来的时候因冻伤而失去手脚，从此成为废人。

3月29日（三月初一）

今晚下了一场极为猛烈的暴雨。暴雨从夜里十点开始，伴随着猛烈的北风和龙卷风，还有冰雹和轰鸣的雷声；许多茅屋屋顶和瓦片被掀飞，篱笆倾倒，树木被连根拔起。我们一边向天主祷告，一边为了躲避洪水搬运东西。夜深之后，我们看到一场大火烧掉了南城的许多房舍。暴风雨持续到早晨五点才停，然而雨一直下到30日白天。29日特别热，30日又变得比冬天都冷。

这场暴风雨不是一般的狂暴，它给住在茅草屋里的居民造成了很多损失；所以对于我们年久失修的老屋，我们有许多事要做；但是这将花费不菲，因为暴风雨抬高了茅草的价钱，战争也提高了人力价钱。当我们为几间前院的偏房铺茅草的时候，万家为工人提供了好几天伙食。

天主的祝福降临到我们的两个工匠身上。年长的是王米迦勒的七叔，

---

① 指班第。
② 指纪山。

年轻的姓黄。我们每天关于宗教的友善谈话，深深打动了他们，每晚他们都热情地倾听天主的话语，他们请求登记在慕道者名单中。如果有一天仁慈的天主打开了他们的心灵，让他们在基督的怀抱中皈依和重生，他们将会成为坚定、忠诚的教徒。

4月2日（三月初五）

文焕来看我，询问关于苏神父的消息；但是我答复他，自从苏神父离开后，我就没有收到他的任何信件。文焕告诉我一些我完全不知道的有关中国教务的事情：知县钱大爷告诉他，北京的传教士试图去找皇上陈情，他们呈上了一份有关1746年在全国发生的反对传教士和教民的教难报告，这份报告完全符合法律程序，如果他们不能获得安全和和平的保证，他们将向皇上告辞，返回欧洲。可是人们没让他们采取这种行动，而皇上对这个问题保持沉默。在谈话中，文焕还对我说："当苏神父还在重庆时，我收到他的一封信：他指示我让严若瑟会长保管藏有下四乡田契和文书的箱子。他让我完全服从谷耀文（Baptiste Kou）神父（因为他是我舅舅），还让我不要忘记天主。"

随后，文焕问我能不能在这里庆祝逾越节，我不能答应他，因为我发现我是四川省唯一的神父，我需要应约走访上百个传教点；特别是这几天犍为和彭山的传教点都来请我巡视。文焕还肯定地对我讲，去年他收到自己生父的一封信，说谷耀文神父顺利抵达北京；谷神父非常想知道我们省的消息，而当时他对此一无所知；最后，官府还在追查苏鸿孝神父。

这就是我与文焕谈话的基本情况。最后，他边向我施礼，边告诉我过几天"他要来忏悔他的罪过"。

我差一点忘了文焕告诉我的有关苏神父的另一件事：官府发函给广东方面，询问苏鸿孝的籍贯；最后，已故林行冠（Ling Hing-koaen）的儿子和儿媳被传到知府面前，他们说这位先生有一天来过他们家，但知道家主已故之后，喝了一杯茶就走了，他们不知道此人后来去哪儿了。

4月3日（三月初六）

在教难的混乱时期，根据曾本笃的建议，万伊纳爵把他的厨房设在我们教堂的最里面，在那里妇女可以做辅助一些秘密的圣事；为了在一个相配的地方重建一个圣坛,我要他把厨房挪到住处后面,他照做了。

有人告诉我,为了与金川番人作战,调自陕西、贵州、云南的军队抵达成都。兵部尚书班农历二月初已出发,这是一个将回来的军官讲的。

4月4日(三月初七)

大约晚上十点,我们晚祷后正要睡觉,万伊纳爵醉得半死,冲着万若瑟大喊大叫,说出许多有辱教民耳朵的污言秽语。万若瑟的外号叫"木鸭"(Mo-ya),他是白天来看我和万伊纳爵的母亲的,随后就走了。

4月5日(三月初八)

早晨,我为纪念圣母七苦举行弥撒。为了让这个暴躁的年轻人感到后悔,我去拜访他母亲,把她儿子的可耻行径讲给她听:酗酒、亵渎圣地、渎圣、辱骂、侮辱。现在他酒醒了,我又叫来几个教徒来劝导他,引导他为自己沉溺于酒乡的恶行后悔脸红。在批评面前,他请我原谅,不过很不情愿。我对他讲:"你应该知道你冒犯了天主,为其他教民和非教民的邻居都做了很坏的榜样,作为惩罚,你不能跟其他信徒一样进教堂祷告、做弥撒,你要在一年之中禁酒;做到了这些,你才能获得宽恕;否则,你将会在酗醉中毁掉自己,很长时间以来,我就知道会这样。"

当天晚上,他又喝醉后回家,还像昨晚一样口出恶言:他不再是教徒;没人可以赶他出门,既然是党神父让他来的;我趁他不在,扔掉了他的两张桌子,那是当我不在的时候,曾本笃放在卧室和厨房的;他有钱还我,但他不想还……然而,他不像昨晚喊得那么凶,所以我们尝试对他更有耐心和同情心:我们让他安静地醒酒,不跟他讲话,也不去刺激他,以免他像疯狗一样乱咬。

从此以后,他不再接受任何劝导;任何人想要劝他改邪归正,他都马上反对,夸口说自己原来是教民,现在被魔鬼附身了;他被仇恨所驱使,热衷于污言秽语。让天主怜悯他吧!把他从魔鬼手中解救出来。

对于他的可耻行为,简单地说,我承认自己非常愤怒;我不可能不生气,我用很重的语气和词语责备他酒后的放肆行为,但我不想超越理性和智慧的界限,我想起赞美诗中的说法"控制怒火而非滥用它",而且圣奥斯定也说:"我诅咒沉溺于错谬和罪恶中的罪人,可是没有哪个人是按照天主的形象造的，也没有人被我主耶稣的血所拯救；丢弃罪恶，人类就会重新值得爱了。"

大斋期间因为每天斋戒，我没有力气，不过我应该考虑我们教会内部的各种问题，还有我需要独自面对的各种困难；我不想给那些忙于杂事的教民一个机会，让他们借口教难而免除吃斋的义务；于是我强迫自己每两天就有一天持大、小斋。感谢至善至大的天主，让信他的人解除了危险，因为此时我的健康状况没有变化。

4月7日（三月初十）

各地的教民都受到迫害风暴的震撼，不敢请我去访问，于是我不得不在自己的房子里安静地庆祝逾越节。因为缺少大蜡烛，我从我们尊敬的主教的贮藏中提出来五斤蜡，每斤价值一钱七分银子，我总共付给本笃九钱银子。如果需要，我还得用同样的方式使用剩余的蜡。我说的关于蜡的事情，也适用于马青山主教的其他贮藏：我不愿意有盗用和挥霍的嫌疑。

4月10日（三月十三）

由于逾越节庆祝缺少香料，我从主教的贮藏中取出一斤二两香料，我付给本笃三钱三分银子。同日，我在大柜子上发现一袋咖啡，放在那里两年了，已经被忘了；时间太长，咖啡已经发霉，有一部分还被虫子咬了；于是我让人把咖啡在太阳底下晒干，收在一个陶罐里。我还找到三颗四百五十克重的象牙念珠，还有二十八颗黑木念珠，我分给了那些常向我要的教徒。

4月12日（三月十六）①

严文图（Venantius）辅祭从下四乡来参加逾越节庆典，他告诉我如下消息：

A. 大约1月中旬，金堂知县派一个差人来村里的教堂，他待了三天，奉命要找苏鸿孝神父；文焕当时不在，他妻子赵坤娣（Quinta）向差人保证没有收到任何苏神父的消息。差人于是走了。

---

① 原文疑误，应为三月十五。

B. 4月5日，医生金巴斯达（Baptista）因年老，死在姜保林诺斯（Paulinus Jaen）家中。

C. 许多农村的房屋倒塌了。

D. 一种损伤水牛的疫情流行起来，农民不得不用锄头在地里干活，这抬高了米价。

王诺一（Noe）今晚在慕道者名册上登记，因为明早有圣周六仪式，我没有时间；我糟糕的健康状况不允许我坚持完持续的仪式，尤其是仪式很长的时候。

我忘了在前面记录一事：今晨，我们城的二十多个教徒来这里礼赞十字架；这是两年前我们马青山主教创立的活动。他们为对受难的主耶稣表示敬意，带来一点儿小礼物：二百五十文铜钱和三钱银子。我都散给穷人和寡妇了。

4月14日（三月十七）

清晨6点，当我要在来自各地的五十多位和我一起庆祝逾越节的教民面前举行弥撒礼的时候，突然，出乎大家的预料，文焕和徐充出现了；我知道他们在场时，开始了弥撒。我谦卑地请求天主用圣神的七种礼物启发我，以使我能讲出有力的言语，尽管我身份卑微。读了福音书之后，我穿上法衣，坐在圣坛前面，为一种奇异的神圣灵感所引导，我表达了过去为了达成主的身体复活所需要的全部条件，和作为天主教徒，我们未来所期望的复活；还有真正的精神复活所需要的条件，及不能复活的情况。我谈到阻碍精神复活的罪恶，和去除罪恶的条件：我当着众人的面，提到背教和挥霍教会财产、非法出售和抵押财产、酗酒、贪财以及其他需要在天主和教会面前谴责的类似情形。我讲起圣母曾不让那些丑闻制造者参与圣事，因为背教者和掠夺者拒绝接受公开惩罚；最后，我以圣盎博罗削（Ambrosius）和圣狄奥多修斯（Theodosius）为例，因为他们推动犯错者忏悔。这番话打动了文焕，让他感觉到自己的罪过，没人强迫他，他避开圣所参加弥撒。徐充却相反，怒气冲冲地，一直无礼地待在室内，直到弥撒结束。他想在教民面前证明自己，反驳那些指控者，但是文焕怕引起混乱阻止了他，二人很快就走了。在白天剩下的时间，徐冲不断讲出他心中的怨恨。

晚上，为了管理众多基督信徒的圣事，我回到古楼街的房子中。

4月15日（三月十七）①

大约6点，在弥撒的尾声，赵若瑟、文焕和徐充三人一起来找我。他们先在新居中找，知道我不在那里后，他们转向古楼街，弥撒结束末尾，感恩祷告结束后，他们上来跟我谈话。徐充首先跪在我脚下说：

"我昨天参加了逾越节庆典弥撒，仔细听了您慈父般的劝告；您开始谈的是教区问题，但后来显然是针对我的；我十分明白，您谈到挥霍者、好讼、贪财、渎圣、侵占教堂财产时，说的是我。我在不安和惭愧中难以自处，我知道有人在您面前控告我。于是，弥撒结束时，我本想去揭露那些诽谤者，让他们无言以对，最后证明我的清白，但是文焕阻止了我，因为这是逾越节。昨天，我一直在内心极大的不安中度过，今早我就来此证明我自己。

"文焕在金堂县起诉下四乡教堂的基督徒佃农，确实是我的主意；但是他们拒不支付每年的田租。他卖掉田产和树，得到二百两银子，也是我的主意，这些钱是用于：a、1746年教难中，把他从牢里放出来；b、他的婚礼，这是经我们主教和苏鸿孝先生本人同意的；c、支付地方官让所有地主现在都要为战争支付的赋税。至于我自己，我甚至没买一件衣服和一双鞋子。我允许一个非教民家庭住在教堂中，而且这一家又不是第一次住在教会房子里，我们主教在的时期，我就看到主教同意这家人住进去。要借助于非教民保护这里的教堂和田产，我不知道自己犯了什么罪，这么做还不也是为了保护下四乡教堂上的建筑和土地吗？为了保护教会财产，我还采取了其他一些诸如此类的创举，而且我计算了所有的花费，我保存在手中，苏神父回来时，我会交给他，或者交给另外一位负责此事的神父。我为保护教会财产费尽心思，我不明白为什么还有教民对我和文焕造了那么多谣言！我没有老婆、孩子要养。实际上，最近几年，当非教民乡邻起诉苏先生之时，他希望我在衙门里作他的仆人，文焕作他的儿子；今天我觉得自己不得不作一个忠于房主的仆人，就像下级忠于上级。另外，文焕不能独自看管教产，他需要我协助。所以，我鼓励文焕这么做，确实，他

---

① 原文疑误，应为三月十八。

穿绸缎衣服，经常出入饭店，但这也是不得已。这就有罪吗？男人不能吃穿吗？谁见到他沉迷于赌博或者其他恶习了？反对我们的这些谣言出自何处？这些谣言的制造者如果现在出来跟我辩论，我会当众指出他在说谎；我有无可争辩的证据。如果这些谎言仅仅针对我，我可能还不用否认；但它们传到广东，就会损害苏神父的名誉，我要为此负责。那么，我决定尽快消除这些谣言。我没有任何坏的动机，相反，我希望苏神父平安归来，或者其他神父回来；我就把所有的东西交给他，我将做个账目，扣除属于我的适当的薪水，然后我会让出位子……"

然后，在几句客套话之后，赵若瑟跟我讲。自我从重庆回来，他还没来见过我：

"昨天徐充来我家看我，他不停地跟我讲他听了您的布道后多么生气。今早一起床，我就知道他要去找您，我担心还没有完全平息的教难又被煽动起来，尽管我很虚弱，行动困难，但为了了解徐充的意图，我还是骑着我的骡子赶来了。"

他转向徐充：

"暴露深入教民中间的罪恶，是教士的责任。如果你的良心没有感到煎熬，为什么这么一个有一点儿力量的布道就让你如此不安？相反，如果你的良心受到困扰，就去忏悔吧。别像那个姓高（Jao）的无赖似的，在他的时代，给已故穆天尺先生带来那么多烦恼。"

这几句话让徐充勃然大怒：

"我怎么是高呢？你想说什么？"

"我并不是说你是高，但我不愿意你像他那样行事。只有你的良心不折磨你，人们在教民家中谈到你，又能怎么样呢？"

在赵若瑟讲过之后，他的女婿文焕没再回到徐充讲的话题，他只限于提到徐充安插在教堂里的非教民家庭，说他是反对这么做的。他好几次打断想接着讲的徐充。我最后讲话，用几句话回答了徐充的话：

"我是这个省份唯一的教士，我的基本职责是：

A. 不断传播天主的福音，特别是在教难时期；

B. 消除教民中间流行的错误、缺陷、罪恶和堕落风俗；

C. 根据规则，将受罚者重新带回教会母亲的怀抱；

D. 根据我的力量和天主对我的恩典，通过劝导的方式，感化、鼓励那些顽固坚持恶劣习惯的人，使他们懊悔；

E. 如果我作为一个教士却推卸这些责任，我就成了一只不能叫的狗，我担心天主会惩罚我；

F. 不听从我的劝告的教民，要准备接受永世的痛苦；

G. 苏神父从未将下四乡教堂的地产托付给我，无论是他在那里的时候当面说，还是通过信件讲，他都没做过，我没有责任管这件事；

H. 既然我没有参与，我就不能说这些事做得好不好，在天主面前负责的是你们，如果你们做得对，会在天主面前享受荣光，如果你们做得不对，将会受到惩罚；

I. 只要我们不受良心的煎熬，我们身边的流言于我们何损？在我们的尘世生活中，不可能让别人闭嘴，那么最好等待天主的判决让一切变得清清楚楚。我说这些，是劝你不要陷在无法证实的怀疑中，而要保持平静和精神的饱满。至于我，如果某些教民出于对我教授的真理的仇视，要把我交出去，天主在上！我准备面对刑罚、牢狱甚至死亡。"

我讲的话让徐充平静下来，他请我原谅，不久就离开了。

他走了之后，赵若瑟向我承认，他担心徐充由于被我的布道所激怒，会找机会告发我们、我和其他教民；他来就害怕自己也被牵连进去。他还向我确认，高层官员四处发公文追捕苏先生；就在几天前，金堂知县回复他的上司说，在他的区域找不到苏鸿孝。最后，赵若瑟和文焕回家去了。

我把剩下的欧洲书籍搬到古楼街的房子里。今天，两个双檬子教民来请我去管理圣事，可是这些日子我被本城的信徒缠住了，无法脱身，我只好拒绝了邀请。我还知道从山里来庆祝逾越节的袁德望（Etienne），急着回桑园子，为的是告诉他们文焕和徐冲在复活主日对我的拜访；不往坏处想的话，他也许太天真了。

昨天，五百云南士兵离开成都开赴前线，又有六百三十人从前线回来，大部分由于1月的酷寒失去了手指或脚趾。还有一万陕西兵，三千云南兵和三千贵州兵出发去打仗。

在新都县的槐村，何本笃于4月1日（三月初四）亡故，下葬用的是非教徒的礼仪；村长和保长威胁他的家人说，如果不听从命令，就马上告发他们是教徒；由于这个缘故，没有一个教徒参加葬礼，可怜的教民啊！

4月16日（三月十九）

我为万若瑟行了圣体圣事，这个人大家常叫他"无齿"；韦达蒙（Verthamon）先生过去已免去他的绝罚，他的绝罚是由于在华阳县不得不签署背教具结而承担的，而且具结是他的同乡担心受刑，逃脱法律的严惩，而替他签的。我认为他是出于身体虚弱以及生活的艰难而签的具结，所以我接受他参与圣餐仪式。

据说，一万陕西兵、三千云南兵、三千贵州兵已经就道，奔赴金川以对抗番人。几乎本城所有铁匠三个月来都在忙于铸炮；我不知道有多少本省士兵受到招募，这场艰苦的战争非常残酷，士兵和军官都死了无数，这是为了什么？战事何时结束？只有结局能告诉我们。

4月19日（三月二十二）

我们修理了鼓楼街的房子，更换了暴风雨吹走的茅草；房子的围墙坍塌了很长一段，我们临时用旧的竹篱笆替代一下；围墙又立在原处，应该预备一些草席；茅房被完全摧毁了，没有了顶棚；应该重新建一个，因为在暴风雨的时候，原来的茅房都没法用。白伯多禄和彭本笃过去四天都在拔除过去三年困扰我们的院子里的杂草，我叫来赵玛尔帮他们做别的活儿。

4月21日（三月二十四）

我为一个成年人王安瑟伦施了洗，他已经做了两年慕道者，了解基本教理和教民的风俗。在圣枝主日和逾越节后第一个主日之间，我听了五十四位男女老幼的告解，其中三十人领了圣体。大约中午，又回到新居。

4月23日（三月二十六）

以下消息是我刚知道的：

A. 在重庆，3月29日的暴风雨掀翻了许多船只，造成数千人死亡；

B. 在几个地区有不少人冻死；

C. 在小村庄和乡镇，当茅草屋顶被摧毁的时候，还有许多人因被埋在下面而死去；

D. 人们到处以很低的价格出售土地和房屋；有一个例子：刘姓教民的三个成员卖掉了他们的大部分财产；最小的兄弟卖掉了属于他的一切；

E. 由于要供应前线士兵所需的大米，人民被租税的负担压得抬不起头来。藉此很容易推断我们处于何种关键时期。

除了不断增加的共同的不幸之外，我们还要面对更坏的教民社区带来的不安；有必要对此讲几句。离成都比较远的教民不怕麻烦地写信请我过去，期望我去管理圣事；反而离成都近的教民变得越来越坏：一些人背教，而且对于这种状态不感到羞耻，另一些人沉迷酒色、傲慢、赌博、对真理的偏见和仇视，极少有人关心他们的永福。甚至那些免费住在我们房子里的人，除了两三个例外，也放纵自己，恣意妄为，就像我前面讲的，任何人想让他们回归理智的限度，都会触怒他，引起仇恨。他们都不配参与圣事，他们的谬误和恶习恐怕无法让他们回头。总之，大多数人选择通过罪恶和可耻行为，加速他们的永久毁灭，完全不担心招致天主的巨大惩罚，也不通过虔诚内省和真正的惩罚来平息天主之怒。

我写这些，并非要指控这些教民，完全没这个必要，但我要让读者理解教难对于信徒的伤害，以及教难动摇了许多人，甚至对于那些忠诚而坚定的信徒。由此推断，除了不能相信人的智力、判断力或参与精神、财富、荣誉以外，也不能相信世俗的排场和浮华，甚至人们的善意；应该依靠唯一的天主，请求我主耶稣的特别庇护，耶稣承诺给他的使徒及使徒的后继者圣神的礼物，如果他们表现得像是信徒和真理的使者："看！他说，我同你们天天在一起，直到今世的终结。"①

可是，多么痛苦！当想到自己，我忍不住要潸然泪下，呻吟呜咽，心如刀绞，不禁想到圣神的话语："哀哉孤独者，他若跌倒了，没有另一人扶他起来。"② 我不是那种不需要帮助的人，就像主的使徒。相反，我必须坦率承认，我很脆弱，要面对如此多的不幸，简直要被众多的愁事压倒了，如果我没有感到自己在所有行动时将会得到天主的引导和恩典，我会对结局和救赎感到绝望。但是人性的脆弱表现在，即使内心是朝向天空的，如果不是每天清扫，地上的尘土也会弄脏你的心，让它慢慢坠入危险

---

① 玛窦福音，28，20。
② 训道篇，4，10。

的境地；我自己已独自在这个广袤的省份待了一年多，没有告解，我怎么才能做到保持坚定、忍受各种考验直至死亡呢？我真的感到害怕，从心底担心当主判断我时，成为被他弃绝的一个，而我还在为别人布道呢。在我的最后时刻，我希望不会因我的不忠和罪恶，而被教会的圣事所离弃，也希望我死的时候不会没有一位教士的帮助，或至少是安慰。

4月25日（三月二十八）

这几天，刘盎博罗削被赵若瑟强迫，把他已嫁给赵方济的二女儿蒂纳（Digna）领回去看管，因为她丈夫已经离开两年了；人们不知道任何有关他的消息，不知道他在哪儿，在干什么，怎么样了，何时回来，甚至是不是还活着。盎博罗削并非不知道赵若瑟十分狡猾，在领女儿回家之前，依照中国习俗，他从赵若瑟的二儿子若望那里得到一份证明；若望承认他哥哥离开后不知所踪，等他的哥哥方济回来后，嫂子应该也回来；他还在证人面前答应每年付给这个年轻妇女和她儿子四两生活费，连续三年。

需要注意，赵若瑟被他的儿子抛弃，生活变得很悲惨。他的长子就像我刚刚说的，离开妻子和房子逃走了；二儿子若望跟他的妻子离开父亲，在别处生活；大女儿本笃嫁给一个非教徒，很少来看父亲；二女儿坤娣嫁给了文焕，只有她能为父亲提供最低的生活来源。而且，在若望和文焕之间，存在一种根深蒂固的仇恨。两人之间不可能和解。文焕自己也拒绝照顾岳父；他说自己是房主，收回了老人一直住的房子，若瑟只得离开，虽然非常愤怒。他不得不求助于朋友，就像一个乞丐，请他们给饭吃。如果这些明显的证据能打动他，让他改过……但恐怕他家庭的故事应验了一句悲惨的诗："邪恶一来，轻视随到。"①

4月26日（三月二十九）

晚上，华阳安知县逮捕了王米迦勒的父亲，因为他在家中接待一个文书，此人让他错误地相信，他有某种特权可以免交一种钱粮；同时，安知县让人把他所有书籍和衣物都带到衙门。我们应该谦卑而尽可能地感谢天主事先让我们感到了危险，大家还记得，因为米迦勒和他父亲的争执，应

---

① 箴言篇，18，3。

米迦勒的要求,我已经搬走了装着我们衣服和欧洲图书的箱子,而这些箱子原来已在他那里放了三年。这正好发生在逮捕之前,否则它们就会落到安大爷手里了。我们不能不赞美一直到今天都保护我们的万能的天主。

4月27日（四月初一）

陈家沟的陈保禄来看我,他告诉我4月16日,陈西满老人病逝了;1月9日,我曾为他做过告解、圣体和终傅圣事。他去世之后,两个姓徐和彭的背教者跟不信教的人联合,按照中国礼仪将遗体下葬,还用了牌位和一套教外礼仪。于是,保禄为了避免可能发生的教民与教外之人的争吵,没有参加葬礼,因为陈家沟教民与非教民之间的关系很紧张。

4月28日（四月初二）

中午时分,万若瑟才一岁的孙女玛丽离开大人的照料,掉到水井里了,她妈妈刘莫尼卡（Monica）马上跳进去捞她。当时一片混乱,连邻居也跑来看。若瑟的长子伊纳爵也来了。最后,大家从井里救出母女,二人安然无恙。小女孩的父亲当时不在家中。

当日,岳钟琪进了城,在康熙皇帝治下,他曾被褫夺了公爵头衔,那时候,他还让方济会杨若翰（Bonaventure）神父的一个仆人免受杖刑。在雍正时期,他又被褫夺了一切封爵,现在,乾隆帝又给了他总兵衔。不久,他就要去与番人作战,人们期望他能取胜。正是在这种气氛下,各省赴前线的军队都奉命在他们的衣服上写上"胜"字。据说,八月会有一场决战。也许仁慈和万能的天主要报复和惩罚中国人的罪恶,特别是针对1746年教难;有时候,一个番人可以击退上千中国人,两个番人可以打败一万,因为他们的首领联合起来反对天主、基督、耶稣基督的使者和信徒。

4月29日（四月初三）

圣伯多禄殉难节。我在弥撒中全心全意地请求仁慈万能的天主保护我们已经经受极端苦难的中国教务。我还特别向跟我私交甚笃的白保禄先生致敬。他是福建主教和宗座代牧,他和另外四位杰出的西班牙道明会传教士，在为信仰遭受了苦难之后，最后被福建巡抚①处死。这一判决在1746年经过了北京宫廷的认可；但在此刻，对于这些光荣的殉道者在公堂上的表现，以及他们为信仰的最后抗争，我一无所知，我也没有从澳门方面收到任何告知此事的来信。对我来说，不太可能知道马青山先生和其他生活在澳门的教士状态（况）如何，每次我想起他们，都在为神圣的殉难做准备。

4月30日（四月初四）

根据天主的安排，我们已独身三年的士兵鳏夫李若望娶了陈家沟村陈若思（Rose）的二女儿陈克莱（Claire），她以前曾嫁给刘安多，后者去年死了。我们的马青山主教很了解若思，我不需要再赞美她，她在信仰方面表现得很坚贞，尽管她的父母和亲人联合起来反对。这是一个妇人，但却在信仰的深度和对基督的忠诚上超过其他妇人，甚至男子。我之所以讲到这段婚姻，是因为这个消息一定会让我们的主教不快，正是主教本人还在四川的最后几年挑选李若望做的会长，还经常说他觉得李是我们在省城两处房产所能找到的最好的护卫，如果他娶了一位教徒寡妇的话。

婚礼将花掉若望微薄的积蓄，我给了他一些建议，这么做既是为了教会的利益（我们的主教唯一关心的也是这一点），也是为了保证优秀的若思能日夜守护她自己和五个女儿的安全。除了母女两个寡妇之外，我们同意刘家的所有成员，无论男女，也与此有关；反之，我们没有告诉陈家的父母兄弟。我们担心在结婚前通知他们，他们会抓住机会把教民告到官府，就像他们过去常做的那样，但如果举行正式的婚礼后，他们就不敢了。中国的法律不许他们取消婚姻，尽管他们可以在其他方面制造麻烦。我没有祝福婚礼，因为担心违犯罗马礼禁令，也因为这涉及双方的第二次婚姻，但我说服他们接受补赎和圣体圣事，如果缺少了圣体圣事，他们将会丧失与婚礼圣事相连的恩宠，还会失去他们第一次婚姻所赋予的特别效力，而且他们也需要减少他们随后所犯下的道德过错。

5月2日（四月初六）

我发信给重庆教民，想知道有关谷耀文神父和陈乔维塔（Jovitae）的

---

① 指周学健。

消息，到现在，我还不知道陈到底是谁。

今天，岳钟琪以总兵衔离开成都去了战场，他带去了二百满洲亲兵。据说阴历本月十三（5月12日）[①]，他将发起进攻。

5月6日（四月初十）

按照中国的习俗，今天是党怀仁先生的祭日，我的这位亲爱的同事去世三年了，为了他灵魂的安息，我今天举行了一场弥撒。我希望在仁慈的天主那里，他已在享受永福；每当我想到自己，就不禁为自己的命运流泪，因为我在人世间的时光被延长了，也许是因为我的罪过，我不能有幸与他一起摆脱这一将死的肉身；这里只有我一个人形单影只，被人抛弃，还备受内外忧愁的煎熬。

新都刘氏兄弟的老大刘若瑟带给我一两银子，原因是一个被流亡丈夫抛弃了几年的女仆，刘若瑟秘密将她嫁给了另一个教民，尽管已故穆天尺先生在世之时就反对此事。刘家那时曾收了一笔钱，我不知道是多少。但穆天尺先生要求这家的家长，尽快把这笔不义之财还给他们旁边的主教或者教士，以免在天主面前有罪。因此，刘家的老二盎博罗削去年给过我五钱银子，若瑟今年给了一两。

5月7日（四月十一）

为了庆祝他的新婚，李若望打算在我们鼓楼街的家中摆一场酒席，全城几乎所有教民都来了，但妇女们被大雨所阻没有到场。白保禄、曾本笃和我自己没去，因为根据修会的规矩，禁止一个教士或者神职人员出席婚宴或新生儿宴会。新都县刘家的家长老大若瑟、老四米迦勒都从五马村来了；赵若瑟是和他的儿子巴迪斯（Baptiste）、儿媳一起从市集上来的；刘安德和夫人及长子从春和场来了；年纪很轻就结了婚的母亲陈若思（Rose）从陈家沟来，带着张多明和另一个姓李的女婿；最后还有一些男女乡邻，总数有六十多人。感谢天主！没有混乱、酗酒，也没有一点儿争吵。

我知道这个婚礼是一个机会，可以藉此向懂得神学的读者提出这样的

[①] 原文疑误，应为5月9日。

信仰问题：有一些罪人不听教会的话，被他们的罪恶所包围，就像那些积重难返的背教者，不再想通过补赎重新回到天主这里，甚至试图用他们的坏榜样来改变其他善良和道德优秀的人们。遇到此种情况，我们的救主耶稣命令将这类人视为异教徒。根据在异邦传教的使徒的规则，不许拯救他们，教会的会规也禁止基督的信徒跟这些人一起吃喝，以防在交往和接触中，最好的人也被他们有害的心灵所腐蚀。然而，考虑到当前的情况和教难的不幸，我们的问题是：

A. 有关顽固不化的背教者的规则，一个教士需要清楚而公开地告知教民吗？

B. 那些不了解教会有关背教和绝罚戒律的新皈信者和慕道者，会经常犯下这些罪吗？如果这是一种罪，那是致命的还是轻微的呢？

C. 面对那些因为无知而犯罪的新信徒，一个教士应该如何表现？知道这些原因之后，谁要经常访问这类人？

我之所以提出这些问题，那是因为：

A. 总的感觉是，一个没有公布的律例就没有义务服从；

B. 顽固的背教者就像异教徒一样，甚至比后者更甚，他们总是找机会出卖教士和教民；

C. 如果教会的法规被公开发布，而它们又由于亲朋好友的缘故，与人们的行为不符的话，那些信仰脆弱者就有更多的机会犯罪了；

D. 背教者出于仇恨而追逐教民，而教士命令教民摆脱他们的纠缠。大家看到我在逾越节发表了激烈的布道之后，次日第一时间来看我的人肯定是决定要把我告上衙门的，如果不是当时天主安抚了他们傲慢的心的话。因此，我觉得，与其冒毁灭整个教务的危险而公布这些法规，不如私下里告诫教民，尽可能地避免背教者来访，以免造成任何轰动效果。

5月10日（四月十四）

我们卖掉了两个庭院中的桑树叶，大概值二百德尼（Deniers），这些钱用来支付修缮老屋的工钱。

几乎持续了两个月的干旱，让采摘胡豆叶喂猪的乡村男男女女都变哑了，这种情形波及成都附近所有地区，无疑这是因为空气被污染了。

从广州为前线军队带来额外军饷的士兵和守卫，到处传播一个流言，就是欧洲人打算对广州开战，职此之故，当地官府加强了边防。我觉得消息是假的，但也可能他们听说了欧洲君主之间的冲突，所以他们这些守卫要防止这些冲突给本省带来麻烦，这看起来更合理。

此外，有人刚告诉我，成都衙门派人押送到叙府的唐、吴、刘、马、伍几名教徒，一到叙府，就被释放回家了，他们没再受到骚扰。我十分谦卑地感谢天主最终结束了他们的事件。

翟西满痛苦地死去了，正是这个人过去提供给教会一块土地，然后，他没有咨询别人的意见，又偷偷地卖了这块地和房子，所谓房子就是一座经堂，那是教会和当地教民出钱建的。他把获得的金钱用于个人花销。1月底，他在居住的彭山去世。大约一个月前，张雅克也死去了。他来自华阳，最后这几年在陈八老沟和家人一起过得像一个农夫。他是教难发生时走的，躲到蒲江（Pou-kiang）他的外教女婿那里。

我看到了我们的慕道者郭默思（Moyse）用华阳方言写给简州知州的陈情书。他请这位官员将狱中关押的教民放回家，说他们没干任何坏事，有人把他们跟吃斋的邪教叛民混淆了。他坚持认为，这些教民之所以逃跑，只是因为他们的地主和邻人的敌意，长久以来，后者都是出于怨恨而带头驱逐教民的。同知看了陈情书后，就把教民放了，他们回家。

一个差不多八十岁的老头刘若望和彭本笃一起住在下四乡的教堂里，一个住了三十年，另一个也有十多年了。遇到麻烦的时候，文焕先把他们赶走，去年底，又让他们回来了。农历新年伊始，他们又被赶出来，这次是徐充干的。刘若望在双檬子教民那里找到了庇护，本笃则来找我帮忙，不停地请求我。我没有同意，但是在结清了他为我们修房子和庭院干活一个月的工钱之后，我把他推荐给张多明，最后，本笃就跟张去陈家沟了。

（译者单位：中国社会科学院）

读史札记

清初降将祖大弼生平史迹钩沉

常虚怀

摘　要：祖大弼，明末辽东宁远卫人，著名将领祖大寿胞弟，早年入宁远卫学为诸生。天启间投笔从戎，守土抗金，因作战勇敢而得号"祖二疯子"。崇祯时转战各地，登州平叛、宣府御敌、陕西"剿寇"，都能见到其身影。崇祯十一年因"剿寇"逾期被革职，归辽东，以自身助兄守锦州，崇祯十五年随兄降清，隶镶黄旗。

关键词：祖大弼　祖二疯子　降将

祖大弼，原名天弼①，明末辽东宁远卫人，著名将领祖大寿胞弟。大弼之名，一度颇为响亮，人称"祖二疯子"，明清双方均赞其勇猛。然而由于种种原因，明清两朝的史料中都见不到此人的传记，近代以来的明清史学者亦未有关注及此人者，致使这响亮的名字湮没于历史的长河。笔者披阅有关资料，见到若干祖大弼史迹的碎片，乃试图将这些碎片连缀起来，力求还原其一生行事之轮廓。

一　无闻书生

辽东祖氏是明末赫赫有名的军功世家。大寿和大弼的父亲祖承训，起自舍人，积军功至都指挥同知②。按照明朝的军户制度，大寿作为长子，自然承袭父职；大弼是次子，便如其父当年，被称作舍人。其时的军舍，比起正丁，在人生道路上有着更多的选择，若要从军，自是近水楼台；若

---

① 参见常虚怀《明末将领祖大寿改名问题探源》，《历史档案》2015年第2期。
② 中国第一历史档案馆、辽宁省档案馆编《中国明朝档案总汇》第55册，广西师范大学出版社，2001，第291页。

要业儒,各卫大多设有卫学,学如有成,同样参加科考。据笔者的考察,大弼早年所走的便是科举一途,正如《祖氏家谱》所载:"祖大弼,字赞宇,明神宗时入宁远卫学……"①

此非孤证。天启元年(1621),熊廷弼再出经略辽东,却因经抚不合而偾事,山海关外俱陷。其时方震孺为辽东巡按御史,尝于广宁陷后以大义劝说祖大寿。方震孺自订年谱天启二年下称:

> 二月,广宁既陷,巡抚中军祖大寿帅兵驻觉华岛,怀观望。余愁愤之极,以觉华密迩榆关,关上人心业已惊,风声鹤唳,大寿万一降,则榆关危如累卵,而神京惊撼矣。余乃率水营都司张国卿往招大寿,许以不死,而大寿之弟为诸生,余以选贡饵之,而后大寿归。②

此处方震孺"以选贡饵之"的"诸生",应当就是祖大弼。方氏劝说成功之后,"先用大船十五只,载天寿妻子兄弟及士民千五百人至关,而天寿仍暂住岛上,为我搬运"③,大弼此时自是身在"至关"的"千五百人"之列。

祖大寿生于万历七年(1579)④,至天启二年虚龄44,祖大弼行二,此时大约在40岁上下,其人此前的生涯可考者不多,大抵是以生员的身份读书、交友、浪游而已。此前一年,辽阳失陷,巡按张铨自经死,大弼或尝身历其间。陈继儒撰有《忠烈张大司马传》,历叙张铨殉国始末,其结语云:"流人郑良弼、祖天弼、杜时隆自辽归,目击其状如此。"⑤ 所谓"自辽归",盖指次年之入关。

值得一提的是,祖大寿的妻子兄弟诸人本次入关之后,大概遂定居于永平。《清史稿·祖大寿传》载:"明年(崇祯二年)春,我师克永平等四城,太宗闻大寿族人居永平三十里村,命往收之,得大寿兄子一、子二

---

① 《(辽宁兴城)祖氏家谱》巽字卷。
② 《方孩未先生集》卷5,嘉庆二十二年刻本。
③ 沈国元:《两朝从信录》卷12,《清入关前史料选辑》第2辑,中国人民大学出版社,1989,第259页。
④ 前引《中国明朝档案总汇》称祖大寿万历三十一年时二十五岁,据以推知。
⑤ 施蛰存、阿英主编《中国文学珍本丛书》第一辑第二十六种,上海杂志公司,1936年石印本,第294页。

及其戚属,授宅居之,以兵监焉。"①

二 壮岁从戎

如前所述,祖大弼至四十来岁还不过是卫学的一名生员,可见其以文入仕之途并不顺畅。另外,自天启以降,辽东局势日坏,正是男儿建功立业之时,功名但在马上取,祖大弼终究要投笔从戎了。

熊廷弼、王化贞败后,明廷命王在晋经略辽东,旋罢,以孙承宗督师。《清史列传·祖大寿传》载:"大学士孙承宗督师蓟辽,以大寿佐参将金冠守觉华岛。寻令鸠筑宁远城,大寿谓是城终不能守,筑仅十一,且疏薄不中程。孙承宗欲以此为关外重镇,用参政道袁崇焕议,定高广规制,令副将满桂,参将高见、贺谦,与大寿分督改筑,始竣事。"② 天启间孙承宗、袁崇焕重新开拓关外,祖大寿以辽人守辽土,为孙、袁手下重要将领,大弼之从戎,或即始于此时。

祖大弼入伍虽迟,作战却十分勇猛,很快声名鹊起。《烈皇小识》载:"大寿之弟大弼,敢死战,喜结客,战于锦州。四王子免胄掠阵,大弼突出搏之,刃几马腹,虏号曰'祖二疯子',四王子啮指称之。"③ 以时间推算,此次锦州之役当在天启七年五月,是时皇太极继位未久,打着为父复仇的名号,来攻宁、锦,祖大寿所部在二城之外均曾与后金军相搏。《清太宗实录》中凡提及大弼,俱称"祖二疯子"而不名,可知文秉所记不谬。崇祯七年(1634)秋,后金军阑入宣大,兵部遣辽兵救援,宣府巡抚焦源清在题本中奏称:"闻祖大弼领兵已过通州,本将威名素为奴所啮指,其兵又皆精锐,惯于杀奴,上谷士庶,莫不欲得之以救旦夕之命。"④ 此亦可见其声望之隆。

崇祯七年十月,"祖大弼为征西将军、都督同知、总兵官,镇守宁夏"⑤。在此之前,祖大弼一直追随其兄戍守辽东,其间曾两次入关作战⑥,

---

① 《清史稿》卷234,中华书局,1976,第9420页。
② 《清史列传》卷78,中华书局,1987,第6469页。
③ 文秉:《烈皇小识》卷3,《中国历史研究资料丛书》,上海书店,1982,第66页。
④ 《崇祯七年后金对关内的入扰(二)》,《历史档案》1982年第3期,第10页。
⑤ 谈迁:《国榷》卷93,中华书局,1958,第5667页。
⑥ 崇祯二年底至三年初的北京保卫战,祖大寿曾随袁崇焕战于城下,后因袁氏下狱惧而出关,史料中未见大弼之名,此姑从无。

一次是崇祯五年与登莱叛将孔有德等人作战，另一次即崇祯七年入援宣大。

崇祯四年八月，祖大寿被后金军围困于大凌河城，苦守三月后因援绝降敌，皇太极率诸贝勒与归降众将盟誓，《清史稿·祖大寿传》中详细开列了参与盟誓的游击以上将官三十余人姓名，其中祖姓有大寿、泽洪、泽润、可法、泽远、克勇、邦武等七人，大弼不在其列，可知他不在围中。后金围城打援，祖大弼正在援军之中。时有陈二、高应元、韩五等三人自后金军中逃回，愿引明兵往劫金营。"臣告之枢辅孙承宗，枢辅召而密与之语，陈二等一一承认。枢辅遂令祖大弼统领，押发锦州旧抚丘禾嘉、镇守吴襄处，定计必行。即于二十九夜，抚臣另选敢勇壮士一百二十余人，鼓以忠义，赠以厚赏，遂各携火罐、火箭，经劫四酉之营。奴营于是夜大乱，放炮不绝。奴觉，乃统兵追赶，杀那木气等数人，余遂潜遁，乘初一日早黄雾四塞，腾山而归"①。

所引档案中没有明言祖大弼是否亲自参与了劫营之事，《烈皇小识》则坐之为实：

> 三人在北营，知大弼名，乐从之，高阳以三人属大弼，结为兄弟。夜三鼓，三人为导，大弼率死士百二十人斫四王子营。火药发，烟焰蔽帐前，四王子跳（逃）而免，八营皆大乱相踩杀。既辨色，我兵伪为胡语，混房兵而出。②

两相对照，文秉所记大体可信。

与此同时，孔有德等人于赴援大凌河途中兵变，遂叛据登州。明廷派兵平叛，相持数月无功。崇祯五年七月，朝廷调遣以精锐著称的辽兵入关，其统兵将领，与祖家有关的有祖宽、祖大弼、吴襄、吴三桂等。《明史·朱大典传》载："以总兵金国奇将，率副将靳国臣、刘邦域，参将祖大弼、祖宽、张韬，游击柏永福，及故总兵吴襄、襄子三桂等，以中官高

---

① 《明与后金大凌河城之战史料片断》，《历史档案》1981年第1期，第26页。
② 文秉：《烈皇小识》卷3，第66~67页。

起潜监护军饷,抵德州。"①

在围困登州的战斗中,祖大弼的表现依然可圈可点。崇祯五年十二月,监视登岛等处太监吕直在题本中奏称:"当有副将祖大弼、张韬、参将祖宽,从东南飞驰策应,截杀数阵。"②此处称大弼职衔为副将,与《朱大典传》中不同,当以此为准。《国榷》崇祯五年十月下载:"庚午,登州降兵六百人谋为贼外应,机泄,巡抚朱大典令回黄县,各给粟二斗,输登州塔山,辽将祖大寿伏兵杀之。"③此处之"大寿"当为"大弼"之讹。

辽兵确有实力,孔有德被迫于次年泛海投归后金,登莱战事结束。此间还有一个插曲。明廷为防叛兵海遁,特命皮岛总兵黄龙驻防旅顺,尚可喜时为黄龙麾下游击将军,竟也机缘巧合,与祖大弼发生一次摩擦。据《元功垂范》载:

> 时登州用兵,调黄镇移驻旅顺,未几,命进前三岛,相机扼防……黄镇乃以战船八十余号发旅顺,扬帆南进,值飓风,全艅散没。王舟破,溺者五人,伤者数人。王及诸卒抱坏舟浮沉水上一日夜,至赵家滩,水长仅得及岸,去围登之营二十里。祖大弼指为叛者,将杀以为功。时有识王者,密语大弼:"此海外尚游击,其昆弟皆为将,不可动。"遂拥以见监视高起潜……质问至再。黄镇闻之,以飞箭来调,并属登莱吴总戎躬往解之,诬始得白。④

崇祯六年十二月,"叙复登州功……进吴襄都督同知,世锦衣卫百户;祖大弼实授都督佥事,荫外卫正千户"⑤。

再来看入援宣大之事。崇祯七年七月,"建虏陷保安、怀来,命宁远总兵官吴襄、山海关总兵官尤世威以兵二万分道援大同"⑥,实则祖大弼亦参与了此次入援,不过是作为后续部队,出发较迟而已。"崇祯七年七月

---

① 《明史》卷276,中华书局,1974,第7058页。
② 《明清史料》甲编第1本,第7叶下。
③ 谈迁:《国榷》卷92,第5598页。
④ 尹源进辑《元功垂范》,1953年广州油印本,卷上第5~6页。
⑤ 谈迁:《国榷》卷92,第5622页。
⑥ 谈迁:《国榷》卷93,第5648页。

二十六日戌时，奉圣旨：尤世威、祖大弼援兵，即着张国元、高起潜速催刻期抵关，以便策应王应晖贴防紫、马"①。又兵部尚书张凤翼七月二十七日题行稿："看得吴襄一旅，宣镇望之不啻云霓，催促出关，亦屡烦明旨。今据塘报，于二十五日寅时西发，视贼所向，会宣兵图一大创……惟是前茅既出，后劲当严，祖大弼一军应联络干揿，用张神气……"②

前所称吴襄、尤世威统兵二万，吴襄似当有一万兵，实际情形则是吴襄与祖大弼各统五千，分期进发。据宣大总督傅宗龙引吴襄塘报称，"本职于二十四日差副将孟道等统领兵马二千，趋赴怀隆"③，后来吴襄愤激之下，欲尽统兵马直前杀敌，傅氏论此举云："臣闻兵凶战危，故不必胜不苟接刃，即成师以出，尚恐有意外之虞。今以中下之驷三千，当奴房新羁之马，其必败一也。"④此处三千，合前遣孟道所统二千，正当五千之数，故此下张凤翼题行稿又称"祖大弼既现领续调五千已过永平"⑤云云。至八月初二又奉圣旨，"尤世威、祖大弼兵，着再行檄催"⑥，大弼知满洲兵不易与，大有逗留不前的嫌疑。至八月底，大弼之兵至宣府，其监军为太监高起潜。据高起潜给兵部的塘报称：

本月二十九日戌时，据西协副将祖大弼塘报前事：本月二十八日，闻东奴二万余骑从云犯宣，蒙本监面谕，本职选精骑壮士赴怀安哨探。职随令副将刘成功、拔夜守备祖杰、内丁千总庄朝樑各带兵马，于辰时起身前去。至二十九日未时，据副将刘成功报称：……本职因左卫城烂无粮，恐为奴困，至日暮仍收兵回宣。⑦

后金方面亦有与祖大弼战于宣府的记载：

---

① 《崇祯七年后金对关内的入扰（一）》，《历史档案》1982年第2期，第9页。
② 《崇祯七年后金对关内的入扰（一）》，《历史档案》1982年第2期，第9~10页。
③ 《崇祯七年后金对关内的入扰（一）》，《历史档案》1982年第2期，第11页。
④ 《崇祯七年后金对关内的入扰（一）》，《历史档案》1982年第2期，第11页。
⑤ 《崇祯七年后金对关内的入扰（一）》，《历史档案》1982年第2期，第18页。
⑥ 《崇祯七年后金对关内的入扰（二）》，《历史档案》1982年第3期，第4页。
⑦ 《崇祯七年后金对关内的入扰（三）》，《历史档案》1982年第4期，第11页。

（天聪八年七月），毁明边墙入大同，（图鲁什）与瑚什布等击败明总兵祖大弼军，略地至宣化……上驻左卫城西，使图鲁什如宣府侦敌。闰八月乙酉，遇大弼侦卒十五人，图鲁什单骑驰击，矢中其腹，犹力战不已。①

后金军饱掠之后，于崇祯七年闰八月出边，两个月后，祖大弼受任为宁夏总兵官。

三　征战陕西

自崇祯八年至十一年，祖大弼以宁夏总兵的身份参与"剿寇"，他在这一时段的行迹主要记载于《怀陵流寇始终录》。

祖大弼盖于崇祯八年初赴任时，正值中原的农民战争此起彼伏，渐趋高潮。大弼赴任途中，便已与农民军两次交战。本年二月，"宁夏总兵祖大弼破贼于仪封"②。仪封在河南境内，祖大弼未至任所，何来兵丁作战呢？据笔者推测，当是以家丁御敌。明末将领豢养家丁之风甚盛，家丁待遇优厚，战斗力强，将领纵被革职亦不离左右。边镇诸将更是多以蒙古降丁充任家丁，以为护身之利器。比如同属辽东祖氏家族的祖宽、祖大乐，本年亦被调至中原"剿寇"，二人屡立战功，即多赖降丁之力。"二祖皆有降丁，宽五百，大乐倍之，凡战赖以摧锋，饮食性情不与华同，非可以法令使，淫掠不下于贼"③。祖大弼亦为边将，不难推知。

四月，"整齐王等数万贼围青山寺，别令精骑数百驰至白沙。祖大弼率谢贞荣等御之，擒二虎，追斩百级"④。此为第二仗。祖大弼两战立威，正被农民军搅扰得疲于应对的地方官自不会平白放过这样一员勇将。"宁夏总兵祖大弼之任，道出高陵，巡按傅永淳见其家丁精勇，上疏留之与张全昌同击贼"⑤。此亦为四月之事，大弼已由豫入陕，自此隶陕西三边总督洪承畴麾下征战。

---

① 《清史稿》卷226，第9200页。
② 戴笠、吴殳：《怀陵流寇始终录》卷8，《续修四库全书》第441册，第325页。
③ 戴笠、吴殳：《怀陵流寇始终录》卷9，第408页。
④ 戴笠、吴殳：《怀陵流寇始终录》卷8，第338页。
⑤ 戴笠、吴殳：《怀陵流寇始终录》卷8，第341页。

崇祯八年五月，"祖大弼、张全昌击贼，解醴泉围，夺贼所掳良民"①。十一月，"闯将有党七八万，不得渡河，州县坚壁清野，贼饥，东西分窜。承畴檄宁夏总兵祖大弼屯泾阳，甘肃总兵柳绍宗屯咸阳，援剿总兵副将曹变蛟扼潼关，合兵大破之"②。

据《清实录》记载，祖大弼于崇祯八年曾有一场大败，不见于明方记录。本年六月，多铎骚扰宁锦师还，皇太极率众贝勒迎于五里外，特命范文程传谕归降众汉官，告以近期大好形势，内称："又明总兵祖大寿弟祖二疯子，率兵往援陕西甘州，遇流贼截战，祖二疯子兵俱败，祖二疯子仅以身免，乃奏于明国崇祯帝，言欲破流贼，必得臣兄大寿所统宁锦兵方可，其他皆不堪用。"③

崇祯九年二月，"宁夏饥卒弑巡抚王楫，兵备丁启睿抚定之，斩乱首虎大敦等七人。承畴闻变，乙酉自邠至固原，遣副将罗尚文、谭大孝以川兵六千，自长武、邠州赴西安助防，自与祖大弼至宁夏镇压"④。祖大弼至此才得以赴镇，距其自辽东出发已一年有余。洪承畴处理兵变之后即返回西安，祖大弼则留镇宁夏。五月，"宁夏总兵祖大弼等杖死宁州驿丞，兵部奏夺其都督衔"⑤。

崇祯十年，祖大弼主要活动于汉中一带。二月，"陕抚孙传庭报河南贼尽入陕西，又报贼扰汉中。乙亥，上命传庭合洪承畴、王家祯，并檄祖大弼兵合剿汉中贼，同蜀抚合击"⑥。三月，"时临洮、巩昌、汉中皆有贼，承畴以临、巩为急，尽发左光先、曹变蛟、马科等，与祖大弼、孙显祖合击之"⑦。四月，"洪承畴督祖大弼、赵光远、费邑宰、孙守法等自徽州进兵至略阳，以救汉中"⑧，"祖大弼至沔县，乘夜击贼，斩六百五十级，及贼目小黄莺、上天龙等，围解，汉中稍安"⑨。

---

① 戴笠、吴殳：《怀陵流寇始终录》卷8，第344页。
② 戴笠、吴殳：《怀陵流寇始终录》卷8，第381页。
③ 《清实录》第二册，中华书局，1985，第308页。
④ 戴笠、吴殳：《怀陵流寇始终录》卷9，第405页。
⑤ 谈迁：《国榷》卷95，第5744页。
⑥ 戴笠、吴殳：《怀陵流寇始终录》卷10，第463页。
⑦ 戴笠、吴殳：《怀陵流寇始终录》卷10，第468页。
⑧ 戴笠、吴殳：《怀陵流寇始终录》卷10，第472页。
⑨ 戴笠、吴殳：《怀陵流寇始终录》卷10，第475页。

兵部尚书杨嗣昌于崇祯十年上四正六隅、十面张网之说，定次年二月为"灭贼之期"。"至明年三月，嗣昌以灭贼逾期，疏引罪，荐人自代。帝不许，而命察行间功罪。乃上疏曰：'…河南张任学、宁夏祖大弼无功过……变蛟、光先贬五秩，与大弼期五月平贼，逾期并承畴逮治……'议上，帝悉从之"①。延以五月之期，则是以崇祯十一年七月为新的期限。十一年六月，"贼匿于洮河，止有六队，祁总管兵及争世王残众随之。马科守河州，祖大弼守沙羊堡"②。所谓"五月平贼"，显然是不可能完成的任务，朝廷所威胁的"逾期并承畴逮治"有没有兑现呢？至七月，"上于秦督，用玺书封蜀人所上章示之，并以谕曹、左二帅曰：'廷臣言秦将吏失亡多，皆有状，朕以行间暴露良苦，姑贳其罪。今洪承畴五月不能平贼，展期一年。一年者谓今冬耶，抑何时也？'……"③崇祯帝对洪承畴倚仗方殷，自然不会真的将之逮治，只能发发牢骚而已，但祖大弼之名却从此消失。值得注意的是，《国榷》于崇祯十一年七月之下记云："丁丑，马科为征西将军、总兵，镇守宁夏。"④马科已经继任为宁夏总兵，我们有理由推测，祖大弼纵未被逮治，至少也是被革职了。

四 黯然收场

祖氏在辽东是军功旺族，根深叶茂，祖大弼革职之后，重回关外于他应当是第一选择。《历史档案》于1985～1986年陆续刊出的一些明末辽东战守档案，证实了笔者的推测。

崇祯十三年（清崇德五年），皇太极必欲得宁锦诸镇而后快，命八旗军轮番戍守义州，此后直至崇祯十五年，祖大寿以锦州再降，两年之间关外战事不断。当时明朝方面有三位总兵驻于山海关外：祖大寿任辽东前锋总兵官，驻锦州；吴三桂任团练总兵官，驻松山；刘肇基任分练总兵官，驻杏山。祖大寿时已年迈，堂弟祖大乐在其麾下任东协副将，实际担任该镇指挥之职，行间塘报多由大乐收发。我们在"战守明档"中所见的提及祖大弼的资料，均为祖大乐发给上级的塘报。

---

① 《明史》卷252，第6512页。
② 戴笠、吴殳：《怀陵流寇始终录》卷11，第528页。
③ 戴笠、吴殳：《怀陵流寇始终录》卷11，第532～533页。
④ 谈迁：《国榷》卷96，第5816页。

崇祯十三年五月十七日"兵部为辽东巡抚方一藻塘报官兵赴锦堵击清兵事题行稿"载：

> 据东协营副将祖大乐塘报：本月初九日寅时……又据拨丁许成功飞报，北来奴众摆大队南下。蒙本镇即谕本职，此番逆贼必拥众齐至，思欲甘心于我，但我示强示弱有时，此不可不奋力冲杀，以遏其狂逞。当该本职即以四门分守之官兵，即分四路齐出，原任宁□祖总兵带有健丁一同征进……①

塘报中"本镇"自是指祖大寿，而"原任宁□祖总兵"，"□"即当为"夏"字，指从宁夏总兵任上被革职的祖大弼。五月二十六日"兵部为辽东总兵祖大寿塘报清军分突逼锦事题行稿"又引祖大乐塘报云："……于时本镇同原任宁夏镇祖总兵，即统预派本职、副参高勋……等，各分左右接济紧凑，照路奋勇直前，一时齐登亮马山冈，正与虏值，彼此对射……"②此处明言"宁夏"，确认为祖大弼无疑。至六月二十九日，祖大乐在塘报中更是直接点明了大弼之名："随有本镇与原任宁夏镇祖大弼，督同本职暨……等，摆甲出城，居中扎队，以便四应调遣。"③

从上引档案中我们可以看出，大弼此时虽无职任，战场对敌却不甘人后。当然，这也可能是祖大乐在塘报中故意渲染大弼的功劳，以期朝廷或能复其官职。至七月五日的一份塘报，这种意图表露得愈加明显：

> 照得原任宁夏祖总兵，共处前锋，志效同仇，往往捐赀重犒，悬赏鼓励，为远哨掩袭计，当商请前锋祖总镇，转谕前锋左营游击刘成功，选差惯哨汉夷兵丁宫友德等十二人，牵骑马十五匹；宁夏祖总兵摘差内丁红旗李有功等七名，牵骑马十匹，于六月二十日会齐，从吴锦庙远哨图功去后……④

---

① 《崇祯十三年辽东战守明档选（下）》，《历史档案》1985年第2期，第3~4页。
② 《崇祯十三年辽东战守明档选（下）》，《历史档案》1985年第2期，第10~11页。
③ 《崇祯十三年辽东战守明档选（续一）》，《历史档案》1986年第3期，第9页。
④ 《崇祯十三年辽东战守明档选（续一）》，《历史档案》1986年第3期，第11页。

无奈明廷对大弼似已绝望，对此在塘报中一再出现的名字视而不见，在票拟中绝不回应。

祖大弼虽无职任，在军中地位仍是极高。崇祯十三年七月祖大乐在另一份塘报中称："子时，本镇并原任宁夏镇祖总兵，即令本职率同高勋等……分中左右三股，直趋迎击……其中本镇率领祖泽远、崔士杰、祖泽沛、王国栋，材官祖世魁、李成印、刘朝宗等，紧接剿杀……"① 将其置于仅次祖大寿的地位，与大寿共同发令指挥。而且从材料中看，自七月以来，大弼不再亲身上阵，似乎担当着出谋划策的角色。我们是否可以据此猜测，大弼并非只是一员猛将，而是一位智勇兼备的人物呢？《烈皇小识》中的一条记载似乎为我们提供了旁证：

> 先是，有祖大弼者，其勇为祖氏冠，历官副总兵。前是清兵来攻，相顾莫敢先进，城中大恐，大弼戒无动，自率锐卒五百，直冲清营，往来驰击，清兵披靡不能御，遂拔营去。及是，病不能师。报至，上命总督洪承畴帅大同总兵王朴等六总兵、援兵十余万人往救，祖寄语于洪，谓："清兵强甚，难与争锋，可用车营法，步步进兵，即步步列营，使彼不得逞志，逼之出塞乃可。"洪从其言。②

不过，据《国榷》的记载，提出车营战法的却是祖大寿：

> （崇祯十四年五月）壬辰，召兵部尚书陈新甲于中极殿。时祖大寿围于锦州五阅月，建房填壕掘堑，声援断绝，有四卒间出，云城粟足支半年，第乏薪，传大寿语："宜车营偪之，毋轻战。"总督洪承畴集兵数万待援，未决。上忧之，问新甲计安出。③

关于祖大弼的谋略，此姑存疑。但是其晚年身体不好，似无可疑，这恐怕也是明清双方关于其人的记载均甚疏略的原因之一。

---

① 《崇祯十三年辽东战守明档选（续一）》，《历史档案》1986年第3期，第8页。
② 文秉：《烈皇小识》卷7，第186页。
③ 谈迁：《国榷》卷97，第5897页。

崇祯十五年二月，祖大寿再次降清，降将名单中又不见祖大弼，我们只是根据清朝方面后来的某些记载，才得以确认其归降。《清太宗实录稿本》崇德七年（崇祯十五年）十月之下记载："赐锦州、松山、杏山新降总兵官祖大寿、祖大乐、祖大弼……等貂裘……等物有差。"① 此时距大寿之降仅半年，可谓确证。据《世职谱档》全宗 2 袭字 31 号载，崇德七年编佐领，其中亦有祖大弼之名②。据《八旗通志初集》所载，祖大弼系被编入镶黄旗汉军第三参领第六佐领：

第六佐领，系崇德七年编设，初以投诚总兵官祖大弼管理。祖大弼从征，以赵云龙管理。赵云龙故，以祖大弼族孙祖建极管理。祖建极升外任，以祖大弼之子祖泽溶管理。祖泽溶故，以赵云龙之子赵良栋管理。赵良栋故，以祖大弼之孙祖建器管理。③

该佐领无疑以祖大弼所属人丁编就，故多以大弼后人管理。志中所谓"祖大弼从征"，大概是指顺治初年的某一场战役，可惜笔者目前还没有查到有关记录④。

（作者单位：安徽省图书馆）

---

① 《清太宗实录稿本》，辽宁大学历史系，1978，第 122 页。
② 转引自王景泽《明末的辽人与辽军》，《中国边疆史地研究》2003 年第 1 期。
③ 《八旗通志初集》卷 13，东北师范大学出版社，1985，第 237 页。
④ 或言：顺治二年韩绎祖、魏耕等人起兵抗清，据湖州，祖大弼率兵镇压。笔者多方查核资料，终未得其出处，亟盼博识之士有以教我。

清代"武鼎甲"补考

王金龙

摘　要：今人研究清朝"武鼎甲"，大多依据朱彭寿所著《旧典备征》中"武鼎甲考"的记载。但该书记载清朝"武鼎甲"，存在两方面问题，一是记载不全，如有16位武状元籍贯缺载，榜眼和探花缺载人数也分别达到19人和22人；二是记载不确，如道光十八年戊戌科武探花，该书记载为"普承尧，云南新平"，但实际上，该科"武鼎甲"仅取中状元、榜眼二人，并未有探花。本文通过查阅内阁小金榜、武进士登科录及地方志等档案文献的记载，对《旧典备征》缺载和记载不确者进行考补。笔者所得清代"武鼎甲"的情况为：武状元109人，武榜眼105人，武探花101人，武科三鼎甲共315人，有籍贯可考者310人，其中武状元109人，武榜眼101人，武探花100人。

关键词：清代　武举　武鼎甲　武进士

科举考试中的状元、榜眼、探花，总称为"鼎甲"。清代科举，文武并重，文科"鼎甲"因有国子监进士题名碑以及题名碑录、鼎甲录、馆选录等记载，故易得其详，但武科"鼎甲"因各书记载极少，也未有武科进士题名碑和题名碑录，故难得清晰。对清代武科"鼎甲"进行专门记载的，主要有：一是清人编著的《武鼎甲策》；二是晚清浙江海盐人朱彭寿《旧典备征》（下称《备征》）中的"武鼎甲考"；三是钱实甫《清代职官年表》（下称《年表》）中的"会试考官年表"；四是许友根《武举制度史略》中的"清代武鼎甲人名录"。

清朝自顺治三年始，至光绪二十四年止，共举行了109次武科会试考试。清人编著的《武鼎甲策》仅记载了雍正元年癸卯恩科至乾隆二十二年丁丑科计15科的"武鼎甲"姓名、籍贯以及殿试对策，缺载科次达94

次。《备征》"武鼎甲考"以朝年为序，分别记载了清朝109次武科"鼎甲"的姓名、籍贯，对"凡未详者，均作空格，以备考补"①。但该书所载清代"武鼎甲"存在两方面问题：一是缺载较多，顺治、康熙、雍正三朝的武科"鼎甲"姓名及籍贯缺载大半；二是记载不确，如道光十八年戊戌科武探花，《备征》记载为"普承尧，云南新平"，但实际上，该科"武鼎甲"仅取中状元、榜眼二人，并未有探花。《年表》"会试考官年表"对武科"鼎甲"的记载，仅列出了姓名，未载籍贯，且顺治至雍正的33次武科"鼎甲"，仅顺治十二年和顺治十五年2科列出了状元、榜眼、探花的姓名，其他31科仅列出了状元姓名。乾隆至光绪的76科中，虽均列出了"鼎甲"的姓名，但也缺载了道光十三年癸巳科和光绪二十四年戊戌科的"鼎甲"姓名。许友根《武举制度史略》在《备征》和《年表》记载基础上，进行相互补充，并参考地方志，形成了"清代武鼎甲人名录"，但大多仍沿《备征》其旧，加之未能利用有关档案，因此，缺载及记载不确者亦复不少。

有鉴于此，笔者不揣浅陋，根据内阁小金榜、武进士登科录、武会试录、起居注、实录等档案及文献对清代"武鼎甲"的记载，并参酌有关地方志对《备征》"武鼎甲考"相关内容补正如下。

一 顺治朝

顺治朝自三年丙戌科始，至十八年辛丑科止，共举行了7次武科会试。《备征》"武鼎甲考"中缺载情况：顺治六年己丑科榜眼李圣祥、十二年乙未科状元于国柱籍贯；九年壬辰科、十五年戊戌科、十七年庚子科、十八年辛丑科榜眼的姓名、籍贯；三年丙戌科、九年壬辰科、十二年乙未科、十五年戊戌科、十七年庚子科、十八年辛丑科探花的姓名、籍贯。因笔者未能见到顺治朝小金榜、武登科录、武会试录等档案，兹据《清实录》及地方志有关记载增补如下。

顺治三年丙戌科探花。《丰润县志》卷五"选举志""国朝武进士"下记载："殷壮猷，顺治丙戌进士，殿试第三人，乡试科分无考。"② 据此

---

① 朱彭寿：《旧典备征》卷4，"武鼎甲考"，中华书局，1982，第81页。
② （光绪）《丰润县志》卷5，清光绪十七年刻本。

确定，顺治三年丙戌科探花为殷壮猷，直隶丰润县人。

顺治六年己丑科状元金抱一和榜眼李圣祥的籍贯。《金华府志》记载，"金抱一，直隶京卫人，己丑状元"①。另据《苏州府志》，"顺治六年金抱一榜，长洲李圣祥，榜眼"②。因此，状元金抱一籍贯应为直隶京卫，榜眼李圣祥籍贯应为江苏长洲。

顺治十二年乙未科状元于国柱的籍贯及探花。据《苏州府志》，"顺治十二年乙未于国柱榜。吴，于国柱，石公，状元"③。至于该科探花，实录记载："谕兵部，国家用人，文武并重，……武进士亦应简选教习。第一甲于国柱、单登龙、范明道，第二甲邵一仁、张其毓……第三甲胡师龙，俱朕亲试弓马、策问，才技可取，著随侍卫学习骑射。"④ 据此知十二年乙未科探花为范明道。又据《阳江县志》载，"范明道，上元人，武探花"⑤，可知其籍贯为江苏上元。

顺治十五年戊戌科榜眼和探花。顺治十五年实录中有"赐殿试武举刘炎、张国彦、贾从哲等进士及第出身有差"⑥ 的记载，又据顺治十六年实录内记载："授一甲一名武进士刘炎副将品级，二名武进士张国彦参将品级，三名武进士贾从哲游击品级，二甲、三甲武进士缴应善等守备品级，仍随侍卫学习。"⑦ 据此可知，该科榜眼为张国彦，探花为贾从哲。《保昌县志》"国朝副总兵"下载，"张国彦，北直人，戊戌武榜眼"⑧。又《饶平县志》"黄冈协副将"下有"张国彦，京卫人，戊戌科第一甲二名武进士，康熙八年任"⑨。由此确定张国彦应为直隶京卫人。《临汾县志》"武进士"下载："国朝顺治戊戌科，贾从哲，探花，历官副将，有传。"⑩ 据此可知贾从哲籍贯为山西临汾。

---

① （康熙）《金华府志》卷21，清宣统元年嵩连石印本。
② （同治）《苏州府志》卷67，清光绪九年刻本。
③ 同上。
④ 《清世祖实录》卷94，顺治十二年十月己未。
⑤ （道光）《阳江县志》卷5，清道光二年刻本。
⑥ 《清世祖实录》卷121，顺治十五年十月己卯。
⑦ 《清世祖实录》卷126，顺治十六年五月壬午。
⑧ （乾隆）《保昌县志》卷8，清乾隆十八年刻本。
⑨ （光绪）《饶平县志》卷6，清光绪九年增刻本。
⑩ （乾隆）《临汾县志》卷7，清乾隆四十三年刻本。

顺治十七年庚子科的榜眼及探花。顺治十七年实录记载："谕兵部，武进士林本直、黄建中、武灏、谢文、王鼐……俱经朕屡试弓马，才技堪用，著照例随侍卫学习骑射。"① 又载："兵部议奏，武进士随侍卫学习骑射，应照例给以应得品级。一甲第一名林本直授为副将，第二名黄建中授为参将，第三名武灏授为游击；二甲谢文等俱为守备。部给札付，各支俸禄，俟满一年，另疏题请选授，从之。"② 由此可知顺治十七年榜眼为黄建中，探花为武灏。

顺治十八年辛丑科状元霍维鼐籍贯，《备征》记为"山东济宁"，但《济宁直隶州志》"武科选举表"下记载："霍维鼐，字玉调，一甲第一名，顺天籍。"③《贵州通志》"职官志"关于副将下记载："霍维鼐，京卫人，武状元。"④ 道光朝修《大定府志》内也有"霍维鼐，直隶人，武进士"的记载。由此确定，霍维鼐的籍贯应为直隶京卫。

因资料所限，经过多方查考，笔者仍未能查到九年壬辰科和十八年辛丑科榜眼、探花的姓名，也未查到十七年庚子科榜眼及探花的籍贯，尚待有新的材料发现，做进一步的查考。

二 康熙朝

康熙朝共举行了 21 次武科考试，鼎甲人数共计 63 人，状元、榜眼、探花各 21 人。《备征》"武鼎甲考"缺载的情况：榜眼、探花均缺载的科次有三年甲辰科、十五年丙辰科、二十一年壬戌科、二十七年戊辰科、四十五年丙戌科、五十四年乙未科、五十七年戊戌科 7 科；榜眼缺载的科次有九年庚戌科、十八年己未科、二十四年乙丑科、三十年辛未科、三十六年丁丑科和四十二年癸未科 6 科；探花缺载的科次有六年丁未科、四十八年己丑科、五十一年壬辰科、五十二年癸巳科 4 科。此外，以下科次的状元籍贯也缺载：三年甲辰科、十五年丙辰科、二十一年壬戌科、二十四年乙丑科、二十七年戊辰科、三十三年甲戌科、四十二年癸未科、五十一年壬辰科、五十七年戊戌科、六十年辛丑科。现分别查考增补

---

① 《清世祖实录》卷135，顺治十七年五月庚午。
② 《清世祖实录》卷136，顺治十七年六月戊子。
③ （道光）《济宁直隶州志》卷7，清咸丰九年刻本。
④ （乾隆）《贵州通志》卷18，清乾隆六年刻，嘉庆修补本。

如下。

康熙三年甲辰科状元吴三畏的籍贯。《瑞安县志》载："吴三畏，大兴人，甲辰武状元。"① 据此，吴三畏籍贯应为顺天大兴。

康熙九年庚戌科状元张英奇的籍贯。康熙九年武进士登科录记载："张英奇，山西平阳府安邑县民籍，年二十岁"②，由此可知，张英奇并非直隶深州人，而是山西安邑人。该年武进士登科录又载："李开先，燕山右卫籍，年二十四岁"；"张学纯，浙江杭州府钱塘县民籍，年十四岁"。据此确定，该科状元张英奇籍贯为山西安邑，榜眼为李开先，籍隶燕山右卫；探花张学纯为浙江钱塘人。

《备征》"武鼎甲考"对康熙十二年癸丑科状元、榜眼、探花均有记载，但据该年武进士登科录记载："第一甲三名赐武进士及第。郎天祚，燕山右卫，字祐之，行五，年二十三岁；……李世威，山东东昌府莘县籍；……赵文璧，浙江杭州府仁和县民籍。"③《江南通志》"宁国营参将"下记载："郎天祚，燕山右卫人，康熙十七年任。"④ 因而，该年状元郎天祚的籍贯应为燕山右卫，而非《备征》所记的浙江山阴；探花赵文璧籍贯应为浙江仁和，而非《备征》所记的浙江萧山。

康熙十五年丙辰科的"武鼎甲"，内阁小金榜有如下记载："第一甲赐武进士及第。第一名荀国樑，金吾左卫武举；第二名何天培，燕山右卫武举；第三名聂达，腾骧右卫武举。"⑤ 故该科"武鼎甲"应为：状元荀国樑，金吾左卫；榜眼何天培，燕山右卫；探花聂达，腾骧右卫。

康熙十八年己未科榜眼，据《康熙起居注》："初十日辛未早，上御太和殿传胪，第一甲第一名罗淇、第二名王喆、第三名储壎，二甲第一名顾从纶等二十七名，三甲第一名郭镇邦等七十一名，赐武进士及第出身有

---

① （乾隆）《瑞安县志》卷4，清乾隆十四年刻本。
② 康熙九年武进士登科录，中国第一历史档案馆藏内阁全宗，见清代谱牒缩微胶片（编号B12）。
③ 康熙十二年武进士登科录，中国第一历史档案馆藏内阁全宗，见清代谱牒缩微胶片（编号B12）。
④ （乾隆）《江南通志》卷111，清文渊阁《四库全书》本。
⑤ 康熙十五年武科小金榜，中国第一历史档案馆藏内阁全宗，见清代谱牒缩微胶片（编号B30）。

差。"① 由此确定该科榜眼为王喆。

康熙二十一年壬戌科状元王继先的籍贯及榜眼、探花。据《榆林府志》记载:"王继先,康熙二十一年壬戌科武进士,状元,历官参将。"②因此,王继先籍贯为陕西榆林。关于该科榜眼和探花。《康熙起居注》中有"初七日庚辰。早,上御太和门,传胪第一甲第一名王继先、第二名徐启瑞、第三名郑继宽,二甲第一名许廷佐等二十七名,三甲第一名闵长宁等六十八名,赐武进士及第出身有差"③。可知该科榜眼为徐启瑞,探花为郑继宽。再查《厦门志》"国朝职官表二"中,有"康熙朝。后营游击,徐启瑞,永清卫人"④的记载;《绍兴府志》中有"康熙二十一年壬戌科,徐启瑞,北籍,榜眼"⑤的记载。关于郑继宽,《潮州府志》中有"郑继宽,京卫,武探花"⑥的记载;《福州府志》记载:"镇守福州等处副都统,郑继宽,直隶人,康熙六十年任。"⑦因此,榜眼徐启瑞为直隶永清卫人,探花郑继宽为直隶京卫人。

康熙二十四年乙丑科"武鼎甲",《康熙起居注》载:"初七日甲午。早,上御太和门,传胪第一甲第一名徐宪武、第二名陈廷玺、第三名李载,二甲第一名萧彩等二十名,三甲第一名张文机等七十三名,赐武进士及第出身有差。"⑧再查康熙二十四年武会试录,其中有如下记载:"第十五名,徐宪武,燕山右卫武举;……第五十八名,陈廷玺,顺天府丰润县武举;……第六十一名,李载,彭城卫武举。"⑨《备征》中该科探花记为"叶日芳",后注"按日芳是否此科再考",由此知"叶日芳"确非此科探花。据此,该科"武鼎甲"应为:状元徐宪武,直隶燕山右卫人;榜眼陈廷玺,直隶丰润人;探花李载,彭城卫人。

---

① 中国第一历史档案馆:《康熙起居注》(一),康熙十八年十月初十日,中华书局,1984,第443页。
② (道光)《榆林府志》卷十八,清道光二十一年刻本。
③ 《康熙起居注》(二),康熙二十一年十月初七日,第907页。
④ (道光)《厦门志》卷10,清道光十九年刊本。
⑤ (乾隆)《绍兴府志》,卷35,清乾隆五十七年刻本。
⑥ (乾隆)《潮州府志》,卷32,清光绪十九年重刊本。
⑦ (乾隆)《福州府志》,卷35,清乾隆十九年刊本。
⑧ 《康熙起居注》(二),康熙二十四年十月初七日,第1371~1372页。
⑨ 康熙二十四年武会试录,中国第一历史档案馆藏内阁全宗,见清代谱牒缩微胶片(编号B11)。

康熙二十七年戊辰科。《备征》中只记载了状元的姓名，其他均缺载。《康熙起居注》载，"初七日丙午。早，传胪于太和门前，赐武举王应统、林云汉、吴开圻一甲进士及第，刘职等廿人二甲进士出身，饶应贤等七十一人三甲同进士出身"①。又据康熙二十七年武会试录，"第二十五名，吴开圻，陕西宁夏卫；……第五十名，王应统，山东长山县；……第九十六名，林云汉，顺天府通州"②。可知该科"武鼎甲"的情况：状元王应统，山东长山人；榜眼林云汉，顺天府通州人；探花吴开圻，宁夏人。

康熙三十年辛未科。《备征》未载榜眼，据《徐州府志》"选举表"记载："铜山武进士，袁钤，康熙辛未科榜眼，凉州挂印总兵。"③《康熙起居注》载："酉时，上御批本房，读卷官大学士伊桑阿等捧卷进呈，学士张英以公拟十卷呈御案，上阅毕，以张文焕为一甲一名，袁钤为一甲二名，韩良辅为一甲三名，高天位为二甲一名，叶世奕为二甲二名，余悉依读卷官所拟次序。"④ 据此可知，该科榜眼为袁钤，江苏铜山人。

康熙三十三年榜眼丁爽籍贯，《备征》中只记为陕西，具体地名空缺。据康熙三十三年武会试录记载："第九十五名，丁爽，陕西宁夏卫。"⑤ 可知该科榜眼丁爽为宁夏人。

康熙三十六年状元，《备征》记为"缴煜（煜）章，京卫"，并缺载榜眼。据实录记载，"甲寅传胪，赐中式武举缴煜章等一百一人武进士及第出身有差"⑥。又据《康熙起居注》："初七日甲寅。是日，部院各衙门无章奏。巳时，于太和殿前传胪，赐武举人缴煜章、蒋焕、胡琨一甲进士，王璋等七人二甲进士，夏林等九十一人三甲进士。"⑦ 缴煜章于康熙三

---

① 《康熙起居注》（三），康熙二十七年十月初七日，第1802页。
② 康熙二十七年武会试录，中国第一历史档案馆藏内阁全宗，见清代谱牒缩微胶片（编号B11）。
③ （同治）《徐州府志》，卷第8上，清同治十三年刻本。
④ 台北故宫博物院：《清代起居注》（二），台北所藏，台北联经事业出版公司，2009。康熙三十年十月初六日，T00961页至T00962页。
⑤ 康熙三十三年武会试录，中国第一历史档案馆藏内阁全宗，清代谱牒缩微胶片（编号B11）。
⑥ 《清圣祖实录》卷185，康熙三十六年十月甲寅。
⑦ 《清代起居注》（十一），康熙三十六年十月初七日，T05975页至T05976页。

十三年会试中式，不知何故未参加当年的武殿试，于三十六年补殿试，中式状元。在康熙三十三年的武会试录中有载："第九十七名，缴煜（煜）章，顺天宛平县。"① 因此，该科的情况是：状元缴煜章，顺天宛平人；榜眼蒋焕（籍贯待考）；探花胡琨，江苏江都人。

康熙四十二年癸未科，《备征》缺载状元籍贯及榜眼。《康熙起居注》载："初七日己卯。巳时，于太和殿前传胪。赐武举曹维城、刘弘善、侯潆（瀠）一甲进士及第，王琏等三十人进士出身，孙江等六十六人同进士出身。"② 又据小金榜记载，"第一甲赐武进士及第。第一名，曹维城，贵州贵阳府武举；第二名，刘弘善，陕西甘州武举；第三名，侯瀠，陕西兴安州武举"③。再据该年武进士登科录记载："曹维城，贵州贵阳府民籍，年二十五岁；……刘弘善，陕西甘州右卫官籍，年三十一岁；……侯瀠，陕西西安府兴安州，年二十五岁。"④ 确知该科状元曹维城为贵州贵阳人，榜眼为刘弘善，陕西甘州人，而探花应作"侯瀠"。

康熙四十五年丙戌科，《备征》缺载榜眼和探花。《康熙起居注》载："上拆弥封，命置杨谦一甲一名，张国兴一甲二名，王维一一甲三名，徐启新等十四人为二甲进士，其余七十七人为三甲进士。"⑤ 又据该年武进士登科录："杨谦，江南扬州府仪真县民籍，年二十一岁；……张国兴，顺天府宛平县民籍，年二十八岁；……王惟一，陕西宁夏卫，年二十八岁。"⑥ 据此，该科榜眼为张国兴，顺天府宛平人；探花为王惟一，陕西宁夏卫人。

康熙四十八年己丑科，《备征》缺载探花，且榜眼"李维扬，广东□□"下注"按维扬是否此科再考"。此科榜眼确非李维扬，李维扬是康

---

① 康熙二十七年武会试录，中国第一历史档案馆藏内阁全宗，见清代谱牒缩微胶片（编号 B11）。
② 《清代起居注》（十八），康熙四十二年十月初七日，T10236 页至 T10237 页。
③ 康熙四十二年武科小金榜，中国第一历史档案馆藏内阁全宗，清代谱牒缩微胶片（编号 B30）。
④ 康熙四十二年武进士登科录，中国第一历史档案馆藏内阁全宗，清代谱牒缩微胶片（编号 B12）。
⑤ 《康熙起居注》（三），康熙四十五年十月初六日，第 2021 页。
⑥ 康熙四十五年武进士登科录，中国第一历史档案馆藏内阁全宗，清代谱牒缩微胶片（编号 B12）。

熙五十一年壬辰科榜眼（详情见下）。据《年表》第四册"会试考官年表"，康熙四十八年己丑科武会试"录取田畯、官禄、韩光愈等101名"①。康熙四十八年武会试录记载："第八名，韩光愈，江南泰州武举……第六十六名，官禄，顺天府大兴县武举。"②《肃宁县志》"选举志"中记载："金官禄，康熙己丑榜眼，任云南尧镇总兵官。"③《泰州志》"选举表下"记载："国朝。韩光愈，康熙己丑科探花，授侍卫，官参将。"由此知，该科榜眼为官禄（亦名金官禄），籍贯顺天大兴；探花韩光愈，籍贯江苏泰州。

康熙五十一年壬辰科，《备征》缺载状元籍贯和探花，且所载榜眼不确。《康熙起居注》载："上阅试卷毕，令拆开封，以李显光为一甲第一名，李维扬为一甲第二名，杨炳为一甲第三名，冯云为二甲第一名，朱伦翰为二甲第二名……十四日甲子早，于太和殿前传胪，赐武举李显光、李维扬、杨炳一甲进士及第，冯云等二十人二甲进士出身，万国宁等七十四人三甲同进士出身。"④再查该年内阁武科小金榜："第一甲赐武进士及第。第一名，李现（显）光，陕西宁夏卫武举由兵丁；第二名，李惟（维）扬，广东阳春县武举；第三名，杨炳，直隶内黄县武举。"⑤因此，《备征》中记载的该科榜眼为"杨炳，河南内黄"不确，应为"李维扬，广东阳春"。该科状元李现光为宁夏人，榜眼李惟扬为广东阳春人，探花杨炳为直隶内黄人（雍正三年内黄划归河南彰德府）。

康熙五十二年癸巳科，《备征》缺载探花，且状元姓名作"李如柏"不确。《康熙起居注》载："十一日乙卯。早，于太和殿前传胪，赐武举宋如栢、丁锡介、赵涟一甲进士及第，王连举等十二人二甲进士出身，江国维等八十一人三甲同进士出身。"⑥实录中也有"丙辰传胪，赐殿试武举宋

---

① 钱实甫：《清代职官年表》第4册"会试考官年表"，中华书局，1980，第2792页。
② 康熙四十八年武会试录，中国第一历史档案馆藏内阁全宗，清代谱牒缩微胶片（编号B11）。
③ （乾隆）《肃宁县志》卷8，清乾隆二十一年刻本。
④ 《清代起居注》（二十一），康熙五十一年十月十三日、十四日，T11648、T11654页。
⑤ 康熙五十一年武科小金榜，中国第一历史档案馆藏内阁全宗，清代谱牒缩微胶片（编号B30）。
⑥ 《清代起居注》（二十二），康熙五十二年十一月十一日，T12506页。

如栢等九十六人武进士及第出身有差"①的记载。又据《陕西通志》"神道岭营游击"条下有"赵涟,宁夏人,康熙五十八年任"②,据此知该科状元为宋如栢,而非"李如柏",探花为赵涟,宁夏人。

康熙五十四年乙未科,《备征》缺载榜眼和探花。《康熙起居注》载:"十六日戊申早,于太和殿传胪。赐武举赛都、孙世魁、许履亨一甲进士及第,曹真等六人二甲进士出身,王廷极等九十八人三甲同进士出身"。③《大定府志》"威宁初设镇总兵"条下"孙世魁,甘肃张掖人,武进士,雍正四年八月任"④。《直隶绛州志》:"康熙乙未科,许履亨,由灵州把总中进士,探花及第,授一等侍卫。"⑤又据《新绛县志》:"许履亨,字殿枝,幼随伯父启芳陕西任习韬略,勇力绝人,中康熙乙未探花,选一等侍卫,扈从至热河暴卒,识者惜之。"⑥据此确定,该科榜眼为孙世魁,甘肃张掖人;探花为许履亨,山西绛州人。

康熙五十七年戊戌科,《备征》缺载状元籍贯和榜眼、探花。据该科武进士登科录的记载:"封荣九,直隶真定府真定县民籍,年三十岁;王时通,陕西延安府府谷县民籍,年四十八岁;马召南,陕西宁夏卫民籍,年三十三岁。"⑦据此确定,该科状元为直隶真定人,榜眼为王时通,陕西府谷人;探花马召南,宁夏人。

康熙六十年辛丑科,《备征》仅缺载状元林德镛的籍贯。据《潮州府志》"选举表下""国朝武进士"康熙六十年内记载:"林德镛,揭阳人,状元,授侍卫。"⑧据此确定,该科状元林德镛为广东揭阳人。

三 雍正朝

雍正朝共举行了5次武科考试,名列"鼎甲"者应为15人,状元、

---

① 《清圣祖实录》卷257,康熙五十二年十一月丙辰条。
② (雍正)《陕西通志》卷23,清道光二十九年刻本。
③ 《康熙起居注》(三),康熙五十四年十一月十六日,第2219页。
④ (道光)《大定府志》卷23,内篇十三,清道光二十九年刻本。
⑤ (光绪)《直隶绛州志》卷9,光绪五年刻本。
⑥ (民国)《新绛县志》,名贤传,民国十八年铅印本。
⑦ 康熙五十七年武进士登科录,中国第一历史档案馆藏内阁全宗,清代谱牒缩微胶片(编号B12)。
⑧ (乾隆)《潮州府志》卷27,清光绪十九年重刊本。

榜眼、探花各5人。兹就《备征》缺载情况分别补正如下。

雍正元年癸卯科，《备征》仅记载了该科状元姓名，清人编著《武鼎甲策》中记载："雍正癸卯恩科。状元李琰，直隶河间府献县民籍，顺天乡试第七名，会试第一名；榜眼毕映，山西大同府大同县民籍，乡试第十九名，会试第五名；探花施景范，陕西延安府靖边所民籍，山东德州卫千总，会试第十名。"① 据此确定，该科状元李琰籍贯为直隶献县；榜眼为毕映，籍贯山西大同；探花为施景范，籍贯陕西靖边。

雍正二年甲辰科，《备征》缺载榜眼及探花。据该科小金榜："第一甲赐武进士及第。第一名苗国琮，镶白旗汉军白钰佐领下武举；第二名，吕杰，陕西榆林卫武举；第三名茹铉，直隶晋州武举。"②《武鼎甲策》内也有记载："雍正甲辰科。状元苗国琮，镶白旗汉军都统白钰佐领下，顺天乡试第一百三十八名，会试第七十八名；榜眼吕杰，陕西延安府榆林卫民籍，乡试第一十九名，会试第七十七名；探花茹铉，直隶正定府晋州军籍，顺天乡试第一百三十六名，会试二十九名。"③ 据此确定，该科榜眼为吕杰，陕西榆林人；探花为茹铉，直隶晋州人。

雍正八年庚戌科，《备征》缺载探花。据《武鼎甲策》记载："雍正庚戌科。状元齐大勇，直隶永平府昌黎县民籍，钦赐乡试第四十六名，会试第一名；榜眼张四儿，正黄旗汉军瓮五图管领下乡试第五十七名，会试第五名；探花李发解，陕西宁夏府夏县闽籍，乡试第八十七名，会试第十三名。"④ 可知此科榜眼为张四儿，籍隶汉军正黄旗；探花为李发解，籍贯宁夏。

雍正十一年癸丑科《备征》无缺载，但在榜眼"袁秉敬，直隶宣化"下注"按秉敬是否此科再考"。该科武科小金榜："第一甲赐武进士及第。第一名，孙宗夏，陕西镇安县武举；第二名，袁秉敬，直隶宣化县武举；第三名，特格慎，正蓝旗满洲都统二哥佐领下武举。"⑤《武鼎甲策》也有

---

① 中国国家图书馆古籍馆藏《武鼎甲策》，文锦堂印，清刻本。
② 雍正二年武科小金榜，中国第一历史档案馆藏内阁全宗，清代谱牒缩微胶片（编号B30）。
③ 中国国家图书馆古籍馆藏《武鼎甲策》，文锦堂印，清刻本。
④ 中国国家图书馆古籍馆藏《武鼎甲策》，文锦堂印，清刻本。
⑤ 雍正十一年武科小金榜，中国第一历史档案馆藏内阁全宗，清代谱牒缩微胶片（编号B30）。

"榜眼袁秉敬，直隶宣化府宣化县民籍，乡试第二十名，会试第二名"[①] 的记载，据此确定，袁秉敬确为该科榜眼。

四 乾隆朝

乾隆朝60年共举行了27次武科考试，相比顺治、康熙、雍正三朝，《备征》对乾隆朝"武鼎甲"的记载较为完整，仅缺载了四年己未科、二十六年辛巳科的探花，以及七年壬戌科状元贾廷诏、十九年甲戌科状元顾麟、二十八年癸未科榜眼郭元凯、三十一年丙戌科状元白成龙、六十年乙卯科状元邸飞虎的籍贯。兹据内阁小金榜及《武鼎甲策》的记载分别补考如下。

乾隆四年武科小金榜记载："第一甲赐武进士及第。第一名，朱秋魁，浙江金华县武举；第二名，哈国龙，直隶古北口提标把总；第三名，罗英笏，福建沙县武举。"[②]《备征》将该科榜眼记为"毕映，山西大同"，并在其下注"按映是否此科再考"。毕映是雍正元年癸卯恩科榜眼，已见前述。《武鼎甲策》中记载："乾隆己未科。状元朱秋魁，浙江金华府金华县民籍；榜眼哈国龙，直隶河间府河间县民籍；探花罗英笏，福建延平府沙县民籍。"据此确定，该科榜眼是哈国龙，籍贯直隶河间；探花为罗英笏，籍贯福建沙县。

乾隆二十六年武科小金榜内载："第一甲赐武进士及第。第一名段飞龙，直隶永年县武举；第二名李铨，河南虞城县武举；第三名杨培枢，河南滑县武举。"[③] 由此确定，此科探花为杨培枢，河南滑县人。

关于七年壬戌科、十九年甲戌科、三十一年丙戌科、六十年乙卯科四科状元以及二十八年癸未科榜眼的籍贯，经查各年武科小金榜的记载，应分别为：七年状元贾廷诏，籍贯为山西清源；十九年状元顾麟，籍贯为顺天宛平；三十一年状元白成龙，籍贯为直隶河间；六十年状元邸飞虎，籍贯为直隶定州；二十八年榜眼郭元凯，籍贯为山西介休[④]。

[①] 中国国家图书馆古籍馆藏《武鼎甲策》文锦堂印，清刻本。
[②] 乾隆四年武科小金榜，中国第一历史档案馆藏内阁全宗，清代谱牒缩微胶片（编号B30）。
[③] 乾隆二十六年武科小金榜，中国第一历史档案馆藏内阁全宗，清代谱牒缩微胶片（编号B30）。
[④] 乾隆七年、十九年、三十一年、六十年武科小金榜，中国第一历史档案馆藏内阁全宗，清代谱牒缩微胶片（编号B30）。

除缺载外，《备征》记载与武科小金榜记载也有不尽相同之处。二年状元哈攀龙籍贯，《备征》记为"直隶任邱"，小金榜记为"直隶河间县"，《武鼎甲策》记为"直隶河间府河间县民籍"，因此哈攀龙籍贯应为"直隶河间"。七年榜眼和探花，《备征》记为"李世崧"和"白锺镶"，小金榜和《武鼎甲策》均记为"李世菘"和"白锺骧"，故应以后者为确；十三年榜眼孙仪汤籍贯，《备征》记为"直隶赵州"，小金榜和《武鼎甲策》记为"直隶宁晋"，应从小金榜和《武鼎甲策》；十九年探花，《备征》记为"陈标，江苏"，小金榜和《武鼎甲策》则记为"刘虎臣，直隶安平"，也应以后者为确；二十五年榜眼，《备征》记为"邵应邳，广东电白"，小金榜记为"赵琮，镶黄旗内府汉军英廉佐领下武举"，而邵应邳小金榜上列为二甲第四名武进士，并非该科榜眼；二十八年状元德灏籍贯，《备征》记为"满洲正黄"，小金榜记为"正黄旗包衣汉军"；四十年榜眼，《备征》记为"德明，满洲正黄"，小金榜记为"德成，正黄旗包衣汉军"。

五 嘉庆朝

嘉庆朝"武鼎甲"，《备征》仅缺载二十二年丁丑科状元武凤来的籍贯。经查该年武科小金榜，有"第一甲赐武进士及第。第一名武凤来，陕西神木县武举"[①] 的记载，据此确定，该年状元武凤来为陕西神木县人。

此外，《备征》所载与小金榜记载也有两处不同：十年乙丑科状元，《备征》记为"张联元"，小金榜记为"张元联"；十四年己巳科榜眼，《备征》记为"韩积善，汉军镶白"，小金榜记为"积善，正蓝旗扎勒杭阿佐领下武举"。查嘉庆十年武进士登科录，内有"第一甲三名，赐武进士及第，张元联，直隶省河间府献县民籍"[②] 的记载，其后殿试对策也书"张元联"，由此笔者认为此科状元应为张元联，而非张联元。关于十四年己巳科榜眼，实录记载："丁未，上御太和殿传胪，赐殿试武举一甲汪道诚、积善、张青云三人武进士及第，二甲赵龙田等六人武进士出身，三甲

---

① 嘉庆二十二年武科小金榜，中国第一历史档案馆藏内阁全宗，清代谱牒缩微胶片（编号B30）。
② 嘉庆十年武进士登科录，中国第一历史档案馆藏内阁全宗，清代谱牒缩微胶片（编号B11）。

寇绍莱等四十八人同武进士出身。"① 据此确定，十四年榜眼应为积善，而非韩积善。

尚需提及的是，嘉庆朝有因迟误传胪典礼而被革除状元和探花的，这也是有清一代所仅见。嘉庆二十四年己卯科状元徐开业、探花梅万清均因迟误传胪而被革去状元和探花。本年十月二十一日嘉庆皇帝发布上谕："本月二十日，朕御太和殿，专为武殿试传胪，其应行谢恩人员尚系附于是日行礼，乃胪唱时，一甲一名武进士徐开业、一甲三名武进士梅万清均未到班，当经都察院、鸿胪寺参奏，交兵部查询，据称徐开业、梅万清寓居西城，是夜先至西华门，因门未开启，绕至东华门，以致迟误等语。各武进士分住东西城，是夜多有由阙门进内者，一甲二名秦锺英等均未迟误，何以徐开业、梅万清二人独未到班，所言殊不足信，事关典礼，非寻常失误可比。本应全行斥革，念其究系草茅新进，徐开业著革去一甲一名并头等侍卫，梅万清著革去一甲三名并二等侍卫，施恩俱仍留武进士。再罚停明年殿试一科，俟下届武会试时，再同新中式武举一体殿试，其本科一甲一名武进士即以秦锺英拔补，授为头等侍卫。"② 该年武科小金榜记载："第一甲赐武进士及第。第一名，徐开业，江苏阜宁县武举；第二名，秦锺英，陕西神木县武举；第三名，梅万清湖北龙阳县武举。"③ 该年武进士登科录中有"第一甲一名赐武进士及第。秦锺英，陕西神木县民籍"④的记载。小金榜在传胪前一日写好，故一甲三人姓名均列其上，而武登科录是在传胪后编写，因此按照上谕，已将徐开业、梅万清除名，并将原榜眼秦锺英推升状元，因此一甲仅有一名。此后，遵照上谕，徐开业、梅万清没有参加嘉庆二十五年的武殿试，在道光二年的武殿试中分别考中二甲第四名和三甲第十一名武进士⑤。

---

① 《清仁宗实录》卷219，嘉庆十四年十月丁未。
② 中国第一历史档案馆编《嘉庆道光两朝上谕档》（二四），广西师范大学出版社，2000，563页。
③ 嘉庆二十四年武科小金榜，中国第一历史档案馆藏内阁全宗，清代谱牒缩微胶片（编号B30）。
④ 嘉庆二十四年武进士登科录，中国第一历史档案馆藏内阁全宗，清代谱牒缩微胶片（编号B12）。
⑤ 嘉庆二十五年和道光二年武科小金榜，中国第一历史档案馆藏内阁全宗，清代谱牒缩微胶片（编号B30）。

六 道光朝

道光朝"武鼎甲",《备征》虽未有缺载,但仍有记载不准确的科次。道光十八年戊戌科探花,《备征》记为"普承尧,云南新平",但实际上,该年一甲只录取两名,未有探花。该年十月十九日道光皇帝发布上谕:"武殿试一甲向取三人,此次中式武举,朕亲加校阅,除一甲一名郝光甲、一甲二名佟攀梅马步箭弓刀石俱称外,其余各武举内,或马步箭尚好,弓刀石间有二号者;或弓刀石尚好,马步箭中不及数者,一甲第三不得其人,未便迁就符额,用示朕核实抡才之意。"① 该年小金榜内有"第一甲赐武进士及第。第一名郝光甲,直隶任邱县武举张字围;第二名佟攀梅,正蓝旗汉军武举辰字围"②的记载,也未见有一甲第三名,因此,该科一甲仅录取了二名,并未有探花。

此外,《备征》还有一些地方的记载与小金榜有出入,道光六年丙戌科榜眼丁麟兆的籍贯,《备征》记为"直隶遵化",小金榜记为"直隶丰润",查《丰润县志》"国朝武进士"条,有"丁麟兆,壬午科武举,丙戌科进士,殿试一甲第三名,钦点探花"③的记载。道光十二年壬辰科状元李广金籍贯,《备征》记为"山西灵邱",小金榜记为"山西大同";《灵邱县补志》"选举志"内"武科 武进士"下载:"李广金,道光壬辰科,殿试一甲第一名,授头等侍卫。"④ 道光十三年癸巳科状元牛凤山籍贯,《备征》记为"河南汜县",小金榜记为"河南汜水县",查清代河南有汜水县而无汜县,故其籍贯应为"河南汜水县"。榜眼孙和平籍贯,《备征》记为"顺天大兴",小金榜记为"顺天大城",查《大城县志》"选举志""武科名表"道光朝进士内载:"孙和平,壬辰榜眼"⑤,故其籍贯应为"顺天大城"。二十一年辛丑科状元,《备征》

---

① 中国第一历史档案馆编《嘉庆道光两朝上谕档》(四三),广西师范大学出版社,2000,392页。
② 道光十八年武科小金榜,中国第一历史档案馆藏内阁全宗,清代谱牒缩微胶片(编号B30)。
③ (光绪)《丰润县志》卷5,清光绪十七年刻本。
④ (光绪)《灵邱县补志》第2卷之四,清光绪七年京都吉润斋刻本。
⑤ (光绪)《大城县志》,卷8,清光绪二十三年刻本。

记为"德庆，汉军镶白"，小金榜记为"德麟，镶白旗汉军武举"；二十五年乙巳榜眼惠椿旗籍，《备征》记为"满洲正白"，小金榜记为"正白旗汉军"，同科探花赵鸿举的籍贯，《备征》记为"河南陟县"，小金榜记为"河南涉县"，查河南有武陟县和涉县，但并无陟县，故此从小金榜，其籍贯为"河南涉县"。

七 咸丰、同治、光绪朝

咸丰、同治、光绪三朝《备征》均无缺载，但经与小金榜核对，也有记载不同的地方。

咸丰九年己未科状元韩金甲和榜眼杜遇春的籍贯，《备征》分别记为"山东历城"和"直隶河间"，小金榜记为"山东禹城"和"直隶阜城"（阜城县属河间府）。该年武进士登科录载："第一甲三名赐武进士及第。韩金甲，山东禹城县民籍；杜遇春，直隶阜城县民籍。"① 笔者未能在地方志中查到有关韩金甲的记载，但《连州志》"职官志""续游击"下载："杜遇春，直隶阜城县人，榜眼，同治九年署任。"②

光绪六年庚辰科状元黄培松籍贯，《备征》记为"福建龙泉"，小金榜记为"福建泉州"，《香山县志续编》"职官补遗""副将"下载："黄培松，福建泉州人，状元。"③ 光绪九年癸未科状元杨廷弼籍贯，《备征》记为"河南祥符"，小金榜记为"河南兰仪"。此外，光绪二年丙子科探花景庆和二十四年戊戌科探花苏克敦的旗籍，《备征》记为"蒙古正红"和"满洲镶白"，小金榜则分别记为"成都驻防正红旗蒙古"和"福州驻防镶白旗蒙古"。

至此，除顺治、康熙两朝个别科次"武鼎甲"的情况未能清晰外，其余的均已增补完全。未能明晰的情况为：顺治九年壬辰科和顺治十八年辛丑科榜眼及探花、顺治十七年庚子科榜眼及探花的籍贯；康熙三年甲辰科榜眼及探花、康熙六年丁未科探花、康熙十八年己未科和康熙三十六年丁丑科榜眼的籍贯。

---

① 咸丰九年武进士登科录，中国第一历史档案馆藏内阁全宗，清代谱牒缩微胶片（编号B12）。
② （同治）《连州志》，卷3，清同治九年刻本。
③ （民国）《香山县志续编》卷8，民国九年刻本。

清代"武鼎甲"补考

综合前述增补及考订情况，笔者所得清代"武鼎甲"情况为：武状元109人，武榜眼105人，武探花101人，武科三鼎甲共315人，有籍贯可考者310人，其中武状元109人，武榜眼101人，武探花100人。清代"武鼎甲"总人数应为322人，其中武状元109人，武榜眼108人，武探花105人，因此，尚有"武鼎甲"7人（榜眼3人、探花4人）有待做进一步的查考。

清代"武鼎甲"表

科次	状元	榜眼	探花
顺治三年（1646）丙戌科	郭士衡　山东章邱	武韬　山东曹县	殷壮猷　直隶丰润
顺治六年（1649）己丑科	金抱一　直隶京卫	李圣祥　江苏长洲	茹罴　浙江山阴
顺治九年（1652）壬辰科	王玉璧　浙江仁和		
顺治十二年（1655）乙未科	于国柱　江苏吴县	单登龙　山东高密①	范明道　江苏上元
顺治十五年（1658）戊戌科	刘炎　浙江山阴	张国彦　直隶京卫	贾从哲　山西临汾
顺治十七年（1660）庚子科	林本直　江苏上元	黄建中	武灏
顺治十八年（1661）辛丑科	霍维鼐　直隶京卫		
康熙三年（1664）甲辰科	吴三畏　顺天大兴		
康熙六年（1667）丁未科	秦蕃信　顺天宛平	张善继　江苏徐州	
康熙九年（1670）庚戌科	张英奇　山西安邑	李开先　燕山右卫	张学纯　浙江钱塘
康熙十二年（1673）癸丑科	郎天祚　燕山右卫	李世威　山东莘县	赵文璧　浙江仁和
康熙十五年（1676）丙辰科	荀国玑　金吾左卫	何天培　燕山右卫	聂（聂）达　腾骧右卫
康熙十八年（1679）己未科	罗淇　浙江会稽	王喆	储塽　浙江钱塘
康熙二十一年（1682）壬戌科	王继先　陕西榆林	徐启瑞　直隶永清卫	郑继宽　直隶京卫
康熙二十四年（1685）乙丑科	徐宪武　燕山右卫	陈廷玺　直隶丰润	李载　彭城卫
康熙二十七年（1688）戊辰科	王应统　山东长山	林云汉　顺天通州	吴开圻　甘肃宁夏
康熙三十年（1691）辛未科	张文焕　甘肃宁夏	袁钤　江苏铜山	韩良辅　四川重庆
康熙三十三年（1694）甲戌科	曹曰玮　直隶京卫	丁爽　甘肃宁夏	石钧　湖南武陵
康熙三十六年（1697）丁丑科	缴煜章②　顺天宛平	蒋焕	胡琨　江苏江都
康熙三十九年（1700）庚辰科	马会伯　甘肃宁夏	林潪　江苏江宁	朱士植　甘肃灵州
康熙四十二年（1703）癸未科	曹维城　贵州贵阳	刘弘善　甘肃张掖	侯瀠　陕西兴安
康熙四十五年（1706）丙戌科	杨谦　江苏仪征	张国兴　顺天宛平	王维一③　甘肃宁夏
康熙四十八年（1709）己丑科	田畯　直隶献县	官禄　顺天大兴	韩光愈　江苏泰州
康熙五十一年（1712）壬辰科	李现光④　甘肃宁夏	李惟(维)扬　广东阳春	杨炳　河南内黄⑤

341

续表

科次	状元	榜眼	探花
康熙五十二年（1713）癸巳科	宋如栢　甘肃宁夏	丁士杰[6]　顺天大兴	赵涟　甘肃宁夏
康熙五十四年（1715）乙未科	赛都　正红旗汉军	孙世魁　甘肃张掖	许履亨　山西新绛
康熙五十七年（1718）戊戌科	封荣九　直隶真定	王时通　陕西府谷	马召南　甘肃宁夏
康熙六十年（1721）辛丑	林德镛　广东揭阳	杨大立　山东历城	高瀚　山西朔州
雍正元年（1723）癸卯科	李琰　直隶献县	毕映　山西大同	施景范　陕西靖边
雍正二年（1724）甲辰科	苗国琮　镶白旗汉军	吕杰　陕西榆林	茹铣　直隶晋州
雍正五年（1727）丁未科	王元浩　山东胶州	谭五格[7]　镶黄旗汉军	马大用　安徽怀宁
雍正八年（1730）庚戌科	齐大勇　直隶昌黎	张照[8]　正黄旗汉军	李发解　甘肃宁夏
雍正十一年（1733）癸丑科	孙宗夏　陕西镇安	袁秉敬　直隶宣化	特格慎　正蓝旗蒙古
乾隆元年（1736）丙辰科	马负书　镶黄旗汉军	韩锜　直隶天津	李星垣　江苏铜山
乾隆二年（1737）丁巳科	哈攀龙　直隶河间	张凌霞　山西太谷	冯哲　直隶丰润
乾隆四年（1739）己未科	朱秋魁　浙江金华	哈国龙　直隶河间	罗英笏　福建沙县
乾隆七年（1742）壬戌科	贾廷诏　山西清源	李世薿　湖南桃源	白锺襄　山西太谷
乾隆十年（1745）乙丑科	董孟　正黄旗汉军	李经世　直隶天津	胡经纶　广东顺德
乾隆十三年（1748）戊辰科	张兆璠　江苏泰兴	温有哲　山西太谷	孙仪汤　直隶宁晋[9]
乾隆十六年（1751）辛未科	张大经　山西凤台	卜永泰　山东蒲台	安廷召　直隶乐亭
乾隆十七年（1752）壬申科	哈廷樑　直隶献县	林建鼎　福建福清	马瑔[10]　山西阳曲
乾隆十九年（1754）甲戌科	顾麟　顺天宛平	徐渭　山东胶州	刘虎臣　直隶安平
乾隆二十二年（1757）丁丑科	李国梁　直隶丰润	植璋[11]　广东东莞	曹龙骧　镶红旗汉军
乾隆二十五年（1760）庚辰科	马全　山西阳曲	赵琮　镶黄旗汉军	孙廷璧　顺天大兴
乾隆二十六年（1761）辛巳科	段飞龙　直隶永年	李铨　河南虞城	杨培枢　河南滑县
乾隆二十八年（1763）癸未科	德灏　正黄旗汉军	郭元凯　山西介休	叶时茂　福建同安
乾隆三十一年（1766）丙戌科	白成龙　直隶河间	黄宗杰　镶白旗汉军	彭先龙　湖北松滋
乾隆三十四年（1769）己丑科	钱治平　顺天霸州	金富宁　镶蓝旗汉军	林天洛　浙江江山
乾隆三十六年（1771）辛卯科	林天瀓　浙江江山	薛殿元　直隶容城	郑敏　镶蓝旗汉军
乾隆三十七年（1772）壬辰科	李威光　广东长乐	左瑛　直隶清苑	赵士魁　顺天宛平
乾隆四十年（1775）乙未科	王懋赏　山东福山	彭朝龙　湖北松滋	德成　正黄旗汉军
乾隆四十三年（1778）戊戌科	邢敦行　直隶定州	樊雄楚　湖北襄阳	董金凤　安徽合肥
乾隆四十五年（1780）庚子科	黄瑞　浙江江山	阎夑和　山西平遥	金殿安　山东聊城
乾隆四十六年（1781）辛丑科	刘双　顺天大兴	黄国樑　福建平和	黎大刚　广东新会
乾隆四十九年（1784）甲辰科	刘荣庆　江苏泰州	李锡命　顺天东安	卢廷璋　广东东莞

清代"武鼎甲"补考

续表

科次	状元	榜眼	探花
乾隆五十二年（1787）丁未科	马兆瑞　山东临清	侯琪　顺天武清	麦鹰扬　广东鹤山
乾隆五十四年（1789）己酉科	刘国庆　江苏泰州	马承基　顺天东安	陈四安　正白旗汉军
乾隆五十五年（1790）庚戌科	玉福　正黄旗汉军⑫	曾琼珒　广东长乐	王万清　顺天大城
乾隆五十八年（1793）癸丑科	徐殿飏　山东掖县	鲍友智　安徽六安	周自超　福建永春
乾隆六十年（1795）乙卯科	邸飞虎　直隶定州	陈崇韬　广东博罗	冯元　云南平彝
嘉庆元年（1796）丙辰科	黄仁勇　广东海阳	常鸣盛　直隶新城	高適　镶红旗汉军
嘉庆四年（1799）己未科	李云龙　直隶阜城	曾大观　湖北黄陂	张万清　河南杞县
嘉庆六年（1801）辛酉科	姚大宁　广东南海	满德坤　山东滕县	李廷扬　山东胶州
嘉庆七年（1802）壬戌科	李白玉　直隶藁城	张大鹏　江西武宁	陆凤翔　安徽蒙城
嘉庆十年（1805）乙丑科	张元联　直隶献县	白凤池　河南荥阳	孙抡元　甘肃中卫
嘉庆十三年（1808）戊辰科	徐华清　山东临淄	尚勇德　镶白旗汉军	王世平　顺天大城
嘉庆十四年（1809）己巳科	汪道诚　江西乐平	积善　正蓝旗⑬	张青云　陕西富平
嘉庆十六年（1811）辛未科	马殿甲　河南邓州	成必超　四川仁寿	林方标　江苏铜山
嘉庆十九年（1814）甲戌科	丁殿宁　山东益都	史鹄　直隶肥乡	杨定泰　湖北襄阳
嘉庆二十二年（1817）丁丑科	武凤来　陕西神木	马维衍　甘肃固原	王志元　四川华阳
嘉庆二十四年（1819）己卯科	秦锺英⑭陕西神木	榜眼无人	探花无人
嘉庆二十五年（1820）庚辰科	昌伊苏　正黄旗满洲	李凤和　顺天大兴	富成　镶蓝旗满洲
道光二年（1822）壬午科	张云亭　直隶清丰	李书阿　河南南召	程三光　直隶邯郸
道光三年（1823）癸未科	张从龙　山西临县	史殿元　直隶清苑	黄大奎　甘肃礼县
道光六年（1826）丙戌科	李相清　山西阳曲	崔连魁　河南淮宁	丁麟兆　直隶丰润
道光九年（1829）己丑科	吴钺　山东蓬莱	秦connection三　湖北兴国	张斯奎　正黄旗汉军
道光十二年（1832）壬辰科	李广金　山西灵邱	张金甲　山东濮州	郝腾蛟　河南偃师
道光十三年（1833）癸巳科	牛凤山　河南汜水	孙和平　顺天大城	张协忠　江西德兴
道光十五年（1835）乙未科	波启善　正红旗满洲	奚应龙　陕西朝邑	鞠殿华　山东安邱
道光十六年（1836）丙申科	王瑞　直隶安肃	方台　江西上饶	金连元　正蓝旗汉军
道光十八年（1838）戊戌科	郝光甲　直隶任邱	佟攀梅　正蓝旗汉军	探花无人
道光二十年（1840）庚子科	赵云鹏　河南汝阳	王万寿　四川灌县	李寿春　顺天大兴
道光二十一年（1841）辛丑科	德麟　镶白旗汉军	王振隆　山东长山	刘宗汉　顺天宁河
道光二十四年（1844）甲辰科	张殿华　直隶枣强	钱昱　直隶昌黎	刘清江　山东钜野
道光二十五年（1845）乙巳科	吴德新　直隶东明	蕙椿　正旗汉军	赵鸿举　河南涉县
道光二十七年（1847）丁未科	李信　直隶晋州	姜国仲　四川越嶲	探花无人

343

续表

科次	状元		榜眼		探花	
道光三十年（1850）庚戌科	彭阳春	四川华阳	岳汝忠	直隶静海	探花无人	
咸丰二年（1852）壬子科	田在田	山东钜野	张虎臣	直隶沙河	赵玉润	直隶永年
咸丰三年（1853）癸丑科	温常湧	直隶天津	王虎臣	山西河曲	许梦魁	直隶平山
咸丰六年（1856）丙辰科	王世清	直隶南和	韦应麒	河南永宁	蓝家麟	直隶天津
咸丰九年（1859）己未科	韩金甲	山东禹城⑮	杜遇春	直隶阜城	李上嵓	四川邛州
咸丰十一年（1861）庚申科	马鸿图	直隶抚宁	刘英杰	直隶束鹿	德绶	正蓝旗满洲
同治元年（1862）壬戌科	史天祥	直隶邯郸	徐寿春	直隶乐亭	刘其昌	广东香山
同治二年（1863）癸亥科	黄大元	直隶怀安	岳金堂	直隶元城	郭凤举	直隶获鹿
同治四年（1865）乙丑科	张蜀锦	直隶广平	桂林香	湖南祁阳	侯会同	四川南充
同治七年（1868）戊辰科	陈桂芬	浙江天台	谢子元	四川射洪	张光斗	四川眉州
同治十年（1871）辛未科	丁锦堂	福建上杭	王可相	直隶元城	佟在田	直隶天津
同治十三年（1874）甲戌科	张凤鸣	河南西平	赵瑞云	河南杞县	刘云会	直隶长垣
光绪二年（1876）丙子科	宋鸿图	福建侯官	张忠祥	河南西平	景庆	正红旗蒙古
光绪三年（1877）丁丑科	佟在棠	直隶天津	马尚德	直隶内邱	林培基	福建侯官
光绪六年（1880）庚辰科	黄培松	福建泉州	周增祥	广东潮阳	景元	镶黄旗满洲
光绪九年（1883）癸未科	杨廷弼	河南兰仪⑯	周选青	直隶天津	刘占魁	直隶肃宁
光绪十二年（1886）丙戌科	宋占魁	山东昌邑	解兆鼎	江苏丹徒	何乃斌	广东香山
光绪十五年（1889）己丑科	李梦说	山东阳谷	徐海波	四川资州	傅懋凯	山东福山
光绪十六年（1890）庚寅科	张宪周	山东郓城	李承恩	四川通江	陈邦荣	直隶献县
光绪十八年（1892）壬辰科	卞庚	江苏海州	张连同	河南宜阳	李连仲	直隶大名
光绪二十年（1894）甲午科	张鸿翥	江西鄱阳	杜天麟	四川江津	岳庆德	直隶元城
光绪二十一年（1895）乙未科	武国栋	直隶天津	张大宗	江苏海州	林宜春	福建大田
光绪二十四年（1898）戊戌科	张三甲	直隶开州	任联捷	江苏山阳	苏克敦	镶白旗满洲

说明：①《备征》作山东高密，乾隆《甘肃通志》卷29作山东，光绪《黄岩县志》卷十三作京卫，此从《备征》。

②《备征》及康熙三十三年武会试录均作缴煜章，《清实录》《康熙起居注》均作缴煴章，此从《清实录》及《康熙起居注》。

③《康熙起居注》作王维一，武登科录作王惟一，此从《康熙起居注》。

④《备征》《康熙起居注》均作李显光，小金榜及武登科录作李现光，此从后者。

⑤《备征》作河南内黄，小金榜作直隶内黄，康熙朝内黄县属直隶大名府，雍正三年划归河南彰德府，此从《备征》。

⑥《备征》作丁士杰，《康熙起居注》作丁锡介，此从《备征》。

⑦《备征》作谭五格，小金榜、《武鼎甲策》作谭五哥，此从《备征》。

⑧《武鼎甲策》作张四儿，许友根《武举制度史略》"清代鼎甲人名录"指出，张照原名张四儿。

续表

⑨《备征》作直隶赵州，小金榜作直隶宁晋，《武鼎甲策》作直隶赵州宁晋，此从小金榜。
⑩以前曾中举，马瑔，更名再中探花。
⑪《年表》及《武举制度史略》均作桂璋，《备征》及小金榜作植璋，此从《备征》及小金榜。
⑫《备征》作汉军镶黄，小金榜记为正黄旗汉军，此从小金榜。
⑬《备征》《武举制度史略》作韩积善（汉军镶白），《年表》、小金榜作积善，籍贯小金榜作正蓝旗，此从小金榜。
⑭此科状元、探花原为徐开业、梅万清，因二人迟误该科传胪大典，嘉庆皇帝谕令将其状元、探花及所授侍卫职衔革除，并将一甲二名秦锺英推升状元。
⑮《备征》作山东历城，小金榜、武登科录作山东禹城，此从小金榜及武登科录。
⑯《备征》作河南祥符，小金榜记为河南兰仪，此从小金榜。

（作者单位：中国第一历史档案馆）

学林动态

《满语杂识》序

何龄修

我的年轻朋友兀扎拉殷芳,是一位酷嗜满族史、清史的学人。与殷芳先生结识,使我有幸与他的族伯、业师爱新觉罗瀛生先生也有了文字往来。瀛生先生为学崇尚实际,眼睛向下,关注风俗民情等重要问题。他健笔著述,从1952年起的近60年中,共出版专著16部、译作20部。他的专著绝非泛泛之作,选题偏重民俗学(本族满族、本土北京)、语言学(满语、日本语)。民俗学专著涉及满族和北京人的衣食住行、冠婚丧祭、语言、称谓、体育、文娱、人物、信仰和物质生活、精神生活的其他方面。译作主要是语言学、生物学等学科的有价值的作品。我读过其中几种专著,深感内容丰富、文笔流畅,专业性、可读性都很高。读后自觉增长知识,极受教益。瀛生先生著译等身,说明他是一位既渊博又勤奋的学者。

《满语杂识》是瀛生先生的语言学巨著之一,83万字,初版于2004年,现正准备再版发行。满语是一种很重要的民族语言,国内外都比较重视。它既继续作为活生生的语言存在于世,被满族人(一部分)和锡伯族人沿用为交流工具;它又是大量历史信息的载体。满族兴起后,满文面世,用于纪事。清朝建立,满语雄踞国语宝座二百余年,享有崇高的地位,许多档案、文献直接用满文书写,更具原始性。因此,保护、研究、撰述满语,是现实的迫切需要。我自1958年参加工作,就被派定研究清史,自然阅读、利用过已译汉的若干种满语文献。当《满语杂识》即将再版,殷芳先生建议他的族伯约我撰写小序,得到瀛生先生首肯。我深感荣幸,但自知并不合格。作为多年的清史研究者,我想举例说说满语档案、文献对于清史和清前史的重要和我的不合格。我们都知道,满族兴起时的社会生活、社会性质,是一个清前史的根本性问题,曾引起清史学界广泛的兴趣。但只有利用《满文老档》进行研究，才能拥有较充分的资料，获得较有力的结论。明人根据传闻写成的著作，既不确切，又不完备，对论述和解决满族社会生活、社会性质这样重大的课题，是远远不够的。研究清入关后历史，对满文史料的依赖仍然很严重。我探讨洪承畴在清初被起用的过程，发现顺治元年（1644）六月洪承畴虽入阁"佐理机务"，却"仍以太子太保兵部尚书兼都察院右副都御史同内院官"[1]，颇疑另有文章，对洪承畴未予信任。检读多书没有答案。后内国史院汉译满语咨文中才发现当年十月还称冯铨、谢陛为"阁臣"，洪承畴为"军门"，待遇明显低于"阁臣"，是洪承畴没有被授予大学士名分的力证。解开此谜，有利于其他一些问题的顺利解决[2]。至于《清实录》屡经清廷修改，有学者说满文《清实录》没有人动过，可以利用满文本复原。如果是这样，满文对清史研究就更重要了。因此，清史研究者必须懂得满语，对许多清史、满族史课题来说，满文、汉文史料不可或缺，或者满文史料更加重要。中国清史学者从第二代开始利用并重视满文史料，王锺翰先生是满汉双语运用自如的旗手，所以他能取得很大成就。我不懂满语，主要是我在青、中年期间放松对自己的要求，没有攀登史学高峰的雄心壮志，学习另一种语文的环境和个人学习语言的能力都不好，苟且因循，蹉跎至老，以致较第二代清史学家退化了。因此我从来不自称专家、学者，感到作为一个清史研究人员，同这样的名称还有不小的差距。对于《满语杂识》，奉命捧读，只觉其浩浩渺渺，博大精深，深悔自己满语文盲，大部分内容不能领略，更谈不上发挥精义、学习优长。自知序先生此一大作，实为力所不及。恳辞不允，无已，说说粗浅认识，聊当应命。

《满语杂识》四卷，瀛生先生《卷头语》说明：四卷依次分别讲述，"满语规范语（书面语）、满语口语及方言、满语对汉语的影响、有关满语的知识"。个人的认识，认为第一卷是建立满语规范语（书面语）语法体系的部分，是全书主体。第二卷是依据特殊的知识来源即爱新觉罗氏家族传承的满语口语、方言知识，研究满语口语、方言的有关问题。所谓口

---

[1] 《清世祖实录》卷5，顺治元年六月丁巳。
[2] 参看何龄修《再谈明清之际北南两太子案》，载《清史论丛》2009年号，中国广播电视出版社，2008。

语、方言，是语言在生活中、在一定历史条件下、在不同地区的存在和发展、变化。撰写本卷，就使书面语与口头语得以进行对比和结合，成为满语语言学最完美的表现。因此，第二卷是对第一卷的补充，也是第一卷的姊妹篇。在书面语语法学著作中详论口语、方言问题，实为《满语杂识》的一大特色。第三卷从标题看是讲述在汉语中觅得的满语的存在，实际上内容更加丰富，除阿尔泰语系各语种对古今汉语的影响外，还兼顾汉语和北方各民族语言对满语的影响，和其他各民族间的相互影响。汉语文起源较早，是发展得比较充分的语文，但仍从美学、增添、补充、口顺等角度，吸纳其他民族语言的优秀成分。本卷内容为中国民族内部各族共同生存和相互交流的确切例证。第四卷依据和利用清宫久藏的资料，和先生调查、研究所得的资料，其中有许多满文档案，讲述满语的有关知识，继续讨论满语规范语、口语、方言的种种问题。所引述的清宫满语文献，都用拉丁文译写，用汉文标注字义，祭文祷辞多典雅抽象，可作学习满语的规范文使用。有些部分的知识是语言学的，也跨着民俗学、史学、民族学领域。三四两卷虽不是严密的逻辑所构成，但结构紧凑，从全书看，这两卷书仍可视为与一二两卷内容的自然配合，四卷书形成浑然一体。

初读先生此一大著，我就非常赞叹佩服。虽属满语外行，我也能感觉到研究、撰著此书的艰苦和功力的深厚。比如，本书研究自古至今满语对汉语的影响，单就语音一项论，就是一个极其复杂、困难的问题。古汉语各个时期的音读资料，只能从探寻无声的古籍的点滴记载，并参考其他语种如日语的读音，进行深入细致的研究，才能得到正确的结果。为了如实地阐明满语的影响和历史地位，在满语与汉语的关系史上有所创获，瀛生先生差不多又理出了一篇汉语音读发展、演变史。这个过程，有如在一条泥泞不堪的道路上夜行，其艰苦不难想象，换一个人也许会闻而寒心、望而却步，改弦易辙了。我读先生此一大著，正是从这些地方，对其课题之难、创获之多有所感知，而生出高山仰止之叹的。

一天，我忍不住提笔给殷芳先生写寄一短简，大意是说，令族伯是一位大语言学家，而《满语杂识》是满语语言学的一部巨著。他却为这一巨著题了一个过于谦虚的书名，这个书名太委屈了书的内容。我觉得可以如实地题名《满语百科》（也可以作《满语渊海》或者其他）。不过，原书名也反映出瀛生先生为人低调、谦退的特点。名从主人，书名只能遵从作者的决定。

先生在书中强调，书中第一二卷是用现代语言学方法整理的。所谓现代语言学，包括语源学、语音学、语义学、语法（中国传统上称为文法）学、语文学、修辞学、语言史、字词典等分支，以研究人类语言的本质、结构和发展规律，是西方诞生、发展、完善起来的一门社会科学。中国汉字起源很早，至今已有三千多年，文化发达，堪称灿烂辉煌。研究汉语文的学术斐然有成，有大量的文字、音韵、注释、校勘之学的著作和指导阅读的读法作品问世，但没有系统研究词语性质、语言结构和语言发展规律的学术诞生。直到清代，才有学者稍稍涉足其间，做一些入门工作。刘淇《助字辨略》，吴昌莹《经词衍释》，王念孙、王引之《经传释词》等是其中的佼佼者。著名语言学家杨树达（1885～1956）指出："文法之学，筚路蓝缕于刘淇，王氏继之，大备于丹徒马氏。"① 丹徒马氏指马建忠（1845～1900），江苏丹徒人，清末语言学家。其所著《马氏文通》，现在学术界还大都认为是比较全面、系统的古汉语语法著作，是袭用拉丁语法于古汉语完成的。杨树达是晚于马建忠40年出生的，字遇夫，湖南长沙人。其所著《高等国文法》《古书句读释例》《汉文言文修辞学》和《词诠》等，都是语言学名著。他也是研究、学习西方语法学，并应用于自己的汉语语言学著作的，"弱冠游日，喜治欧西文字，于其文法，颇究心焉"②。所以他的语言学著作，也是吸取西方语言学方法撰著成的。马建忠、杨树达是语言学方面学习西方，以建立本国汉语语言学的先行者。各民族的文化要发展、丰富，除了自己努力创造，还必须学习其他民族文化。相互学习的要点，一是具有批判、辨别的眼光和精神，"吸收其精华，扬弃其糟粕"；二是拿来主义，"以其所有，补己所无"；三是追求进步，永不满足，学习对象（科技、观念、经验、方法）择其先进，不生搬硬套，适合自己的情况和需要。此后，汉语语言学界继续努力探索。马建忠、杨树达及其后继者仍在学习、借鉴西方科学的情况下，建立和完善了中国古今汉语语言学体系。这应该是汉语语言学史的基本事实。

满语是历史悠久的语言，但满文的诞生至今才四百余年，对一种语言

---

① 杨树达：《词诠》卷首，《序例》，上海古籍出版社，1986，第1页。
② 杨树达：《词诠》卷首，《序例》第1页。

的专科学发展过程说来，还是比较短促的，满语书面语语音、语法的研究、分析、建立体系的工作，尤其不是一蹴而就的。在满族历史上，还没有出现过一位对满语进行过深入探索、成绩卓著的满语语言学大家，没有成体系的成熟的语言学著作问世，是合乎情理的。这也表明可继承的满语语言学遗产不是很丰厚的。在这种情况下，引进现代语音、语法学方法，对满语语音、语法进行整理，建立起新的满语语音、语法学体系，是满语发展、进步的需要，也是学习、保存、丰富传播满语的需要。瀛生先生抓住时机，毅然独立承担起这一历史任务。这是一项勇敢的决定、明智的选择、具有深远意义的开创性学术工程。瀛生先生这样做有特别优越的条件：他是清朝宗室后裔，热爱满语，能为满语的发达付出心血和劳苦，并且拥有爱新觉罗氏独家的珍贵资料；有高学历，有渊博的学识，有流畅、准确、生动的文笔，擅长著述；掌握多门外语，精通日、俄、英语，通晓德、法语，破解专业难题，工具精锐、充足，能够反复比较、斟酌，择优取精。经过多年研究、撰著，胜利完成，成此巨著。《满语杂识》出版，标志着满语继汉语后，建立起新的语言学（主要是语音学、语法学）体系。这一双兄弟民族语言，取同一方向，走同一道路，建立起新的语言学体系。这是顺应当今世界开放、进步的发展潮流的。瀛生先生是其中一位成功的开拓者。

我在写下这些话的时候，自觉现在如果还是中、青年，一定愿拜在瀛生先生门下，执弟子礼，学习满语，补我阙漏，以救不足。惜乎时光不能倒移，青年盛年不再，学满语成为空话。不过，看到近年学习满语的青年人比以前多了，多少使人振奋。这个形势要保持，要推动前进，《满语杂识》的再版将会发挥作用。重要的是满文资料要影印出版，学会满文的人才有应用的可能，这就不是容易的事。这需要有出版计划，而且需要资金。我作为清史研究人员，对此抱有厚望。拉拉杂杂写了许多，只是为了表达对《满语杂识》的喜爱，对书作者瀛生老先生的敬仰。但愿不致有过多失误，贻佛头着粪之消。敬序。

庚寅孟春于五库斋

（作者单位：中国社会科学院）

薪火相传　承续学统
——"清史室与清史学科发展座谈会"综述

刘大胜

2015年10月20日，由中国社会科学院历史研究所清史研究室（以下简称"清史室"）主办的"清史室与清史学科发展座谈会"在京举行。中国社会科学院秘书长、党组成员高翔出席并发表重要讲话。历史研究所党委书记闫坤、所长卜宪群、清史室在职人员及离退休人员、在站博士后、在读博士硕士等参与讨论。与会者围绕"清史室与清史学科发展的回顾与展望"主题，就清史室的发展历程、成就与经验，清史室未来发展设想，清史学科发展中面临的机遇与挑战等议题，进行了热烈交流和研讨。清史室主任林存阳主持了此次座谈会。

一　学术激情中的辉煌岁月

清史室的前身可以追溯到1954年中国科学院历史研究二所成立时的明清史研究组，至今已有62年的历史。从1965年明清史研究室成立算起，也已历经51个春秋。而更直接的开端则是1978年的清史室，算来也有38个年华。半个世纪以来，杨向奎、王戎笙、张捷夫、高翔、杨珍、吴伯娅先后担任研究室主任。此次座谈中，部分参会人员回忆往昔峥嵘岁月，有很多感慨涌上心头。这些回忆和感慨加深了我们对清史室历史的了解，同时也促使我们领悟到清史室何以取得学术辉煌。综合而言，三种原因成就了清史室的学术辉煌。

第一，学术激情与踏实肯干相结合。真正的史学家从来不是故纸堆外冷眼旁观的看客，而是饱含学术激情与理想，对历史充满责任和敬畏。无论条件多么艰苦，都要立志把研究做到最好，以甘坐冷板凳的态度对之，不可轻慢懈怠。

张捷夫回忆道，改革开放以后，清史学科一片荒芜，只有少数研究著述，科研水平亟须提高。在一片学术废墟中，清史室积极组织集体项目、筹划学术研讨会、出版学术刊物、鼓励个人独立研究，为整个清史学科的繁荣做出突出贡献。冯佐哲回忆起当初，略有激动，仿佛又回到那段激情燃烧的岁月。改革开放之初，清史室十几个人，荒废科研已经数载，大家没有气馁，就这样白手起家，终于做出了一些学术成果，不负此生。

第二，理论探索与学术研究相结合。高水平的历史研究，离不开科学理论尤其是马克思主义唯物史观的指导，这是清史室乃至整个历史所取得辉煌的根本原因。高翔指出，历史研究一定要坚持马克思主义唯物史观的指导，这个问题没有什么商量余地，也不是可以讨论的话题。老一辈史学工作者旗帜鲜明地坚持唯物史观的指导，这是清史学科真正的学术传统，促使其取得巨大学术进步。

马克思主义唯物史观作为一种科学理论，只有与具体科研相结合才有生命力，才有创造力。实事求是、注重实证是马克思主义的灵魂，也是赋予历史研究的精神理念。30余年的学术实践证明，清史室学人致力于务实求真的科研追求，恪守了这一为学精神。《清史资料》的编辑、王戎笙对李自成结局的考订、何龄修《五库斋清史丛稿》对诸多问题的考证、赫治清对天地会起源问题的研究等都是这一学术精神的体现。同时，清史室学人还对一些关乎全局、具有理论意义的重大问题进行积极探索，如清代的历史地位、清史分期、资本主义萌芽、中国近代化问题等。

第三，集体项目与个人研究相结合。清史室始终坚持集体项目和个人研究相结合，在历任主任的带领下，清史室结合学者个人学术特长，组织和策划了一些有价值有特色的集体项目，曲阜孔府档案和刑科题本的整理、《清代全史》的编撰、《清代人物传稿》上编的编写、"乾嘉学派研究"和"中国历代灾害及对策研究"等都是代表。

张捷夫、赫治清、冯佐哲、林永匡、李世愉、杨珍等纷纷回忆，正是通过集体项目的筹划，才发挥出清史室的整体优势，在学术实践中取得明显成效。这样一种探索不但促进了个人学术特长的发挥，而且提升了整个团队的学术水准。时至今日，《清代全史》依然是全面解析有清一代的经典著作，学界对其评价一直很高，这无疑得益于集体项目与个人研究相结合的学术优势。

总之，几代人的继承与创新，既保持了与整个清史学界相一致的学术脉动，又在实践中形成了颇具个性的科研特色。共性与个性的互动，彰显出清史室的学术积淀和生机活力。

二 现阶段的问题、机遇与挑战

任何一个学术领域和学术团队，在创造辉煌的同时，也潜藏着一定的问题。机遇与挑战并存，开创与守成互斥是我们必须面对的实际问题。清史室面临着难得的发展机遇，也迎接着不小的挑战。如何把握机遇、应对挑战，在已有基础上再创辉煌，对清史室与清史学科的同仁来说，都是一个值得认真思考的大问题。坦然承认问题的存在，探究其根本原因，努力找出创新途径，是与会者共同的心愿。当前，清史室与清史学科面临着一些亟须解决的问题，其中最突出的有几点。

首先，人员构成问题。与20世纪八九十年代相比，清史室在职人员已经有很大不同。从人数上讲，现在仅10人，远少于辉煌时期的二十几人；从年龄上看，则是越来越年轻化，虽然多数具有博士学位，但还没有在学界产生广泛影响力；从研究领域上看，经济史、边疆史、满文研究等方面的年轻人才比较缺乏，有待充实与调整。

其次，经费问题。经费不足，成为制约清史室发展的一大瓶颈。清史室每年获得的下拨资金，扣除《清史论丛》所用，所剩已经不多，这就在客观上制约了相关学术活动的展开。如何拓展经费来源，成为清史室所要解决的实际问题。

再次，集体项目问题。尽管清史室在职人员各有擅长的研究领域，但在打造集体项目和大型课题方面，力量有待整合。寻求新的突破点，加强研究人员的凝聚力和战斗力，存在进一步提升的空间。

如何解决这些发展难题，清史室同仁积极建言，共同为当前存在的问题寻求解决途径。清史室主任林存阳对相关建议进行了总结，概括来说，即"123发展设想"。

所谓"1"，就是以创新工程项目为主体。把承担的院重大学术工程项目《中华思想通史·封建编·清代卷》作为重点，扎实推进，力争做出新意。除此之外，还要积极探索集体项目和大型课题。在深化和开拓专题性研究方面，诸位同仁根据自己的专长和兴趣对相关学术问题进行实质推进。

所谓"2",就是努力打造和提升两大学术阵地和平台,即《清史论丛》和"清史学科网站"。《清史论丛》自 2015 年起由原来的一年一辑,改为一年两辑,从而为学术繁荣做出更大贡献。"清史学科网站"作为一个对外展示的重要窗口,也需要加大力度,不断完善。就像车之两轮、鸟之双翼一样,《清史论丛》和"清史学科网站"将共同促进清史室发展壮大。

所谓"3",就是要从三个方面扩大清史室与清史学科的影响力。一是承继本室"明清史研究丛书"的传统,在条件和时机成熟时,推出"清史研究丛刊";二是积极走出去,寻求与京内外科研单位、高校合作,或者建立研究基地,或者进行文献的发掘、整理,以及学术交流与互动等;三是在坚持推进"清史研究沙龙""明清史青年论坛"的同时,争取在五年内举办一次国际清史研讨会。

三 承续学统,共铸未来

作为始终从事清史研究的一名学人以及科研机构管理者,高翔从承续学统,共铸未来的角度,高屋建瓴地提出建设性意见,从而为清史室乃至整个清史学科的进一步发展指明方向。

第一,要高度重视清史研究。高翔指出,对历史研究所来说,清史是古代史的结束和近代史的开端,必须要办好,这没有商量的余地,也没有讨价还价的余地。不懂得清史,就无法真正懂得中国历史,更无法懂得中国的今天。清代历史直接奠定了当代中国的基础,这也是毛主席、周总理、董必武同志等老一辈无产阶级革命家,之所以高度重视清史研究的重要原因。

从推动学科理论、思想、方法的创新角度说,必须坚持理论探索与具体研究相结合。有清一代,资料浩如烟海,没人能穷尽。我们鼓励学者畅所欲言,在充分占有资料的基础上实现学术突破。当前中国的学术,思想原创性还有待提升,而清史学科是我们进行思想创新的学术平台。

第二,要明确方向。高翔指出,历史研究一定要坚持马克思主义唯物史观的指导,这是原则问题,也是清史室乃至整个中国社会科学院的传统。清史室和清史学科经过几代人努力,打下了良好基础,取得了突出成就,拥有了一定的学术地位。

在此基础上,应该用五到十年的时间,努力把历史所的清史学科建设成为中国社会科学院的清史研究中心,促使其成为国内外清史学界有影响力的研究基地以及思想创新、学术创新的前沿阵地,为党和国家事业发展大局做好服务。

第三,要有所作为。高翔指出,在明确了方向以后,很多问题要落到实处,"落实"与"落空"虽一字之差,却有天壤之别。关键是怎么做!

首先要画路线图。过去老先生常讲"分兵把口",这话讲得对,但还要加上四个字,"重点突出"。清史室要服从历史所、社科院乃至国家的"十三五"规划的大局,对清史学科的今后发展做一个战略规划,几年之后推出有代表性的集体成果。

其次要建队伍。想做到分兵把口、重点突出,就要坚持培养人才与引进人才并重。建设学术队伍要有大局观,政治史方面必须有专职研究人员,而且要比较强。不懂得中国的政治史,就不可能真正懂得中国的经济史、社会史、文化史、学术史。另外还要坚持思想史与社会史相结合,继承老一辈学者的优良学术传统。

再次要进行阵地建设。《清史论丛》这类办了几十年的学术集刊,影响力不比一个学术刊物差,甚至比很多核心刊物强。办《清史论丛》,李世愉和其他同仁付出了辛勤汗水。以学术公心做事并且不求回报,把清史研究当成一种事业,是清史室的一个优良传统。现在依然要坚持这个传统,加强学术阵地建设,甘于、勤于并乐于奉献。

总之,真正优秀的学科负责人一定是三合一的,即第一是思想家,第二是学问家,第三是社会活动家。中青年一代学人要薪火相传,承续学统,再创辉煌。

历史研究所所长卜宪群在发言中指出,清史室能够创造学术辉煌,就在于他们有正确的理论、方法和指导思想。中青年学者一定要再接再厉,加强唯物史观学习,积极向老一辈学者请益,同时注重全面发展,促使专业结构趋向合理,建设好清史室乃至整个清史学科。

与会人员纷纷表示,通过参与此次座谈会并聆听院所领导的学术建设思路,真切感受到了清史学科发展的学术脉动,同时加强了对当今现状的认识，拓展了创新思路。学术科研人员不但是历史的研究者和诠释者，同时也是历史的创造者和铸就者，只有饱含学术激情，承续学术传统，才能为整个历史和学术研究增添一道绚丽色彩。

（作者单位：中国社会科学院）

东亚历史上的文化交流与相互认识

林存阳

摘　要：中国社会科学院历史研究所与韩国成均馆大学东亚学术院共同主办的"第六届中韩学术年会",2016年4月22日在韩国首尔成均馆大学顺利召开。本次学术年会的会议主题为"东亚历史上的文化交流与相互认识"。中韩学者围绕"认识与东亚""交流与东亚""海洋与东亚""出土文字资料与东亚"四个议题,进行了热烈而富有成效的研讨,其中关涉清朝时期论题者占相当大的比例。此次中韩学术年会,不仅主题集中、问题意识强,而且所涉时限自先秦至19世纪,视野非常开阔;尤其是通过比较研究与互动,进一步增进了双方学者对一些问题的共同兴趣,以及对新议题的展望。

关键词：东亚　文化交流　相互认识

2016年4月22日,由中国社会科学院历史研究所与韩国成均馆大学东亚学术院共同主办的"第六届中韩学术年会",在韩国首尔成均馆大学召开。本次学术年会的会议主题为"东亚历史上的文化交流与相互认识"。来自中、韩两国的学者及东亚学术院的学生等共20余人参加了本次研讨会,10位学者提交并宣读了参会论文。

在开幕式上,成均馆大学东亚学术院副院长韩基亨教授和中国社会科学院学部委员、历史研究所副所长王震中研究员,分别代表韩、中两方做了大会致辞。东亚学术院孙炳圭教授主持了开幕式。在致辞中,韩基亨副院长指出,自2008年东亚学术院与历史研究所签署交流协议,尤其是"关于定期联合召开学术会议的协议"以来,双方的学术交流与合作越来越密切、深入,并推出了一些成果,其成效是明显的。他还强调,继2011年"从出土文字资料和户籍族谱资料看东亚社会"、2012年"近代东亚历史上的'士'"、2013年"儒学与古代东亚社会"、2014年"东亚古文献的流通和文物交流"、2015年"儒法思想与东亚区域社会"诸议题以来，本次会议的主题，内容更具普遍性，也更能引起学者们的互动。王震中副所长在致辞中表示，"中韩学术年会"既是一个非常成功的学术交流平台，也是一个很好的合作方式；不但促进了双方各自的学术研究，而且增进了相互间的友谊。并指出，在东亚历史上，文化交流和相互认识开始得很早，不仅见诸文献记载，而且时常得到考古发掘和发现的证明，可谓"源远流长，意义深远"。他还强调，本次年会以"东亚历史上的文化交流与相互认识"为主题进行研讨，其意义"不仅仅是十位学者对一些具体问题的深入探讨，而且还在于促进两国学者对这一领域展开更大范围、更为长久的合作和交流"。

研讨会分两个时段进行：第一时段为学者就提交的论文做大会发言；第二时段为综合讨论。

在大会发言中，学者们围绕"认识与东亚""交流与东亚""海洋与东亚""出土文字资料与东亚"四个议题，分别做了详细阐述。其中关涉清朝时期论题的演讲，占了相当大的比例。

认识与东亚：东亚学术院河永辉教授《柳重教的中华与小中华》的演讲，考察了19世纪后半期朝鲜应对西洋列强侵凌的背景下，华西学派的代表人物柳重教（1832~1893）在思想观念上的抉择。在柳氏看来，"中华"之所以为"中华"，乃在于其有三纲之重、五常之大、礼乐文章之盛、道学渊源之正，而这正是谋国者需要大力扶植的，也是保全宗国命脉的关键。基于此一对中华文化的认同，他对作为"小中华"的朝鲜，自期甚高，以为朝鲜不仅承载了自唐虞以下四千年相传的中华一脉、自孔孟以下二千年相传的道学正统，而且可以作为"天下万古用夏变夷的标准"。面对神州之陆沉，他更怀有"周礼在鲁"的情怀，且希望朝鲜作为"幸存一线之阳"，不应自我满足，而要考虑如何"恢张于天下"，以不负"天地顾托之心"。历史研究所清史研究室主任林存阳研究员《学术偶像与中朝文化交流——以朴珪寿参与顾祠会祭为个案》的演讲，通过考察燕行使朴珪寿（1807~1877）于咸丰十一年（1861）、同治十一年（1872）两次出使北京，特别是两度参加慈仁寺顾祠会祭活动，揭示了清初大儒顾炎武作为"学术偶像"（因治学、人格的魅力而被人服膺、崇敬者）在增进中朝文化交流与彼此认识中所发挥的重要媒介和凝聚作用。他指出，朴珪寿出使北京前，已对顾炎武先生的学问有所接触，且对其人品甚为钦仰。至北京之后，因得交沈秉成诸人，是以有缘参加顾祠会祭。此一机缘，不仅实现了他"平生梦想帝王州"的夙愿，伸展了对顾炎武先生的仰慕之情，进一步加深了对其著述和人生取向的了解和体认，而且也在与沈秉成诸人交往及此后返回朝鲜后彼此的函札往复中，寻得了祈盼已久的人生天涯知己。尤其值得注意的是，从朴珪寿、沈秉成诸人的言谈往还中，使人感受到的，不唯是一己的交游之乐，更展现了他们对学术的挚爱、文化的担当、两国危难与命运的忧患，以及如何立身、成就一番大学问大事业的人生追求。而这也正是顾炎武先生所倡导的"经术""治道""博闻"相结合的为学为治之大关键、大精神。可以说，正是在大儒顾炎武之学问、精神的感召下，朴珪寿、沈秉成等人方得以相交、相知；而通过他们的推扬、阐发和传播，顾炎武先生的学问、精神更愈益得到突显，并名扬域外。他还强调，历史地看，中朝两国之能保持悠久而密切的联系，休戚与共，不仅缘于天然的地理毗邻，而且基于不同时期形成的宗藩政治框架，更与彼此间的文化交流、互动密不可分。尽管期间不免发生一些误读、摩擦或隔阂，但就大的潮流和趋向来看，中原文化或中华文化传统无疑成为两者相交相与的纽带，因此也孕育出彼此士大夫之间长久而积极的交流、认知与回应，降低了"异域想象"的成分，从而谱写了中朝双方交流互动中的新篇章。东亚学术院裴亢燮教授《通过19世纪末民众运动看韩国人的中国认识》的演讲，以民众运动为视角，考察了19世纪末韩国人对中国的认识。裴教授指出，在"中华秩序"与"华夷论"的世界观中，向被看作是外夷的满洲族屈膝的丙子胡乱（1636），以及被视作尊崇对象的明王朝的相继灭亡，对于朝鲜支配层和文人们的文化自尊心来说，造成了难以平复的伤害和屈辱。在克服这些心理变化的过程中，北伐论崭露头角，小中华认识逐渐得到强化。直到19世纪中期，部分崇明的传统儒学者仍旧保有对清朝的敌对情绪。而从19世纪后半期开始，由于受到西洋帝国主义列强和日本的侵凌，反清意识渐渐淡化，与清朝的关系变为命运共同体。此种变化与民众的对外意识相同，1894年的东学农民战争就很好地反映了这一情况。而本年在韩半岛展开的清日战争过程中，朝鲜民众通过清、日两军的行为，直接、具体地亲身经历了清、日两国。在裴教授看来，这种经验一方面是对于清、日两国的认识变得更为客观化的契机；另一方面，此种经验基于东亚秩序观延长线上的"事大主义亲清意识"，是包含了立足于文化优越意识的反日情绪的朝鲜民众对外意识逐渐变化的过程。

交流与东亚：东亚学术院孙炳圭教授做了《册封体制下的"国役"：朝鲜王朝财政系统的特征》的演讲，将"国役"的意义作为朝鲜王朝的运营体制，并结合东亚国际秩序"册封"，对朝鲜王朝财政系统的特征做了考察。他指出，从中央集权国家财政运营体系的角度来看，"国役"不仅仅是征收个人的"劳役"，也包括上缴土地税、贡物等财货部分，意味着征收所有国家财源。与明清时期财源征收向地税化、银纳化等逐渐一元化相似，朝鲜王朝也将其作为财政的中央集权化政策，但中央财政仍遵守以"国役"体系为根据征收劳动力，以户口调查为基础的徭役分配则是地方财政运营的中枢性角色，这使得国家财政最小化，以此来方便实施"节用而爱人"的"德治"政治理念。朝鲜王朝的"国役"尽管借鉴了很多中国的经济体制，但也有不同之处，如实行"兵农一致"、区分"良贱"身份，让良人义务履行国家公共业务。而在册封体制下，朝鲜王朝无法建立专门的军事组织，其国防依存于"册封"国际秩序，从内部来讲是由农民随时执行守护首都任务的国役体制，对外则是受中国天子军队的保护。历史研究所乌云高娃副研究员《高丽与元朝政治联姻及文化交流》的演讲，从高丽与元朝文化交流的背景、具体表现和文化传播渠道等方面，探讨了高丽与元朝在文化方面兼容并蓄、相互影响的情况。她认为，高丽王室与元朝公主的政治联姻是双方文化交流的契机，由此形成的人员在对方长期居住或定居则成为文化交流的人文背景，而在元朝宫女制度影响下，高丽宫女中奇氏被封为元顺帝第二皇后，高丽宦官、宫女在元朝形成一股势力，遂成为双方文化交流的重要政治背景。高丽与元朝的文化交流，具体表现为语言文字、风俗习惯、音乐、杂剧、绘画、书法、佛教等诸多方面，可谓既频繁又深入。文化传播主要有官方、民间两个不同渠道：前者与使臣、高丽国王、世子入朝及其扈从人员在元朝的活动，高丽贡女、宦官在元朝定居，高丽僧侣在元朝的佛事活动，以及元朝公主及其随从人员在高丽定居等有关；后者与高丽商人来华经商，高丽归附人在元大都等地定居，以及高丽文人、僧侣游历名寺古刹等有关。正是基于双方不断地相互影响、磨合过程，13、14世纪时元朝与高丽的文化交流遂达到鼎盛阶段。

海洋与东亚：历史研究所副所长王震中研究员《胶东早期海洋文明与海上丝绸之路之始》的演讲，认为在中华文明史上，胶东地区一直因农业文明与海洋文明的结合而显现出自己的特色，胶东文化从新石器时代开始就呈现出农耕文化与海洋文化相结合的特点，而胶东地区海上丝绸之路之开始，至少可以上溯到春秋战国时期，这远比始于汉代的陆路上的丝绸之路时间早，持续的时间亦长。在海仙文化即东海方士仙道文化的背景下，春秋战国时期，胶东半岛与朝鲜半岛、日本的交流以及对外贸易也发展了起来，这应该就是早期的海上丝绸之路。而值得注意的是，胶东半岛的海上丝绸之路是其海洋文明的重要组成部分，但胶东海洋文明形成的时间则远在这之前，其渊源甚至可以上溯到胶东的史前海洋文化。因此，作为与时俱进的新话题之一，我们今后对于海岱沿海地区包括民风民俗、思想观念在内的文化特色的研究，都应该放在该地独特地理环境以及农耕文明与海洋文明相结合的视角下加以考虑。东亚学术院高银美教授《13世纪东亚的战争与贸易》的演讲，通过吴潜1258年上奏的奏状，分析了当时宋与蒙古的军事对立情况对宋的对外政策产生的影响。与以往研究将吴潜1258年所上奏状视为考察13世纪日、宋间贸易的视角不同，高教授重新对身兼明州长官、沿海制置使的吴氏上呈此状的意图和背景做了解读。她认为，从职能上看，沿海制置司乃负责管理从温州、台州北上，经过明州的入口定海流入杭州湾，再经过越州，最后到杭州的地区，以及统领定海水军、防御安保首都海岸的机构；从防御范围看，该机构必然会关注日本、高丽的动向，肩负着纠察违禁品和走私、救助漂流商人等任务；吴潜被任命为沿海制置使，其面临的当务之急，乃强化海上防御，安定管辖区的军民生活，以防止内部不安定势力与外敌的结合，为此而实施了诸如优待高丽人和日本人、救助高丽和日本漂流民、免除日本商人关税以防止高丽与蒙古合作对抗南宋等政策。由此来看，吴潜的奏状包含了比较复杂的背景与意图，涉及南宋、蒙古以及与高丽、日本间的复杂关系和政局走向。历史研究所刘中玉助理研究员《15世纪东亚海洋体系下朝鲜王朝的形象架构》的演讲，利用《混一疆理历代国都之图》、申叔舟《海东诸国纪》及相关考古资料，对15世纪李朝在东亚海洋体系下国家形象建构的历史做了探讨。他指出，从14世纪末到15世纪，是东亚海洋体系正式形成的时期。这一时期,对于朝鲜而言,也是其国际关系架构的关键阶段,特别是在确立政权合法性之后,如何在海陆双重压力下稳定和发展与周边的关系,并超越中华文化输出者的形象、成为地缘政治角力中的掌控者,遂成为摆在其面前的一道难题。由事大明朝(确立正统形象)、混一疆理(定位本国的"天下观")、交邻聘问(模拟朝贡体系)等的努力,不难看出,朝鲜在事大主义主导下,虽然有心在天下世界中寻找自己的定位,却又难以跳出华夷构造的思维,特别是面对欲自成体系的日本时,不仅未能守住礼序体系上的优势地位,而且逐步丧失了对日本、琉球的贸易甚至政治主动权。

出土文字资料与东亚:东亚学术院金庆浩教授《支配手段的户籍——以古代东亚户籍类出土资料的基础的理解为中心》的演讲,借助新资料的公开和对比相关的研究成果,以户籍制度的实行和管理方式为中心的制度史为视角,探讨了古代中国、韩国(韩半岛)、日本如何通过户籍来实现其统治与国家运营的。他指出,古代东亚社会中与户籍相关的标准和原则,最初开始于战国时代中期商鞅两次推行的所谓家族改革法令(分异令),而通过4世纪前后前秦时期的户籍和敦煌吐鲁番户籍档,使得针对古代中国通过户籍来实现统治的新见解的提出成为可能;朝鲜半岛开始编写户籍档,最晚在6世纪左右,其木简是按照耕种水田、田、麦田所需的劳动力(包括牛)的年龄区分而整理的,考虑到日本的三宅总木简使用的形态,韩国事例可以说是非常有意思的;日本列岛引进户籍类档的最早史料,当属《日本书记》记载的关于白猪屯仓的相关内容,其制作技术的引进,乃缘于以百济为中心的渡海而来之人,至天智九年(公元670)以全国民众为中心的最初的正式户籍,即庚午年籍被制作出来。通过对东亚户籍形态、内容、结构等的对比分析,金教授认为,作为实现国家统治的基本资料,户籍是收取税役和维持基层社会秩序所必需的文书行政的出发点,尽管各地区的时期和程式不同,但通过户籍实现对人民的统治这一点是共同的。历史研究所戴卫红副研究员《以韩国出土的"椋"字木简看东亚简牍文化的传播》的演讲,则以20世纪90年代到21世纪初在韩国境内相继出土的新罗、百济时期记有"椋"字的木简为切入点,探讨了"椋"字简的形制和内容,认为从内容看,它们之间有明显的承继性,"椋"是与粮食、物品储存有关的官府仓库系统。在中国现存的传世文献中,"椋"未见有仓库之意,然从词源、词义上来看,与表仓廪之意的"京"同源;

365

从建筑形制看,"京"与"椋"的建筑形制相合。而在4世纪末逃亡到朝鲜半岛的中原汉人的壁画墓中,出现了储存食物的"京屋";在5世纪初的高句丽壁画墓中出现了表仓库之意的"椋"。更可注意的是,"椋"这样的涵义及建筑形制,经由百济流传至日本列岛。综观而言,传世文献和简牍材料均反映出古代朝鲜半岛的仓库制度与中国的仓库有着千丝万缕的联系,这与汉四郡以来中国简牍文化向朝鲜半岛辐射,百济和孙吴、南朝各代政权的友好交流密切相关;而在东亚简牍文化的传播中,韩国木简则发挥了连接中国、日本的重要中介作用。

综合讨论阶段,在东亚学术院宫嶋博史教授的主持下,与会学者围绕大会主题,尤其是前面的发言,进行了热烈的讨论与互动。宫嶋教授在总结发言中,谈了三点感想:一是本次会议很有特色,大家的发言并未着眼于各自的国家,而是紧扣主题,对东亚尤其是中韩彼此认识做了深入研讨,从而取得了两国学者坐在一起共同讨论的明显效果;二是文化交流、相互认识两个视角在研究方法上很有意义,鉴于类似的课题还有很多,希望今后继续开展更广泛、深入的研究;三是海洋体系、海洋文明的探讨,体现出中国历史学界新的趋势,值得引起关注。

此次中韩学术年会,尽管规模不大,但主题集中、问题意识强,而所涉时限,自先秦至19世纪,视野非常开阔。尤其是通过比较研究与互动,进一步增进了双方学者对一些问题的共同兴趣,以及对新议题的展望。在闭幕式致辞中,东亚学术院金庆浩教授表示,中韩学者要多沟通、多交流、多见面,以便共同推进双方的学术合作与进步;历史研究所王震中副所长也强调,"中韩学术年会"已经建立起扎实的基础,并形成了很好的机制,希望今后在发扬这一好传统的同时,双方的合作与交流更加深入、更富成效、更为长久。

(作者单位:中国社会科学院)

征稿启事

《清史论丛》创刊于1979年，由中国社会科学院历史研究所清史研究室主办，是国内清史界历史最为悠久的学术刊物。数十年来，虽历经风雨，但海内外学术界一直以各种方式对敝刊给予支持，使我们葆有办好《清史论丛》的热情和动力。因改版需要，《清史论丛》现向海内外同仁征集文稿，凡专题研究、文献研究、读史札记、书评、综述等类撰述均欢迎投稿。来稿将经匿名评审，刊出后会致送稿酬。

征稿要求：

1. 请提供打印文本和电子文本，且自留底稿。

2. 稿件请附内容摘要（200字以内）、关键词及英文标题，注释格式参照《历史研究》和《中国史研究》。

3. 稿件请附作者简历及联系方式。

4. 打印文本请寄至：北京建国门内大街5号、中国社会科学院历史研究所清史研究室《清史论丛》编辑部，邮编：100732。电子文本请发至：qshlc@sina.cn。

《清史论丛》编辑部

图书在版编目(CIP)数据

清史论丛.二〇一六年.第二辑/中国社会科学院历史研究所清史研究室编.－－北京：社会科学文献出版社，2016.12
 ISBN 978-7-5097-4471-0

Ⅰ.①清… Ⅱ.①中… Ⅲ.①中国历史－清代－文集 Ⅳ.①K249.07-53

中国版本图书馆 CIP 数据核字(2016)第 284527 号

清史论丛（二〇一六年第二辑）

编　　者/中国社会科学院历史研究所清史研究室

出 版 人/谢寿光
项目统筹/宋月华　张倩郢
责任编辑/周志宽

出　　版/社会科学文献出版社·人文分社(010)59367215
　　　　　地址：北京市北三环中路甲29号院华龙大厦　邮编：100029
　　　　　网址：www.ssap.com.cn
发　　行/市场营销中心(010)59367081　59367018
印　　装/三河市东方印刷有限公司
规　　格/开　本：787mm×1092mm　1/16
　　　　　印　张：23.5　字　数：374千字
版　　次/2016年12月第1版　2016年12月第1次印刷
书　　号/ISBN 978-7-5097-4471-0
定　　价/50.00元

本书如有印装质量问题，请与读者服务中心(010-59367028)联系

版权所有 翻印必究